本项研究得到

国家社科基金重大项目"金沙遗址祭祀区考古发掘研究报告（12&ZD192）"

国家社科基金重大项目"古蜀地区文明化华夏化进程研究（21&ZD223）"

国家社科基金重大项目"三星堆文化与中国文明研究（21&ZD224）"

资助

本书为

国家文物局"考古中国"重大项目"川渝地区巴蜀文明进程研究"阶段性成果

本书出版得到

国家重点文物保护专项补助经费资助

"考古中国"重大项目　甲编第001号

金沙遗址

——祭祀区发掘报告

成都文物考古研究院
成都金沙遗址博物馆　编著

文物出版社

图书在版编目（CIP）数据

金沙遗址：祭祀区发掘报告／成都文物考古研究院，成都金沙遗址博物馆编著．—北京：文物出版社，2022.12

ISBN 978 – 7 – 5010 – 7778 – 6

Ⅰ.①金… Ⅱ.①成… ②成… Ⅲ.①巴蜀文化 – 祭祀遗址 – 考古发掘 – 发掘报告 – 成都 Ⅳ.①K878.6

中国版本图书馆 CIP 数据核字（2022）第 160051 号

审图号：川 S【2022】00062 号

金沙遗址
——祭祀区发掘报告

编　　著：成都文物考古研究院
　　　　　成都金沙遗址博物馆

责任编辑：乔汉英　杨新改
责任校对：李　薇　陈　婧
责任印制：张道奇

出版发行：文物出版社
社　　址：北京市东城区东直门内北小街 2 号楼
邮　　编：100007
网　　址：http：//www.wenwu.com
经　　销：新华书店
印　　刷：天津图文方嘉印刷有限公司
开　　本：889mm×1194mm　1/16
印　　张：132
插　　页：11
版　　次：2022 年 12 月第 1 版
印　　次：2022 年 12 月第 1 次印刷
书　　号：ISBN 978 – 7 – 5010 – 7778 – 6
定　　价：3800.00 元（全五册）

Excavation Report on the Sacrifice Zone of the Jinsha Site

(I)

By

Chengdu Institute of Cultural Relics and Archaeology

Chengdu Jinsha Museum

Cultural Relics Press

内容简介

祭祀区位于金沙遗址梅苑地点东北部，以出土大量玉器、青铜器、金器、象牙、卜甲、石器等特殊质料的遗物和特殊堆积为特征，被誉为21世纪四川地区最为重要的考古发现之一。目前已经进行了三次发掘，发掘面积6725平方米，揭露祭祀遗存65处、灰坑32个、灰沟1条，同时出土了大量遗物。

本报告是对这些历年发掘与采集资料的全面而系统的整理，将其按单位全面介绍。结合地层学和类型学，将先秦时期遗存统一分为六期十五段，利用碳－14测年和结合其他遗址或前人的研究成果，发现在新石器时代晚期就有宝墩文化的人群在此活动，祭祀活动至少不晚于距今3500年就已经出现，并延续至春秋晚期，绵延千年。

祭祀区商周时期的遗存存在紧密延续的三种文化面貌，先后有三星堆文化、十二桥文化和新一村文化，其中十二桥文化是其主体遗存，祭祀活动最为繁盛的时期亦是发生在这个时期。

祭祀区是一个延续千年堆积而成的人工土台，其范围在不同的时期有着不同变化，不同时期的祭祀对象和方式以及仪式用品均有着差异，绵延千年固定祭祀中心的存在，反映出古蜀社会中高度发达的神权体系和稳定的信仰认同。

金沙遗址祭祀区的发现与研究，有助于成都平原商周时期青铜文化编年体系的建立。长时段祭祀遗存的存在凸显其祭祀传统的超稳定性，金沙古蜀社会结构是一个神权高度发达的社会，神权是维系当时族群认同的重要力量，其文化传统和文明发展范式迥异于周边地区的发展（王权或威权）模式。祭祀区的研究以及报告，凸显出古蜀文明强大的文化涵化和开放性以及古蜀社会超稳定的社会结构特征，对于认识古蜀文明的发展范式和动力提供了重要的实物资料，丰富了中国古代文化多元一体文明发展模式的内涵与外延。

Introduction

The sacrificial zone is located at the northeast part of the Meiyuan locus at the Jinsha site. It features remains of special materials deposited in a special manner, including numerous artifacts made of jade, bronze, gold, ivory, and stone as well as oracle bones. It is praised as one of the most important findings in the Sichuan region during the 21st century. Three excavations covering an area of 6725 m^2 have already been conducted, yielding 65 features related to sacrificial activities and 32 middens, 1 ash ditch along with a large amount of remains.

This report thoroughly and systematically organizes the material remains excavated or collected during these years according to their contexts. By integrating stratigraphy and typology, we divide the remains into 15 sub-phases in six phases. According to the ^{14}C dating, traces left on related sites and previous studies, we also found that Baodun people were active in this neighborhood as early as the late Neolithihic period, practicing sacrificial activities here no later than 3500 BP for more than one thousand years until the late Spring and Autumn period.

Three archaeological cultures prospered in succession in the sacrificial zone during the Shang and Zhou periods-Sanxingdui, Shi'erqiao, and Xinyicun Cultures. Archaeological remains mainly came from the Shi'erqiao Culture, during which most sacrificial activities were held.

The sacrificial zone was a man-made terrace deposited for more than one thousand years; its size changed with time. The deities worshiped and the ways and ritual paraphernalia employed to worship them also varied. The long history of this ritual center reflects the highly developed and stable belief identity of the theocratic system in ancient Shu.

The discovery and study of the Jinsha sacrificial zone promote the systematic establishment of the cultural history of the Chengdu Plain in the Bronze Age (Shang and Zhou periods). Sacrificial remains that continued depositing there in the long run indicates stability of the ritual tradition. The ancient Shu of Jinsha was a highly developed theocratic society in terms of social structure. Divine power was an important source of formation and maintenance of identity among social groups. Their cultural tradition and the mode of civilization development differed from those of their neighbors, in which kingship or prestige were the power sources of leaders. The study and report of this sacrificial zone highlight a high level of acculturation of ancient Shu civilization and its openness to the outside and reflects the super stable social structure characteristics of ancient Shu society. These important material remains illustrate the developmental mode and mechanisms of the ancient Shu civilization, and enrich intension and extension of the diverse and unitary civilization developmental model in ancient Chinese culture.

目　录

彩版

　　彩版一至彩版一三四

（以上为第四册）

彩版

　　彩版一三五至彩版四七三

（以上为第五册）

插图目录

新石器时代

商周时期

彩版目录

彩版三五六　采集金器

彩版三五七　采集金器

彩版三五八　采集器物

彩版三五九　采集铜器

彩版三六〇　采集铜器

彩版三六一　采集铜器

彩版三六二　采集 Ab 型铜璧

彩版三六三　采集铜器

彩版三六四　采集铜挂饰

彩版三六五　采集铜器

彩版三六六　采集铜器

彩版三六七　采集铜人面形器

彩版三六八　采集铜立人像

彩版三六九　采集铜立人像

彩版三七〇　采集铜眼睛形器

彩版三七一　采集铜器

彩版三七二　采集铜龙形器

彩版三七三　采集铜龙形器

彩版三七四　采集铜器

彩版三七五　采集器物

彩版三七六　采集 Ba 型玉戈

彩版三七七　采集 Ba 型玉戈

彩版三七八　采集玉戈

彩版三七九　采集玉戈

彩版三八〇　采集玉器

彩版三八一　采集玉器

彩版三八二　采集玉器

彩版三八三　采集 C 型玉钺

彩版三八四　采集 C 型玉钺

彩版三八五　采集 C 型玉钺

彩版三八六　采集 Ab 型玉璋

彩版三八七　采集玉璋

彩版三八八　采集 Ab 型玉璋

前　言

　　金沙遗址坐落于成都市区的西北部，分布范围大致处于成都市西二环路与三环路之间。该遗址地处成都平原的东南边缘地带，北侧依托古郫江，横跨摸底河，平面形状大致呈方块状，东距市中心约 5 千米。地理坐标为北纬 30°41′01″，东经 104°00′41″。

　　金沙遗址规模宏大，分布范围广阔，其范围东起青羊大道，西至迎宾大道，南达清江路，北抵老成灌路。遗址南北长约 3 千米，东西宽约 2 千米，总面积约 500 万平方米。遗址范围内地势平坦，起伏较小，整体地势西北高东南低，相对高差不到 5 米，海拔高度为 504～508 米。金沙遗址的文化遗存大多分布在地势略高的台地之上，摸底河由西向东横穿遗址中部，将遗址分为南、北两部。此外，该遗址周围还发现许多古河道遗迹，这些古河道成为不同时期聚落范围的自然边界。从行政区划而言，商周时期的文化遗存主要分布在青羊区的金沙村、龙嘴村，金牛区的黄忠村、红色村、郎家村、跃进村和茶店子街道办事处。目前已发现的同时期文化遗存点达 70 余处，其中以摸底河以南的金沙村、中东部的黄忠村等地点最为重要，其遗迹、遗物十分丰富。遗址内具有一定的空间布局结构，黄忠村宫殿区在遗址的东部，金沙村祭祀区位于遗址的东南部，两者隔摸底河遥相对望；遗址的中、东部还分布有几处大型墓地；遗址的南、中、北、西部还发现有若干居址区，是成都平原商周时期一处非常重要的聚落群[①]，其文化内涵丰富，聚落结构复杂，时代特征突出。金沙遗址是中国长江上游地区规模仅次于三星堆遗址，延续时间绵长、文化堆积保存较好的先秦时期古文化遗址，在中国先秦时期历史文化中具有十分重要的地位和作用，它的发现与研究极大延伸了古蜀文化的历史厚度和空间维度。

　　金沙遗址是 21 世纪中国重要的考古新发现，是成都平原继三星堆遗址之后的又一处商周时期的都邑性聚落。金沙遗址文化内涵极为丰富，特别是商周时期的文化遗存，为成都平原商周时期最重要的遗存之一。金沙遗址的发现，尤其是大型建筑基址区、宗教祭祀活动区、墓葬区的发掘以及数量庞大的具有典型地域特征的金器、玉器、铜器、象牙、鹿角和有别于其他地区同时期考古学文化的陶器群的出土，极大地丰富了成都平原古蜀文化的内涵，为探索早期蜀国的历史提供

---

① 　周志清：《金沙遗址聚落形态的初步认识》，《中国聚落考古的理论与实践（第一辑）——纪念新砦遗址发掘 30 周年学术研讨会论文集》，科学出版社，2010 年。

了大量实物资料。金沙遗址具有地方特色的文化因素在成都十二桥、羊子山土台、抚琴小区、方池街、岷山饭店、岷江小区、盐道街、新一村、高新区航空港、顺江小区及广汉三星堆、雅安沙溪、新繁水观音、新都正因村、新都正因小区、汉源桃坪、麦坪、麻家山、姜家屋脊、龙王庙、石棉三星等遗址均有不同程度发现。这对于研究成都平原及周边地区考古学文化内涵与相互关系，建立成都平原先秦时期考古学文化序列，探索成都平原早期城市的形成发展以及社会复杂化进程等诸多方面的研究极为重要。

第一章　概述

第一节　金沙遗址地理位置与自然环境

金沙遗址位于成都市区的西北部，分布范围大致处于成都市西二环路与三环路之间。该遗址地处成都平原的东南边缘地带，北侧依托古郫江，横跨摸底河，平面形状大致呈方块状，东距市中心约 5 千米。地理坐标为北纬 30°41′01″，东经 104°00′41″（图一、二）。

图一　金沙遗址地理位置示意图

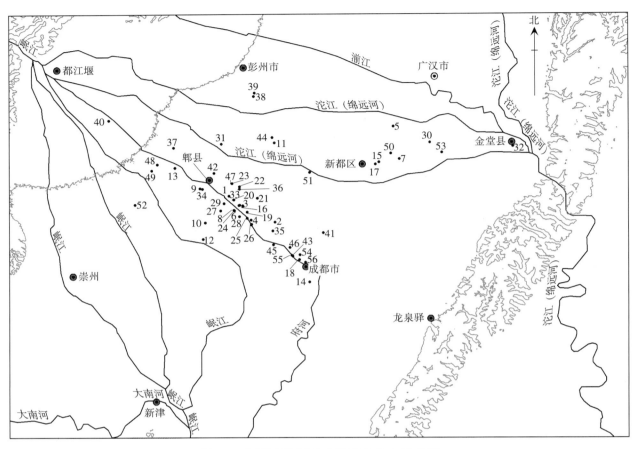

图二　成都平原商周时期遗址分布示意图

1. 高新西区航空港　2. 金沙遗址强毅汽车贸易公司地点　3. 高新西区四川方源中科地点　4. 中海国际3号地点　5. 青白江宏峰村　6. 高新西区国际地点　7. 新都区褚家村遗址　8. 高新西区汇利包装厂　9. 郫县清江村遗址　10. 温江永福村遗址　11. 新都新繁镇太平村遗址　12. 温江范家碾遗址　13. 郫县清江村　14. 岷江小区遗址　15. 新都正因小区遗址（属正因村遗址）　16. 高新西区新锦犀包装厂　17. 新都正因村遗址　18. 方池街　19. 高新西区大唐电信二期遗址　20. 高新西区万安药业包装厂　21. 西南交大新校区一、二期　22. 西华大学新校区六教楼　23. 西华大学网络技术学院　24. 高新西区摩甫生物科技地点　25. 中海国际社区4号地点　26. 中海国际社区2号地点　27. 高新西区顺江小区二期　28. 高新西区普天电缆　29. 电子科大行政大楼　30. 青白江大夫村　31. 郫县三道堰宋家河坝子　32. 金堂金海岸二期A区　33. 高新西区富通光缆通信有限公司地点　34. 郫县蓝光绿色饮品二期　35. 如阳实业发展有限公司地点　36. 西华大学艺术中心　37. 郫县广福村李家院子遗址　38. 彭州梅花泉遗址　39. 彭州米筛泉遗址　40. 都江堰梳妆台遗址　41. 羊子山土台遗址　42. 郫县天台村遗址　43. 十二桥遗址　44. 水观音遗址　45. 金沙遗址　46. 成都市抚琴小区　47. 郫县三观村遗址　48. 郫县陈家院子遗址　49. 郫县青红村遗址　50. 新都朱王村遗址　51. 新都大江村遗址　52. 温江柳岸村遗址　53. 青白江新华村遗址　54. 商业街船棺葬　55. 新一村遗址　56. 指挥街遗址

　　成都市地处中国西南四川省中部，成都平原的腹心地带，位于四川盆地西部边缘的岷江中游，东临龙泉山，西靠邛崃山，是一个沿北东—南西向延伸的半封闭状况的平原，可谓盆中之盆①。东连川中丘陵，地势由西北向东南倾斜。成都市区坐落于成都平原的东南部，以三环路为界，东

① 李孝聪：《中国区域历史地理》，北京大学出版社，2004年，第122页。

西长约 17 千米，南北宽约 14 千米，面积约 200 平方千米。市区地势平坦。除了在成都市区东南面 20 千米处有属于中山的龙泉山脉，以及在成都市北郊有低矮的凤凰山外，市区范围内没有大的高低起伏。成都市区及其周围的地势是西北郊略高而东南略低，河流自然走向的总趋势是由西北流向东南。其与德阳市、眉山市、雅安市、资阳市和阿坝藏族羌族自治州接壤。地理位置为北纬 30°05′~31°26′，东经 102°54′~104°53′，全市东西长 192 千米，南北宽 166 千米，土地总面积 12390 平方千米，成都市城区面积 228 平方千米。成都一带地貌丰富，平坝、丘陵、山区均有，地势西北高东南低。以平原为主，也有高山、中山、低山和部分丘陵，境内海拔最高处是位于大邑县境内西岭雪山的大雪塘（又名苗基岭），海拔 5353 米；海拔最低处是位于金堂县东南的云合镇河谷，海拔 378 米。龙门山脉中南段的茶坪山、九顶山、邛崃山等由东北向西南穿过成都市西部的彭州市、都江堰市、大邑县、崇州市和邛崃市，许多山峰海拔在 4000 米以上。

成都平原土地类型多样，按地貌类型可分为平原、丘陵和山地，按土壤类型可分为水稻土、紫色土、黄壤、黄棕壤等十一类。成都平原的平原面积大、土地垦殖指数高、土地肥沃，是全省主要的农业区。粮食作物以水稻、小麦、玉米为主。另有红苕、土豆、豌豆、胡豆等作物，经济作物主要有油菜、花生、大豆、烟叶、大麻、甘蔗、川芎、蔬菜等，经济树木有果树等。

成都市区及近郊森林面积不大，主要分布在龙泉山区，树种以马尾松为主，杉树、柏树、青红树、丝栗也有散生，丘陵与平原地区以人工栽植的木树、桉树和慈竹最多。成都市远郊县，植被资源丰富，主要分布在西北部山区，即彭州北部，都江堰北部和西部，崇州、大邑、邛崃西部。自然植被的垂直分布明显，自下而上依次为常绿阔叶林、混交林、灌木林、草甸等。森林面积近 2000 平方千米，主要树种有栎树、楠树、爱木树、漆树、松树、冷杉、铁杉、柳杉等。

该地区海拔落差巨大，地貌丰富，拥有丰富的自然景观。西北部的高山、中山与中部平原之间为丘陵地带，主要分布在彭县、都江堰、崇州、大邑、邛崃等县市中部和蒲江县西部，海拔 800~1000 米。中部几乎全是平原，即成都平原腹地，面积约占成都市总面积的 50%，包括彭州、都江堰南部、崇州、大邑、邛崃、蒲江东部以及新津、新都、温江、郫县和成都市区全部。平原上也零星分布着一些浅丘，比如成都近郊的凤凰山、磨盘山。东南面有以东北—西南走向穿过成都市东部的龙泉驿区和金堂县的龙泉山脉，该山脉为成都平原和盆中丘陵的分界线，海拔 600~1000 米，植被破坏较为严重。龙泉山脉以东，浅丘连绵起伏，成都市域内只有金堂县的部分地区位于该山脉以东的丘陵区。境内河网稠密，主要是由岷江、沱江及其支流冲击而成，海拔 450~720 米，平均坡降 2%~3%，西南部为岷江水系，东北部为沱江水系。全市现辖 10 区、4 市、6 县，即锦江区、成华区、青羊区、金牛区、武侯区、高新区、青白江区、龙泉驿区、新都区、温江区、都江堰市、彭州市、崇州市、邛崃市、郫县、双流县、金堂县、大邑县、新津县、蒲江县，总人口约 1435.3 万人。

成都平原位于四川盆地的西部，介于龙门山和龙泉山之间，西面是青藏高原东缘的龙门山脉与邛崃山脉，东部是龙泉山脉与川中丘陵相隔。北起安县、绵阳一带，南抵乐山南面的五通桥，长约200千米、宽40～70千米，面积约9500平方千米。成都平原是发育在东北—西南向的向斜构造基础之上，由发源于川西北高原龙门山出口的岷江、湔江、石亭江、绵远河、西河、斜江、文井江、南江八条主要河流重叠连缀而成复合的冲积扇平原①。成都平原四周尚有台状浅丘分布。古蜀文化遗址主要分布于内地表出露层为第四系松散堆积物之上，其基底为上更新统冰水堆积层，后经河流切割形成长堤形二级阶地，冰水堆的灰黄色黏性土（广汉黏土）覆盖于含泥砂卵石层之上，形成再积黄泥水稻土；河流两侧的漫滩和二级阶地之间的一级阶地，为全新世岷江和沱江水系冲积形成的灰棕冲积水稻土。古蜀文化遗址位于平原内一、二级阶地上，地貌岩性多由红棕色或棕黄色黏土夹砾石和砂层组成，它属于第四纪冰川和冰水作用的产物。

成都平原是以岷江冲积扇为主体的倾斜扇形平原，地表松散，沉积物巨厚，平原中心地带沉积物厚度达300米，第四纪沉积物之上覆盖有粉砂和黏土，结构良好，宜于耕作，是四川盆地最肥沃的土壤，极为适合农业和城市的发展。成都平原地势西北高东南低，为岷江、湔江、石亭江等河流出山口冲积的扇状洪积平原，海拔高度为450～750米，地势平坦，由西北向东南微倾，平均坡度仅3‰～10‰，地表相对高差都在20米以下。平原上河网交错，渠汊密布，有利于发展自流灌溉。由于降水量较多，河流水量充沛，地表水、地下水资源丰富。岷江进入平原后，水势减缓，多出汊道，有大小支流数十条，呈纺锤形河网，每隔3000～5000米就有一条较大河流，是四川盆地河网最为稠密的地区。

文献记载成都市境内至迟在战国时期，在当时的成都城区就有两条可以行船的较大河渠。《史记·河渠书》记秦国的"蜀守冰凿离碓，辟沫水之害，穿二江成都之中。此渠皆可行舟，用余则溉浸。百姓飨其利"。成都市境内的河流属于长江支流岷江、沱江两大水系，西南部属于岷江水系，东北部属于沱江水系。岷江发源于岷山南麓，向南流经都江堰进入川西平原，水势减缓，河道分歧，呈纺锤状河网，至新津重新分流，然后继续南流至宜宾注入长江。战国时期蜀郡太守李冰率民修筑了举世闻名的都江堰水利工程，使成都平原形成一个自流灌溉网，沃野千里，水旱从人的"天府之国"。都江堰灌溉区主要有蒲阳河、柏条河、走马河、江安河、杨柳河、金马河、黑石河等大小数十条支流，河网稠密。基于此，成都平原两千多年来形成了稳定的水网系统，也奠定了成都历代城市格局。中唐高骈修筑罗城，对郫江河道进行迁移，使二江（郫江、检江）成为成都的护城河，形成二江环抱成都的格局。唐末宋初，两江抱城，八大沟脉纵横交错的河湖水系成形；明朝修建了环绕皇城的御河。清代，在承袭前朝的基础上，"口"字形御河环绕的皇城位于正中，换成四周的四条河划出城区界限，中间随着水网的分割，形成一个个或宽或窄的条带状街区，这样的布局形成的河、桥、街、巷相当一部分维持到民国时期。现在流进成都市区的三条主

---

① 西南师范学院地理系编：《四川地理》，1982年，第59页；段渝：《成都通史·古蜀时期》，四川人民出版社，2011年，第9～10页。

要河流，它们从东北向西南分别是沙河、府河（又名油子河、清远河、郫江）、南河（又名锦江、清水河、大江、流江、检江），后者为走马河的正流，在郫县两河口分出磨子河继续东南流，进入成都市区西南面复接纳了西北面的摸底河，沿外南人民南路、城边路、滨江路东流，在清莲街附近与府河相汇，逐渐转流出市区。

成都平原属亚热带湿润季风气候，雨量充沛、无霜期长、干湿明显。四季分明，气候温和，夏无酷暑，冬无严寒；全年霜雪少，风速小，阴天多，日照少，气压低，湿度大，云雾多。主要大气参数多年均值为：年均气温 16.2℃，年均日照时数 1071 小时；低于 0℃ 或高于 35℃ 的天数极少，温差变化较小，极端最高气温 38.3℃，极端最低气温 –5.9℃；年均无霜期 280 天；年均相对湿度 82%；年均降雨量 938.9 毫米，月降雨量分别为 225 和 229 毫米，降雨最少月份为 12 月和 1 月，月降雨量分别为 6 毫米左右。暴雨期普遍出现在 5～9 月，常年暴雨出现的始终期分别在 6 月底到 7 月初和 8 月下旬，常年大雨出现的始终期分别在 5 月底到 6 月初和 9 月中旬左右，全市 1960～2001 年区域性洪涝总次数为 44 次，常年出现区域性洪涝为 1 次。雨季主要集中在夏季，易引发洪涝灾害。究其原因是成都平原的地势呈西北—东南倾斜，其斜坡状的地形非常有利于发展自流灌溉，同时容易积水成湖或沼泽，遇洪必成灾。四川盆地地处亚热带，气候属于典型亚热带季风湿润性气候，冬季温暖，夏季湿热，秋季多雨，具有鲜明的气候特点[①]。年总日照时数为 1148.9 小时；最多风向为静风，风向频率为 39%，次多风向为北风，风向频率为 14%。稳定通过 10℃ 的初终日期为 3 月中旬到下旬初，稳定通过 20℃ 的初终日期为 5 月下旬，金堂最早，在 5 月中旬，都江堰最迟，在 6 月下旬初。常年雾日多达两个月以上，秋冬季为高发期，11～12 月的雾日多达一个月以上。春旱出现频率为 59%，出现严重春旱年份的频率为 32%，一般年份的频率为 27%。夏旱出现频率为 63%，出现严重夏旱年份的频率为 39%，一般夏旱年份的频率为 24%。常年雷暴日数为 34 天，初日在 4 月 13 日，终日在 9 月 27 日。常年冰雹日数为 0.1 天。太阳辐射强度为 80～93.5 千卡/平方厘米。

在距今 8000～3000 年，四川盆地气候属于暖热阶段，温度和湿度均比现在高[②]。这个时期也是该区域洪水较为泛滥的时期。同时由于四川河流水情变化的特征是水位涨落急骤，水位、流量呈连续峰型，洪水猛烈，洪峰陡峭。水位涨落急短，形成连续峰型，具有山区河流的特征。再加上四川盆地位于长江上游强度最大、面积最广暴雨区，既属于山区性河流，又无湖泊调节径流，由暴雨产生的洪水猛烈异常，洪峰很高[③]，对古人的生产与生活造成极大的危害。在都江堰修建之前，防洪成为当地先民一项最为重要的任务，因此对古蜀文化遗址选择具有一定的影响，同时也深刻影响古蜀文化的社会结构。因无霜期长，雨量充足，成都自古以来即是山清水秀、葱茏绿郁、适宜农耕的富庶之地，孕育丰富的古代文化，并遗留众多的文化遗存。

① 柳又春：《四川盆地的几个气候特色》，《地理知识》1980 年第 8 期。
② 陈淑全：《四川气候》，四川科学技术出版社，1997 年。
③ 西南师范学院地理系编：《四川地理》，1982 年，第 159～161 页。

　　古气候研究表明金沙遗址当时的自然面貌与现代成都平原相似，气候温暖湿润，森林广布，土壤肥沃、河网密布。遗址的孢粉复原分析结果显示当时成都平原的植被以草本植物占优势，局部地区存在低洼的湿地，生长着大量喜湿的蕨类植物，在较高的山地和丘陵上也生长着高大的乔木，总体而言以生长着热带和亚热带植被为主，属于热带和亚热带的温暖湿润气候，存在着温暖湿润和温暖干旱交替的现象。土壤地球化学分析遗址区的古气候有变干旱化的趋势，古河道剖面采样的粒度分布，也认为当时的古河流是一条反映温暖干旱的曲流河，其分析结果和孢粉及微量元素分析结果一致。结合遗址出土的古动物种属和组合特征分析，说明商周时期，成都平原温暖湿润，土壤肥沃，林木茂盛，野生动物繁盛，反映出金沙先民的生业经济中既有家畜饲养活动，又有广泛的狩猎活动的存在，河流纵横，湖泊众多，大量湿地广泛存在，非常适宜鸟类和大型动物的生存，而大量象牙和少量象牙制品的出现，显示其亦有可能是亚洲象的栖息地。而后期祭祀遗存中象牙的少见，可能是气候变干使然，这也和孢粉分析揭示的气候变化一致。这说明可能是随着气候干旱化而导致了该聚落的衰变①。关注聚落的发展变化，气候或环境固然是重要影响因素，但人地矛盾因素亦不可被忽视。相较而言，气候因素或环境变化或许只是成都平原大象减少的一个诱因。商周时期随着人类活动范围的扩大或人为干预的强化，大象在成都平原的退却，正是古蜀先民人地矛盾关系中人进象退趋势的反映②。

　　成都平原位于中国三级阶梯中第二级阶梯向第三级阶梯过渡的四川盆地内部，处于黄河上游和长江上游的交汇地带，其地理位置非常重要，处于多边联系的节点之上，具有得天独厚的区位优势。其地处长江上游，西临青藏高原东麓，实现与西北地区的交通；向东通过长江三峡与长江中游地区实现交流；向南辐射通过横断山区影响云贵高原和东南亚地区；北逾秦岭，沟通汉水上游地区，实现与中原地区的文化交流，这样独特的地理位置和区位优势，对成都平原古代文化的形成与发展有着重要意义。

　　成都平原优越的自然生态环境和广阔的平原以及独特的地理区位使得该地区很早就成为早期人类繁衍生息的理想之地，为古代文化发育生长提供了良好的温床，境内丰厚的古文化遗存正是这一境况的反映。从微观地理条件看，成都位于岷江和沱江两大水系的分水岭上，地势稍高于周围的河道，既有利于解决城市供水，又能防止水灾侵害。同时成都还具有明显的交通区位优势，沿着川西高原和成都平原结合部的山麓地带，是斜贯四川盆地最为便利的通道，成都正位于这条道路的中央，即位于川西地区交通冲会点上；成都以下的岷江河道成为四川盆地沟通长江的重要途径，成都正处于整个盆地物资外运的出发点，在川峡航运没有发展起来以前，正是成都自身具有广阔经济腹地使得城市经济发展有着相对空间，成都平原优裕的地理特质对于成都地区形成大规模中心聚落提供了优越的地理条件。"低海拔的大河平原，平坦的地势，受气候变化影响程度相

①　傅顺、王成善、江章华等：《成都金沙遗址区古环境初步研究》，《江汉考古》2006 年第 1 期。
②　周志清：《成都平原先秦时期出土象牙研究》，《中华文化论坛》2018 年第 7 期。

对较小，聚落、人口密度相对较大，聚落位置比较稳定。由于其在地理、环境、气候、资源配置等诸多方面的优势，很早起就发展出较高水平的农业文明。对周边地区的古代文化产生强大的吸附力，增大文化的兼容性，导致文化的辐集与人口聚集，长此以往的文化碰撞与融合，必将会在某些条件适宜区形成较大规模的聚落中心。"①

第二节　历史沿革

成都简称"蓉"或"锦"，别称"蓉城""锦官城"，是四川省的政治、经济和文化中心，同时也是国务院规划确定的"西南地区的科技中心、商贸中心、金融中心和交通、通信枢纽"。它是国务院首批公布的24个历史文化名城之一。学界公认的成都建城史至少有2300年历史，近年发现的金沙遗址，将成都的建城历史上溯到3000多年以前。成都历史悠久，文化底蕴深厚，它是古蜀文明的起源地，也是商周以来古蜀地区的政治、经济、文化中心，其有籍可查的历史可追溯至传说时代。皇帝为其子昌意娶蜀山氏女，昌意降居若水，生颛顼。封其支庶于蜀。禹生于石纽，家于四川。及禹治水，治水江州。"蜀山氏"与古蜀文明的起源有着密切的关联，其时代大致在龙山时代前期。成都平原目前的考古发现与研究表明，什邡桂圆桥新石器遗存是成都平原目前发现最早的新石器文化遗存②。宝墩文化是成都平原龙山时代分布最为广泛的新石器文化③，其已经出现大型聚落，并出现了带城垣的城。大邑高山古城、新津宝墩、都江堰芒城、温江鱼凫城、郫县古城等距今约4500～3700年成都平原史前城址群的发现与研究，表明成都平原是长江上游的古代文明中心，也是中华文明的重要发源地之一，极大地丰富了中国新石器晚期的多元文化内涵。

距今3700年前后，成都平原进入青铜时代，广汉三星堆古城代表该时段的辉煌，开启古蜀文明的发展历程，它是古蜀文化发展的一个巅峰，极大地丰富了中华民族历史文化的内涵。西周末年，蜀王开明九世从郫县迁徙成都，"一年而所居成聚，二年成邑，三年成都"，部分研究者认为"成都"一名可能即由此而来。2001年成都金沙遗址的发现与研究，揭示了成都早在距今3000年前后就已经成为继三星堆后川西地区古蜀文明的中心，其聚落规模和结构以及物质遗存的等级和数量均是同时期其他遗址无可比拟的，结合成都羊子山土台、十二桥的"干栏"式房屋遗址、商业街船棺等遗址的发现与研究，皆指向了成都是当时古蜀人活动的中心，它可能是古蜀王国的都邑所在地。金沙遗址的发现，将成都的建城史向前延伸了数百年，此后成都一直作为古蜀王朝的政治、经济中心未有更改。公元前316年秦灭蜀，成都被纳入中原大一统，成为中原王朝行政体系的一部分。

秦汉时期，成都经济文化发达。公元前316年，秦惠文王派张仪、司马错灭巴蜀，改蜀国为

---

① 李水城：《区域对比：环境与聚落的演进》，《考古与文物》2002年第6期。
② 万娇、雷雨：《桂圆桥遗址与成都平原新石器文化发展脉络》，《文物》2013年第9期。
③ 江章华、颜劲松、李明斌：《成都平原的早期古城址群——宝墩文化初论》，《中华文化论坛》1997年第4期；江章华、王毅、张擎：《成都平原先秦文化初论》，《考古学报》2002年第1期。

蜀郡，设成都县（县治在赤里街），作为蜀郡的治所。公元前 311 年，秦王接受张仪的建议，命令蜀守张若按咸阳格局兴筑成都城，城周十二里，高七丈。市区范围不大，分为东、西两部分，东为大城，郡治，是蜀太守官司舍区域，为政治中心；西为少城，县治，是商业及市民居住区，商业繁盛，是经济中心所在，故成都又有"少城"之称。大城和少城共一城墉，古人称为"层城"或"重城"。这一格局或显或晦地承续了两千多年，成为中国古代城市格局定式的一种类型。此后两千多年中，成都的城名从没变过，城址没有迁移，这在中国城市史上是绝无仅有的。其间"移秦民万家实之"，传入中原地区的先进文化和冶铁技术，秦孝文王时，李冰为蜀守，修筑了都江堰水利工程，《华阳国志》描述说："灌溉三郡，开稻田，于是蜀沃野千里，号为陆海，旱则引水浸润，雨则杜塞水门，水旱从人，不知饥馑，时无荒年，天下谓之天府也。"秦统一六国后，分天下为三十六郡，成都属蜀郡，辖十二县。公元前 221 年秦分天下三十六郡，蜀郡及成都县因先秦之旧，成都城为郡县治所。

汉承秦制，成都县属蜀郡，仍为郡所所在，汉武帝元封五年（公元前 106 年），以巴蜀地区为中心设置了益州，汉武帝在成都置益州刺史部，分管巴、蜀、广汉、犍为四部。在以后的两千多年，成都一直是西南地区政治、经济、军事和文化中心，这一地位从未改变过。汉武帝时改筑成都城池，在原少城基础上筑南小城，与之相对的蜀王城则称为北小城，加上锦官城，三城连接成大城，称为"新城"。西汉时期，成都丝织业盛况空前，设置锦官，故有"锦官城"即"锦城"之称，也就是成都得名锦城之始。汉景帝时，蜀郡守文翁在成都石室兴学，开古代地方公办学校之先河。此后出现一批具有全国影响的文学家和学者，司马相如、扬雄和王褒代表了汉赋的最高成就，严遵的《老子指归》奠定了道教的理论基础，落下闳天文学成就代表了当时的最高水平。西汉后期，成都人口已增至 7.6 万户，成为仅次于长安的中国第二大城市。西汉末年，公孙述称帝，定成都为"成家"。光武帝灭公孙述后，复益州及蜀郡之名，郡治仍在成都。东汉末年，刘焉为"益州牧"，从原广汉郡雒县移治于成都，将成都作为州、郡、县治地。西汉时期，成都的织锦业已十分发达，"锦官"的设立即体现其繁盛；秦汉成都的商业发达，秦时成都即已成为全国六大都市之一。章武元年（221 年），刘备于成都称帝，益州、蜀郡、成都县均治成都，其为蜀汉京师。

到王莽时，益州改称庸部，蜀郡改为导江郡。公孙述据蜀称帝，以成都为国都（25～36 年），辖十五县。三国鼎立时，刘备统一巴蜀，建都于成都，刘备即位于武担山之南。在以今青龙街为中心，穿城九里三的范围，进行了大规模的城市建设，这个位置轮廓一直延续到 1949 年 12 月 30 日前。三国时成都为益州郡制，辖七县。

263 年，曹魏灭蜀汉，继以其地梁、益、宁等州，蜀郡及成都县仍旧，郡属益州。晋太康年间，巴蜀之地为益州，蜀郡属其一，州、郡治在成都。西晋（265～316 年）初期，全国分为十九个州，成都仍属益州，州治仍在成都。304 年李雄于成都称王，326 年，李寿改国号为汉，史称"成汉"。347 年，东晋大将桓温消灭"大成"政权，下令拆去成都少城。晋永和四年（348 年），范贲称蜀帝于成都，次年为东晋所灭。终东晋之世，蜀郡及成都县名称及治所均无更改。宋、齐、梁时，蜀郡、成都县仍循东晋之旧。西魏于废帝二年（553 年），于成都置益州总管府，以辖州郡。北魏取代西魏，仍有其旧。

在 582～592 年间，隋蜀王杨秀沿着旧城，扩大西南面，重筑成都城，周围四十里。这次筑城取土中，成摩诃池（今人民南路展览馆一带。后为五代前后蜀的宫苑）。隋时成都为益州蜀郡治，辖十三县。隋开皇三年（583 年）在成都改置西南道行台，益州为其辖境，后大业三年（607 年）益州为蜀郡，成都县如故。

618～907 年，唐先后置成都为州、郡、府。其间为管理方便，成都人口稠密的东部被划为蜀县。唐明皇避"安史之乱"来到成都，蜀县改称华阳县，成都也改称"南京"，成了中原人士的避难所，促进了经济文化的繁荣，当时有"扬一益二"之说，即天下城市，扬州第一，成都第二。诗人李白在《上皇西巡南京歌》中赞叹："九天开出一成都，万户千门入画图。草树云山如锦绣，秦川能及此间无。"879 年，唐剑南西川节度使高骈为加强防卫，又筑"罗城"。这是成都城第一次改用砖石建造。城内有大街坊一百二十个。唐代成都成为益州总管府、益州都督府、剑南道等治所所在之地。隋唐时期，成都经济发达，文化繁荣，佛教盛行。

前蜀的王建、王衍父子和后蜀的孟知祥、孟昶父子割据于成都，前后长达六十年之久，后被北宋所灭。908 年王建称帝于成都。国号大蜀，史前"前蜀"。927 年，后蜀孟知祥在罗城之外，"发民丁二十万修成都城"，增筑羊马城，城周达四十二里。其子孟昶命人在城墙上遍种芙蓉树，一到秋天，四十里花开如锦，绚丽动人，称之为芙蓉城，即今成都简称"蓉城"的由来。934 年孟知祥在成都称帝，史称"后蜀"。

宋代（960～1279 年）分天下为十五路，宋乾德三年（965 年）以唐剑南道之地为西川路，成都府属于西川路，路、府、县治所均在成都。终宋之世，成都路、成都府、成都县，三级行政区划均以成都二字为名，并均以成都城为治所。四川地区被划分为益州路、梓州路、利州路、夔州路，简称川峡四路。益州路治所一直在成都。成都还是叫成都府，管辖成都、华阳两县。后李顺攻入成都，建立"大蜀"政权。失败后，成都府被降为益州。

唐宋时期，成都的造纸业、印刷业在全国居于领先地位。北宋富商以纸印的"交子"代替笨重的钱币，成为世界上最早的纸币。商业不断发展，宋代成都产生了自由的集市。唐宋时期也是成都文学艺术发展的顶峰。李白、杜甫、陆游，以及高适、岑参、白居易、元稹、薛涛、刘禹锡、张籍、杜牧、李商隐、韦庄等都在成都留下了大量流传后世的名篇佳作。音乐、歌舞、戏剧、绘画已非常繁盛，有"蜀戏冠天下"之称。成都大慈寺的壁画被称颂为"天下第一"。

元朝初年，忽必烈至元十六年（1279 年），分四川为四道（此为四川得名之始），成都划为川西道，但成都仍是当时政治文化中心。至元二十三年（1286 年），元朝中央政府在成都设置"四川等处行中书省"，后简称"四川省"，治所先在重庆，不久移到成都。从此成都一直是四川省的最高军政长官治所。当时四川共辖九路，成都居路首。

明洪武四年（1371 年）灭大夏，改元代四川省辖地为四川布政使司，治成都。成都是首府，管辖两州十三县。明太祖朱元璋封第十一子朱椿为蜀王，王府建在成都。朱元璋曾先后两次命大将李文忠和蓝玉以土筑成都城，后来都指挥使赵清用砖石重修成都大部城墙。崇祯十七年（1644年），张献忠部队进入成都，改国号为"大西"，成都也改称"西京"，蜀王府的宫殿一度成为张献忠的皇宫。随后清军攻入四川，与张献忠的大西军在成都激战。清顺治三年（1646年），成都全城焚毁于战火之中，一座繁华的名都会五六年间竟断绝人烟，成为麋鹿纵横、虎豹出没之地。

从康熙初年起，朝廷实施"湖广填四川"大移民，大量移民进入四川，经济开始回升，成都也随之逐渐恢复生气。清置四川省，以成都为省会，设四川布政使司于成都。经过康熙、乾隆年间的两次重建和扩建，一座宏伟的成都新城又屹立在两江环抱的旧城址之上。但是鸦片战争以后，随着重庆的门户开放和川江航运的开辟，成都在四川和西南的地位逐渐被重庆所取代而渐趋衰落。

1911 年源起成都的四川保路运动和武装起义是辛亥革命的先导，为武昌起义的成功立下大功。民国初年，裁废道制，后废府，成都仍为四川省治所在地。1912 年 3 月 12 日，成都之大汉军政府改为四川军政府，军政府驻成都，尹昌衡任都督。民国三年（1914 年），北洋政府通令在成都设置西川道，领成都、华阳等 31 县；后废道复省，成都仍为四川省会。民国十年（1921 年），置成都市；民国十一年（1922 年），市政筹备处改名为市政公所。成都市的正式建置是在 1928 年。当时建立成都市政府，把成都、华阳两县的城区部分合并为成都市，成、华两县只辖乡区。这一大变革，改变了 1000 多年来两县分治一城的格局，是成都城向近代化迈进的开始。

1949 年 12 月 27 日，成都成为川西行署区的驻地。1952 年中华人民共和国中央人民政府撤销各行署、恢复四川省建制后，成都市一直为四川省省会[①]，并被列为中国重点建设城市之一。1983 年 5 月，国务院决定，温江地区（除广汉、什邡两县外）并入成都市，实行市辖县的体制。1990 年以后先后实行了区划调整和撤县建市、建区。成都市现面积 12390.6 平方千米，现辖锦江、青羊、金牛、武侯、成华、龙泉驿、青白江、新都、温江、双流、郫都、新津 12 个区，简阳、都江堰、彭州、邛崃、崇州 5 个县级市，金堂、大邑、蒲江 3 个县，以及高新区、东部新区、天府新区。截至 2020 年户籍人口 1519.7 万人。

第三节　古蜀简史

"蜀"的名称来源很早，最初见于甲骨文，象虫形。《尚书·牧誓》记载了"蜀"曾参与武王伐纣之战。关于古蜀国历史在《山海经》《汉书》《后汉书》《水经注》等文献中都有简略记载。最早详细记录古蜀国历史的是汉代扬雄的《蜀王本纪》，惜该书早已失传，只有零星片段转录于其他古籍中。现存于世、较为详尽记载古蜀国历史的是晋代常璩的《华阳国志》。《华阳国志》是一部中国现存的最早且较为完整的地方志，它记载了公元 4 世纪中叶以前今四川、云南、贵州三省以及甘肃、陕西、湖北部分地区的历史、地理，具有极高的史料价值，是一部研究古蜀国历史的重要史籍。

---

① 　四川省文史研究馆：《成都城坊古迹考》，成都时代出版社，2006 年，第 2~9 页。

文献记载古蜀国历史上曾有五代蜀王：蚕丛、柏灌、鱼凫、杜宇、开明。《华阳国志·蜀志》载："有蜀侯蚕丛，其目纵，始称王……次王曰柏灌。次王曰鱼凫……后有王曰杜宇……遂禅位于开明……开明立，号曰丛帝……周慎王五年秋（公元前 316 年），秦大夫张仪、司马错、都尉墨等从石牛道伐蜀。……开明氏遂亡。凡王蜀十二世。"

有关古蜀国历史的文献记载极其简略，几近神话传说，就连唐代诗人李白也在《蜀道难》中感慨道："蚕丛及鱼凫，开国何茫然。"认识古蜀国历史，目前主要依赖于考古发掘的新资料和考古研究的新成果。广汉三星堆遗址、成都金沙遗址和商业街船棺合葬墓的发现、发掘与研究，展现了古蜀国丰厚的历史文化和凸显了古蜀国青铜文明的辉煌成就，并使虚无缥缈的古蜀国历史成为信史。新石器时代晚期宝墩文化的发现与研究对于古蜀文明起源与发展提供了想象的空间。

目前发现的古蜀文化遗存主要分布于今四川省和重庆市，数量达 300 余处。考古发现揭示，古蜀文明起源于新石器时代晚期成都平原的宝墩文化，夏商之际是古蜀文明的形成时期，商周之际是古蜀文明繁盛时期，春秋战国之际是其衰落期，战国晚期，随着秦在公元前 316 年灭蜀，古蜀文明的发展历程就此中断，从此退出历史舞台，而其移民和遗民文化在西南广大地区内均有明显地分布，其影响长期以来泽被后世。金沙遗址无论在遗址的规模和等级、遗址保存的完好程度、文化堆积的厚度、遗迹的丰富度、遗物的数量和规格、时间延续长度等方面，都是成都平原其他同期和同类遗址所无法比拟的，它反映的正是古蜀文明最为辉煌的时期，有丰富的文化遗存和发达的祭祀传统以及超大型聚落群，因此对它的发掘与研究将极大地拓展古蜀文明内涵与外延的空间维度与时间厚度。

目前的考古发掘与研究表明，金沙遗址是一处年代上起约公元前 20 世纪，下至约公元前 5 世纪，时间跨度长达 1500 多年的古文化遗址。约公元前 12 世纪，古蜀国迁都于此，开始了古蜀历史上一个全新的统治时代，其势力范围包括整个四川盆地，北到陕南的汉中盆地[1]，东至渝东鄂西之际，即夔门巫山之间[2]，东南可至乌江流域[3]；西南至大渡河和青衣江流域[4]，深刻影响了周边地区古代青铜文明。《尚书·牧誓》中所记载的参与武王伐纣之战的"蜀"，可能同金沙遗址所代表的古蜀王国时期相对应，目前金沙遗址聚落群没有发现城垣和高等级墓葬，发现有"祭祀区"和大型礼仪性建筑[5]。

---

[1] 西北大学文博学院：《城固宝山——1998 年发掘报告》，文物出版社，2002 年；西北大学文博学院、陕西省文物局：《城洋青铜器》，科学出版社，2006 年。

[2] 李学勤：《论繁蜀巢与西周早期的南方经营》，《南方丝绸之路研究论集》，巴蜀书社，2008 年，第 3～5 页。

[3] 重庆市文物考古所、重庆文化遗产保护中心、四川大学历史文化学院考古学系：《酉阳清源》，科学出版社，2009 年。

[4] 段渝：《成都通史·古蜀时期》，四川人民出版社，2011 年，第 61 页。

[5] 部分发掘者和研究者认为此类建筑属于宫殿，笔者以为证据链不足，未发现与其相对应的器物或附属物，而礼仪性建筑的证据略为充分，其位于祭祀区的北面，为不同祭祀对象体现，它周围有祭祀或礼仪痕迹，其建筑体量大，形制特殊，同周原凤雏"宫殿"建筑相类似，凸显了其特殊地位，其功能可能更像"宗庙"，而非"宫殿"建筑，其功能尚需进一步资料确证。

第四节　金沙遗址考古背景

（一）金沙遗址考古工作简史

自 20 世纪 50 年代以来，成都平原丰厚的历史和丰富的文化遗存，在今成都市区域表现最为突出，它体现了成都市区自商周以来，就是成都平原政治、经济以及文化中心，它得到了该地区近年考古发现与研究的证实。尤其是该地区先秦时期一系列重要考古发现，如十二桥遗址[①]、商业街船棺葬[②]、羊子山土台遗址[③]、新繁水观音遗址[④]等，这些发现与研究极大延伸和拓展了成都市先秦时期的历史与文化内涵。这些先秦遗址主要分布于今成都市的西边和南边，其中以西部最为丰富，如化成小区遗址[⑤]、抚琴小区遗址[⑥]、新一村遗址[⑦]、方池街遗址[⑧]、指挥街遗址[⑨]、岷江小区遗址[⑩]等，上述遗址中除了化成村遗址为宝墩文化外，其余均属于商周时期的文化遗存，以十二桥文化时期居多（图二）。

目前发现的这些商周时期遗址主要分布于古郫江西岸，古郫江自成都市西北向东南流，至通惠门折而向东流，与古检江平行流经成都南部。相较而言，过去成都先秦时期的考古工作主要集中于成都市老城区，老城区外的考古工作相对较少，而金沙遗址所处的成都西郊在 21 世纪以前，一直未有先秦时期的重要遗存发现，考古基础工作薄弱。金沙遗址片区在 20 世纪 90 年代以前未曾进行过正式的考古发掘工作，该区域一直没有商周时期的遗存发现。随着成都市城市建设的发展，这种状况得到了极大改观。该区域考古发现与研究从发展历程而言可分三个阶段，以 2001 年金沙遗址祭祀区的发现为节点。

第一阶段为 20 世纪 90 年代末期。1995～2000 年，成都市文物考古工作队对目前所认识的金沙遗址范围内的三处地点进行了不同规模的考古发掘，三处地点均位于金沙村摸底河以北的金牛区黄忠村，原遗址名为黄忠村遗址。当时仅认识到黄忠村遗址是一处典型的十二桥文化遗址，分布面积约 1 平方千米，并未认识到它是一处相当于都邑规模的大型遗址，也未认识到摸底河南岸的金沙村一带还分布着大面积的同期遗存。1995～1996 年为配合基本建设，在金牛区黄忠村的黄忠小区地点发现了商周时期遗存，随即进行了抢救性考古发掘，当时命名为黄忠村遗址，这是对

---

①　四川省文物考古研究院、成都文物考古研究所：《成都十二桥》，文物出版社，2009 年。

②　成都文物考古研究所：《成都商业街船棺葬》，文物出版社，2009 年。

③　四川省文物管理委员会：《成都羊子山土台遗址清理报告》，《考古学报》1957 年第 4 期。

④　四川省博物馆：《四川新凡县水观音遗址试掘简报》，《考古》1959 年第 8 期。

⑤　刘雨茂、荣远大：《成都市西郊化成村遗址 1999 年度发掘报告》，《成都考古发现（1999）》，科学出版社，2001 年。

⑥　资料现存成都文物考古研究院。

⑦　成都市文物考古研究所：《成都十二桥遗址新一村发掘简报》，《成都考古发现（2002）》，科学出版社，2003 年。

⑧　成都市博物馆考古队、成都市文物考古研究所：《成都方池街古遗址发掘报告》，《考古学报》2003 年第 2 期。

⑨　四川大学博物馆、成都市博物馆：《成都指挥街周代遗址发掘报告》，《南方民族考古（第一辑）》，四川大学出版社，1987 年。

⑩　李明斌、王方：《岷江小区遗址 1999 年第一期发掘》，《成都考古发现（1999）》，科学出版社，2001 年。

金沙遗址进行的首次考古发掘①。1999～2000 年在黄忠村的三和花园地点再次进行了大规模的考古发掘②，发掘面积达 2000 余平方米，该地点位于黄忠村的东北部，东临同和路，北抵羊西线，南面是黄忠小区一期地点。本次发掘最大收获是发现了一组大型建筑基址，认识到黄忠村遗址是一处分布面积约 100 万平方米的重要商周遗址。2000 年在金牛区金都和御都花园地点也进行了发掘工作，发现了大量灰坑及少量墓葬和陶窑③。另外，上述考古发掘还证实，该地点的西北部被一条西北—东南向的古河道冲毁，时间大约是在战国至汉初，三和花园地点的考古发掘是在金沙遗址确认之前对金沙遗址最大规模的一次考古发掘。该阶段工作特点主要只是对单个遗址点进行发掘与研究，发掘工作区域主要集中于摸底河北岸，南岸地区尚未涉及，没有进行区域系统调查与研究，对其遗址的性质和重要性亦估计不足。在 1995 年以前，金沙遗址地处成都市郊区，地表多为农田，自然村庄多，但相对集中，没有遭受到后世大规模城镇建设的破坏，基本保持着遗址废弃后的自然状态，遗址本体保存相对完整。

第二阶段即 2001 年金沙遗址祭祀区发现至 2011 年，该区域大规模发掘开始。为弄清遗址的范围、性质，同时为配合基本建设，我们开展了大规模密集的文物勘探及考古发掘。考古勘探探明金沙遗址的分布面积达 5 平方千米以上，主要分布于青羊区金沙村、龙嘴村和金牛区的黄忠村、红色村、郎家村等。勘探、发掘均以银杏路和蜀风路交叉处的西南角为基点，用象限法对遗址进行统一分区。依据发掘地点的分布位置，将该遗址共编为 50 个发掘区，各发掘点依据发掘区位和实际地名命名，如梅苑地点位于Ⅰ、Ⅳ区，发掘前为中房集团建设的梅苑项目，则命名为金沙遗址Ⅰ、Ⅳ区梅苑地点；探方、探沟总体编号为 2001CQJ（其中 2001 代表年份、C 代表成都、Q 代表青羊区、J 代表金沙村），各分区独立编号（例：Ⅰ区为 2001CQJⅠT、Ⅱ区为 2001CQJⅡT）。探方的规格最开始采用 5 米×5 米，后来根据发掘需要采用 10 米×10 米，探沟规格采用 5 米×10 米。探方、探沟之间的横向和纵向距离均设定为 5 的倍数；同时，每个探方、探沟设定一个固定的桩点，与附近的探沟、探方和基点相接应，以确保各探方、探沟间的连接误差在厘米级范围内。发掘过程中发现遗迹，按整个遗址发掘先后顺序统一编号，截至 2019 年 12 月前，对祭祀区外 100 余处地点进行抢救性考古发掘，发掘面积总计约 25 万平方米。目前发现大型祭祀区 1 处、大型建筑 3 座、墓葬 3000 余座、灰坑 8000 余个、陶窑 200 个、建筑遗迹 100 余座等。出土了金器、铜器、玉器、石器、漆木器等近 9000 余件，以及数百根象牙和数以万计的陶器。

自 2001 年起对金沙村梅苑地点进行数次考古发掘，发现了很多与祭祀活动相关的遗迹，出土

---

① 资料现存成都文物考古研究院。1995 年 12 月～1996 年 4 月，成都文物考古研究所对黄忠村的黄忠小区地点进行了文物勘探和考古发掘，发掘面积约 700 平方米。黄忠小区位于黄忠村的东部，东临同和路。该次发掘出土了大量陶器，典型器类有陶尖底杯、尖底盏、圈足罐、高领罐、器盖等，时代约当商代晚期至西周早期，是一处典型的商周时期文化遗址。

② 朱章义、刘骏、刘雨茂等：《成都市黄忠村遗址 1999 年度发掘的主要收获》，《成都考古发现（1999）》，科学出版社，2001 年。

③ 资料现存成都文物考古研究院。

了数以千计的铜、金、玉、石等珍贵文物，确认这是一处大型专门的祭祀区。与此同时，在对周边地区进行大规模系统的考古钻探与调查时，除了初步厘清该祭祀区的范围外，还相继发现了兰苑地点①、燕沙庭院墓地②、金沙上城③等多个遗址点，这些新发现遗址点与黄忠村遗址无论文化属性抑或是时代特征都有着非常紧密的联系，它们应属同一文化体系大型聚落遗址的不同部分，故将其纳入同一遗址，统一命名为金沙遗址。金沙遗址祭祀区的发现，确认该遗址是古蜀王国中心聚落的一个组成部分，金沙遗址是一处分布面积达 500 万平方米的古蜀中心聚落遗址。1995 年以前，该地区属于城乡接合部的农业区，随着成都市城市化建设的快速发展，金沙遗址所在区域迅速成为成都市区快速城市化进程的一部分，城市建设对该遗址的保护产生了巨大影响，期间机遇与困难并存，一方面大规模基本建设相继在周边地区进行，给遗址保护带来了极大危害，许多抢救性考古发掘也就从这个时期开始，发掘任务重、时间紧是当时发掘工作的主要特征，但另一方面也促进了金沙遗址的发掘与研究，为我们进一步认识金沙遗址神秘而丰厚的文化提供了难得的机遇。2008 年后，伴随着金沙遗址大规模考古发掘工作的结束，整个遗址的范围基本确定，一系列相关发掘简报、研究论文的发表也不同程度地解决了遗址的文化内涵、性质、分期与年代、族群、功能分区、文化交流与传播途径、聚落结构等问题。随着揭露范围不断扩大、研究层次不断深入，一系列谜团挥之不去，诸如金沙遗址如果作为十二桥文化时期古蜀国的都城，其城墙何在？如此规模的重要遗址，其高等级墓葬何在？如此之多遗物从何而来……这些问题一直困扰着发掘者及学术界同仁。为揭开谜底，从 2009 年至今，我们以配合基本建设进行的考古勘探、发掘和主动勘探、发掘两种方式对金沙遗址范围内部分区域进行了相关的考古工作，先后对 10 余处地点进行了考古发掘。但目前存在的问题也是不容回避的，由于基建任务的繁重，致使许多材料没有及时整理和消化，给后续的发掘与研究造成诸多困扰和缺憾。

　　第三阶段为整理期，即从 2012 年至今。随着金沙遗址周边地区大规模基本建设的减少，勘探与发掘工作也相应急剧减少，金沙遗址整理研究工作随之提上日程。目前正在集中整理的报告有祭祀区、三和花园、阳光地带二期等，其他地点的报告也正在推进。此前阶段考古发掘成果基本上是对金沙遗址商周遗存材料在数量上的丰富，同时也在一定程度上进行了补充，但一些亟待解决的重要问题仍然扑朔迷离。随着考古发掘与整理工作的持续深入，也给今后工作提供了新的思路，目前在金沙遗址范围内的考古发掘工作可能无法解释这一成都平原先秦时期极为重要的遗址的相关疑问，需将其置于成都平原商周时期聚落群的视野予以长时段观察，以期更为全面认识当时古蜀国的聚落结构及分区，从而深化金沙遗址的相关研究。这个时期的特点是个案和系统研究

① 　成都市文物考古研究所：《成都市金沙遗址“兰苑”地点发掘简报》，《成都考古发现（2001）》，科学出版社，2003 年。
② 　资料现存金沙遗址工作站。成都文物考古研究所：《成都市金沙遗址“黄河”地点墓葬发掘简报》，《成都考古发现（2012）》，科学出版社，2014 年；成都市文物考古研究所：《金沙村遗址人防地点发掘简报》，《成都考古发现（2003）》，科学出版社，2005 年；成都市文物考古研究所：《金沙遗址蜀风花园城二期地点试掘简报》，《成都考古发现（2001）》，科学出版社，2003 年。
③ 　资料现存金沙遗址工作站。

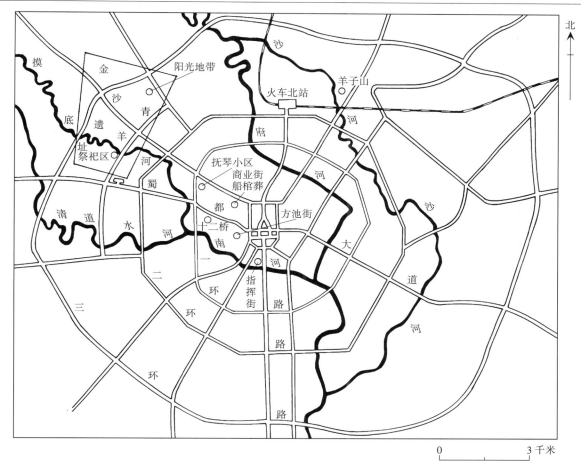

图三　金沙遗址分布范围示意图

严重滞后于发掘，没有形成有影响的成果，金沙遗址的文化内涵与时代特质以及聚落体系等方面研究没有得到充分的挖掘，这主要是囿于截至目前金沙遗址尚未出版一本正式的考古发掘报告，极大地阻碍了对金沙遗址的深入研究。为了尽快改变这一局面，2010 年金沙遗址发掘与整理五年规划的出台，使得一系列报告整理提上日程，相关整理工作也随之较快推进，特别是 2012 年后，这一局面得到了极大地改善，随着金沙遗址阳光地带二期地点报告的出版①和金沙遗址祭祀区报告结项以及其他地点整理工作的相继进行，金沙遗址丰富而深邃的文化内涵逐步得以揭示。

2001～2012 年，为配合城市基本建设，在金沙遗址范围内 70 余个地点进行了抢救性考古发掘，其中较为重要的地点有兰苑②、雍锦湾③、金沙国际④、万博置业⑤等地点，这些地点主要分

①　成都文物考古研究院、成都金沙遗址博物馆：《金沙遗址——阳光地带二期地点发掘报告》，文物出版社，2017 年。

②　成都市文物考古研究所：《成都市金沙遗址"兰苑"地点发掘简报》，《成都考古发现（2001）》，科学出版社，2003 年。

③　资料现存成都文物考古研究院。

④　成都文物考古研究所：《金沙遗址"国际花园"地点发掘简报》，《成都考古发现（2004）》，科学出版社，2006 年。

⑤　成都市文物考古研究所：《成都金沙遗址万博地点考古勘探与发掘收获》，《成都考古发现（2002）》，科学出版社，2003 年。

布于摸底河南北两岸，它们沿摸底河两岸呈带状分布（图三至五）。在这些地点新发现了大型建筑区（多称为"宫殿区"）和一批居址区、墓地、作坊区等重要遗迹，这些考古新发现极大地丰富了金沙遗址的文化内涵和时间维度。从空间上而言，该聚落内部有着明显的结构分层，聚落结构体系复杂，对于了解金沙遗址聚落的空间分布和功能体系提供了极好的考古材料；从时间上

图四　金沙遗址发掘点位置示意图

1. 黄忠村一组　2. 三和花园　3. 金都花园　4. 金沙村一组　5. 御都花园　6. 兰苑　7. 置信金沙园一期　8. 金沙上城（金煜）　9. 将王府　10. 博雅庭韵　11. 罡正　12. 人防　13. 芙蓉苑北区　14. 芙蓉苑南区　15. 燕沙庭院　16. 金牛区路灯管理处　17. 春雨花间　18. 家在回廊　19. 汉隆　20. 金港湾　21. 阳光金沙二期　22. 金沙国际　23. 千和馨城　24. 祭祀区发掘地点　25. 郎家村精品小区配套地点　26. 金沙遗址博物馆游客接待中心　27. 金域港湾　28. 金沙遗址博物馆陈列馆　29. 西廷雅舍　30. 蓝光雍锦湾　31. 龙嘴六祖拆迁房地点　32. 金沙遗址博物馆停车场及文保中心　33. 金牛区城乡一体化 3 号地点　34. 泰基花语廊　35. 金牛区城乡一体化 5 号 A 地点　36. 金牛区城乡一体化 5 号 B 地点　37. 迎宾路小学　38. 金牛区城乡一体化 7 号 A 地点　39. 西城天下　40. 龙嘴五组拆迁房地点　41. 华润房产　42. 尚瑞天韵　43. 金沙朗寓　44. 金牛区残联培训中心　45. 中环西岸观邸　46. 华置西锦城　47. 金牛区城乡一体化 5 号 C 地点　48. 龙嘴 G 线　49. 红色村小学

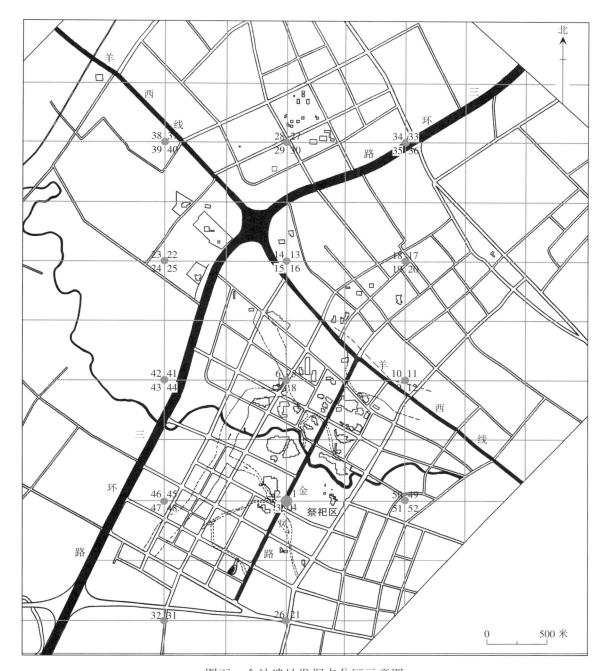

图五　金沙遗址发掘点分区示意图

而言，遗址存在着不同时段的古蜀文化遗存，历时性特征明显，对于该遗址不同时期聚落边界的变迁提供了重要的信息，是成都平原商周时期一个较为完整而连续的聚落体系，它的发掘与研究将极大地促进该地区商周时期聚落考古的发展。金沙遗址的发掘与研究极大丰富了古蜀文明的历史，凸显了成都平原在古蜀文明史上举足轻重的地位。金沙遗址祭祀区地点的发掘正是这个时期金沙遗址系统发掘与研究工作的一个重要组成部分。

（二）金沙遗址研究现状及相关问题

1. 研究现状

（1）发掘简报

金沙遗址经过大规模的考古发掘，部分地点已撰写简报公布了大批发掘材料，并于简报中就发掘地点的文化面貌、文化性质、遗存时代、功能、与金沙遗址其他地点的相互关系等问题进行了相关研究，并取得一些阶段性成果。一系列发掘简报的公布，使得金沙遗址新石器时代及商周时期遗存的文化内涵逐渐清晰。我们认识到金沙遗址新石器时代遗存的文化性质属于宝墩文化，年代处于宝墩文化三、四期，为距今约 4000 年前后，遗迹现象包括灰坑、墓葬、窑址、灰沟等，出土遗物有陶器、石器等。陶器组合为花边罐、花边高领罐、高领罐、敞口圈足尊、宽沿平底尊、盆、壶、器盖等；石器有斧、锛、凿、饼、璧等。商周时期遗存的文化性质主要属于三星堆文化、十二桥文化及新一村文化，以十二桥文化为主体，年代从商代早期至春秋晚期。该遗址内发现的遗迹现象包括灰坑、墓葬、窑址、灰沟、井、灶、祭祀坑、房址等，出土遗物包括金器、玉器、铜器、骨器、木器、陶器、石器等。陶器主要有小平底罐、壶、瓶、盉、盘、豆、细柄豆形器座、敛口罐、直口罐、束颈罐、瓮、缸、盆、尖底杯、尖底盏、尖底罐、高领罐、矮领罐、广肩罐、折肩罐、喇叭口罐、盘口罐、垂腹罐、簋形器、盂形器、釜、器座、器盖等，陶器组合随着年代变迁也发生相应变化。石器主要有斧、锛、凿、璋、璧、饼、钺、琮、矛、磬、跪坐人像、动物形器等。玉器主要有璋、琮、锛、钺、矛、剑、斧、圭、凿、璧、镯、环、玉海贝、珠等。金器包括多边形器、圆形器、人物形器、动物形器、喇叭形器、"几"字形器等。铜器则包括戈、矛、剑、镞、钺、璋、尊、簋、釜、挂饰、璧、人像、动物形器、多边形器、几何形器等。骨器则多以象牙、鹿角、鹿骨、牛骨、野猪獠牙等制成，器类主要有矛、镞、锥形器、柱形器、圆形器、管状形器等。木器以木雕彩绘神人头像、虎头漆器、兽面像及建筑构件最具代表性。

（2）年代与分期研究

目前金沙遗址各发掘点的发表简报中对各发掘点遗存的年代均进行了相关探讨，并有部分简报对各遗存点的商周遗存进行了分期研究。《成都市黄忠村遗址 1999 年度发掘的主要收获》一文最早对金沙遗址的年代进行了讨论，发掘者认为黄忠村商周时期遗址的年代约当商代晚期至西周早期，是一处典型的商周时期古蜀文化遗址[①]。

朱章义等对金沙遗址的时代进行了分析，他们首先将金沙遗址放入整个成都平原先秦考古学文化序列中进行考察，即宝墩文化—三星堆文化—十二桥文化—上汪家拐遗存。从出土陶器的情况判断金沙遗址商周时期遗存应归属于十二桥文化，并对部分地点进行了年代推断，推测梅苑地

---

① 朱章义、刘骏：《成都市黄忠村遗址 1999 年度发掘的主要收获》，《成都考古发现（1999）》，科学出版社，2001 年。

点年代可以从十二桥文化一期晚段延续到二期晚段；兰苑地点时代略早，约相当于十二桥文化一期早段和晚段偏早；体育公园地点的年代相当于十二桥文化一期晚段。综合这些因素判定金沙遗址的时代约在商代晚期—春秋时期①。

在《长江上游的巴蜀文化》一书中，赵殿增、李明斌先生基于兰苑、体育公园和黄忠村的材料，将金沙遗址归入十二桥文化第一期（该书将十二桥文化分为三期），与之同时代的还有十二桥遗址第一期、水观音、月亮湾遗存第二期、羊子山土台和岷江小区，年代约在殷墟至西周前期。同时认为金沙遗址是十二桥文化的中心和典型遗址②。

在《蜀文化尖底陶器续论——兼谈成都金沙遗址的时代》一文中，宋治民先生以尖底陶器为主要线索，结合其他陶器的情况，将金沙遗址归属于十二桥文化。宋先生认为十二桥文化的年代可定为西周后期至春秋；金沙遗址所出陶器与新一村遗存出土陶器在组合及陶器特征上较为相似，并将新一村遗存归属于十二桥文化晚期，年代推断在春秋后期。所以金沙遗址的年代可大致推断在春秋后期③。在后来的《蜀文化研究之反思——为纪念三星堆祭祀坑发现二十周年而作》一文中，宋先生更详细地阐述了这样的认识，从蜀文化的典型陶器入手，将整个蜀文化分为五期（共七段）。金沙遗址与新一村、岷江小区被归入第四期（即第六段），该文主要使用的金沙遗址的材料有兰苑、万博及蜀风花园地点④。

在《神秘的王国——对三星堆文明的初步理解和解释》一书中，孙华和苏荣誉先生认为黄忠村遗址和金沙村遗址属于同一个遗址，其时代也基本相同，他们认为黄忠村遗址"年代从商代后期偏晚阶段一直延续到了春秋晚期，经历了十二桥文化、新一村文化，其最晚的遗存已经跨入了青羊宫文化，其年代延续近700年（公元前1200~前500年），主要遗存的年代集中在商代末期至西周前期的十二桥文化阶段"⑤。

江章华先生结合金沙遗址各发掘点的材料，通过分析和对比各发掘点出土陶器在器物组合及特征上的差异，并结合墓葬形制及随葬器物的组合，对金沙遗址商周时期遗存进行了系统的分期研究。江先生将金沙遗址商周时期遗存分为六期，年代范围推断为商末—春秋晚期。结合分期结果对金沙遗址的聚落变迁进行了分析，认为二至四期是金沙聚落最为繁盛的时期，到了五、六期，金沙聚落已明显衰落⑥。

（3）文化性质研究

金沙遗址目前已发掘地点达100余处，发表简报20余篇，除金沙遗址郎家村精品房地点外，多数发掘者认为金沙遗址商周时期遗存与成都十二桥遗址的文化面貌相似，其文化性质应属于十二桥文化。

① 朱章义、张擎、王方：《成都金沙遗址的发现、发掘与意义》，《四川文物》2002年第2期。
② 赵殿增、李明斌：《长江上游的巴蜀文化》，湖北教育出版社，2004年，第316~324页。
③ 宋治民：《蜀文化尖底陶器续论——兼谈成都金沙遗址的时代》，《四川文物》2005年第6期。
④ 宋治民：《蜀文化研究之反思——为纪念三星堆祭祀坑发现二十周年而作》，《四川文物》2006年第4期。
⑤ 孙华、苏荣誉：《神秘的王国——对三星堆文明的初步理解和解释》，巴蜀书社，2003年，第177页。
⑥ 江章华：《金沙遗址的初步分析》，《文物》2010年第2期。

　　个别学者亦有异议，如郎家村精品房地点的商周遗存发掘者认为其应属于三星堆文化[1]。江章华先生认为精品房地点各地层单位的陶器特征比较接近，将其整体归入金沙遗址商周时期遗存分期的第一期，年代与十二桥遗址的第13、12层相近，为商代晚期，文化性质属于十二桥文化[2]。马兰将精品房地点的商周时期遗存分为2期3段，认为精品房地点的早期文化遗存中虽有一定的三星堆文化因素，但该地点的主体年代已处于三星堆文化向十二桥文化的过渡阶段，其文化面貌与十二桥文化相似之处更多，应归入十二桥文化[3]。于孟洲等先生认为精品房地点的陶器组合不见三星堆文化的较多器类，且与三星堆文化相关的较多器类在形制上也出现了差异，相反却与十二桥文化早期在陶器组合上更为接近，将其归入十二桥文化较为妥帖[4]。施劲松先生认为金沙遗址祭祀区大量出土的遗物大多与三星堆遗址两个祭祀坑出土的祭祀用器相同或相近，表明金沙遗物所代表的文化延续三星堆文化的传统[5]。十二桥文化和三星堆文化并无太多实质性差异，若考虑到金沙遗址祭祀区和三星堆遗址祭祀坑出土遗物的共性，以及它们所反映的相同的价值体系等，不妨将这两种文化视为同一个文化传统早晚两个不同发展阶段。同时他认为十二桥文化与东周时期巴蜀文化的面貌与内涵差别很大，二者之间存在"断裂"现象[6]。其最新观点认为"金沙遗址出土了大量青铜器、金器、玉器、石器、象牙等，它们不仅风格与三星堆同类遗物相同，而且表明该文化与三星堆文化具有相同的知识系统和价值系统。从这个角度看，二者或许同为三星堆文化"[7]。

　　（4）青铜器、金器及玉石器研究

　　金沙遗址出土了大量金器、玉石器和青铜器等精美文物，引起了学界的广泛关注。张擎[8]、朱章义、王方[9]、高大伦[10]、朱乃诚[11]等先生从制作技术、风格、原料产地等角度对金沙遗址出土的玉器进行了探讨。除了与三星堆文化进行对比来探索其文化渊源外，还注意到其与长江下游新石器时代良渚文化的联系。这些研究对于认识金沙遗址的性质及遗存的文化属性探讨具有重要意义，也为研究不同地区之间的文化交流提供了很好的视角。另外，也有不少学者对金沙遗址出土的金器和青铜器进行了研究。如金正耀等几位先生通过对铜器的铅同位素的分析，认为商周时期

① 成都文物考古研究所：《成都市金沙遗址郎家村"精品房"地点发掘简报》，《成都考古发现（2004）》，科学出版社，2006年。
② 江章华：《金沙遗址的初步分析》，《文物》2010年第2期。
③ 马兰：《金沙遗址郎家村"精品房"地点文化遗存初步研究》，《四川文物》2011年第3期。
④ 于孟洲、夏微：《三星堆文化向十二桥文化变迁的相关问题——从金沙遗址兰苑地点谈起》，《南方民族考古（第七辑）》，科学出版社，2011年。
⑤ 施劲松：《金沙遗址祭祀区出土遗物研究》，《考古学报》2011年第2期。
⑥ 施劲松：《十二桥遗址与十二桥文化》，《考古》2015年第2期。
⑦ 施劲松：《三星堆文化的再思考》，《四川文物》2017年第3期。
⑧ 张擎：《金沙遗址出土的两件文物介绍》，《南方文物》2007年第2期。
⑨ 朱章义、王方：《成都金沙遗址出土玉琮初步研究》，《文物》2004年第4期。
⑩ 高大伦：《成都金沙商周遗址出土"玉眼形器"的初步研究》，《四川文物》2002年第2期。
⑪ 朱乃诚：《金沙良渚玉琮的年代和来源》，《中华文化论坛》2005年第4期。

的金沙遗址虽然仍主要延续利用原来三星堆文化时期的矿产源区，但同时也开始多方探寻新的矿产源区①。另外黄剑华②、陈淳③等先生则试图解读出这些器物背后所代表的文化、政治和思想信息，这样的探索深化了金沙遗址的文化内涵研究，同时对于金沙遗址的性质和时代判定也有一定的帮助。

（5）遗址古环境研究

金沙遗址的发现同样引起了自然学科研究者的关注。傅顺等先生通过对金沙遗址的孢粉分析，认为金沙遗址商周时期总体上属于热带和亚热带的温暖湿润气候，并有温暖湿润与温暖干旱气候交替现象发生④。还有研究者通过对金沙遗址出土的大量象牙及其他动物骨骼的分析，提出金沙遗址商周时期有着丰富的动植物种类，而且有部分为驯养动物⑤。这些研究为深入探讨金沙遗址的聚落变迁奠定了基础，也体现了多学科结合进行考古学研究的趋势。

（6）遗址性质研究

朱章义等认为金沙遗址有一定的布局结构，同时遗址出土了大量的礼仪性用器和一些与宗教有关的特殊遗迹现象，这些都是一般聚落所无法比拟的，并初步认为这是一处大型古蜀文化中心遗址，可能为古蜀国在商代晚期至西周时期的都邑⑥。持这一意见者还有王方等⑦。

陈显丹先生通过分析金沙遗址出土的精美遗物，认为其绝大部分属于礼器，尤其是发现的金冠，其人头像、鸟、鱼的图案与三星堆遗址出土的金杖极为相似，再结合其遗迹分布的区域性、特殊性以及出土的具有礼器性质的陶器，初步判定金沙遗址是继广汉三星堆遗址后的成都平原另一时期的都城⑧。

孙华和苏荣誉先生认为"金沙村遗址很可能应当是当时成都城的一个工场遗址，这个工场包括了已经发现的玉石器作坊、骨牙器作坊和还没有揭露的青铜器作坊，作坊旁还有为这些作坊服务的府库，用以贮藏原料和加工完毕的器物……金沙村遗址就应当是当时成都南部或南郊的作坊区，城的中心很可能应当在今摸底河的北面，已经发掘的黄忠村遗址的那一部分就是这个城邑的北部或北郊的所在"⑨。

---

①　金正耀、朱炳泉、常向阳等：《成都金沙遗址铜器研究》，《文物》2004 年第 7 期。
②　黄剑华：《金沙遗址出土青铜立人像探析》，《成都文物》2003 年第 3 期；黄剑华：《金沙遗址出土金蛙之寓意探析》，《东南文化》2004 年第 1 期；黄剑华：《金沙遗址金冠带图案探析》，《文博》2004 年第 1 期。
③　陈淳：《古蜀金器"射鱼纹"之我见》，《中国文物报》2004 年 8 月 27 日第 7 版。
④　傅顺、王成善、江章华等：《成都金沙遗址区古环境初步研究》，《江汉考古》2006 年第 1 期；傅顺、叶青培、王成善等：《金沙遗址古环境状况的综合探讨》，《中国地质》2005 年第 32 卷第 3 期。
⑤　刘建：《成都金沙遗址脊椎动物及古环境研究》，成都理工大学 2004 年硕士学位论文；黄剑华：《金沙遗址出土象牙的由来》，《成都理工大学学报·社会科学版》2004 年第 12 卷第 3 期。
⑥　朱章义、张擎、王方：《成都金沙遗址的发现、发掘与意义》，《四川文物》2002 年第 2 期。
⑦　王方、张擎、朱章义：《金沙——一个可能是古蜀国都邑的地方》，《文物天地》2002 年第 5 期。
⑧　陈显丹：《成都金沙遗址出土文物相关问题的讨论》，《中华文化论坛》2003 年第 4 期。
⑨　孙华、苏荣誉：《神秘的王国——对三星堆文明的初步理解和解释》，巴蜀书社，2003 年，第 177、178 页。

　　江章华先生认为若将金沙遗址作为十二桥文化时期古蜀国的都邑所在地还存在三点疑问，其一，作为王都没有明确的边界，金沙遗址因为没有发现城圈，不像三星堆都城有城圈，比较好确认边界；其二，最重要的祭祀区位于遗存密集分布区的东南边缘，其东部和南部却未发现什么遗存分布；其三，金沙遗址已发现 2000 余座墓葬，却没有发现一座较大型的墓葬，这些墓葬也没有明显的地位悬殊，且多位于居住区附近，甚至与居住区重叠。通过分析，江先生推测金沙遗址可能是十二桥文化时期古蜀国的宗庙所在地①。

2. 存在问题

（1）商周时期遗存的分期研究过于粗放

　　金沙遗址商周时期遗存的分期研究一直是学界努力探索的重要课题，也是系统深入研究金沙遗址其他相关问题的基础。目前综合已发表资料进行的系统分期研究成果甚少，我们发现在以往的资料报道或分期研究中，研究者或仅据单个地点的资料提出分期意见，或对金沙遗址商周遗存进行了整体的分期研究，由于缺乏典型遗存系统的分析与比较，如未对金沙遗址商周时期的典型遗物或遗存进行系统类型学和综合研究，使得分期还无法达到较精细的程度。同时囿于已有的文化分期认识，忽视了新材料和新信息的挖掘，使得我们的研究认识长期以来未有突破性发展的状态。作为成都平原十二桥文化的一处中心遗址，金沙遗址不仅规模庞大、延续时间长，而且出土遗物十分丰富，文化遗存非常具有代表性，这就使得金沙遗址商周遗存的分期成为十二桥文化分期的典型代表，在十二桥文化的分期研究中占据着其他遗址无法替代的显要位置，同时也是成都平原商周时期文化遗存分期研究的标杆。金沙遗址的系统分期研究是开展金沙遗址商周时期遗存的文化性质、遗址性质、聚落考古等方面研究的基础。对其开展系统的研究，进一步佐证了规范的田野考古工作与整理是开展考古学深入研究的基石。

（2）文化性质辨析尚需深入

　　从目前的发现与研究观察，学界多认为金沙遗址商周时期遗存属于十二桥文化，过去对于金沙遗址商周时期遗存文化性质的讨论难免偏颇和简单化，这是囿于过去对金沙遗址考古资料的系统编年和十二桥文化谱系研究基础工作阙如造成。随着近年来发表资料的不断增多，祭祀区第二期遗存属于三星堆文化或三星堆文化与十二桥文化之间的过渡时期遗存的认识逐渐得到认同，同时新一村文化作为西周晚期至春秋时期成都平原青铜文化的认识，也迫切需要得到关注。另外，因周边同时期资料的积累日趋增多，越来越多的研究者认为需要加以关注和重新审视古蜀文化类似祭祀区第二期遗存的文化内涵与时代特征及性质等问题。这也是金沙遗址研究中的一项重要课题。金沙遗址祭祀区地点商周时期遗存显示的特质，无疑对于探讨古蜀人文化演变的"精进性"范式特征提供了理想的研究资料，同时对于金沙遗址在成都平原商周时期聚落体系中的地位研究

---

①　江章华：《金沙遗址的初步分析》，《文物》2010 年第 2 期。

有着重要的意义。

（3）遗址性质判定

现今学术界对于金沙遗址作为三星堆遗址后成都平原商周时期的又一典型遗址已无异议。对其本身性质上的判定主要有都邑说、宗庙说或祭祀场所、作坊说三类，作坊说就目前来看证据极为薄弱，说服力较差。结合已有的考古发掘情况看，金沙遗址还缺乏很多作为都邑的因素，如没有发现像三星堆遗址那样的城墙，没有发现金器、铜器和玉石器等的加工作坊遗迹等，没有发现等级较高的类似于蜀王的墓葬等。如果金沙遗址仅是十二桥文化时期古蜀国的祭祀所在地，其与三星堆遗址相似的象征王权的众多精美器物出土、媲美宫殿的大型建筑的发现以及遗址功能区分明显的结构布局，似乎又与其所体现的身份不相匹配。因此这个谜题还有待于金沙遗址本身遗存材料的进一步释读，并将该遗址纳入整个成都平原商周遗址群考察，结合新的考古材料深入研究方能揭开。

（4）金沙遗址与同时期其他区域遗址的交流互动及文化传播途径

研究表明金沙遗址所代表的考古学文化，其主体是在继承和发扬三星堆文化的基础上形成具有独立地域特点的本土文化，同时受到外来文化的影响。通过对金沙遗址商周时期遗存的分析研究，我们可以清楚看见外来文化影响的痕迹，深刻体会到诸如良渚文化、中原商周文化、楚文化、石地坝文化等因素与本土文化的激烈碰撞与融合。但在金沙遗址商周时期遗存长达1000年的延续时间里，这些外来文化进入成都平原与金沙交往的时间、途径则极为模糊。因此，加强此方面的研究必将对全面廓清金沙遗址文化面貌、判定遗址性质，完善成都平原先秦文化序列等方面研究起到极为重要的作用。

受制于传统的学术认识，自金沙遗址发现以来，学者几乎一致认为金沙遗址即是三星堆文化衰落之后，在今成都市发展起来的中心聚落，但对金沙遗址目前的考古材料分析与研究揭示，这一认识可能是不全面的，有待进一步反思。

（5）聚落研究基本处于空白

聚落在考古学上是指在可以辨别的特定时期内某一人群居住、生活及相关活动的时空单元①。聚落考古以聚落为对象，研究其具体形态及其反映的社会形态，进而研究聚落形态的演变所反映的社会形态的发展轨迹，可纳入社会考古学的范畴②。聚落的空间分布与地理位置、地貌类型、自然环境以及经济类型等密切相关。聚落遗址的大小及数量与社会政治、经济、文化的发展变化和人口的增减等因素紧密地联系在一起。聚落内各类遗存共时性的确定，聚落内部结构的研究是聚落形态的基本内容，又是空间聚落形态和历时聚落形态研究的基础。要研究一个聚落内部结构

---

① 中国国家博物馆田野考古研究中心、山西省考古研究所、运城市文物保护研究所：《运城盆地东部聚落考古调查与研究》，文物出版社，2011年，第7页。

② 严文明：《关于聚落考古的方法问题》，《中国聚落考古的理论与实践（第一辑）——纪念新砦遗址发掘30周年学术研讨会论文集》，科学出版社，2010年，第10页。

和平面布局，关键是确定一系列相应遗存的共时性问题。由于目前金沙遗址聚落群系统资料发表有限，对该遗址的共时性与历时性基础研究尚未系统进行，基于此的聚落考古也就无从谈起。

目前对金沙遗址聚落的研究，仅有江章华先生的《成都平原先秦聚落变迁分析》[1] 和周志清的《金沙遗址聚落形态的初步认识》[2]，文中对金沙遗址的聚落规模、结构等进行过研究。江先生认为十二桥文化时期的一般聚落规模均不大，但十二桥文化中心聚落的规模则较大。金沙遗址作为中心聚落，目前确认的遗址面积在 5 平方千米，但其聚落规模远未达到如此，伴随着时间的推移，聚落规模也在发生变化。他指出金沙遗址商代晚期时聚落规模较小，春秋时期聚落已衰落，规模也不大，聚落最繁盛的时期在西周时期，结合发表资料认为当在 2 平方千米左右。同时认为十二桥文化时期的金沙遗址，其内部有明显的功能分区，比如祭祀区、大型礼仪建筑区、墓葬区、居住区等。囿于公布材料的有限及对聚落环境方面的知识知之甚少，聚落结构内部的共时性和历时性研究的欠缺，目前对金沙遗址的聚落分布、聚落密度与规模、聚落结构、聚落变迁的时间及成因等方面仍不能窥其全貌，我们需要更多的关注和获取这方面的信息并促进相关研究的开展。

（三）祭祀区考古工作经过

金沙遗址东距成都市中心约 5 千米，摸底河由西向东横穿遗址中部，将遗址分为南、北两半，然后流向东南，在青羊宫附近汇入清水河（彩版一，1）。该遗址的东南面有十二桥、抚琴小区、方池街、指挥街等遗址组成的绵延 10 余千米的商周遗址群，东北相距约 8 千米为 1954 年发掘的羊子山土台遗址，往北约 38 千米是著名的广汉三星堆遗址。祭祀区地点的发现与确认是认识金沙遗址聚落分布、结构、性质的关键要素之一，对该地点的发掘整理也将成为研究金沙遗址文化内涵与时代特征以及十二桥文化分期、分区等问题的重要节点。

2001 年 2 月 8 日下午，中房集团成都房地产开发总公司在位于成都市西郊的青羊区金沙村一组修建蜀风花园大街，在开挖下水沟时发现了大量的玉石器、铜器和象牙。成都市文物考古工作队闻讯后立即派员赶赴现场，开展清理和追缴流失文物的工作，随后在遗址范围内进行了大规模的抢救性清理、文物勘探及发掘工作，与此同时在道路周边和南部的中房成都地产梅苑地点约 22 万平方米范围内进行了大面积勘探，以确定祭祀区的分布范围。勘探方式是使用全站仪间距 20 米统一布探沟，共布 2.5 米×10 米的探沟 200 余条（彩版一，2）。经考古勘探确认在金沙遗址梅苑地点北部商周时期的文化堆积分布面积约 8 万平方米，其中以大量珍贵文物集中出土为特征的遗存，分布于梅苑东北部约 8000 平方米的范围内，该范围也就是我们后来俗称的"祭祀区"。该遗存毗邻古河道，所发现的遗迹和出土遗物具有鲜明的祭祀遗存的特征，与周边同时期遗存形成明显的差异。

为了方便今后发掘区定位、命名及研究的需要，以规划道路银杏路和蜀风路交叉处西南角为

① 江章华：《成都平原先秦聚落变迁分析》，《考古》2015 年第 4 期。
② 周志清：《金沙遗址聚落形态的初步认识》，《中国聚落考古的理论与实践（第一辑）——纪念新砦遗址发掘 30 周年学术研讨会论文集》，科学出版社，2010 年。

基点，用象限法对金沙遗址统一分区。祭祀区地点位于金沙遗址的东南部，跨第Ⅰ区和第Ⅳ区。从 2002 年 2 月～2005 年 3 月，成都文物考古研究所（2017 年 6 月改为成都文物考古研究院）先后对该地点进行了数次发掘，探方按正北向布方，共布 5 米×5 米探方 235 个。发掘时依据实际情况，将探方改变为 5 米×5 米探方 179 个，5 米×10 米探方 6 个，10 米×10 米探方 15 个，共计面积 6275 平方米。由于遗迹和遗物异常丰富，东区大部分探方采用原址保护，未发掘至生土，仅有西区、中区合计面积 2300 平方米的探方发掘至生土。该地点先后在同一地点不同区域进行了三次较大规模的发掘，现按年度将其分为三个区，东区即 2001 年度发掘区；中区即 2004 年上半年发掘区；西区即 2004 年下半年发掘区；目前已经揭露的祭祀遗存 65 处、灰坑 32 个、灰沟 1 条（图六至八）。

东区位于梅苑地点的东北部，该区正式发掘从 2002 年 2 月开始至同年 7 月结束，共布 5 米×5 米的探方 145 个，发掘面积 3625 平方米（彩版二；彩版三，1）。发掘区内所有探方堆积地层进行了统一编号，因保护需要，大部分探方发掘至第 8 层停止，部分探方发掘至第 10 层。该区受建筑施工影响较大，三条机挖沟自西北向东南穿过，对发掘区地层堆积破坏严重。从机挖沟暴露的剖面观察，遗址的地层堆积厚达 5 米，可分为 20 层（彩版三，2）。东区共清理出商周时期祭祀遗迹（即礼仪性遗迹）26 个，出土金器、玉器、铜器、石器、骨器、漆木器等 1800 余件及数百根象牙和数以万计的陶器。本年度发掘领队为王毅，参与发掘人员有朱章义、张擎、陈剑、冯先成、王方、刘骏、倪林忠、王黎明、宋世友、王仲雄、陈西平、刘守强、何强、徐石、李继超、陈贵元、胡大刚。工地现场绘图人员有曾雳、李福秀、卢引科、李夏廷。现场照片由张擎完成。

为全面弄清祭祀区地点的地层堆积序列，确认祭祀遗存的分布范围，廓清遗址的文化面貌，2004 年度相继在发掘区中部、西部进行考古发掘。

中区位于梅苑地点的中北部，该区的发掘将东、西发掘区有机地连接。本区发掘时间为 2003 年 2 月～2004 年 7 月，共布 5 米×5 米探方 7 个，发掘面积 175 平方米。发掘区内探方堆积地层未遭破坏，地层进行统一编号，共编为 24 层，均发掘至生土。共清理出祭祀遗迹 3 个、灰坑 5 个，出土一定数量金器、玉器、铜器、石器等礼仪性遗物及大量陶器。此次发掘领队为王毅，参与发掘人员有朱章义、张擎、刘骏、王黎明、陈西平、姜世良、陈红、刘守强、何强、王仲雄。工地现场绘图由李福秀完成。现场照片由刘骏完成。

西区位于梅苑地点的西部，发掘时间为 2004 年 9 月～2005 年 2 月，共布 5 米×5 米探方 27 个、10 米×10 米探方 15 个、5 米×10 米探方 6 个，发掘面积 2475 平方米（彩版四，1）。发掘区内探方堆积地层未遭破坏，地层进行统一编号，共编为 44 层，均发掘至生土。共清理出祭祀遗迹 36 个、灰坑 27 个，出土了大量金器、玉器、铜器、石器等礼仪性器物及数以万计的陶器。本次发掘领队为王毅，参与发掘人员有朱章义、张擎、刘骏、姜铭、何锟宇、倪林忠、宋世友、姜世良、程远福、何强、高攀、李平、陈贵元。工地现场绘图人员有卢引科、李福秀。现场照片由张擎、朱桃仙完成。

（四）报告整理编写经过

由于祭祀区发掘延续时间较长，期间考古发掘与保护工作因保护目的或其他原因，也是时断时续，加上参加人员众多，系统整理工作一直未能充分而有效地进行。自2008年以后，随着金沙遗址周边基本建设项目的逐渐萎缩，祭祀区报告的系统整理提上日程，在2010年6月，由时任成都文物考古研究所王毅所长牵头，江章华副所长和朱章义副馆长协助，张擎负责编制了金沙遗址报告整理规划，其中祭祀区材料作为第一批重点整理对象，为此组成了专门的整理小组。此后祭祀区报告的整理工作进入攻坚时期。因金沙遗址整理与编写过程历时较长、参加人员众多，为了体现各阶段的整理工作进程和人员参与情况，下文按时间顺序将祭祀区整理过程分五个阶段，简述如下。

第一阶段　2001年金沙遗址发现后对采集物的整理随即开始，参加人员有陈剑、王方、曾凡；现场清理人员有朱章义、张擎、冯先成、陈西平、王黎明、姜世良、宋世友、刘守强、倪林忠、陈红、卢引科及成都市文物处尹良盛。2001年，金沙遗址梅苑祭祀区东区阶段性工作完毕后，对所出土的大量珍贵文物进行了初步的整理研究，并完成《成都金沙遗址Ⅰ区"梅苑"东北部地点发掘一期简报》的撰写及出版。参与资料整理人员包括朱章义、张擎、王方、陈剑、周志清、刘骏、唐飞、陈云洪、戴福尧、张希存、张家秀。绘图人员包括曾雯、李福秀、李夏廷、卢引科。描图由曾雯完成。摄影由李绪成、李升完成。

第二阶段　2002~2004年主要配合祭祀区发掘，期间继续对2001年采集的遗物进行整理，整理工作分为两个部分，一是对残损遗物的修复和清理；二是进行采集遗物信息的采集和编写工作，期间出版了《金沙淘珍——成都市金沙村遗址出土文物》一书。参加人员有北京大学孙华教授，成都文物考古研究所朱章义、张擎、王方、李明斌、谢涛、唐飞、周志清、刘骏、徐石、戴福尧、孙杰、白玉龙等。绘图人员有曾雯、李福秀、卢引科、李夏廷。

第三阶段　2005~2010年，开始对梅苑祭祀区发掘区域内的所有出土遗物及文字资料进行全面系统整理。至2011年年底，基本完成祭祀区所有文物的清洗、文物上号、文物上架、标本选取、纹饰拓片的工作。参与资料整理人员有朱章义、张擎、王方、王林、刘骏、王占魁、姜铭、刘珂、戴福尧、陈贵元、徐石、何强。文物修复由张希存、张家秀、唐建芳、李红水、张彩蓉完成。拓片由严兵、戴福尧完成。文字资料的编号整理及照片的整理成册工作由任焕莉、朱桃仙、刘建兰完成。

第四阶段　2012~2015年由张擎正式负责祭祀区报告的整理，2012年随着国家社会科学基金重大项目"金沙遗址祭祀区考古发掘研究报告"（编号：12&ZD192）的立项，祭祀区报告的整理与研究进入加速期，相关研究成果和测试也随之刊布。这个阶段主要工作内容是进行系统类型学分析和完成统计、相关遗物的分析测试、绘图等基础工作，目前已经完成了遗物的统计工作、类型学分析，绘图工作完成98%，各类测试报告也相继完成。参加整理人员有张擎、王占魁、吴楠、李福秀。绘图由寇加强负责。遗物分类和拓片由戴福尧负责。

第五阶段　2015~2016 年，张擎因工作需要调离成都文物考古研究所，自 2016 年起，为了按计划将本课题顺利结项，由周志清负责继续完成该课题的结项收尾工作。王占魁继续承担发掘报告的主要整理工作。此外四川大学考古学系研究生祝铭、刘梦华、何芩，武汉大学考古系研究生张春秀、郝晓晓，厦门大学人类学系熊乔谯，陕西师范大学研究生林娜娜，四川艺术职业学院刘睿、童玄磊也参加了相关的资料整理工作。绘图为寇家强。杨颖东负责出土铜器的金相分析报告；北京大学考古文博学院崔剑锋博士和四川大学考古系黎海超博士负责铜器微量元素分析；何锟宇、中国社会科学院考古研究所李志鹏博士负责动物遗存报告；姜铭、闫雪、王树芝负责植物遗存报告；闫雪负责树木鉴定报告。四川大学考古学系原海兵博士负责人骨鉴定工作。本报告统稿由周志清负责，考古发掘报告文字部分由周志清、王占魁、张擎、田剑波负责。

第六阶段　2016~2022 年，本阶段参与报告整理与编写工作的主要有周志清、田剑波、王占魁、陈睿、唐建芳、孙志辉、郝晓晓、邓江艳、刘利等。2018 年年底完成发掘报告的定稿。与此同时该阶段祭祀区附录中的其他相关报告也先后完成，为报告的顺利出版提供支持。成都文物考古研究院的何锟宇、成都金沙遗址博物馆郑漫丽完成祭祀区动物报告撰写；杨颖东等完成祭祀区青铜器金相分析报告撰写；姜铭等完成祭祀区植物遗存报告；中国社会科学院考古研究所王树芝、成都文物考古研究院闫雪等完成祭祀区树木鉴定报告；四川大学考古文博学院的黎海超教授完成祭祀区铜器微量元素报告撰写；四川大学考古文博学院的原海兵副教授完成祭祀区出土人骨鉴定报告；成都理工大学的李永昭教授等完成金沙遗址古环境报告撰写；另外新补充了祭祀区和周边地区商周遗址的碳 – 14 测年数据。本阶段统稿和校对工作由周志清、田剑波、唐建芳等完成。

（五）报告编写结构

本报告按年度分区依单位进行描述与分析，最后形成祭祀区的整体分期与年代认识及问题展望。附录部分包括相关的科技分析，涵盖动植物、古环境、金相、铅同位素以及遗物保护和科技应用等内容。

第二章　祭祀区地层堆积

金沙遗址祭祀区根据发掘目的和保护工作需要等原因，先后经历三次较大规模的发掘，这三次发掘虽然系在同一布方系统下进行，发掘区尽管紧密相连，但因地层保存情况参差不一，实际工作中地层划分仅实现年度统一，而未实现整个发掘区的统一，再加上各发掘区发掘深度深浅不一，为了描述和研究的方便以及翔实发表材料，本报告地层堆积描述按区分述如下。

第一节　西区地层堆积

西区即 2004～2005 年发掘区域内的 99 个小探方，该区位于祭祀区的西北部，地层堆积以坡状堆积为主，可分 44 层。现以 I T7205～I T7216 西壁（图九；彩版四，2）及 I T6511～I T7211 南壁（图一〇）为例简述如下（彩版五，1、2）。

第 1 层：灰色砂质土，结构疏松，质地较软。为略有起伏的水平状堆积，厚约 0～0.2 米。堆积遍布整个发掘区。包含物有现代砖块、瓦片、瓷片、碎陶片、石块及植物根系等，为现代耕土层。

第 2 层：浅黄色砂黏土，土质较疏松。为略有起伏的水平状堆积，距地表深约 0～0.2 米，厚 0～0.2 米。堆积遍布整个发掘区。包含物有青花瓷片、白瓷片及少量陶片，该层堆积时代推测为明清时期。

第 3 层：灰黄色黏土，土质较硬，结构较紧密，带黏性，呈块状。为略有起伏的水平状堆积，距地表深约 0.05～0.35 米，厚约 0～0.3 米。除西北部局部缺失外，遍布整个发掘区。包含物有青釉、白釉瓷片，该层堆积时代推测为唐宋时期。

第 4 层：青灰色黏土，土质较硬，结构较紧密，带黏性。为略有起伏的层状堆积，距地表深约 0.2～0.55 米，厚约 0～0.5 米。除发掘区南部局部缺失外，遍布整个发掘区。包含物有绳纹陶片、瓦当和商周时期陶片，该层堆积时代推测为汉代。

第 5 层：灰黄色黏砂土，土质较硬，结构较紧密，含细砂，带黏性。随地势为略有起伏的层状堆积，距地表深约 0.5～0.75 米，厚约 0～0.6 米。除发掘区西北部个别探方局部缺失外，遍布整个发掘区。包含物有少量褐色陶片，可辨器形有尖底杯、尖底盏、敛口罐、矮领罐、盆、瓮、绳纹圜底罐、豆柄等。石器和铜器少见。该层堆积时代推测为商周时期。

第 6 层：灰黄色砂性土，土质松软，含较多细黄沙。随地势为略有起伏的坡状堆积，南高北低，距地表深约 0.15 ~ 0.95 米，厚约 0 ~ 0.6 米。除发掘区西北部个别探方局部缺失外，遍布整个发掘区。出土少量夹砂及泥质陶片，可辨器形有尖底盏、敛口罐、矮领罐、盆、瓮、绳纹圜底罐、簋形器、盘、圈足、豆柄等。玉器仅有璧，另见少量铜器。该层堆积时代推测为商周时期。

第 7 层：褐色砂性土，夹杂大量褐色斑块，土质坚硬，结构紧密。为略有起伏的水平状堆积，距地表深约 0.5 ~ 0.75 米，厚约 0 ~ 0.6 米。主要分布于发掘区的东南部。包含物以陶片为主，可辨器形有尖底罐、敛口罐、矮领罐、缸、瓮、釜、簋形器、器纽、圈足、豆柄等。另有一定数量的玉、石器及少量铜器。该层堆积时代推测为商周时期。

第 8 层：灰白色砂土，土质较软，纯净，含沙重。为略有起伏的水平状堆积，距地表深约 0.35 ~ 1.25 米，厚约 0 ~ 0.3 米。除发掘区东北部缺失外，发掘区大部都可以见到。包含物主要为陶片，可辨器形有尖底杯、尖底盏、尖底罐、敛口罐、高领罐、矮领罐、盆、瓮、簋形器、器盖、圈足、豆盘、豆柄等。另有少量的石器和铜器。该层堆积时代推测为商周时期。

第 9 层：褐色砂性土，夹杂有较多的褐色斑点，土质紧密。为起伏略大的层状堆积，距地表深约 0.35 ~ 1.55 米，厚约 0 ~ 0.45 米。除发掘区南部探方局部缺失外，遍布整个发掘区。包含物有大量陶片，可辨器形有尖底杯、尖底盏、尖底罐、小平底罐、敛口罐、高领罐、矮领罐、束颈罐、壶、盆、瓮、簋形器、器座、器盖、圈足、豆盘、豆柄等。石器仅见个别。该层堆积时代推测为商周时期。

第 10 层：褐色砂性土，夹杂有较多的褐色斑点，土质紧密。为略有起伏的层状堆积，距地表深约 1.25 ~ 1.65 米，厚约 0 ~ 0.1 米。除了发掘区南部探方缺失外，主要分布于发掘区西北部。包含物有大量陶片，可辨器形有尖底杯、尖底盏、尖底罐、敛口罐、高领罐、矮领罐、束颈罐、壶、盆、瓮、绳纹圜底罐、釜、长颈罐、簋形器、盘、器纽、器座、盆形器、网坠、圈足、豆柄等。另有一定数量玉、石器和铜器，其中玉器有凿、斧、锛形器、戈，石器有斧、凿，铜器有戈、挂饰、镞、圆角方孔形器等。该层堆积时代推测为商周时期。

第 11 层：黑色砂性土，夹杂有大量草木灰、炭屑，土质松软。随地势呈略有起伏的坡状堆积，西高东低、南高北低，距地表深约 1.55 ~ 1.65 米，厚约 0 ~ 0.1 米。除了发掘区南部探方缺失外，主要分布于发掘区西北部。包含物有大量陶片，可辨器形有尖底杯、尖底盏、敛口罐、高领罐、矮领罐、束颈罐、壶、盆、缸、瓮、绳纹圜底罐、釜、长颈罐、簋形器、杯、器纽、器座、纺轮、圈足、豆柄等。另有一定数量的玉、石器，铜器仅见个别，残留物还可见有卜甲和兽骨堆积。该层堆积时代推测为商周时期。

第 12 层：褐色黏砂土，土质坚硬，结构紧密。随地势呈略有起伏的坡状堆积，西高东低、南高北低，距地表深约 1.3 ~ 1.8 米，厚约 0 ~ 0.3 米。分布于发掘区的中南部。包含物以陶片为主，可辨器形有尖底杯、尖底盏、尖底罐、敛口罐、高领罐、矮领罐、束颈罐、壶、盆、缸、瓮、绳纹圜底罐、长颈罐、簋形器、盘、器纽、器座、纺轮、圈足、豆柄等。另有一定数量的玉石器和铜器，其中玉器有凿、璧、斧，石器有璋、斧、璧，铜器有挂饰和环形器。该层堆积时代推测为商周时期。

第13层：灰色砂性土，夹杂黄色斑块，土质松软，略含沙性。随地势呈略有起伏的坡状堆积，西高东低，距地表深约1.2~1.5米，厚约0~0.2米。除发掘区西北部局部缺失外，遍布于整个发掘区。包含物有大量陶片，可辨器形有尖底杯、尖底盏、尖底罐、小平底罐、敛口罐、高领罐、矮领罐、束颈罐、壶、盆、缸、瓮、篦形器、盘、帽形器、器盖、器座、圈足、纺轮、豆盘、豆柄等。另有少量玉、石器，玉器有璋、斧、璧、环等，石器有矛、璋、斧、璧等。该层堆积时代推测为商周时期。

第14层：黑褐色砂性土，夹杂有大量炭屑和兽骨，土质松软。随地势呈略有起伏的坡状堆积，南高北低，距地表深约1.1~1.65米，厚约0~0.1米。基本分布于整个发掘区。包含物有大量陶片，可辨器形有尖底杯、尖底盏、尖底罐、小平底罐、瓮形器、敛口罐、高领罐、矮领罐、束颈罐、壶、瓶、盆、瓮、篦形器、圈足豆、桶形器、瓠形器、帽形器、器盖、圈足、纺轮、豆柄等。另伴有少量石器和铜器，玉器仅见个别。该层堆积时代推测为商周时期。

第15层：灰褐色砂性土，夹杂有少量灰烬、炭屑，湿度较重，结构紧密。随地势呈略有起伏的坡状堆积，南高北低，距地表深约1.3~1.75米，厚约0~0.4米。基本分布于整个发掘区。包含物有大量陶片，可辨器形有尖底杯、尖底盏、尖底罐、小平底罐、瓮形器、敛口罐、高领罐、矮领罐、束颈罐、壶、盆、瓮、杯、器座、器盖、器纽、纺轮、豆柄等。另伴有一定数量的石器和少量铜器。该层堆积时代推测为商周时期。

第16层：褐色砂性土，夹杂有少量炭屑，湿度较重，结构紧密。随地势呈起伏较大的坡状堆积，西高东低、南高北低，距地表深约0.75~1.95米，厚约0~0.35米。基本分布于整个发掘区。出土了大量陶片，可辨器形有尖底杯、尖底盏、尖底罐、小平底罐、瓮形器、敛口罐、高领罐、矮领罐、束颈罐、壶、盆、瓮、杯、器座、器盖、器纽、纺轮、豆柄等。另有少量的石器和铜器。该层堆积时代推测为商周时期。

第17层：黑褐色砂性土，夹杂有大量灰烬炭屑，结构疏松，略带黏性。随地势呈起伏较大的坡状堆积，西高东低、南高北低，距地表深约0.85~2.15米，厚约0~0.5米。堆积基本上分布于整个发掘区。包含物以陶片为主，可辨器形有尖底杯、尖底盏、尖底罐、小平底罐、瓮形器、敛口罐、高领罐、矮领罐、束颈罐、壶、瓶、盆、瓮、瓠形器、器盖、器纽、纺轮、豆柄等。另有少量玉、石器，石器有璋、斧、璧等，玉器有璧、锛、珠，铜器仅见镞。该层堆积时代推测为商周时期。

第18层可分二亚层。

第18a层：灰褐色砂性土，含较多褐色斑点和细小砂粒，结构紧密。随地势呈起伏较大的坡状堆积，南高北低，距地表深约0.8~2.3米，厚约0~0.4米。主要分布于发掘区的中北部。包含物出土了极少陶片，可辨器形有尖底杯、尖底盏、小平底罐、瓮形器、敛口罐、高领罐、矮领罐、束颈罐、壶、瓶、盆、瓮、瓠形器、器盖、器纽、纺轮、豆柄等。另有少量玉石器和铜器，石器有璋、璧、长条形器等，玉器有凿、斧、锛，铜器有镞和锥形器。该层堆积时代推测为商周时期。

第36层：黄色黏砂土，夹杂少量的红烧土颗粒和炭屑，湿度重，黏性强，结构紧密。随地势呈起伏略大的坡状堆积，西高东低，距地表深约 2.2 ~ 2.5 米，厚约 0 ~ 0.3 米。分布于发掘区的西南部。包含物有大量陶片，可辨器形主要有花边口沿罐、敞口尊形器、喇叭口高领罐、束颈罐、敛口钵、器底。另有个别玉器，为斧。该层堆积时代推测为新石器时代晚期。

第37层：紫褐色黏砂土，夹杂有红烧土颗粒及少量炭屑，湿度重，黏性强，结构疏松。随地势呈起伏略大的层状堆积，西高东低，距地表深约 2.35 ~ 2.7 米，厚约 0 ~ 0.3 米。分布于发掘区的中部。包含物有大量陶片，器形较为丰富，可辨器形主要有绳纹花边口沿罐、敞口尊形器、喇叭口高领罐、束颈罐、钵、臼形器、器底、圈足。该层堆积时代推测为新石器时代晚期。

第38层：青灰色淤土，湿度重，黏性强，土质松软，结构紧密。随地势呈起伏较大的坡状堆积，西高东低，距地表深约 2.5 ~ 3.15 米，厚约 0 ~ 0.6 米。基本分布于整个发掘区东南部。包含物有少量陶片，可辨器形主要有花边口沿罐、喇叭口高领罐、盆、敛口罐、敛口钵、圈足、器底。该层堆积时代推测为新石器时代晚期。

第39层：黑色淤土，夹杂有树枝、树叶等，湿度重，黏性强，土质松软。随地势呈起伏较大的坡状堆积，西高东低，距地表深约 2.8 ~ 3.45 米，厚约 0 ~ 0.85 米。基本分布于整个发掘区西南偏中。包含物以陶片为主，器类较为丰富，可辨器形有花边口沿罐、敞口尊形器、宽沿平底尊形器、盆、高领罐、圈足等。另有少量石器，仅有 1 件柱形器。该层堆积时代推测为新石器时代晚期。

第40层：黑色砂性土，夹杂有卵石、树枝、树叶等，结构疏松，土质松软。随地势呈起伏略大的坡状堆积，西高东低，距地表深约 3 ~ 4.1 米，厚约 0 ~ 0.25 米。分布于发掘区的西部和西南部。包含物以陶片为主，陶器可辨器形主要有绳纹花边口沿罐、宽或窄沿尊形器、曲沿尊形器、壶、高领罐、束颈罐、盆形器、器盖、钵等。该层堆积时代推测为新石器时代晚期。

第41层：黄褐色砂土，夹杂有零星卵石，黏性强，呈块状，结构紧密。随地势呈起伏略大的坡状堆积，西高东低，距地表深约 2.8 ~ 4.2 米，厚约 0 ~ 0.9 米。分布于发掘区的西部和西南部。包含物仅见少量陶片，可辨器形仅有花边口沿罐、敞口尊形器。该层堆积时代推测为新石器时代晚期。

第42层：深灰色淤土，黏性强，土质松软。包含物极少。随地势呈起伏略大的坡状堆积，西高东低，距地表深约 2.9 ~ 4.4 米，厚约 0 ~ 0.4 米。分布于发掘区的西部和西南部。包含物以陶片为主，可辨器形有花边口沿罐、喇叭口高领罐、宽沿尊形器、器底。另有少量石器，有锛、奇石。该层堆积时代推测为新石器时代晚期。

第43层：黑灰色砂性土，夹杂有树叶等，土质松软，结构疏松。随地势呈起伏略大的坡状堆积，西高东低，距地表深约 3 ~ 4.8 米，厚约 0 ~ 0.45 米。分布于发掘区的西部和西南部。包含物较少，仅见少量陶片，可辨器形有喇叭口高领罐、宽沿尊形器、敛口罐。该层堆积时代推测为新石器时代晚期。

第44层：黑色砂性土，夹杂有树叶等，土质松软。随地势呈起伏较大的坡状堆积，西高东低，距地表深约 3.2 ~ 3.9 米，厚约 0 ~ 0.35 米。分布于发掘区的西部和西南部。包含物以陶片为主,可辨器形有绳纹花边口沿罐、喇叭口高领罐、器底等,以绳纹花边口沿罐为主。该层堆积时代推测为新石器时代晚期。

第1层为近现代耕土层,第2层时代推测为明清时期,第3层时代推测为唐宋时期,第4层时代推测为汉代,第5~34层时代推测为商周时期,第35~44层时代推测为新石器时代。

第二节 中区地层堆积

中区包括2004年度发掘区域内的7个探方,均发掘至生土。此次发掘区的地层堆积依其顺序统一编号为29层,很多探方地层分布有缺失。现以ⅠT7304~ⅠT7309西壁剖面(图一一)和ⅠT7307~ⅠT7407北壁剖面(图一二)为例简述如下。

第1层:灰黑色腐殖土,结构紧密,质地湿重。地层堆积形状呈水平状,发掘区内均有分布,厚0.3~0.45米。地层内包含有现代砖块、瓦块、塑料、植物根块等现代遗物。该堆积为近现代耕土层。

第2层:灰黄色黏砂土,结构紧密,质地板结。地层堆积形状呈水平状,发掘区内均有分布,距地表深约0.3~0.45米,厚约0.05~0.15米。地层内包含有个别青灰瓦块、炭粒及零星的青花、白釉瓷片等。时代推测为明清时期。

第3层:浅灰黄色砂黏土,质地略为板结,结构较为紧密。地层堆积形状呈水平状,距地表深0.4~0.55米,厚0.1~0.2米,发掘区内均有分布。地层中包含有少量浅黄釉、黄釉、青釉、青灰釉瓷片,可辨器形有罐、碗、碟等,另在地层内还发现少量鹅卵石。时代推测为唐宋时期。

第4层:青灰色黏土,结构紧密,质地板结。堆积形状呈水平状,发掘区内均有分布,距地表深0.55~0.65米,厚0.1~0.25米。地层内包含有零星夹砂褐陶、黑陶片及少量粗绳纹青灰陶片、瓦片及汉砖。时代推测为汉代。

第5层:黄灰色砂黏土,质地细腻,结构疏松。地层堆积形状随地势呈坡状,主要分布在ⅠT7307~ⅠT7309、ⅠT7407探方内,距地表深0.7~0.8米,厚0~0.4米。该层土质较纯净,地层内包含有零星夹砂陶片,可辨器形仅见罐。时代推测为商周时期。

第6层:浅褐色黏砂土,另夹杂较多水质铁锈斑点,土质干燥,结构紧密。地层堆积形状随地势呈坡状,主要分布在ⅠT7307~ⅠT7309、ⅠT7407探方内,距地表深0.9~1.3米,厚0~0.25米。地层内包含有零星夹砂褐陶片,陶片较为残碎,无可辨器形。时代推测为商周时期。

第7层:青灰色砂土,为河水冲积形成,土质松散,结构疏松。地层堆积形状随地势呈坡状,主要分布在ⅠT7307~ⅠT7309、ⅠT7407,距地表深1.1~1.25米,厚0~0.4米。地层内包含有零星夹砂褐陶、红褐陶片及零星木炭颗粒。时代推测为商周时期。

第8层:浅黄色砂黏土,结构疏松。地层堆积形状随地势呈坡状,该层主要分布在ⅠT7307~ⅠT7309、ⅠT7407探方内,距地表深1.25~1.7米,厚0~0.5米。地层内包含有少量夹砂褐陶、灰陶片,可辨器形仅有罐。时代推测为商周时期。

第9层：灰黄色黏砂土，结构紧密，质地板结。地层堆积形状随地势呈坡状，该层主要分布在ⅠT7306～ⅠT7309、ⅠT7407探方内，距地表深0.65～1.8米，厚0～0.6米。地层内包含有少量夹砂褐陶、灰陶及个别泥质灰陶片，可辨器形有尖底盏、尖底杯、罐等。另外还出土有少量美石，磨制玉、石斧等与祭祀遗存相关的遗物。时代推测为商周时期。开口于该层下有较多灰坑，这些灰坑直接打破第12、13、14层，如H7041、H7042。

第10层：褐色砂黏土，土质细腻，结构疏松。地层堆积形状随地势呈坡状，主要分布在ⅠT7309探方内，距地表深1.65～2米，厚0～0.15米。地层内包含有少许灰烬和较多夹砂褐陶、红褐陶片以及个别夹砂灰陶和泥制灰白陶片，可辨器形有圈足罐、罐、尖底杯。时代推测为商周时期。

第11层：黑褐色砂黏土，土质细腻，结构疏松。地层堆积形状随地势呈坡状，主要分布在ⅠT7309、ⅠT7407探方内，距地表深1.75～2.15米，厚0～0.4米。地层内包含有大量草木灰烬和零星烧土颗粒，另有大量的夹砂褐陶、红褐陶、灰陶片，可辨器形有罐、豆柄、灯形器柄、喇叭形豆柄、高领罐、器盖、小平底罐、盉、圈足罐、大口瓮、圈足器等，其纹饰主要为绳纹，其次为划纹，另有个别泥质尖底杯、小平底罐及打制的盘状石核、磨制石凿、石片等。时代推测为商周时期。

第12层：浅黄砂黏土，质地细腻，结构紧密。地层堆积形状由南向北随地势呈坡状，推测为人工夯筑堆积形成，主要分布在ⅠT7307～ⅠT7309等几个探方内，距地表深1.8～2.55米，厚0～0.6米。地层内土质较纯净，包含遗物较少，仅见少量泥质灰黄陶、灰陶和夹砂褐陶、红陶片，可辨器形有豆盘、小平底罐、尖底盏（残）、罐（方格纹）、圈足罐、小平底罐等。另外还出土有少量打制小型盘状石器、磨制石片及个别卵石等。时代推测为商周时期。

第13层：深黄色黏土，夹杂黄褐色斑块，呈花土状，土质板硬，结构紧密，可能为人工有意识活动形成。地层堆积随地势呈斜坡状，主要分布在ⅠT7306～ⅠT7309、ⅠT7407几个探方内，距地表深0.7～2.7米，厚0～0.25米。地层土质较纯净，包含有少量夹砂陶片（外褐内灰、外黑内褐）和泥质灰陶片，可辨器形有高领罐、豆柄、小平底罐、尖底器、圈足器，个别陶片上饰绳纹。另外从该层开始出现较多打制小型盘状石核及个别条形磨制石斧。时代推测为商周时期。

第14层：灰黄色砂黏土，结构疏松，质地湿润。地层堆积形状随地势呈斜坡状，主要分布在ⅠT7307～ⅠT7309、ⅠT7407探方内，距地表深约2～2.75米，厚约0～0.75米。地层内包含有夹砂红褐陶、褐陶、灰陶和泥质灰陶片，可辨器形有罐、高柄豆（居多）、小平底罐、盉、瓮、尖底器、器盖、豆柄等。另外还伴出有少许小型打制盘状石器（直径8～10厘米），个别大型打制盘状石器等。时代推测为商周时期。

第15层：灰黑色黏砂土，质地湿重，黏性强，结构疏松。地层堆积形状随地势呈斜坡状，主要分布在ⅠT7407、ⅠT7307探方内，距地表深2.2～2.9米，厚0～0.2米。地层内包含有石璋、石锛、石璧、石璧坯料等石器，还有个别磨制石璋残块等。另外还伴出有大量陶器，夹砂陶居多，褐陶为主，其次为灰陶、红陶、黑陶，可辨器形有豆柄、盆、罐、小平底罐、盉足、瓮、镂孔圈足器、器盖、敛口罐，纹饰有绳纹、划纹、网纹等。特别值得注意的是该层夹杂有较多竹、木灰烬和零星烧土颗粒、兽骨、牙齿等动植物遗骸。时代推测为商周时期。

第 16 层：浅黄灰色砂黏土，质地板结，结构较为紧密。地层堆积形状随地势呈坡状，主要分布在ⅠT7306、ⅠT7307 探方内，距地表深 1.7～2.95 米，厚 0～0.65 米。地层内包含有零星灰烬和少量夹砂灰陶、褐胎陶片，可辨器形有高柄豆、罐等。时代推测为商周时期。

第 17 层：灰色黏砂土，结构紧密。地层堆积形状随地势呈坡状，主要分布在ⅠT7306 探方内，距地表深 0.65～2.3 米，厚 0～0.75 米。地层内包含有少量夹砂红褐陶、褐陶、灰陶、内褐外黑和泥质灰黑陶片，可辨器形有豆柄、罐（口沿上施戳印纹，肩部饰绳纹）、器盖、高柄豆等。时代推测为商周时期。

第 18 层：灰色砂黏土，结构松软。地层堆积形状随地势呈坡状，主要分布在ⅠT7306、ⅠT7307 探方内，距地表深 0.9～2.85 米，厚 0～0.6 米。地层内包含有零星夹砂红褐陶片，可辨器形有豆柄、罐等。时代推测为商周时期。

第 19 层：灰黄色砂黏土，结构疏松。地层堆积形状随地势呈坡状，主要分布在ⅠT7305、ⅠT7306 探方内，距地表深 0.7～2.55 米，厚 0～1.15 米。地层内包含有少量夹砂红褐胎陶片，陶片破碎严重，无可辨器形。时代推测为商周时期。

第 20 层：灰青色黏砂土，质地湿重，结构松软。地层堆积形状随地势呈坡状，主要分布在ⅠT7305、ⅠT7306 探方内，距地表深 0.9～2.9 米，厚 0～0.55 米。地层内包含有少许夹砂红褐陶片，陶片比较破碎，无可辨器形。时代推测为商周时期。

第 21 层：黄灰色黏砂土，夹杂有少许青灰土、灰砂，质地湿重板结，结构紧密。地层堆积形状随地势呈水平状，主要分布在ⅠT7305～ⅠT7307 探方内，距地表深 2.8～3.05 米，厚 0～0.25 米。地层内包含有少许夹砂红褐陶片，可辨器形有圈足器、罐。另伴出有个别盘状石器、圆形象牙骨器。时代推测为商周时期。

第 22 层：黄褐色黏砂土，结构略紧密。地层堆积形状随地势呈斜坡状，主要分布在ⅠT7305、ⅠT7306 探方内，距地表深 0.75～3 米，厚 0～0.3 米。地层内包含有较多夹砂褐陶、红陶、灰陶片，以褐陶为主，另有少量泥质灰黑陶片，可辨器形有罐、盆、瓮、豆柄，少量陶片上饰有绳纹、划纹。另外，该层内还出土有少量卵石。时代推测为商周时期。

第 23 层：浅黄色砂黏土，质地湿重，夹较多水锈斑块，结构紧密。地层堆积形状随地势呈水平状，主要分布在ⅠT7306 探方内，距地表深 2.85～3.25 米，厚 0～0.25 米。地层内包含有零星夹砂红褐陶、褐陶、灰陶片，可辨器形有豆柄、器盖等。时代推测为商周时期。

第 24 层：青灰色淤土，质地湿重，结构紧密。地层堆积形状随地势呈斜坡状。该层为河相沉积，为河道淤积形成的河床淤积土，主要分布在ⅠT7304、ⅠT7306～ⅠT7309 探方内。距地表深 0.65～3.35 米，厚 0～1.3 米。淤土内包含有零星夹砂褐陶、灰碎陶片和少许被炭化的树木枝块。时代推测为商周时期。

该区地层资料仅介绍到 24 层，无 25 ~ 29 层资料，但 29 层有遗物。依据遗物判断为商周时期。

第 1 层为近现代耕土层，第 2 层时代推测为明清时期，第 3 层时代推测为唐宋时期，第 4 层时代推测为汉代，第 5 ~ 24 层时代推测为商周时期。

第三节　东区地层堆积

该区受到建筑施工影响较大，三条机挖沟自西北向东南穿过，对发掘区地层堆积破坏严重。从机挖沟暴露的剖面观察，遗址的地层堆积最厚达 5 米，可分为 20 层。东区发掘 145 个探方，全部探方均未发掘至生土，地层堆积统一编号，由于考虑后期保护，大部分探方仅发掘至第 6 层，部分探方发掘至第 14 层。现以机挖沟南壁（图一三）、西壁南段（图一四）、ⅠT7507 ~ ⅠT8307 北壁（图一五）、ⅣT8301 ~ ⅣT8305 和 ⅠT8301 ~ ⅠT8309 西壁（图一六 A）及 ⅠT8202、ⅠT8302 南壁（图一六 B；彩版五，3）为例简述如下。

第 1 层：耕土层，灰黑色腐殖土，结构略紧密，湿度重。地层堆积形状大致呈水平状，发掘区内均有分布，厚约 0 ~ 0.35 米。地层中包含有现代瓦块、红砖、塑料等建筑垃圾和大量植物根须、树叶等植物遗存。时代推测为近现代。

第 2 层：灰黄色砂土，结构略显紧密。地层堆积形状大致呈水平状，发掘区内均有分布，距地表深约 0.2 ~ 0.35 米，厚约 0 ~ 0.35 米。地层中包含有个别青灰瓦块及零星青花、青白、白釉瓷片等。时代推测为明清时期。

第 3 层：浅灰黄色黏砂土，结构较为紧密。地层堆积形状大致呈水平状，发掘区内均有分布，距地表深约 0 ~ 0.45 米，厚约 0.05 ~ 0.15 米。地层内包含有少量青灰石块、炭屑粒和浅黄釉、青釉、酱釉瓷片，可辨器形有碗、罐、碟等，另外还出土有个别青砖头、卵石等。时代推测为唐宋时期。

第 4 层：青灰色黏土，湿度略大，黏性重，结构紧密。地层堆积形状大致呈水平状，发掘区内均有分布，距地表深约 0 ~ 0.55 米，厚约 0.05 ~ 0.5 米。地层内包含有少量青灰陶片、绳纹板瓦、筒瓦、井圈等残片，以及个别夹砂褐、红褐陶片等。时代推测为汉代。开口于该层下有一条古河道，分布于发掘区东部边缘，流向为西北—东南向。

第 5 层：灰黄色砂黏土，结构略紧密，土质较纯净。堆积形状略呈坡状堆积，发掘区均有分布，距地表深约 0.2 ~ 0.95 米，厚约 0.1 ~ 0.35 米。堆积内含少量夹砂陶片和玉石器及铜器，陶器可辨器形有尖底盏、敛口罐、高领罐、矮领罐、束颈罐、盆、缸、瓮、绳纹圜底罐、盘口罐、长颈罐、簋形器、盘、纺轮、豆盘等，玉器有戈、锛、凿、璧、珠、刀形器等，石器有璋、虎、锛、凿等，铜器有镞、璧、挂饰、虎等。时代推测为东周时期。

第 6 层：青黄色黏砂土，地层中夹杂有褐色结核斑，质地略板结，结构紧密。地层堆积形状随地势呈坡状，发掘区均有分布，距地表深 0.35 ~ 1.1 米，厚 0 ~ 0.5 米。地层中包含有较多夹砂陶片，同时还伴出较多玉器、石器、铜器等，陶器可辨器形有尖底盏、尖底罐、敛口罐、矮领罐、束颈罐、瓶、盆、缸、瓮、盆形器、釜、盘口罐、簋形器、器盖、器纽、圈足、豆柄等，玉器有璋、锛、凿、角形器、琮、箍形器、璧、环、镯、玉带等，石器有矛、斧、锛、环等，铜器有戈、镞、锥形器、长条形器、铃、叉形器、璧、挂饰、圆角方孔形器、眼泡、龙形器、鸟、虎、鱼形器、蝉等，金器有鱼形金箔饰等。时代推测为商周时期。

第7层：黄褐色黏砂土，质地板硬，结构紧密。地层堆积形状随地势呈坡状，距地表深约1～1.25米，厚0.75～1.25米。地层内包含有较多夹砂陶片，并出土较多玉器、石器、铜器等大批礼仪性遗物。陶器可辨器形有尖底杯、尖底盏、尖底罐、小平底罐、瓮形器、敛口罐、高领罐、矮领罐、壶、瓶、盆、缸、瓷、绳纹圜底罐、釜、长颈罐、篦形器、桶形器、盘、器纽、纺轮、器座、盆形器、圈足、豆盘、豆柄等，玉器有戈、矛、剑、钺、璋、圭、斧、锛形器、凿、凹刃凿形器、琮、箍形器、璧、环、镯、玦、珠、玛瑙珠、梭子形器、菱形器，石器有璋、斧、锛、凿、挂饰、璧、纺轮、球、虎、蛇、跪坐人像等，铜器有戈、镞、锥形器、长条形器、铃、箍形器、挂饰、圆角方孔形器、牌饰、鸟、蛇、蝉、牛、怪兽、罍等，金器有蛙形饰、鱼形金箔饰等，骨角器仅见鹿角。时代推测为商周时期。

第8层：依据颜色和质地差异，可分a、b、c、d四个亚层，地层堆积形状呈坡状，该堆积疑是人为有意识活动所致。

第8a层：黄色黏砂土，质地细腻、略板硬，结构紧密。距地表深约0.75～1.7米，厚约0～0.3米。地层内土层纯净，包含个别卵石和少量夹砂陶片，陶器可辨器形有尖底杯、尖底盏，另外还伴出有少许金器、玉器、铜器等遗物。时代推测为商周时期。

第8b层：深黄色黏砂土，质地板硬，结构紧密。距地表深1.05～1.4米，厚0～0.5米。包含物有个别卵石和少许夹砂陶片、象牙、玉器、铜片、金器等。时代推测为商周时期。

第8c层：黄色黏砂土，质地细腻，结构较疏松。距地表深1.2～1.7米，厚0～0.55米。该层包含物有陶器、玉器、铜器和金器。陶器数量相对较多，可辨器形有尖底杯、尖底盏、瓮形器、盆、器纽、器底等，玉器有玉海贝佩饰、珠，铜器、金器数量较少，且均为残片，器形不可辨。时代推测为商周时期。

第8d层：浅黄色黏砂土，质地细腻，结构较疏松。距地表深1.4～1.85米，厚0～0.3米。该层包含物有陶器和玉器，数量较少。陶器可辨器形有尖底杯、器盖、器座、器底等，玉器有矛、串珠、玛瑙珠。时代推测为商周时期。

第9层：依据颜色和质地的些微差异，可分为两个亚层，地层堆积形状随地势呈坡状，该堆积疑是人为有意识活动所致。

第9a层：灰褐色砂黏土，质地细腻，结构疏松。距地表深约1.6～1.8米，厚约0.1～0.35米。地层内含较多夹砂陶器、高柄豆、小平底罐，铜器、铜片、小铜戈、佩饰，金片，玉器、玉凿、残片等，以及少许象牙、象牙料、象牙珠。时代推测为商周时期。

第9b层：灰色砂黏土，夹杂有少许褐色结核斑点，土质纯净，结构疏松。距地表深约1.8～2米，厚约0～0.55米。地层堆积内含有少许夹砂陶器，可辨器形有小平底罐、罐，铜器有铜片、饰件，玉器有凿、璋以及象牙、象牙料等。时代推测为商周时期。

第10层：灰黄色黏砂土，质地板硬，结构紧密。地层堆积形状随地势呈坡状，距地表深约1.75~2米，厚0~0.5米。地层内土质较纯净，包含有零星夹砂陶片、铜器、玉器、石器、金器、象牙料等，陶器可辨器形有尖底杯、尖底盏、小平底罐、矮领罐、束颈罐、盆、器座、豆盘、豆柄等，石器有斧、璧，玉器有璋、凿、璧、环、镯、矛等，铜器有锥形器、璧、挂饰、圆角方孔形器、圈足等，金器有鱼形金箔饰。时代推测为商周时期。

第11层：灰黄色黏砂土，地层中夹杂有少量褐色结核斑点，质地板结，结构紧密。地层堆积形状呈坡状，距地表深约2.2~2.4米，厚0~0.4米。地层中土质较纯净，包含有少量夹砂陶片，可辨器形有敛口罐、盆、器纽，石器有璧，骨器有象牙器。时代推测为商周时期。

第12层：浅黄色黏砂土，结构紧密，质地板结。地层堆积形状随地势呈坡状，距地表深1.5~2.8米，厚0~0.35米。地层内包含有零星夹砂陶片，均较碎，器形不可辨，另有少量玉、石器、铜器和骨角器，玉器有琮、珠等，石器、铜器、骨角器均为残片。时代推测为商周时期。

第13层：深黄色黏砂土，质地略板结，呈大块颗粒状，结构疏松。该堆积临近河岸，地层堆积形状随地势呈斜坡状，距地表深1.2~3.2米，厚0~0.7米。地层内土质纯净，发掘者推测该堆积为人为一次性堆筑行为，分布范围较宽，可能为当时人为形成的祭祀平台。包含物极少，仅见少量陶器残片，另有少量玉石器和金器，陶器可辨器形有敛口罐、器底、豆盘、豆柄，玉器有珠，石器有锛，金器仅见残片，器形不可辨。时代推测为商周时期。

第14层：灰褐黏砂土，土质中夹杂有较多铁锈、水质斑点，结构紧密，质地较为板结。地层堆积形状随地势呈坡状，距地表深1.95~3.5米，厚0~0.5米。地层内含有零星夹砂陶片以及零星象牙残件。时代推测为商周时期。

第15层：该层为河相沉积，根据土质、土色可分三个亚层，堆积形状大致呈平行状。时代推测为商周时期。

第15a层：浅黄色砂土，质地松散，结构疏松。距地表深约2.6~3.75米，厚0~0.65米。该层下发现有象牙堆积。

第15b层：浅灰色砂土，质地松散，结构疏松。距地表深约2.65~4米，厚0.05~0.15米。该层堆积中未发现文化遗物。

第15c层：青灰色砂土，土层中夹杂有少许黄泥斑点，质地松散，结构疏松。距地表深约2.65~4米，厚0.15~0.25米。地层中未发现文化遗物，该层下发现有大型象牙堆积。

第15d层：深灰色砂土，质地松散，结构疏松。距地表深2.7~3.1米，厚0~0.55米。无出土遗物。

第16层：褐色黏砂土，结构紧密，土质湿润。堆积形状呈水平状，距地表深2.35~4.3米，厚0.1~0.8米。地层内包含有较多夹砂陶片和零星烧土颗粒、灰烬以及个别象牙。时代推测为商周时期。

第17层：浅黄灰色黏砂土，土质中夹杂有较多铁锈、水垢斑点，质地板结，结构紧密。地层堆积形状呈水平状，距地表深2.65~2.7米，厚0~0.4米。地层内包含有零星夹砂陶片。时代推测为商周时期。

第18层：依据土质、土色，可分两个亚层，堆积形状随地势起伏。

第18a层：深褐色黏砂土，土中夹杂较多铁锈、水垢斑点，质地松散，结构疏松。地层堆积形状大致呈坡状，距地表深约3.05~3.3米，厚0~0.4米。地层内含有少量陶片和零星灰烬。时代推测为商周时期。

第18b层：浅褐色黏砂土，土中夹杂较多铁锈、水垢斑点，质地松散，结构疏松。地层堆积形状大致呈斜平状，距地表深约3.15~4.26米，厚0~0.9米。地层内含有极少量陶片和零星灰烬。时代推测为商周时期。

第19层：依据土质、土色差异，可分两个亚层，地层堆积形状随地势呈坡状。

第19a层：浅黄灰色黏砂土，土中夹杂较多铁锈、水垢斑点，质地松散，结构疏松。地层堆积形状随地势呈坡状，距地表深约3.4米，厚0~0.9米。地层中未发现文化遗物。时代推测为商周时期。

第19b层：深褐色黏砂土，土中夹杂零星铁锈、水垢斑点，质地松散，结构疏松。地层堆积形状随地势呈坡状，距地表深约3.4米，厚0~0.75米。地层内含有大量陶片和零星烧土颗粒。时代推测为商周时期。

第20层：依据土质、土色差异，分四个亚层，地层堆积形状呈坡状。

第20a层：黄绿色黏砂土，土中夹杂少量铁锈、水垢斑点，质地松散，结构疏松。地层堆积形状大致呈水平状，距地表深约3.1~3.35米，厚0~0.3米。地层中未发现陶质文化遗物，仅见石虎1件。时代推测为商周时期。

第20b层：浅黄灰色黏砂土，土中夹杂较多铁锈、水垢斑点，质地松散，结构疏松。地层堆积形状大致呈水平状，距地表深约3.4~3.65米，厚0.1~0.2米。地层中未发现文化遗物。时代推测为商周时期。

第20c层：深褐色黏砂土，土中夹杂较多铁锈、水垢斑点，质地松散，结构疏松。地层堆积形状大致呈水平状，距地表深约3.5~3.75米，厚约0.1~0.45米。包含物仅出土极少量陶片和石器，陶器可辨器形有器底，石器为石虎。时代推测为商周时期。

第20d层：灰色砂土，地层内土质纯净，质地松散，结构疏松。地层堆积形状大致呈水平状，距地表深约3.75~3.9米，厚约0.2~0.4米。地层中未发现文化遗物。时代推测为商周时期。

第1~6层发掘区内均有分布，第7层除未发掘探方外均有分布，第8~14层分布于被机挖沟破坏的探方内，第15~20层仅在机挖沟剖面显示，发掘区内均未发掘至第15层。第1层为近现代耕土层，第2层时代推测为明清时期，第3层时代推测为唐宋时期，第4层时代推测为汉代，第5~20层时代推测为商周时期。

第三章　新石器时代遗存

新石器时代遗存仅分布于金沙遗址祭祀区西区，目前仅见地层堆积，包括第35～44层，未见遗迹。出土遗物以陶器为主，并伴出极少量玉、石器。玉、石器数量极少，石器有锛、斧、柱形器等，玉器仅见锛①。

第一节　新石器时代陶器类型学分析

祭祀区新石器时代地层出土遗物以陶器为主，共计出土陶片11673片，其中泥质陶居多，占52.1%，夹砂陶略少，占47.9%。泥质陶中灰白陶占60.5%，灰黄陶占22.6%，褐陶占7.0%，灰黑陶占6.9%，青灰陶占3.1%。夹砂陶中灰黑陶占47.2%，灰褐陶占35.9%，褐陶占9.2%，黑褐陶占5.3%，灰白陶占2.4%。纹饰较发达，泥质陶中纹饰陶片占37.7%，以附加堆压印纹、粗绳纹、细绳纹为多，分别占39.8%、22.5%和19.1%，凸棱纹和刻划纹少量，戳印纹、凹弦纹、压印纹、镂孔、刻划纹、瓦棱纹极少量。夹砂陶中纹饰陶片达69%，以粗绳纹、细绳纹为多，分别占74.2%和20.3%，压印纹及附加堆压印纹少量，附加堆纹、戳印纹、凹弦纹、镂孔、凸棱纹、刻划纹、网格纹极少量（图一七至一九）。可辨器形有绳纹花边口沿罐、束颈罐、喇叭口高领罐、敞口尊形器、宽沿尊形器、曲沿尊形器、壶、盆形器等。由于这个时期遗物形制或组合同商周时期遗物有着明显的差异，时代特征亦非常突出，为了描述的方便和避免与商周时期陶器类型学分析出现同名不同器重复或含混的情形，故新石器时代遗存出土陶器的类型学分析单独分述如下。

绳纹花边口沿罐　256件。均为夹砂陶，以灰黑色为主。主要特征是腹部微鼓，唇部饰压印纹，沿面、沿外侧、外壁皆饰绳纹，绳纹多较粗，制作普遍不精细。依据口部和沿部形态差异，分七型。

A型　49件。敞口，方唇。依据唇部装饰和口径差异，分三式。

Ⅰ式　18件。大口，窄沿，卷沿。唇部内外壁饰交错斜向绳纹。标本ⅠT6611－6712㊵：81（图二〇，1）。

---

① 鉴于新石器时代玉石器较少，形制与商周时期的相差无几，故新石器遗存中玉石器分类参照商周时期的，且一并统计件数。

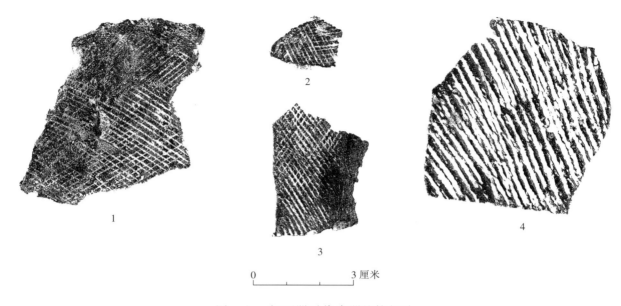

图一七　新石器时代陶器纹饰拓片

1～3. 细绳纹（ⅠT6611－6712㊸：5①、ⅠT6513㊳：1、ⅠT6511－6512㊲：6）　4. 粗绳纹（ⅠT6613－6714㊵：27）

---

① 探方号说明：祭祀区发掘采用 5 米×5 米的探方统一编号，但发掘时布方多为 10 米×10 米的大探方，其中就包括了四个小探方号。正文中已经全部统一为大探方号，以下列出相关小探方与大探方的关系。

　　ⅠT6511－6512 中含（6511、6512），为 5 米×10 米探方。

　　ⅠT6609－6710 中含（6609、6610、6709、6710），为 10 米×10 米探方。

　　ⅠT6611－6712 中含（6611、6612、6711、6712），为 10 米×10 米探方。

　　ⅠT6613－6714 中含（6613、6614、6713、6714），为 10 米×10 米探方。

　　ⅠT6615－6716 中含（6615、6616、6715、6716），为 10 米×10 米探方。

　　ⅠT6807－6908 中含（6807、6808、6907、6908），为 10 米×10 米探方。

　　ⅠT6809－6910 中含（6809、6810、6909、6910），为 10 米×10 米探方。

　　ⅠT6811－6912 中含（6811、6812、6911、6912），为 10 米×10 米探方。

　　ⅠT6813－6914 中含（6813、6814、6913、6914），为 10 米×10 米探方。

　　ⅠT6815－6916 中含（6815、6816、6915、6916），为 10 米×10 米探方。

　　ⅠT7005－7106 中含（7005、7006、7105、7106），为 10 米×10 米探方。

　　ⅠT7007－7108 中含（7007、7008、7107、7108），为 10 米×10 米探方。

　　ⅠT7009－7110 中含（7009、7010、7109、7110），为 10 米×10 米探方。

　　ⅠT7011－7112 中含（7011、7012、7111、7112），为 10 米×10 米探方。

　　ⅠT7013－7114 中含（7013、7014、7113、7114），为 10 米×10 米探方。

　　ⅠT7015－7116 中含（7015、7016、7115、7116），为 10 米×10 米探方。

　　ⅠT7205－7206 中含（7205、7206），为 5 米×10 米探方。

　　ⅠT7207－7208 中含（7207、7208），为 5 米×10 米探方。

　　ⅠT7209－7210 中含（7209、7210），为 5 米×10 米探方。

　　ⅠT7211－7212 中含（7211、7212），为 5 米×10 米探方。

　　ⅠT7213－7214 中含（7213、7214），为 5 米×10 米探方。

　　ⅠT7215－7216 中含（7215、7216），为 5 米×10 米探方。

图一八　新石器时代陶器纹饰拓片

1、2. 绳纹＋凹弦纹（ⅠT6513㊳：6、ⅠT6611－6712㊱：4）　3. 戳印纹（ⅠT6611－6712㊱：3）　4～6. 附加堆压印纹（ⅠT6611－6712㊵：34、ⅠT6809－6910㊴：20、ⅠT6809－6910㊴：8）　7、8. 粗绳纹（ⅠT6611－6712㊹：4、ⅠT6611－6712㊹：3）　9、10. 凹弦纹（ⅠT6611－6712㊲：7、ⅠT6611－6712㊷：1）

图一九　新石器时代陶器纹饰拓片

1、2. 刻划纹（ⅠT6611－6712㊵：24、ⅠT6813－6914㊴：1）　3. 戳印纹（ⅠT6611－6712㊶：1）　4、5. 瓦棱纹

（ⅠT6511－6512㉟：7、ⅠT6611－6712㊱：6）　6. 凸棱纹（ⅠT6611－6712㉟：8）　7. 网格纹（ⅠT7205－7206㊴：13）

　　Ⅱ式　30件。口径变小，沿部略宽，卷沿突出。唇部外壁装饰捺窝纹，似波浪状；唇部内壁饰斜向绳纹，沿内部饰横向平行抹断绳纹组。标本ⅠT6811－6912㊵：134（图二〇，2）。

　　Ⅲ式　1件。口径变小。唇部内壁不见绳纹。标本ⅠT6813－6914㊵：54（图二〇，3）。

　　B型　29件。侈口。依据唇、沿、颈部形态的差异，分四亚型。

　　Ba型　13件。沿部微卷，"T"形唇。唇内壁饰一组横向平行绳纹或斜向绳纹，沿内饰抹断绳纹组成的一圈捺窝纹。标本ⅠT6613－6714㊵：42（图二〇，4）、ⅠT6611－6712㊷：75（图二〇，5）、ⅠT6811－6912㊵：145（图二〇，6）。

　　Bb型　11件。仰折沿，圆唇。依据口径和纹饰变化差异，分二式。

　　Ⅰ式　4件。口径较小，近盘口，束颈不明显。标本ⅠT6611－6712㊹：27（图二〇，7）。

　　Ⅱ式　7件。口径较大。唇、沿内壁饰斜向绳纹较模糊。标本ⅠT6811－6912㊵：177（图二〇，8）、ⅠT6810㊵：52（图二〇，9）。

　　Bc型　3件。折沿，圆唇，溜肩，束颈。唇、沿内壁绳纹退化。依据口径和唇部装饰风格变化，分二式。

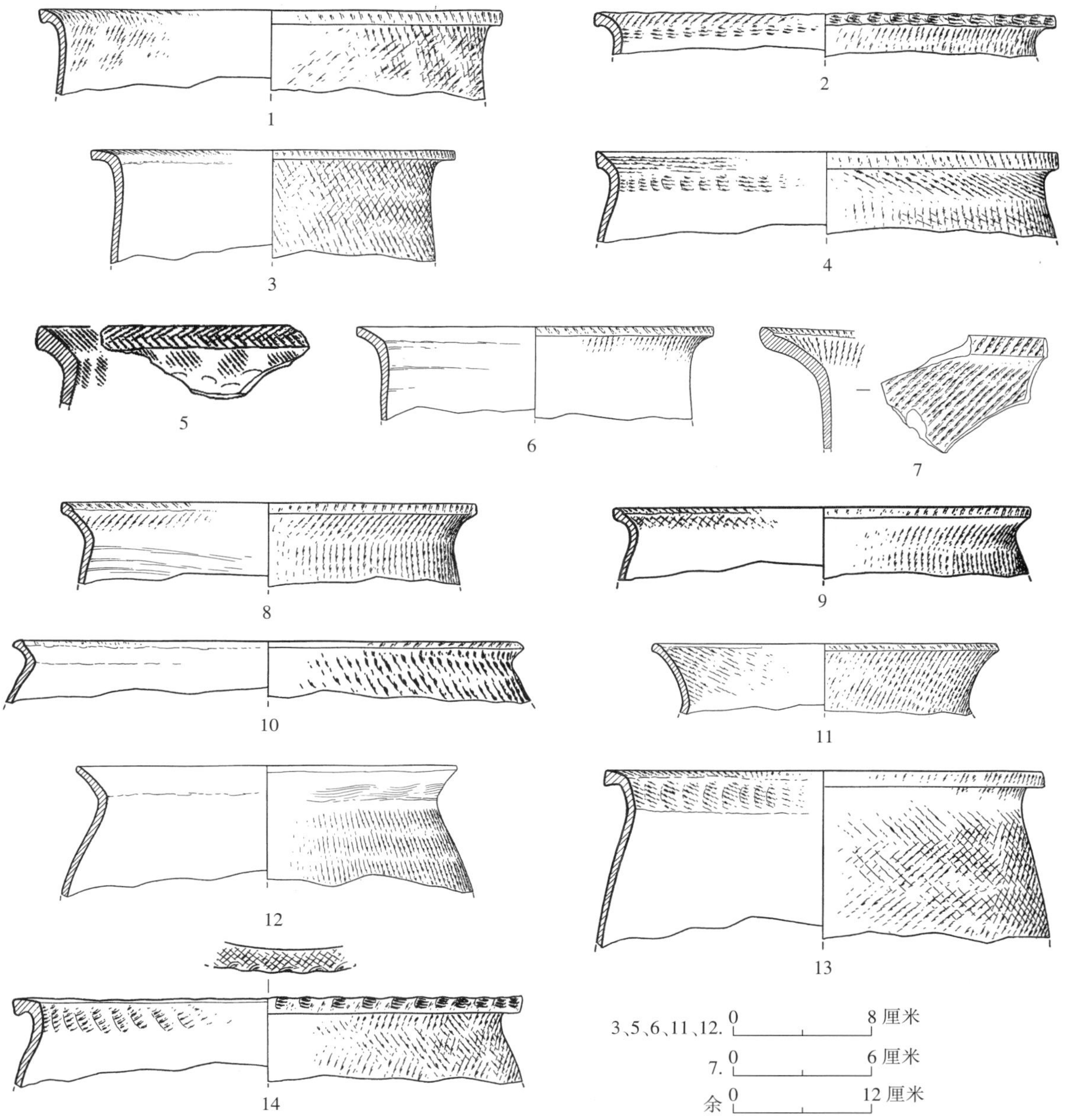

图二〇　陶绳纹花边口沿罐

1. A型Ⅰ式（ⅠT6611－6712㊷:81）　2. A型Ⅱ式（ⅠT6811－6912㊵:134）　3. A型Ⅲ式（ⅠT6813－6914㊵:54）　4～6. Ba型（ⅠT6613－6714㊵:42、ⅠT6611－6712㊷:75、ⅠT6811－6912㊵:145）　7. Bb型Ⅰ式（ⅠT6611－6712㊹:27）　8、9. Bb型Ⅱ式（ⅠT6811－6912㊵:177、ⅠT6810㊵:52）　10. Bc型Ⅰ式（ⅠT6809－6910㊵:256）　11. Bd型（ⅠT6811－6912㊵:132）　12. Bc型Ⅱ式（ⅠT6611－6712㊱:37）　13. Ca型Ⅰ式（ⅠT6611－6712㊷:87）　14. Ca型Ⅱ式（ⅠT6809－6910㊴:43）

Ⅰ式　2件。大口，短颈。唇部内外均饰绳纹。标本ⅠT6809－6910㊵:256（图二〇，10）。

Ⅱ式　1件。小口，长颈。仅肩部有纹饰。标本ⅠT6611－6712㊱:37（图二〇，12）。

Bd型　2件。口径较小，近喇叭口，束颈。唇、沿内壁饰斜向绳纹。标本ⅠT6811－6912㊵:132（图二〇，11）。

C 型　72 件。近盘口，平沿，方唇。依据沿部形态的差异，分二亚型。

Ca 型　39 件。卷沿，沿面略凸。依据口径大小与纹饰变化差异，分二式。

Ⅰ式　10 件。口径较小，颈部略长。唇、沿部内壁饰斜向绳纹和抹断绳纹组成的捺窝纹。标本ⅠT6611－6712㊷：87（图二〇，13）。

Ⅱ式　29 件。口径较大，颈部略短。唇部外壁装饰由压印捺窝形成的波浪状花边，唇、沿部内壁饰交错绳纹和抹断绳纹组成的捺窝纹。标本ⅠT6809－6910㊴：43（图二〇，14）。

Cb 型　33 件。折沿，沿面平直。依据口径大小与纹饰变化差异，分四式。

Ⅰ式　3 件。口径较小，颈部略长。唇、沿部内壁饰斜向交错绳纹和抹断平行绳纹带，断痕不清晰。标本ⅠT6811－6912㊵：151（图二一，1）、ⅠT6811－6912㊵：153（图二一，2）。

Ⅱ式　18 件。口径较大，颈部略短。唇、沿部内壁饰斜向绳纹和抹断绳纹带，断痕清晰。标本ⅠT6811－6912㊵：184（图二一，3）、ⅠT6811－6912㊵：187（图二一，4）。

Ⅲ式　6 件。大口，沿和颈部分界消失。唇、沿部内壁饰交错绳纹和抹断绳纹带，断痕清晰。标本ⅠT6809－6910㊴：42（图二一，5）。

Ⅳ式　6 件。小口，窄折沿，有假颈。仅唇部饰绳纹，腹部不见绳纹。标本ⅠT6809－6910㊴：37（图二一，6）。

D 型　14 件。直口，弧腹。依据口径大小与纹饰变化差异，分二式。

Ⅰ式　8 件。口径较小。唇、沿部内壁饰斜向交错绳纹和抹断平行绳纹带，断痕不清晰。标本ⅠT6809－6910㊴：41（图二一，7）。

Ⅱ式　6 件。口径较大。沿内壁无纹饰。标本ⅠT6809－6910㊴：44（图二一，8）。

E 型　12 件。敛口，方唇。依据沿部宽窄、口径大小与纹饰变化差异，分二式。

Ⅰ式　4 件。宽沿，口径略小。唇部内壁饰斜向绳纹。标本ⅠT6611－6712㊷：70（图二一，9）。

Ⅱ式　8 件。窄沿，口径略大。唇、沿部内壁饰斜向绳纹和抹断绳纹组成的捺窝带。标本ⅠT6811－6912㊵：148（图二一，10）。

F 型　28 件。盘口，方唇。唇部内壁纹饰退化。标本ⅠT6811－6912㊵：155（图二一，11）。

G 型　52 件。尊形罐，无沿，形制同尊形器相近。唇部或腹部饰有绳纹。依据口部形态的差异，分三亚型。

Ga 型　41 件。敞口，方唇，近无沿。无颈。依据口径和颈部变化差异，分三式。

Ⅰ式　7 件。沿部外侈。唇部和腹部内外壁均饰绳纹。标本ⅠT6811－6912㊵：209（图二一，12）。

Ⅱ式　26 件。唇部和腹部外饰绳纹。标本ⅠT6611－6712㊵：85（图二一，13）。

Ⅲ式　8 件。颈部几乎不见，体形较小。唇部纹饰不见。标本ⅠT6511－6512㉟：6（图二一，14）。

Gb 型　7 件。近喇叭口，宽沿。标本ⅠT6611－6712㊱：36（图二一，15）。

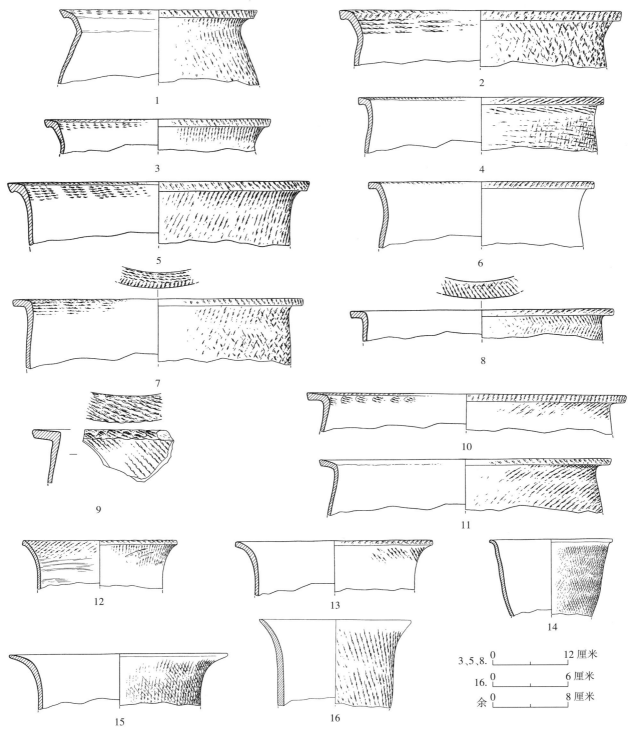

图二一 陶绳纹花边口沿罐

1、2. Cb 型 I 式（I T6811－6912⑩：151、I T6811－6912⑩：153） 3、4. Cb 型 II 式（I T6811－6912⑩：184、I T6811－6912⑩：187） 5. Cb 型 III 式（I T6809－6910㉟：42） 6. Cb 型 IV 式（I T6809－6910㉟：37） 7. D 型 I 式（I T6809－6910㉟：41） 8. D 型 II 式（I T6809－6910㉟：44） 9. E 型 I 式（I T6611－6712㊷：70） 10. E 型 II 式（I T6811－6912⑩：148） 11. F 型（I T6811－6912⑩：155） 12. Ga 型 I 式（I T6811－6912⑩：209） 13. Ga 型 II 式（I T6611－6712⑩：85） 14. Ga 型 III 式（I T6511－6512㉟：6） 15. Gb 型（I T6611－6712㊱：36） 16. Gc 型（I T6513㊳：10）

Gc 型　4 件。侈口，窄沿，筒形。标本 I T6513㊳：10（图二一，16）。

束颈罐　39 件。束颈。陶质以泥质灰白陶为主，次为泥质灰黑陶，内外壁多施有黑衣；另有少量夹砂陶。依据口部和沿部形态的差异，分四型。

A 型　17 件。敛口，仰折沿。依据口径变化，分二式。

Ⅰ式　13 件。口径较小。标本 I T6611－6712㊵：250（图二二，1）。

Ⅱ式　4 件。大口。标本 I T6513㊲：34（图二二，2）。

B 型　18 件。敞口，卷沿外翻，圆唇。依据口径和颈部及沿部变化，分二式。

Ⅰ式　14 件。口径较小，卷沿外翻不突出，短颈。标本 I T6811－6912㊵：54（图二二，3）。

Ⅱ式　4 件。大口，卷沿外翻突出，长颈。标本 I T6513㊲：51（图二二，4）。

C 型　3 件。敞口，平卷沿，方唇。标本 I T6613－6714㊵：10（图二二，5）。

D 型　1 件。敛口，宽平折沿。标本 I T6613－6714㊵：71（图二二，6）。

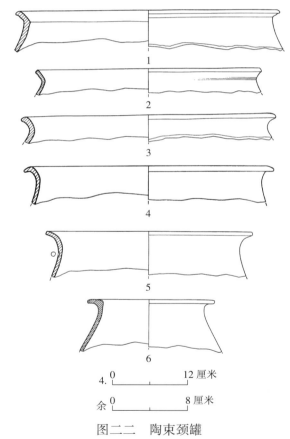

图二二　陶束颈罐

1. A 型Ⅰ式（I T6611－6712㊵：250）　2. A 型Ⅱ式（I T6513㊲：34）　3. B 型Ⅰ式（I T6811－6912㊵：54）
4. B 型Ⅱ式（I T6513㊲：51）　5. C 型（I T6613－6714㊵：10）　6. D 型（I T6613－6714㊵：71）

喇叭口高领罐　281 件。依据唇部和颈部有无绳纹的差异，分二型。

A 型　270 件。口和颈部均不见绳纹装饰。均为泥质陶，颈部呈束腰状。依据口部和沿部形态的差异，分五亚型。

Aa 型　105 件。大喇叭口，外侈显著，无明显沿部。依据口径和颈部变化差异，分二式。

Ⅰ式　71 件。口径较大，长颈。标本ⅠT6513㊸：19（图二三，1）。

Ⅱ式　34 件。口径较小，短颈。标本ⅠT6811－6912㊵：97（图二三，2）。

Ab 型　55 件。平窄沿，小喇叭口。依据口部形态的差异，分二式。

Ⅰ式　16 件。口径较大，长颈。标本ⅠT6811－6912㊵：194（图二三，4）、ⅠT6611－6712㊷：35（图二三，7）。

Ⅱ式　39 件。口径较小，短颈。标本ⅠT6611－6712㊱：44（图二三，5）、ⅠT6809－6910㊵：261（图二三，6）。

Ac 型　25 件。宽平沿。依据口径和颈部变化差异，分三式。

Ⅰ式　1 件。口径较大，长颈。标本ⅠT6513㊸：18（图二三，9）。

Ⅱ式　10 件。口径略大，颈部较长。标本ⅠT6611－6712㊵：207（图二三，8）、ⅠT6811－6912㊵：175（图二三，3）。

Ⅲ式　14 件。口径较小，短颈。标本ⅠT6809－6910㊵：178（图二四，3）、ⅠT6613－6714㊵：39（图二四，2）、ⅠT6613－6714㊵：40（图二四，1）。

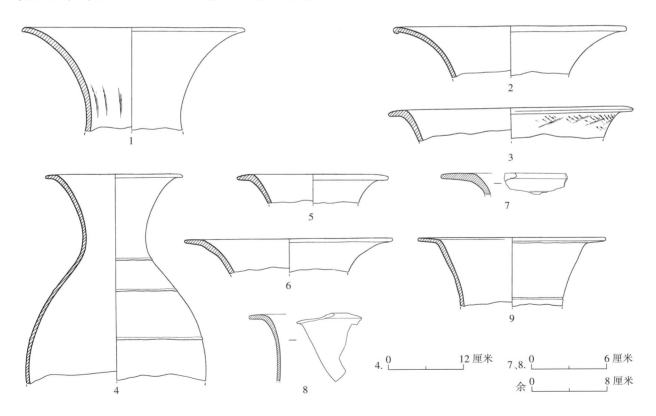

图二三　A 型陶喇叭口高领罐

1. Aa 型Ⅰ式（ⅠT6513㊸：19）　2. Aa 型Ⅱ式（ⅠT6811－6912㊵：97）　3、8. Ac 型Ⅱ式（ⅠT6811－6912㊵：175、ⅠT6611－6712㊵：207）　4、7. Ab 型Ⅰ式（ⅠT6811－6912㊵：194、ⅠT6611－6712㊷：35）　5、6. Ab 型Ⅱ式（ⅠT6611－6712㊱：44、ⅠT6809－6910㊵：261）　9. Ac 型Ⅰ式（ⅠT6513㊸：18）

Ad 型　63 件。卷沿外翻。依据口径和颈部变化差异，分二式。

Ⅰ式　30 件。口径略大，卷沿外翻较甚，颈部略长。标本ⅠT6811－6912㊵：84（图二四，4）。

Ⅱ式　33 件。口径略小，外叠唇，颈部略短。标本ⅠT6513㊲：53（图二四，7）。

Ae 型　22 件。折沿外翻。依据口径和颈部变化差异，分二式。

Ⅰ式　7 件。口径略大，折沿突出，颈部略长。标本ⅠT6809－6910㊵：262（图二四，5）。

Ⅱ式　15 件。口径较小，折沿，颈部略短。标本ⅠT6611－6712㊵：222（图二四，6）。

B 型　11 件。唇部和颈部饰有绳纹。以夹砂灰黑陶为主，另有少量泥质陶。依据口部、颈部形态的差异，分二亚型。

Ba 型　1 件。大喇叭口，宽沿，折颈。标本ⅠT6811－6912㊵：190（图二四，8）。

Bb 型　10 件。小喇叭口，窄沿，束颈。标本ⅠT6809－6910㊵：98（图二四，9）。

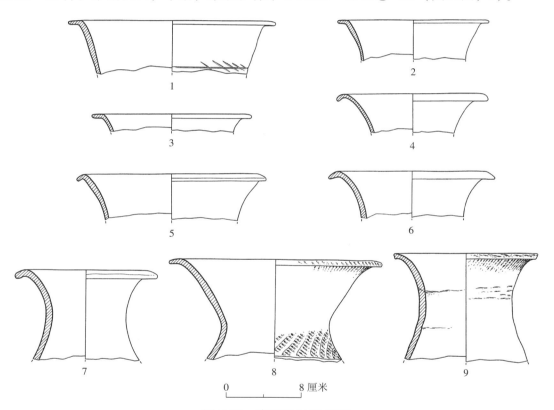

图二四　陶喇叭口高领罐

1～3. Ac 型Ⅲ式（ⅠT6613－6714㊵：40、ⅠT6613－6714㊵：39、ⅠT6809－6910㊵：178）　4. Ad 型Ⅰ式（ⅠT6811－6912㊵：84）　5. Ae 型Ⅰ式（ⅠT6809－6910㊵：262）　6. Ae 型Ⅱ式（ⅠT6611－6712㊵：222）　7. Ad 型Ⅱ式（ⅠT6513㊲：53）　8. Ba 型（ⅠT6811－6912㊵：190）　9. Bb 型（ⅠT6809－6910㊵：98）

敛口小罐　2 件。标本ⅠT6513㊳：4、ⅠT6513㊳：34。

壶　4 件。陶质以泥质灰白陶为主，内外壁多施黑衣。主要特征是小口，长颈。依据口部形态差异，分三型。

A 型　1 件。敛口，方唇。标本ⅠT6611－6712㊵：188（图二五，1）。

B 型　2 件。侈口，尖圆唇。标本ⅠT6811－6912⑩：72（图二五，2）。

C 型　1 件。喇叭口，圆唇。标本ⅠT6809－6910⑩：220（图二五，3）。

敞口尊形器　44 件。均为夹砂陶，以灰黑色为主。敞口，窄沿，腹部近直腹。大部分器物内壁磨光呈黑色，少量器物外壁饰有绳纹或划纹装饰。依据沿部形态的差异，分四型。

A 型　15 件。卷沿。近喇叭口。依据口径和沿部宽窄变化差异，分二式。

Ⅰ式　5 件。口径较大，沿面较宽。标本ⅠT6811－6912⑩：189（图二五，4）。

Ⅱ式　10 件。口径较小，沿面较窄。标本ⅠT6611－6712㊱：45（图二五，5）。

B 型　9 件。平折沿。近喇叭口。依据口径和沿部宽窄变化差异，分二式

Ⅰ式　4 件。口径较大，沿面较宽。标本ⅠT6811－6912⑩：23（图二五，6）。

Ⅱ式　5 件。口径较小，沿面较窄。标本ⅠT6611－6712⑩：119（图二五，7）。

C 型　15 件。无沿。近盘口，方唇。标本ⅠT7009－7110⑩：9（图二五，8）。

D 型　5 件。盘口，方唇。标本ⅠT6611－6712⑩：84（图二五，9）。

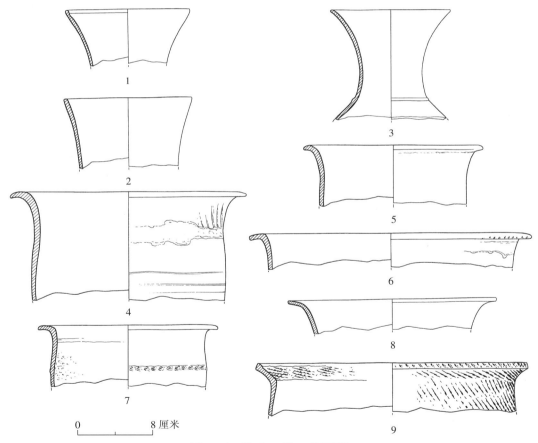

图二五　陶壶、敞口尊形器

1. A 型壶（ⅠT6611－6712⑩：188）　2. B 型壶（ⅠT6811－6912⑩：72）　3. C 型壶（ⅠT6809－6910⑩：220）　4. A 型Ⅰ式敞口尊形器（ⅠT6811－6912⑩：189）　5. A 型Ⅱ式敞口尊形器（ⅠT6611－6712㊱：45）　6. B 型Ⅰ式敞口尊形器（ⅠT6811－6912⑩：23）　7. B 型Ⅱ式敞口尊形器（ⅠT6611－6712⑩：119）　8. C 型敞口尊形器（ⅠT7009－7110⑩：9）　9. D 型敞口尊形器（ⅠT6611－6712⑩：84）

宽沿尊形器　31件。均为泥质陶，以灰白陶为主，其次为灰黑陶；器内外壁多施黑衣。主要特征是宽沿，沿面或卷或折，腹部微鼓或近直腹。依据口部和腹部及沿部形态的差异，分四型。

A型　7件。喇叭口，宽折沿，深斜腹。依据口径变化，分二式。

Ⅰ式　4件。小口，宽折沿突出。标本ⅠT6513㊸：13（图二六，1）。

Ⅱ式　3件。口径较大，折沿略平。标本ⅠT6611－6712㊵：183（图二六，2）。

B型　15件。侈口，窄卷沿，斜直腹。腹部饰一圈压印纹。依据口部变化差异，分二式。

Ⅰ式　8件。小口，窄沿。标本ⅠT6613－6714㊵：13（图二六，3）。

Ⅱ式　7件。口径略大，沿部较宽。标本ⅠT6809－6910㊴：51（图二六，4）。

C型　2件。侈口，宽平折沿，弧腹。标本ⅠT7009－7110㊵：15（图二六，5）。

D型　7件。盘口。依据沿部形态差异，分二亚型。

Da型　6件。仰折沿，束颈，弧腹。标本ⅠT6811－6912㊵：147（图二六，6）。

Db型　1件。仰卷沿，圆唇。标本ⅠT6611－6712㊷：52（图二六，7）。

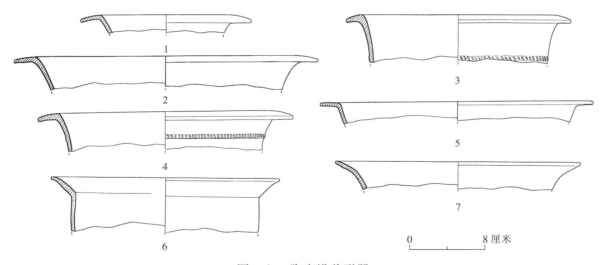

图二六　陶宽沿尊形器

1. A型Ⅰ式（ⅠT6513㊸：13）　2. A型Ⅱ式（ⅠT6611－6712㊵：183）　3. B型Ⅰ式（ⅠT6613－6714㊵：13）　4. B型Ⅱ式（ⅠT6809－6910㊴：51）　5. C型（ⅠT7009－7110㊵：15）　6. Da型（ⅠT6811－6912㊵：147）　7. Db型（ⅠT6611－6712㊷：52）

曲沿尊形器　6件。均为夹砂陶，以灰黑色为主。主要特征是仰折沿，沿面下凹呈弧曲状。依据口部、沿部和腹部形态差异，分三型。

A型　1件。敞口，沿面下凹明显，近直腹。标本ⅠT6611－6712㊵：61（图二七，1）。

B型　2件。敛口，折沿突出，斜弧腹。标本ⅠT6809－6910㊵：55（图二七，2）。

C型　3件。近盘口，沿面下凹明显，弧腹。标本ⅠT6811－6912㊵：14（图二七，3）。

盆形器　20件。陶质以泥质灰白陶为主，另有少量的泥质灰黄陶，内外多施有黑衣。主要特征是大口，宽沿。依据沿部、腹部形态，分三型。

A 型　15 件。斜直腹，折沿明显。依据沿面宽窄差异，分二亚型。

Aa 型　7 件。宽沿。标本ⅠT6611-6712⑩：186（图二七，4）。

Ab 型　8 件。窄沿。标本ⅠT6611-6712⑩：248（图二七，5）。

B 型　4 件。弧腹，宽折沿。标本ⅠT6611-6712⑩：185（图二七，6）。

C 型　1 件。深直腹，近卷沿，宽沿。标本ⅠT6811-6912⑩：210（图二七，7）。

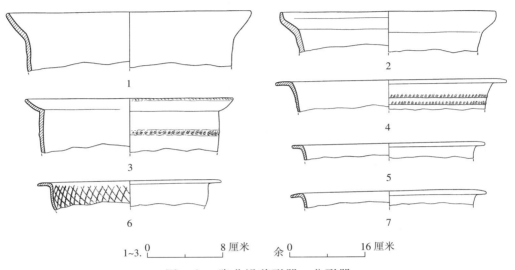

图二七　陶曲沿尊形器、盆形器

1. A 型曲沿尊形器（ⅠT6611-6712⑩：61）　2. B 型曲沿尊形器（ⅠT6809-6910⑩：55）　3. C 型曲沿尊形器
（ⅠT6811-6912⑩：14）　4. Aa 型盆形器（ⅠT6611-6712⑩：186）　5. Ab 型盆形器（ⅠT6611-6712⑩：248）
6. B 型盆形器（ⅠT6611-6712⑩：185）　7. C 型盆形器（ⅠT6811-6912⑩：210）

钵　7 件。陶质以泥质灰白陶为主，内外壁多施黑衣。主要特征是敛口、折腹。依据肩部形态的差异和器形大小，分三型。

A 型　1 件。折肩，浅腹，体形较小。标本ⅠT6611-6712㊱：15（图二八，1）。

B 型　3 件。弧肩，深腹，体形较大。标本ⅠT6513㊲：38（图二八，2）。

C 型　3 件。鼓肩，深腹，体形较小。标本ⅠT6611-6712⑩：164（图二八，3）。

臼形器　3 件。筒形腹，厚胎，制作粗糙。依据口部形态的差异，分二型。

A 型　1 件。敛口，圆唇。标本ⅠT6512㊲：36（图二八，4）。

B 型　2 件。侈口，方唇。标本ⅠT6513㊲：22（图二八，5）。

器盖　4 件。陶质以夹砂陶为主，其次为泥质陶。依据盖身形态的差异，分二型。

A 型　1 件。锅盖形，外侈。标本ⅠT6513㊲：30（图二八，6）。

B 型　3 件。喇叭形，内敛。标本ⅠT6613-6714㉟：15（图二八，7）。

圈足　34 件。陶质以夹砂陶为主，泥质陶较少见。依据圈足器壁形态的差异，分二型。

A 型　24 件。足部内敛。依据圈足的高矮差异，分三亚型。

Aa 型　19 件。高圈足。标本ⅠT6611-6712⑩：144（图二九，1）。

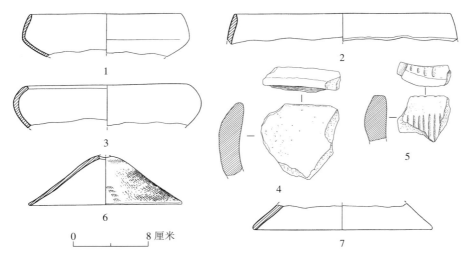

图二八　陶钵、臼形器、器盖

1. A 型钵（ⅠT6611－6712㊱:15）　2. B 型钵（ⅠT6513㊲:38）　3. C 型钵（ⅠT6611－6712㊵:164）　4. A 型臼形器（ⅠT6512㊲:36）　5. B 型臼形器（ⅠT6513㊲:22）　6. A 型器盖（ⅠT6513㊲:30）　7. B 型器盖（ⅠT6613－6714㉟:15）

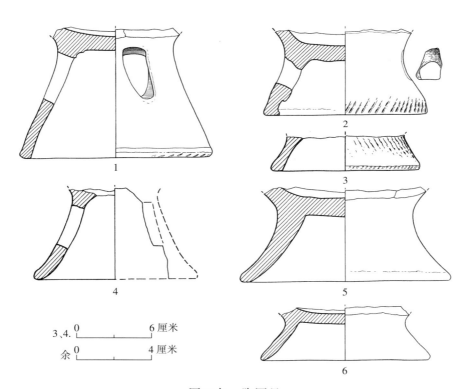

图二九　陶圈足

1. Aa 型（ⅠT6611－6712㊵:144）　2. Ab 型（ⅠT6809－6910㊵:255）　3. Ac 型（ⅠT6611－6712㊵:193）　4. Ba 型（ⅠT6611－6712㊵:81）　5. Bb 型（ⅠT6809－6910㊴:49）　6. Bc 型（ⅠT6511－6512㊲:32）

Ab 型　3 件。圈足较高。标本ⅠT6809－6910㊵:255（图二九，2）。

Ac 型　2 件。矮圈足。标本ⅠT6611－6712㊵:193（图二九，3）。

B 型 10 件。喇叭形圈足，足部外撇。依据圈足的高矮差异，分三亚型。

Ba 型 6 件。高圈足。标本 I T6611－6712⑩：81（图二九，4）。

Bb 型 3 件。圈足较高。标本 I T6809－6910㊴：49（图二九，5）。

Bc 型 1 件。矮圈足。标本 I T6511－6512㊲：32（图二九，6）。

器底 358 件。均为平底。陶质以夹砂陶为主，泥质陶较少见。依据器底形态的差异，分三型。

A 型 315 件。平底。依据器底直径差异，分二亚型。

Aa 型 288 件。底径较大，直径大于 10 厘米。标本 I T6611－6712⑩：86（图三〇，1）。

Ab 型 27 件。底径较小，直径小于 8 厘米。均为夹砂陶器。标本 I T6611－6712⑩：141（图三〇，2）。

B 型 15 件。凹底。陶质均为夹砂陶器。依据器底直径大小差异，分二亚型。

Ba 型 7 件。底径较大，直径大于 10 厘米。标本 I T6811－6912⑩：178（图三〇，3）。

Bb 型 8 件。底径较小，直径小于 10 厘米。标本 I T6611－6712⑩：271（图三〇，4）。

C 型 28 件。饼形底。陶质均为夹砂陶器。标本 I T6809－6910㊴：29（图三〇，5）。

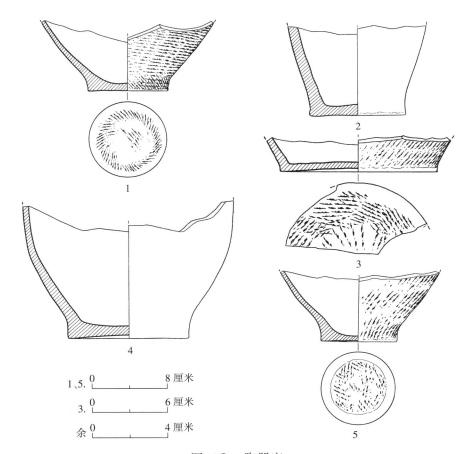

图三〇 陶器底

1. Aa 型（I T6611－6712⑩：86） 2. Ab 型（I T6611－6712⑩：141） 3. Ba 型（I T6811－6912⑩：178）
4. Bb 型（I T6611－6712⑩：271） 5. C 型（I T6809－6910㊴：29）

第二节　西区新石器时代地层及出土遗物

新石器时代文化遗存仅见于地层堆积，不见其他遗迹现象，地层中以陶质遗物出土最多，为了描述方便按地层堆积顺序简述如下。

（一）第 44 层出土遗物

该层出土遗物均为陶器，共计出土陶片 517 片，以夹砂陶为主，占 96.91%，泥质陶仅占 3.09%。夹砂陶陶色以黑褐、灰黑为主，各占 65.27% 和 24.15%，少量灰白、褐陶。泥质陶陶色以灰黑陶为主，占 68.75%，少量褐、灰白陶。纹饰发达，夹砂陶中纹饰陶片达 73.25%，以粗绳纹、细绳纹为主，各占 72.75% 和 26.98%，另有极少量镂孔。泥质陶中饰纹饰者达 62.50%，以粗绳纹、细绳纹为主，各占 50.00% 和 40.00%，极少量附加堆压印纹（表一）。器形可辨有绳纹花边口沿罐、喇叭口高领罐、器底，以绳纹花边口沿罐为主。

表一　西区第 44 层陶片统计表

陶质＼陶色＼纹饰	夹砂陶					小计	百分比（%）	泥质陶				小计	百分比（%）
	黑褐	灰褐	灰黑	褐	灰白			灰白	灰黄	灰黑	褐		
素面	95	6	26	3	4	134	26.75		1	4	1	6	37.50
细绳纹	54	6	28	4	7	99	19.76			3	1	4	25.00
粗绳纹	177	13	67	5	5	267	53.29	1		4		5	31.25
附加堆压印纹											1	1	6.25
镂孔	1					1	0.20						
小计	327	25	121	12	16	501		1	1	11	3	16	
百分比（%）	65.27	4.99	24.15	2.40	3.19		100.00	6.25	6.25	68.75	18.75		100.00
合计	517												

绳纹花边口沿罐　7 件。

Bb 型 I 式　2 件。

标本 I T6611－6712㊹：27，夹砂褐陶。圆唇。唇部内外壁皆饰绳纹。残高 5.6 厘米（图三一，1）。

Ga 型 I 式　1 件。

标本 I T6611－6712㊹：24，夹砂灰陶。尖唇。外壁饰绳纹。口径 20、残高 4.1 厘米（图三一，2）。

Ga 型 II 式　3 件。

标本 I T6611－6712㊹：28，夹砂黑褐陶，外壁附着有烟炱。方唇。唇部压印绳纹。口径 24、残高 3.5 厘米（图三一，3）。

Gc 型　1 件。

标本ⅠT6611 – 6712㊹：22，夹砂灰黑陶。方唇。唇缘压印绳纹。口径28.4、残高2.8厘米（图三一，4）。

喇叭口高领罐 3件。Ab型Ⅰ式。

标本ⅠT6611 – 6712㊹：32，夹砂褐陶，内壁磨光呈黑色。尖圆唇。口径25、残高1.9厘米（图三一，5）。

器底 2件。Aa型。

标本ⅠT6611 – 6712㊹：29，夹砂灰褐陶。外壁和器底饰有绳纹。底径12、残高6厘米（图三一，6）。

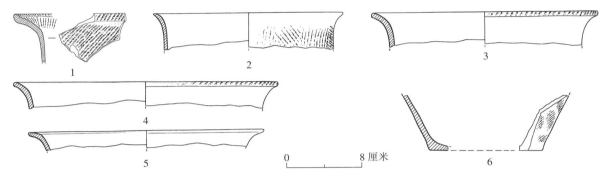

图三一 西区第44层出土陶器

1. Bb型Ⅰ式绳纹花边口沿罐（ⅠT6611 – 6712㊹：27） 2. Ga型Ⅰ式绳纹花边口沿罐（ⅠT6611 – 6712㊹：24） 3. Ga型Ⅱ式绳纹花边口沿罐（ⅠT6611 – 6712㊹：28） 4. Gc型绳纹花边口沿罐（ⅠT6611 – 6712㊹：22） 5. Ab型Ⅰ式喇叭口高领罐（ⅠT6611 – 6712㊹：32） 6. Aa型器底（ⅠT6611 – 6712㊹：29）

（二）第43层出土遗物

该层出土遗物较少，仅见极少量陶片。共计出土陶片29片，均为泥质陶。陶色以灰白、褐陶为主，各占51.73%和31.03%。纹饰少见，仅有极少量细绳纹、凹弦纹（表二）。可辨器形有束颈罐、喇叭口高领罐、敞口尊形器、宽沿尊形器。

表二 西区第43层陶片统计表

陶质 陶色 纹饰	泥质陶			小计	百分比（%）
	灰白	灰黄	褐		
素面	15	1	9	25	86.20
细绳纹		2		2	6.90
凹弦纹		2		2	6.90
小计	15	5	9	29	
百分比（%）	51.73	17.24	31.03		100.0
合计	29				

束颈罐　1件。A型Ⅰ式。

标本ⅠT6513㊸：16，泥质灰白陶，内外壁皆施黑衣。口径34、残高4.5厘米（图三二，1）。

喇叭口高领罐　10件。

Aa型Ⅰ式　3件。

标本ⅠT6513㊸：19，泥质褐陶，内外壁皆施黑衣。器壁较厚。口径23.2、残高11.3、壁厚0.85厘米（图三二，2）。

Aa型Ⅱ式　5件。

标本ⅠT6513㊸：15，泥质灰白陶，内外壁皆施黑衣。口径26、残高1.5厘米（图三二，3）。

标本ⅠT6513㊸：11，泥质灰黑陶。圆唇。口径19.8、残高3.4厘米（图三二，4）。

Ab型Ⅰ式　1件。

标本ⅠT6513㊸：8，泥质灰黑陶。圆唇。口径16.4、残高6.2厘米（图三二，5）。

Ac型Ⅰ式　1件。

标本ⅠT6513㊸：18，泥质褐陶，内外壁皆施黑衣。颈部饰一道凹弦纹。口径20、残高7.4厘米（图三二，6）。

敞口尊形器　1件。B型Ⅱ式。

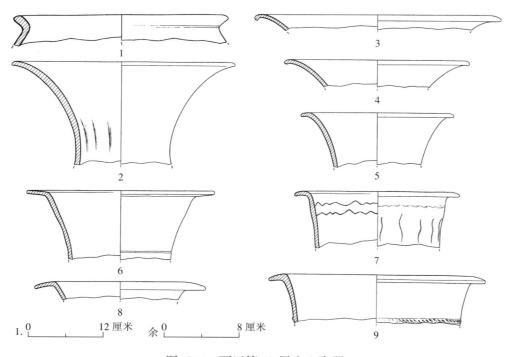

图三二　西区第43层出土陶器

1. Aa型Ⅰ式束颈罐（ⅠT6513㊸：16）　2. Aa型Ⅰ式喇叭口高领罐（ⅠT6513㊸：19）　3、4. Aa型Ⅱ式喇叭口高领罐（ⅠT6513㊸：15、ⅠT6513㊸：11）　5. Ab型Ⅰ式喇叭口高领罐（ⅠT6513㊸：8）　6. Ac型Ⅰ式喇叭口高领罐（ⅠT6513㊸：18）　7. B型Ⅱ式敞口尊形器（ⅠT6513㊸：17）　8. A型Ⅰ式宽沿尊形器（ⅠT6513㊸：13）　9. B型Ⅰ式宽沿尊形器（ⅠT6513㊸：14）

标本ⅠT6513㊸：17，泥质灰黑陶，内壁磨光呈黑色。内外壁饰波浪纹。口径17.8、残高6.2厘米（图三二，7）。

宽沿尊形器　5件。

A型Ⅰ式　3件。

标本ⅠT6513㊸：13，泥质灰白陶，内外壁皆施黑衣。沿面较宽，圆唇。口径18、残高1.9厘米（图三二，8）。

B型Ⅰ式　2件。

标本ⅠT6513㊸：14，泥质灰白陶，内外壁皆施黑衣。沿面较宽，圆唇。腹部饰一周压印纹。口径23、残高5.4厘米（图三二，9）。

（三）第42层出土遗物

该层出土遗物以陶器为主，另出土2件石器。共计出土陶片516片，以夹砂陶为大宗，占98.45%。夹砂陶陶色以灰黑、黑褐、灰褐为主，各占65.16%、23.23%及11.41%。其中饰纹饰者达70.87%，以粗绳纹、细绳纹为主，各占85.28%和11.39%，另有极少量凹弦纹、压印纹、戳印纹、刻划纹等。泥质陶陶色以青灰、灰黄陶为主，纹饰包括附加堆压印纹、绳纹、刻划纹及附加堆纹（表三）。陶器可辨器形有绳纹花边口沿罐、喇叭口高领罐、宽沿尊形器、器底，石器有石锛、奇石。

表三　西区第42层陶片统计表

纹饰 ＼ 陶色 ＼ 陶质	夹砂陶				小计	百分比（%）	泥质陶			小计	百分比（%）
	黑褐	灰褐	灰黑	褐			青灰	灰黄	灰黑		
素面	39	29	79	1	148	29.13		2		2	25.00
细绳纹	11	8	22		41	8.07		1		1	12.50
粗绳纹	64	21	222		307	60.44					
附加堆纹								1		1	12.50
压印纹	1		1		2	0.39					
附加堆压印纹			3		3	0.59	3			3	37.50
刻划纹	1				1	0.20			1	1	12.50
戳印纹	1		1		2	0.39					
凹弦纹	1		2		3	0.59					
镂孔			1		1	0.20					
小计	118	58	331	1	508	100.00	4	3	1	8	100.00
百分比（%）	23.23	11.41	65.16	0.20		100.00	50.00	37.50	12.50		100.00
合计	516										

（1）陶器

绳纹花边口沿罐　37件。

A型Ⅰ式　4件。

标本ⅠT6611－6712④:81，夹砂灰黑陶，外壁附着有烟炱痕迹。方唇。唇部、口沿内外壁皆饰绳纹。制作较为精细。口径40、残高7.5厘米（图三三，1）。

标本ⅠT6611－6712④:83，夹砂灰黑陶，外壁附着有烟炱痕迹。方唇。唇部、口沿内外壁皆饰绳纹，绳纹极粗。制作较为粗糙。残高4.5厘米（图三三，2）。

Ba型　1件。

标本ⅠT6611－6712④:75，夹砂灰黑陶。方唇。唇部、沿面、沿外侧、外壁皆饰绳纹。残高5.3厘米（图三三，15）。

Ca型Ⅰ式　3件。

标本ⅠT6611－6712④:87，夹砂灰黑陶。方唇，内壁上部有一明显斜面。唇部、沿面、内壁上部斜面、沿外侧、外壁皆饰绳纹。口径38、残高15.6厘米（图三三，3）。

标本ⅠT6611－6712④:76，夹砂灰黑陶，外壁附着有烟炱痕迹。方唇，内壁上部有一明显斜面。唇部、口沿内外壁皆饰绳纹。口径40、残高6.2厘米（图三三，4）。

标本ⅠT6611－6712④:88，夹砂灰黑陶。方唇。通体压印绳纹。口径44、残高8.4厘米（图三三，5）。

Cb型Ⅰ式　1件。

标本ⅠT6611－6712④:89，夹砂灰黑陶。方唇。沿面及沿外侧压印绳纹。口径28.6、残高4.8厘米（图三三，6）。

D型Ⅰ式　1件。

标本ⅠT6611－6712④:72，夹砂灰黑陶。方唇。沿面及沿外侧压印绳纹。口径34.4、残高4厘米（图三三，7）。

E型Ⅰ式　4件。

标本ⅠT6611－6712④:70，夹砂灰黑陶。方唇。唇部、沿面、沿外侧、外壁皆饰绳纹，绳纹极粗。残高6.1厘米（图三三，8）。

F型　20件。

标本ⅠT6611－6712④:75，夹砂灰黑陶。方唇。唇部、沿面、沿外侧、外壁皆饰绳纹。残高5.1厘米（图三三，9）。

标本ⅠT6611－6712④:79，夹砂灰黑陶。方唇。唇部和口沿内外壁皆饰绳纹，沿外侧有抹痕。口径46、残高5.1厘米（图三三，10）。

标本ⅠT6611－6712④:78，夹砂灰黑陶。方唇。唇部、沿面、沿外侧、外壁皆饰绳纹。残高8.2厘米（图三三，11）。

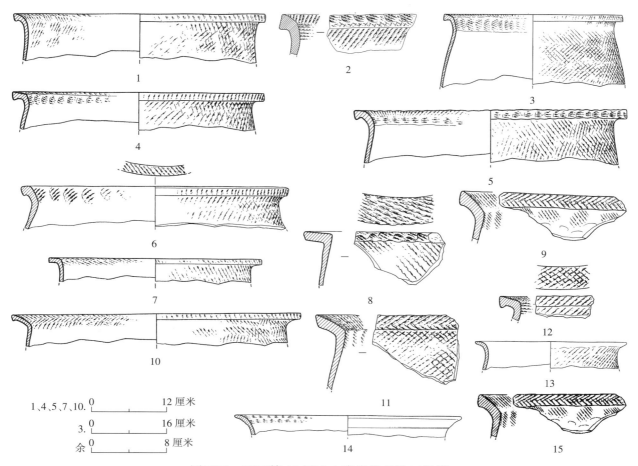

图三三　西区第 42 层出土陶绳纹花边口沿罐

1、2. A 型 I 式（ I T6611 - 6712㊷：81、 I T6611 - 6712㊷：83）　3～5. Ca 型 I 式（ I T6611 - 6712㊷：87、 I T6611 - 6712㊷：76、 I T6611 - 6712㊷：88）　6. Cb 型 I 式（ I T6611 - 6712㊷：89）　7. D 型 I 式（ I T6611 - 6712㊷：72）　8. E 型 I 式（ I T6611 - 6712㊷：70）　9～12. F 型（ I T6611 - 6712㊷：75、 I T6611 - 6712㊷：79、 I T6611 - 6712㊷：78、 I T6611 - 6712㊷：42）　13. Ga 型 I 式（ I T6611 - 6712㊷：38）　14. Gb 型（ I T6611 - 6712㊷：28）　15. Ba 型（ I T6611 - 6712㊷：75）

标本 I T6611 - 6712㊷：42，夹砂灰黑陶。方唇。唇部、沿面、沿外侧皆饰绳纹。残高 2 厘米（图三三，12）。

Ga 型 I 式　2 件。

标本 I T6611 - 6712㊷：38，夹砂灰黑陶。尖圆唇。沿外侧、外壁饰绳纹。口径 16、残高 3.1 厘米（图三三，13）。

Gb 型　1 件。

标本 I T6611 - 6712㊷：28，夹砂灰黑陶。尖圆唇。沿面压印绳纹。口径 24.4、残高 2.4 厘米（图三三，14）。

喇叭口高领罐　2 件。

Ab 型 I 式　1 件。

标本ⅠT6611－6712㊷：35，夹砂灰黄陶，内壁磨光呈黑色。圆唇。残高1.7厘米（图三四，2）。

Bb型　1件。

标本ⅠT6611－6712㊷：51，夹砂灰黑陶。方唇。唇部压印绳纹。口径12.4、残高5.4厘米（图三四，1）。

宽沿尊形器　2件。

Da型　1件。

标本ⅠT6611－6712㊷：91，夹砂灰黑陶。圆唇，内壁磨光。沿外侧压印绳纹。口径21.6、残高4.8厘米（图三四，3）。

Db型　1件。

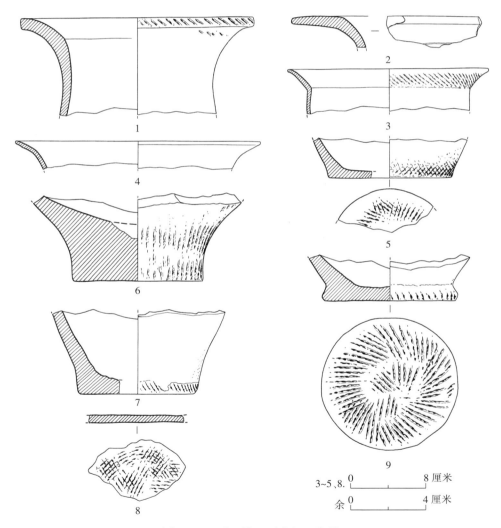

图三四　西区第42层出土陶器

1. Bb型喇叭口高领罐（ⅠT6611－6712㊷：51）　2. Ab型Ⅰ式喇叭口高领罐（ⅠT6611－6712㊷：35）　3. Da型宽沿尊形器（ⅠT6611－6712㊷：91）　4. Db型宽沿尊形器（ⅠT6611－6712㊷：52）　5. Aa型器底（ⅠT6611－6712㊷：59）　6、7. Ab型器底（ⅠT6611－6712㊷：66、ⅠT6611－6712㊷：92）　8. Ba型器底（ⅠT6611－6712㊷：77）　9. C型器底（ⅠT6611－6712㊷：68）

标本ⅠT6611－6712㊷：52，夹砂灰黑陶。圆唇。口径26、残高3.1厘米（图三四，4）。

器底　22件。

Aa型　14件。

标本ⅠT6611－6712㊷：59，夹砂灰黑陶，外壁附着有烟炱痕迹。外壁和器底皆饰绳纹。底径13、残高4.4厘米（图三四，5）。

Ab型　3件。

标本ⅠT6611－6712㊷：66，夹砂灰黑陶，外壁附着有烟炱。外壁和器底皆饰绳纹，外壁有抹痕。底径7、残高5厘米（图三四，6）。

标本ⅠT6611－6712㊷：92，夹砂灰黑陶。底缘饰绳纹。底径6.4、残高4.5厘米（图三四，7）。

Ba型　1件。

标本ⅠT6611－6712㊷：77，夹砂灰黑陶。器底饰粗绳纹。残底径10.4、底厚1厘米（图三四，8）。

C型　4件。

标本ⅠT6611－6712㊷：68，夹砂灰黑陶，外壁附着有烟炱痕迹。器底饰绳纹。底径7.3、残高2.6厘米（图三四，9）。

（2）石器

2件。

锛　1件。Bb型。

标本ⅠT6611－6712㊷：2，灰色，有条形细纹。利用自然卵石切割成型，表面经打磨处理，制作较为规整。长方体，弧刃，顶残。长13、宽3.6、厚1.8厘米（图三五，1）。

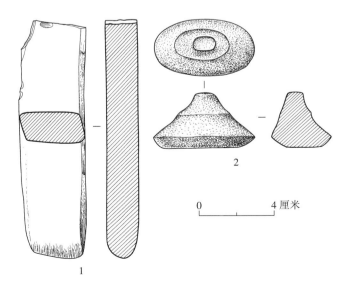

图三五　西区第42层出土石器

1. Bb型锛（ⅠT6611－6712㊷：2）　2. 奇石（ⅠT6611－6712㊷：3）

奇石 1件。

标本ⅠT6611-6712㊷:3,灰色,器表覆盖大量褐色锈斑。整器呈圆丘状。顶有条形细纹。利用自然卵石切割成型,表面经打磨处理,制作较为规整。底长径5.2、短径3.6厘米,高2.9、厚3.1厘米(图三五,2)。

(四)第41层出土遗物

该层仅分布于个别探方,出土遗物较少,仅见少量陶片。共计出土陶片120片,除一片泥质陶片外,其余均为夹砂陶。夹砂陶陶色以灰黑为主,占94.12%,另有少量灰褐陶。其中纹饰陶片占25.21%,以粗绳纹为主,占80.00%,另有少量细绳纹、附加堆压印纹、附加堆纹、戳印纹(表四)。可辨器形仅有绳纹花边口沿罐、敞口尊形器。

表四 西区第41层陶片统计表

陶质 陶色 纹饰	夹砂陶			小计	百分比(%)	泥质陶 灰黑	小计	百分比(%)
	黑褐	灰褐	灰黑					
素面		7	82	89	74.79	1	1	100.00
细绳纹			2	2	1.68			
粗绳纹			24	24	20.17			
附加堆纹			1	1	0.84			
附加堆压印纹			2	2	1.68			
戳印纹			1	1	0.84			
小计		7	112	119		1	1	
百分比(%)		5.88	94.12		100.00	100.00		100.00
合计	120							

绳纹花边口沿罐 1件。Ca型Ⅰ式。

标本ⅠT6611-6712㊶:3,夹砂灰黑陶。方唇,内壁上部有一明显斜面。唇部和沿部内外壁皆饰绳纹。口径38、残高8.2厘米(图三六,1)。

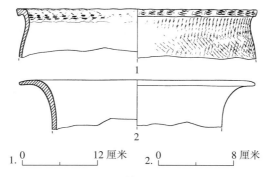

图三六 西区第41层出土陶器
1. Ca型Ⅰ式绳纹花边口沿罐(ⅠT6611-6712㊶:3)   2. A型Ⅰ式敞口尊形器(ⅠT6611-6712㊶:4)

敞口尊形器　1件。A 型 I 式。

标本 I T6611 – 6712㊶：4，夹砂灰黑陶，内壁磨光呈黑色，外壁附着有一层烟炱痕迹。口径25、残高5.3厘米（图三六，2）。

（五）第 40 层出土遗物

该层是该区新石器时代堆积中出土遗物最为丰富的一层，无论是数量还是器形均较为丰富。以陶器为主，另出土3件石器和1件玉器。陶器以泥质陶居多，占62.74%。泥质陶陶色以灰白陶为主，占64.64%；次为灰黄陶，占23.17%；再次为褐陶，占7.76%；另有少量青灰、灰黑陶。饰纹饰者占37.76%，以附加堆压印纹、细绳纹、粗绳纹为主，各占50.97%、18.74%和12.45%，另有少量凸棱纹、刻划纹、凹弦纹、戳印纹、压印纹、附加堆纹等。夹砂陶陶色以灰黑、黑褐陶为主，各占55.71%、33.22%，另有少量灰褐、褐、灰白陶，饰纹饰者高达71.59%，以粗绳纹和细绳纹为主，各占73.68%和21.11%，另有少量压印纹、凹弦纹、镂孔、刻划纹等（表五）。陶器可辨器形主要有绳纹花边口沿罐、束颈罐、喇叭口高领罐、壶、敞口尊形器、曲沿尊形器、宽沿尊形器、盆形器、钵、器盖等。

表五　西区第 40 层陶片统计表

陶质 陶色 纹饰	夹砂陶					小计	百分比（%）	泥质陶					小计	百分比（%）
	黑褐	灰褐	灰黑	褐	灰白			灰白	青灰	灰黄	灰黑	褐		
素面	215	28	436	48	12	739	28.41	1753	91	610	21	251	2726	62.24
细绳纹	62	10	260	54	7	393	15.11	160	18	114	2	16	310	7.08
粗绳纹	568	42	685	71	6	1372	52.75	156	10	37		3	206	4.70
附加堆纹								2				1	3	0.07
压印纹	5		32	5	1	43	1.65	4		3		6	13	0.30
附加堆压印纹	4		22			26	1.00	585	24	182	4	48	843	19.25
刻划纹	2		2			4	0.15	21	3	21		6	51	1.16
戳印纹	1		2	1		4	0.15	31	1	11			43	0.98
凹弦纹	5		5			10	0.39	20	4	11		6	41	0.94
凸棱纹			1			1	0.04	89	14	25	2	3	133	3.03
镂孔	2		4	3		9	0.35	6		1			7	0.16
瓦棱纹								4					4	0.09
小计	864	80	1449	182	26	2601		2831	165	1015	29	340	4380	
百分比（%）	33.22	3.07	55.71	7.00	1.00		100.00	64.64	3.77	23.17	0.66	7.76		100.00
合计	6981													

（1）陶器

绳纹花边口沿罐　169 件。

A 型 I 式　14 件。

标本 I T6611 – 6712④:71，夹砂灰黑陶。方唇。唇部、沿面、沿外侧、外壁皆饰绳纹。制作较精细。口径 40、残高 4.1 厘米（图三七，1）。

标本 I T6513④:25，夹砂灰黑陶。方唇。唇部、沿面、沿外侧皆饰绳纹，沿外侧有抹痕。残高 2.4 厘米（图三七，2）。

标本 I T6809 – 6910④:248，夹砂灰黑陶。方唇。唇部、沿面、沿外侧、外壁皆饰绳纹。制作较为精细。口径 38、残高 4.4 厘米（图三七，3）。

标本 I T6611 – 6712④:140，夹砂灰黑陶。方唇。沿内侧及外壁均压印绳纹。口径 34.4、残高 6 厘米（图三七，4）。

标本 I T6611 – 6712④:139，夹砂灰黑陶。方唇。内壁有波浪状划痕，沿外侧及外壁压印绳纹。口径 34.4、残高 6.4 厘米（图三七，5）。

A 型 II 式　28 件。

标本 I T6809 – 6910④:266，夹砂灰黑陶，外壁附着有烟炱痕迹。方唇。唇部、沿面、沿外侧、外壁皆饰绳纹。口径 40、残高 4.8 厘米（图三七，6）。

标本 I T6813 – 6914④:53，夹砂灰黑陶。方唇。唇部、沿面、沿外侧、外壁皆饰绳纹，外壁有竖向抹痕。口径 43、残高 6 厘米（图三七，7）。

标本 I T6809 – 6910④:53，夹砂灰黑陶，外壁附着有烟炱痕迹。方唇。唇部和沿部内、外壁皆饰绳纹，绳纹极粗，外壁有一道抹痕。制作较粗糙。残高 5 厘米（图三七，8）。

标本 I T6809 – 6910④:38，夹砂灰黑陶。方唇。唇部、沿面、外壁皆饰绳纹。残高 6 厘米（图三七，9）。

标本 I T6811 – 6912④:134，夹砂灰黑陶。方唇。唇部、沿面、沿外侧、外壁皆饰绳纹。口径 40、残高 4 厘米（图三七，24）。

A 型 III 式　1 件。

标本 I T6813 – 6914④:54，夹砂灰黑陶，外壁附着有烟炱痕迹。方唇。唇部、沿面、沿外侧、外壁皆饰绳纹。口径 21、残高 6.6 厘米（图三七，10）。

Ba 型　12 件。

标本 I T6613 – 6714④:42，夹砂灰黑陶。方唇。唇部、沿面、沿外侧、外壁皆饰绳纹。口径 40、残高 7.5 厘米（图三七，11）。

标本 I T6611 – 6712④:121，夹砂黑褐陶。锯齿花边口，方唇。唇部、沿面、沿外侧、外壁皆饰绳纹。口径 37、残高 4.1 厘米（图三七，12）。

标本 I T6809 – 6910④:245，夹砂灰黑陶。方唇。唇部、沿面、沿外侧、外壁皆饰绳纹。制作

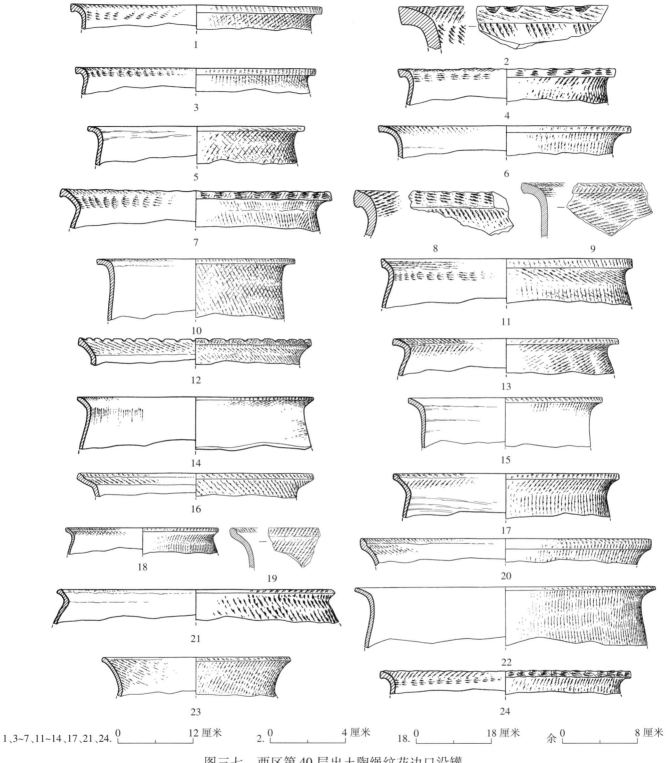

1、3~7、11~14、17、21、24. 0 ————— 12厘米　　2. 0 ——— 4厘米　　18. 0 ——— 18厘米　　余 0 ——— 8厘米

图三七　西区第40层出土陶绳纹花边口沿罐

1~5. A 型 I 式（Ⅰ T6611－6712⑩：71、Ⅰ T6513⑩：25、Ⅰ T6809－6910⑩：248、Ⅰ T6611－6712⑩：140、Ⅰ T6611－6712⑩：139）　　6~9、24. A 型 II 式（Ⅰ T6809－6910⑩：266、Ⅰ T6813－6914⑩：53、Ⅰ T6809－6910⑩：53、Ⅰ T6809－6910⑩：38、Ⅰ T6811－6912⑩：134）　　10. A 型 III 式（Ⅰ T6813－6914⑩：54）　　11~15. Ba 型（Ⅰ T6613－6714⑩：42、Ⅰ T6611－6712⑩：121、Ⅰ T6809－6910⑩：245、Ⅰ T6811－6912⑩：144、Ⅰ T6811－6912⑩：145）　　16. Bb 型 I 式（Ⅰ T6809－6910⑩：19）　　17~20. Bb 型 II 式（Ⅰ T6811－6912⑩：177、Ⅰ T6809－6910⑩：52、Ⅰ T6611－6712⑩：44、Ⅰ T6513⑩：51）　　21、22. Bc 型 I 式（Ⅰ T6809－6910⑩：256、Ⅰ T6613－6714⑩：41）　　23. Bd 型（Ⅰ T6811－6912⑩：132）

较为精细。口径 36、残高 5.9 厘米（图三七，13）。

标本 I T6811－6912⑩：144，夹砂灰黑陶。方唇。唇部、沿面、内壁上部、沿外侧、外壁皆饰绳纹。口径 37.8、残高 8.7 厘米（图三七，14）。

标本 I T6811－6912⑩：145，夹砂灰黑陶。方唇。唇部、沿外侧饰绳纹。口径 20.6、残高 5.7 厘米（图三七，15）。

Bb 型 I 式　2 件。

标本 I T6809－6910⑩：19，夹砂灰黑陶。方唇，内叠。唇部、沿外侧、外壁饰绳纹。口径 25、残高 2.6 厘米（图三七，16）。

Bb 型 II 式　6 件。

标本 I T6811－6912⑩：177，夹砂黑褐陶。方唇。唇部、沿面、沿外侧、外壁皆饰绳纹。口径 36、残高 7.1 厘米（图三七，17）。

标本 I T6809－6910⑩：52，夹砂黑褐陶。方唇。唇部、沿面、沿外侧、外壁皆饰绳纹。口径 36、残高 6.1 厘米（图三七，18）。

标本 I T6611－6712⑩：44，夹砂灰褐陶。圆唇。唇部、沿面、沿外侧、外壁皆饰绳纹。残高 4.4 厘米（图三七，19）。

标本 I T6513⑩：51，夹砂灰黑陶。圆唇。内外均压印绳纹。口径 31、残高 2.9 厘米（图三七，20）。

Bc 型 I 式　2 件。

标本 I T6809－6910⑩：256，夹砂黑褐陶。方唇。唇部、沿面、沿外侧、外壁皆饰绳纹。口径 44、残高 5.1 厘米（图三七，21）。

标本 I T6613－6714⑩：41，夹砂灰黑陶。方唇。沿外侧及外壁饰绳纹。口径 32.2、残高 6.6 厘米（图三七，22）。

Bd 型　2 件。

标本 I T6811－6912⑩：132，夹砂灰黑陶，外壁有烟炱痕迹。方唇。唇部和沿部内外壁皆饰绳纹，沿外侧有抹痕。口径 20、残高 4.1 厘米（图三七，23）。

标本 I T6809－6910⑩：249，夹砂灰黑陶。方唇。唇部、沿面、沿外侧、外壁皆饰绳纹。制作较为精细。口径 38、残高 4.5 厘米（图三八，1）。

Ca 型 I 式　6 件。

标本 I T6611－6712⑩：137，夹砂灰黑陶。方唇，内壁沿下有一斜面。唇部、沿面、沿外侧、外壁皆饰绳纹，沿外侧和外壁有抹痕。口径 32、残高 5.2 厘米（图三八，2）。

Ca 型 II 式　26 件。

标本 I T6611－6712⑩：73，夹砂灰黑陶。方唇。唇部、沿面、沿外侧、外壁皆饰绳纹。口径 42、残高 6.6 厘米（图三八，3）。

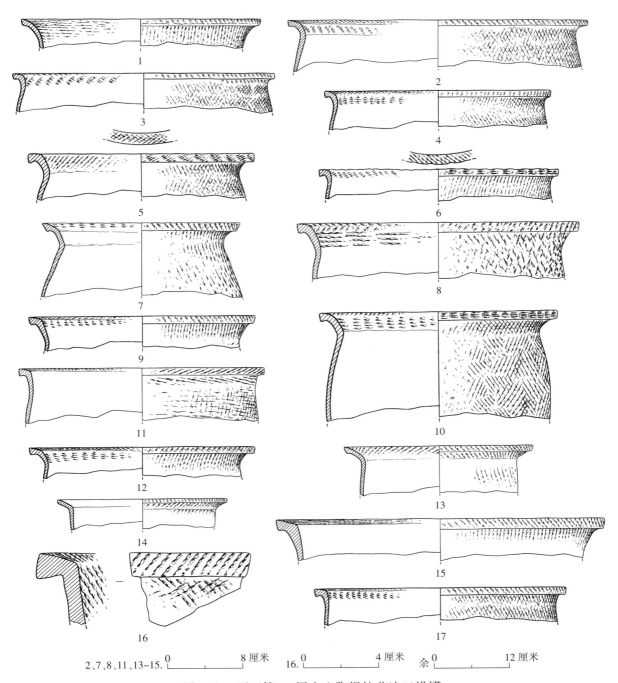

图三八　西区第 40 层出土陶绳纹花边口沿罐

1. Bd 型（ⅠT6809 – 6910㊵：249）　2. Ca 型 Ⅰ 式（ⅠT6611 – 6712㊵：137）　3 ~ 6. Ca 型 Ⅱ 式（ⅠT6611 – 6712㊵：73、ⅠT6809 – 6910㊵：91、ⅠT6809 – 6910㊵：252、ⅠT6611 – 6712㊵：72）　7、8. Cb 型 Ⅰ 式（ⅠT6811 – 6912㊵：151、ⅠT6811 – 6912㊵：153）　9 ~ 12. Cb 型 Ⅱ 式（ⅠT6811 – 6912㊵：184、ⅠT6811 – 6912㊵：159、ⅠT6811 – 6912㊵：187、ⅠT6611 – 6712㊵：120）　13、14. Cb 型 Ⅳ 式（ⅠT6809 – 6910㊵：51、ⅠT6809 – 6910㊵：259）　15. D 型 Ⅰ 式（ⅠT6809 – 6910㊵：250）　16、17. D 型 Ⅱ 式（ⅠT7009 – 7110㊵：7、ⅠT6611 – 6712㊵：82）

　　标本 ⅠT6809 – 6910㊵：91，夹砂灰黑陶，外壁附着有烟炱痕迹。方唇。唇部、沿面、沿外侧、外壁皆饰绳纹，外壁有抹痕。口径 36、残高 6 厘米（图三八，4）。

标本ⅠT6809-6910④:252，夹砂灰黑陶，外壁附着有烟炱痕迹。方唇，内壁沿下有一斜面。唇部、沿面、内壁上部斜面、沿外侧、外壁皆饰绳纹。口径36、残高7.1厘米（图三八，5）。

标本ⅠT6611-6712④:72，夹砂灰黑陶。方唇。唇部、沿面、沿外侧、外壁皆饰绳纹。口径38.4、残高4.8厘米（图三八，6）。

Cb型Ⅰ式　2件。

标本ⅠT6811-6912④:151，夹砂灰黑陶。斜方唇。唇部、沿面及外壁皆饰绳纹，沿面、沿外侧有抹痕。口径21、残高8.4厘米（图三八，7）。

标本ⅠT6811-6912④:153，夹砂灰黑陶。方唇。唇部、沿面、沿外侧、外壁皆饰绳纹，绳纹极粗。制作较精细。口径30、残高6.4厘米（图三八，8）。

Cb型Ⅱ式　16件。

标本ⅠT6811-6912④:184，夹砂灰黑陶。方唇，内壁上部有一明显斜面。唇部和沿部内外壁皆饰绳纹，内壁上部斜面压印不规则的捺窝纹。口径36、残高5.2厘米（图三八，9）。

标本ⅠT6811-6912④:159，夹砂灰黑陶。方唇，内壁上部有一明显斜面。唇部、沿面、内壁上部斜面、沿外侧、外壁皆饰绳纹。口径38、残高18.1厘米（图三八，10）。

标本ⅠT6811-6912④:187，夹砂灰黑陶。斜方唇。唇部、口沿内外壁均饰绳纹。口径26、残高6厘米（图三八，11）。

标本ⅠT6611-6712④:120，夹砂灰黑陶。方唇。唇部、沿面、沿内侧及外壁均饰绳纹。口径36.4、残高4.8厘米（图三八，12）。

Cb型Ⅳ式　5件。

标本ⅠT6809-6910④:51，夹砂灰黑陶，外壁附着有烟炱痕迹。方唇。唇部、沿面、沿外侧、外壁皆饰绳纹。口径20、残高5.5厘米（图三八，13）。

标本ⅠT6809-6910④:259，夹砂灰黑陶，外壁附着有烟炱痕迹。方唇。唇部、沿外侧、外壁皆饰绳纹。口径18、残高3.2厘米（图三八，14）。

D型Ⅰ式　5件。

标本ⅠT6809-6910④:250，夹砂灰黑陶。方唇。唇部、沿面、沿外侧、外壁皆饰绳纹，外壁有抹痕。口径35、残高4.4厘米（图三八，15）。

D型Ⅱ式　2件。

标本ⅠT7009-7110④:7，夹砂灰黑陶。方唇。唇部、沿面、沿外侧、外壁皆饰绳纹。制作较为精细。残高4厘米（图三八，16）。

标本ⅠT6611-6712④:82，夹砂灰黑陶。方唇。唇部、沿面、沿内侧及外壁均饰绳纹。口径40.8、残高6厘米（图三八，17）。

E型Ⅱ式　7件。

标本ⅠT6611-6712④:117，夹砂灰黑陶。方唇。唇部、沿面、沿外侧皆饰绳纹。口径32、残高4.1厘米（图三九，1）。

标本ⅠT6811－6912④：148，夹砂灰黑陶。方唇。唇部、沿面、沿外侧、外壁皆饰绳纹。口径34、残高4.5厘米（图三九，2）。

标本ⅠT6611－6712④：134，夹砂黑褐陶。方唇。唇部、沿面、沿外侧、外壁皆饰绳纹，唇部和沿面的绳纹极粗。制作较精细。口径35、残高5.6厘米（图三九，3）。

标本ⅠT6611－6712④：105，夹砂灰黑陶。方唇。唇部、沿面、沿外侧皆饰绳纹。残高1.6厘米（图三九，4）。

F型　7件。

标本ⅠT6611－6712④：124，夹砂灰黄陶。方唇。唇部、沿外侧、外壁饰细绳纹。口径40、残高3.9厘米（图三九，5）。

标本ⅠT6811－6912④：138，夹砂灰黑陶。方唇。唇部压印绳纹，沿外侧、外壁饰细绳纹，沿外侧下部有一周较宽的抹痕。残高7.7厘米（图三九，6）。

标本ⅠT6813－6914④：45，夹砂灰黑陶。方唇。唇部、沿面、沿外侧、外壁皆饰绳纹，沿外侧转角处有抹痕。残高3.5厘米（图三九，7）。

标本ⅠT6811－6912④：155，夹砂灰黑陶。方唇。沿外侧及外壁饰绳纹。口径31.2、残高6.2厘米（图三九，8）。

Ga型Ⅰ式　3件。

标本ⅠT6811－6912④：22，夹砂灰黑陶，外壁附着有烟炱痕迹。方唇。唇部、沿外侧、外壁

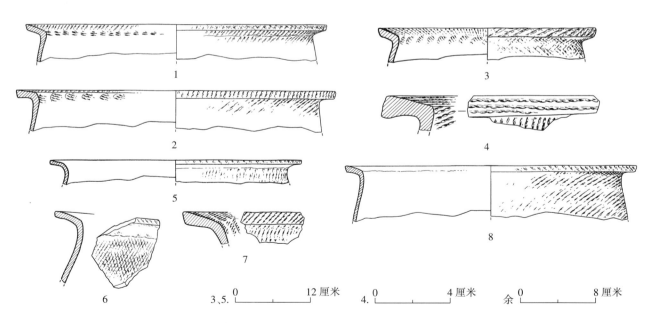

图三九　西区第40层出土陶绳纹花边口沿罐

1～4. E型Ⅱ式（ⅠT6611－6712④：117、ⅠT6811－6912④：148、ⅠT6611－6712④：134、ⅠT6611－6712④：105）

5～8. F型（ⅠT6611－6712④：124、ⅠT6811－6912④：138、ⅠT6813－6914④：45、ⅠT6811－6912④：155）

皆饰绳纹。口径 14、残高 4.2 厘米（图四〇，1）。

标本 ⅠT6613－6714㊵：33，夹砂黑褐陶。方唇。唇部、沿外侧、外壁皆饰绳纹。口径 14、残高 4 厘米（图四〇，2）。

标本 ⅠT6811－6912㊵：209，夹砂灰黑陶，外壁附着有烟炱痕迹。方唇。唇部和沿部内外壁皆饰绳纹，外壁绳纹部分被抹掉，内壁有制作时留下的凹痕。口径 16.4、残高 5.1 厘米（图四〇，3）。

Ga 型 Ⅱ式　16 件。

标本 ⅠT6809－6910㊵：258，夹砂灰黑陶，内壁磨光呈黑色。方唇。唇部、沿面、沿外侧、外壁皆饰绳纹。口径 20、残高 4.5 厘米（图四〇，4）。

标本 ⅠT6611－6712㊵：85，夹砂灰黑陶，外壁附着有烟炱痕迹。方唇。唇部、沿外侧饰绳纹。口径 21、残高 5.4 厘米（图四〇，5）。

标本 ⅠT6811－6912㊵：49，夹砂灰黑陶，内壁磨光呈黑色，外壁附着有烟炱痕迹。方唇。唇部、沿面饰绳纹。口径 22、残高 5.5 厘米（图四〇，6）。

Ga 型 Ⅲ式　3 件。

标本 ⅠT6611－6712㊵：110，夹砂灰陶。尖唇。外壁饰交错绳纹。口径 16、残高 4.1 厘米（图四〇，7）。

Gb 型　3 件。

标本 ⅠT6809－6910㊵：28，夹砂灰黑陶，内壁磨光呈黑色。圆唇。沿外侧饰绳纹。口径 20、残高 3.6 厘米（图四〇，8）。

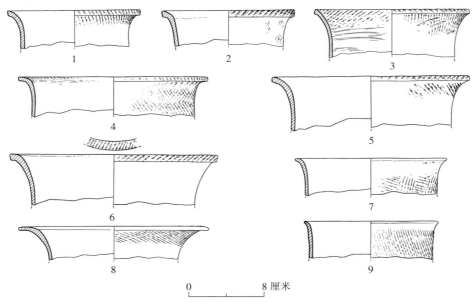

图四〇　西区第 40 层出土 G 型陶绳纹花边口沿罐

1~3. Ga 型Ⅰ式（ⅠT6811－6912㊵：22、ⅠT6613－6714㊵：33、ⅠT6811－6912㊵：209）　4~6. Ga 型Ⅱ式（ⅠT6809－6910㊵：258、ⅠT6611－6712㊵：85、ⅠT6811－6912㊵：49）　7. Ga 型Ⅲ式（ⅠT6611－6712㊵：110）　8. Gb 型（ⅠT6809－6910㊵：28）　9. Gc 型（ⅠT6811－6912㊵：110）

Gc 型　1 件。

标本ⅠT6811 - 6912㊽：110，夹砂灰黄陶。圆唇。唇部、沿外侧、外壁皆饰绳纹。口径 14、残高 4.2 厘米（图四〇，9）。

束颈罐　10 件。

A 型Ⅰ式　5 件。

标本ⅠT6809 - 6910㊽：198，泥质灰黑陶。口径 26、残高 3.1 厘米（图四一，1）。

标本ⅠT6611 - 6712㊽：250，泥质灰黑陶。口径 28、残高 4.5 厘米（图四一，2）。

标本ⅠT6613 - 6714㊽：48，泥质灰白陶，内外壁皆施黑衣。残高 3.3 厘米（图四一，8）。

B 型Ⅰ式　2 件。

标本ⅠT6811 - 6912㊽：54，泥质灰黑陶。口径 27、残高 3.1 厘米（图四一，3）。

标本ⅠT6611 - 6712㊽：249，泥质灰黑陶。口径 28.4、残高 7 厘米（图四一，5）。

C 型　2 件。

标本ⅠT6613 - 6714㊽：10，泥质灰白陶，内外壁皆施黑衣。颈部有一小洞。口径 22、残高 4.9 厘米（图四一，4）。

标本ⅠT6613 - 6714㊽：19，夹砂灰陶。方唇。沿外侧饰绳纹。残高 2.8 厘米（图四一，7）。

D 型　1 件。

标本ⅠT6613 - 6714㊽：71，泥质灰白陶，内外壁皆施黑衣。口径 13.6、残高 5.7 厘米（图四一，6）。

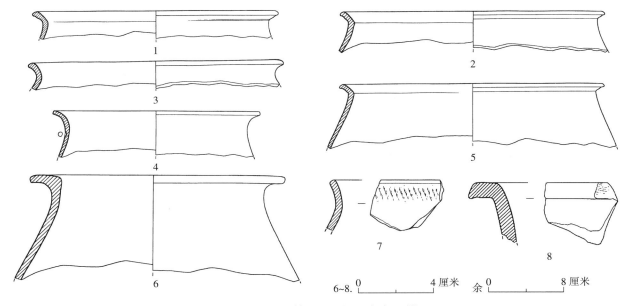

图四一　西区第 40 层出土陶束颈罐

1、2、8. A 型Ⅰ式（ⅠT6809 - 6910㊽：198、ⅠT6611 - 6712㊽：250、ⅠT6613 - 6714㊽：48）　　3、5. B 型Ⅰ式（ⅠT6811 - 6912㊽：54、ⅠT6611 - 6712㊽：249）　　4、7. C 型（ⅠT6613 - 6714㊽：10、ⅠT6613 - 6714㊽：19）
6. D 型（ⅠT6613 - 6714㊽：71）

喇叭口高领罐　223 件。

Aa 型 I 式　64 件。

标本 I T6611 – 6712㊶：265，泥质灰白陶。口径 22、残高 20 厘米（图四二，1）。

标本 I T6513㊶：49，泥质灰白陶，内外壁皆施黑衣。口径 22、残高 1.6 厘米（图四二，2）。

标本 I T6813 – 6914㊶：25，泥质灰白陶，内外壁皆施黑衣。口径 23、残高 2.9 厘米（图四二，3）。

标本 I T6809 – 6910㊶：137，泥质灰白陶，内外壁皆施黑衣。口径 24.2、残高 2.5 厘米（图四二，4）。

Aa 型 II 式　27 件。

标本 I T6811 – 6912㊶：97，泥质灰白陶，内外壁皆施黑衣。口径 24.8、残高 5.4 厘米（图四二，5）。

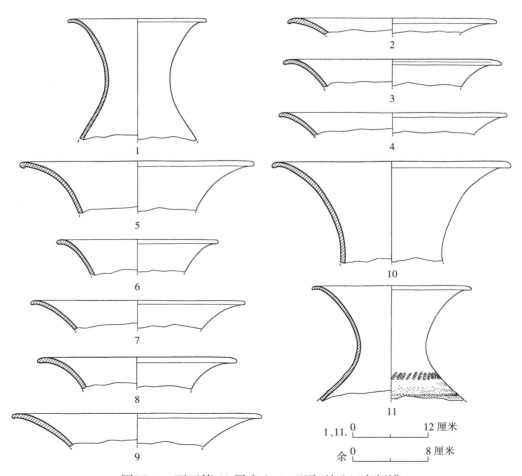

图四二　西区第 40 层出土 Aa 型陶喇叭口高领罐

1 ~ 4. I 式（I T6611 – 6712㊶：265、I T6513㊶：49、I T6813 – 6914㊶：25、I T6809 – 6910㊶：137）　5 ~ 11. II 式（I T6811 – 6912㊶：97、I T6611 – 6712㊶：166、I T6809 – 6910㊶：142、I T6613 – 6714㊶：69、I T7009 – 7110㊶：18、I T6809 – 6910㊶：224、I T6809 – 6910㊶：267）

标本ⅠT6611-6712④:166，泥质褐陶。口径17、残高3.8厘米（图四二，6）。

标本ⅠT6809-6910④:142，泥质灰白陶，内外壁皆施黑衣。口径22.6、残高3.1厘米（图四二，7）。

标本ⅠT6613-6714④:69，泥质灰白陶。口径21、残高3.3厘米（图四二，8）。

标本ⅠT7009-7110④:18，泥质灰黑陶。圆唇。口径26.6、残高4厘米（图四二，9）。

标本ⅠT6809-6910④:224，泥质灰黑陶。圆唇。口径25.2、残高11.4厘米（图四二，10）。

标本ⅠT6809-6910④:267，泥质灰黑陶。圆唇。腹部饰压印纹。口径25.2、残高19厘米（图图二，11）。

Ab型Ⅰ式 11件。

标本ⅠT6811-6912④:95，泥质灰白陶，内外壁皆施黑衣。口径21.2、残高10.4厘米（图四三，1）。

标本ⅠT6613-6714④:52，泥质灰白陶，内外壁皆施黑衣。口径17.6、残高2.1厘米（图四三，2）。

标本ⅠT6813-6914④:43，夹砂灰黑陶，内壁磨光呈黑色。圆唇。口径19、残高5.1厘米（图四三，3）。

标本ⅠT6811-6912④:194，泥质灰黑陶。口部有多道波浪划痕，颈腹部有三道凸弦纹。口径21.6、残高33.4厘米（图四四，1）。

Ab型Ⅱ式 38件。

标本ⅠT6813-6914④:38，夹砂灰黑陶，内壁磨光呈黑色。外壁附着有烟炱痕迹。圆唇。口径22、残高2厘米（图四三，4）。

标本ⅠT6611-6712④:53，夹砂灰黑陶，内壁磨光呈黑色。圆唇。口径19、残高2.2厘米（图四三，5）。

标本ⅠT6809-6910④:261，泥质褐陶，内外壁皆施黑衣。口径22、残高3.6厘米（图四三，6）。

标本ⅠT6809-6910④:268，泥质黑陶。颈肩部饰三周戳印纹。口径23.4、残高21.8厘米（图四三，7）。

Ac型Ⅱ式 10件。

标本ⅠT6611-6712④:40，夹砂灰黑陶，内壁磨光呈黑色。外壁附着有烟炱痕迹。圆唇。口径22、残高3.6厘米（图四三，8）。

标本ⅠT7009-7110④:13，泥质灰白陶，内外壁皆施黑衣。口径18、残高1.6厘米（图四三，9）。

标本ⅠT6611-6712④:207，泥质灰白陶。残高5.4厘米（图四三，10）。

标本ⅠT6809-6910④:240，夹砂灰黑陶，内壁磨光呈黑色。圆唇。口径20.8、残高3.6厘米（图四三，11）。

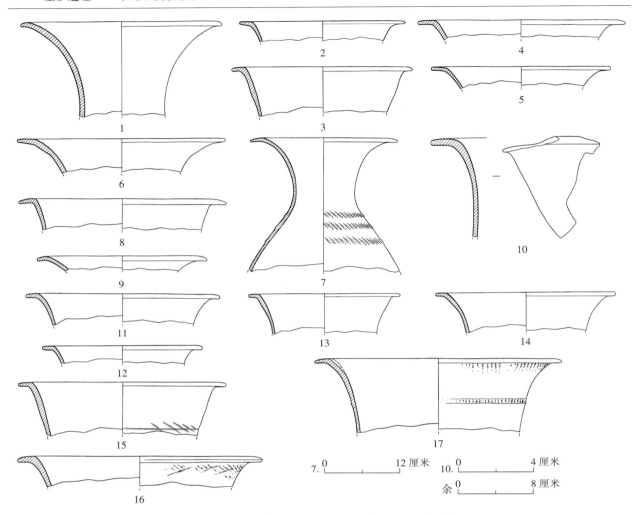

图四三　西区第 40 层出土 A 型陶喇叭口高领罐

1~3. Ab 型 I 式（I T6811 – 6912④：95、I T6613 – 6714④：52、I T6813 – 6914④：43）　4~7. Ab 型 II 式（I T6813 – 6914④：38、I T6611 – 6712④：53、I T6809 – 6910④：261、I T6809 – 6910④：268）　8~11、16、17. Ac 型 II 式（I T6611 – 6712④：40、I T7009 – 7110④：13、I T6611 – 6712④：207、I T6809 – 6910④：240、I T6811 – 6912④：175、I T6811 – 6912④：150）　12~15. Ac 型 III 式（I T6809 – 6910④：178、I T6613 – 6714④：39、I T6513④：32、I T6613 – 6714④：40）

标本 I T6811 – 6912④：175，夹砂黑褐陶，内壁磨光呈黑色。圆唇。沿外侧饰斜向绳纹，部分被抹去，并有斜向划痕。口径 26、残高 3.5 厘米（图四三，16）。

标本 I T6811 – 6912④：150，夹砂灰黑陶，内壁磨光呈黑色。圆唇。沿外侧饰绳纹，腹上部饰一周泥条压印纹。口径 26、残高 8 厘米（图四三，17）。

Ac 型 III 式　11 件。

标本 I T6809 – 6910④：178，泥质灰白陶。口径 17、残高 1.9 厘米（图四三，12）。

标本 I T6613 – 6714④：39，夹砂灰黄陶，内壁磨光呈黑色。圆唇。口径 16、残高 4.4 厘米（图四三，13）。

标本 I T6513④：32，夹砂灰褐陶，内壁磨光呈黑色。圆唇。口径 19、残高 4.2 厘米（图四三，14）。

标本ⅠT6613－6714㊵：40，夹砂黑褐陶。圆唇。腹部饰一道凹弦纹和斜向划纹，斜向划纹压于凹弦纹之上。口径22、残高6厘米（图四三，15）。

Ad型Ⅰ式　29件。

标本ⅠT6611－6712㊵：267，泥质灰白陶，内外壁皆施黑衣。颈内壁上部有多组划纹，应为制作痕迹；颈内壁留下多道竖向指状制作痕迹。肩部饰一团窝状压印纹，在窝状纹中间有网格划纹。口径16.7、残高16.9厘米（图四四，2）。

标本ⅠT6811－6912㊵：199，泥质灰白陶，内外壁皆施黑衣。口径23.6、残高11.9厘米（图四四，3）。

标本ⅠT6811－6912㊵：82，泥质灰黑陶。圆唇。口径15.4、残高9.2厘米（图四四，4）。

标本ⅠT6811－6912㊵：84，泥质灰白陶，内外壁皆施黑衣。口径16、残高4.2厘米（图四四，5）。

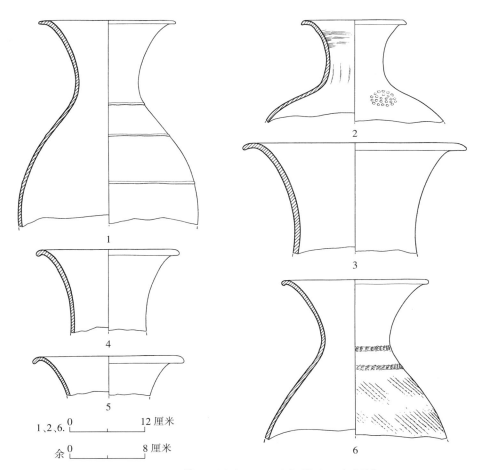

图四四　西区第40层出土A型陶喇叭口高领罐

1. Ab型Ⅰ式（ⅠT6811－6912㊵：194）　　2～5. Ad型Ⅰ式（ⅠT6611－6712㊵：267、ⅠT6811－6912㊵：199、ⅠT6811－6912㊵：82、ⅠT6811－6912㊵：84）　　6. Ad型Ⅱ式（ⅠT6611－6712㊵：266）

Ad 型 Ⅱ式　15 件。

标本 ⅠT6611－6712④：266，泥质灰白陶，内外壁皆施黑衣。颈部饰两周压印纹，肩部饰斜向细绳纹。口径23.2、残高24.5 厘米（图四四，6）。

Ae 型 Ⅰ式　3 件。

标本 ⅠT6513④：33，夹砂灰黑陶，内壁磨光呈黑色。圆唇。口径24、残高2.1 厘米（图四五，1）。

标本 ⅠT6809－6910④：262，夹砂灰黑陶，内壁磨光呈黑色。口径20、残高5.2 厘米（图四五，2）。

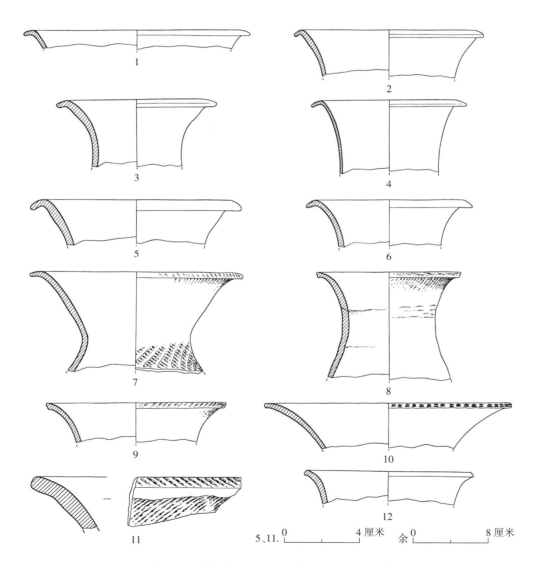

图四五　西区第40层出土陶喇叭口高领罐

1～3. Ae 型 Ⅰ式（ⅠT6513④：33、ⅠT6809－6910④：262、ⅠT6813－6914④：31）　4～6. Ae 型 Ⅱ式（ⅠT6813－6914④：30、ⅠT6611－6712④：212、ⅠT6611－6712④：222）　7. Ba 型（ⅠT6811－6912④：190）　8～12. Bb 型（ⅠT6809－6910④：98、ⅠT6809－6910④：89、ⅠT6811－6912④：73、ⅠT6611－6712④：49、ⅠT6809－6910④：231）

标本ⅠT6813－6914㊵：31，泥质灰白陶。器壁较厚。口径17、残高7.6厘米（图四五，3）。

Ae型Ⅱ式 5件。

标本ⅠT6813－6914㊵：30，泥质灰黄陶。口径16.4、残高8厘米（图四五，4）。

标本ⅠT6611－6712㊵：212，泥质灰白陶，内外壁皆施黑衣。口径11.2、残高2.4厘米（图四五，5）。

标本ⅠT6611－6712㊵：222，泥质灰白陶，内外壁皆施黑衣。口径17.6、残高5厘米（图四五，6）。

Ba型 1件。

标本ⅠT6811－6912㊵：190，夹砂灰黑陶。唇部、沿外侧、颈下部皆饰绳纹。口径22.3、残高11.2厘米（图四五，7）。

Bb型 9件。

标本ⅠT6809－6910㊵：98，夹砂灰黑陶。唇部、沿外侧饰绳纹。口径15.3、残高11.8厘米（图四五，8）。

标本ⅠT6809－6910㊵：89，夹砂灰黑陶。唇部压印绳纹。口径19、残高4.3厘米（图四五，9）。

标本ⅠT6811－6912㊵：73，泥质褐陶，内外壁皆施黑衣。唇部压印绳纹。口径26.2、残高4.9厘米（图四五，10）。

标本ⅠT6611－6712㊵：49，夹砂灰黑陶，外壁有烟炱。方唇，唇部及外壁饰绳纹，沿外侧有抹痕。残高2.7厘米（图四五，11）。

标本ⅠT6809－6910㊵：231，夹砂灰黑陶。方唇。口径18.2、残高3.6厘米（图四五，12）。

壶 4件。

A型 1件。

标本ⅠT6611－6712㊵：188，泥质灰白陶，内外壁皆施黑衣。唇缘内勾。口径13.2、残高6厘米（图四六，1）。

B型 2件。

标本ⅠT6811－6912㊵：72，泥质灰白陶，内外壁皆施黑衣。口径13.4、残高7.6厘米（图四六，2）。

标本ⅠT6611－6712㊵：224，夹砂灰黑陶。圆唇。口径15、残高5.6厘米（图四六，3）。

C型 1件。

标本ⅠT6809－6910㊵：220，泥质灰白陶，内外壁皆施黑衣。器壁较薄。尖圆唇。肩部饰一周附加泥条压印纹。口径13、残高12.3厘米（图四六，4）。

敞口尊形器 27件。

A型Ⅰ式 4件。

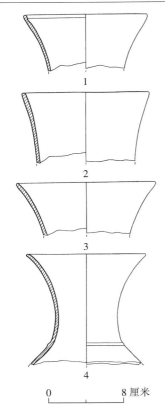

图四六 西区第40层出土陶壶
1. A 型（ⅠT6611－6712⑩：188）
2、3. B 型（ⅠT6811－6912⑩：72、
ⅠT6611－6712⑩：224） 4. C 型
（ⅠT6809－6910⑩：220）

标本ⅠT6811－6912⑩：189，夹砂灰黑陶，外壁附着有烟炱痕迹。圆唇。沿外侧饰竖向划纹，腹部饰三道等距凹弦纹。口径25、残高12.1厘米（图四七，1）。

标本ⅠT6513⑩：23，夹砂黑褐陶，内外壁施黑衣。圆唇。沿面压印窝状纹；外壁饰绳纹，多被抹去。口径22、残高3.6厘米（图四七，2）。

B 型Ⅰ式　4件。

标本ⅠT6811－6912⑩：23，夹砂灰黑陶，内壁磨光呈黑色，外壁附着有烟炱痕迹。圆唇。唇部压印点状纹饰。口径30、残高3.9厘米（图四七，3）。

B 型Ⅱ式　2件。

标本ⅠT6611－6712⑩：119，夹砂黑褐陶，内壁磨光呈黑色。圆唇。沿内壁饰两道平行划纹，腹部饰一周压印纹。口径19、残高6.6厘米（图四七，4）。

标本ⅠT6811－6912⑩：201，夹砂灰黑陶，内壁磨光呈黑色。圆唇。沿外壁饰压印纹，腹部饰刻划符号，圈足壁上有四个对称方形镂孔，圈足足缘压印绳纹。口径19.5、圈足径8.8、高21厘米（图四七，9～12；彩版六，1）。

C 型　13件。

标本ⅠT7009－7110⑩：9，夹砂灰黑陶，内壁磨光呈黑色。方唇。口径22、残高3.5厘米（图四七，5）。

标本ⅠT6811－6912⑩：179，夹砂灰黑陶，内壁磨光呈黑色。圆唇。口径24、残高4.8厘米（图四七，6）。

标本ⅠT6611－6712⑩：41，夹砂灰黑陶，内壁磨光呈黑色。圆唇。口径26、残高1.4厘米（图四七，7）。

D 型　4件。

标本ⅠT6611－6712⑩：84，夹砂灰黑陶。方唇内叠。唇部、沿面、沿外侧、外壁皆饰绳纹。口径29、残高5.5厘米（图四七，8）。

曲沿尊形器　6件。

A 型　1件。

标本ⅠT6611－6712⑩：61，夹砂灰黄陶。沿面微曲。口径26、残高6.2厘米（图四八，1）。

B 型　2件。

标本ⅠT6809－6910⑩：55，夹砂灰黑陶，内外壁皆施黑衣。口径23、残高4.4厘米（图四八，2）。

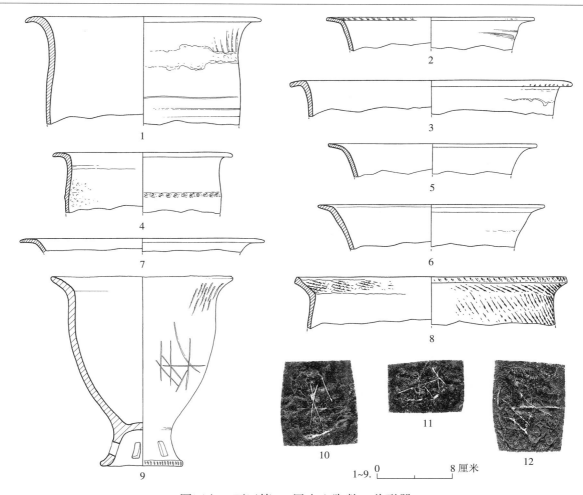

图四七 西区第40层出土陶敞口尊形器

1、2. A型Ⅰ式（ⅠT6811－6912④：189、ⅠT6513④：23） 3. B型Ⅰ式（ⅠT6811－6912④：23） 4. B型Ⅱ式
（ⅠT6611－6712④：119） 5～7. C型（ⅠT7009－7110④：9、ⅠT6811－6912④：179、ⅠT6611－6712④：41）
8. D型（ⅠT6611－6712④：84） 9～12. B型Ⅱ式（ⅠT6811－6912④：201）及腹部刻划符号

标本ⅠT6811－6912④：161，夹砂灰黑陶，内外壁皆施黑衣。沿外饰一周压印绳纹。残高2.5
厘米（图四八，3）。

C型 3件。

标本ⅠT6611－6712④：263，夹砂灰黑陶，外壁附着有烟炱痕迹。唇部压印绳纹。口径18.6、
残高1.5厘米（图四八，4）。

标本ⅠT6811－6912④：14，夹砂灰黄陶，内壁施黑衣，外壁附着有烟炱痕迹。唇部压印绳纹，
腹部饰一周压印纹。口径22、残高6厘米（图四八，5）。

标本ⅠT6611－6712④：62，夹砂灰黑陶。方唇。沿外侧压印绳纹。口径16.4、残高5厘米
（图四八，19）。

宽沿尊形器 19件。

A型Ⅰ式 1件。

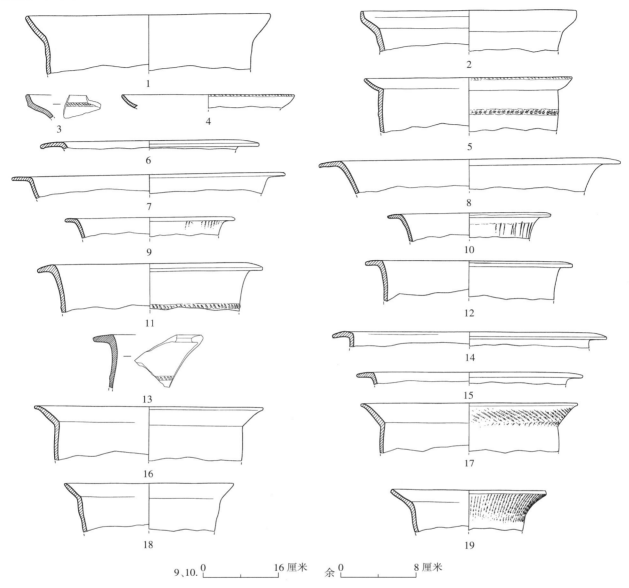

9、10. 0 ——————— 16 厘米　　余 0 ——————— 8 厘米

图四八　西区第 40 层出土陶器

1. A 型曲沿尊形器（ⅠT6611 – 6712④：61）　2、3. B 型曲沿尊形器（ⅠT6809 – 6910④：55、ⅠT6811 – 6912④：161）
4、5、19. C 型曲沿尊形器（ⅠT6611 – 6712④：263、ⅠT6811 – 6912④：14、ⅠT6611 – 6712④：62）　6. A 型Ⅰ式
宽沿尊形器（ⅠT6811 – 6912④：50）　7. C 型宽沿尊形器（ⅠT7009 – 7110④：15）　8 ~ 10. A 型Ⅱ式宽沿尊形器
（ⅠT6611 – 6712④：183、ⅠT6611 – 6712④：268、ⅠT6811 – 6912④：197）　11 ~ 13. B 型Ⅰ式宽沿尊形器（ⅠT6613 –
6714④：13、ⅠT6809 – 6910④：241、ⅠT6513④：47）　14、15. B 型Ⅱ式宽沿尊形器（ⅠT6809 – 6910④：237、ⅠT6809 –
6910④：179）　16 ~ 18. Da 型宽沿尊形器（ⅠT6811 – 6912④：147、ⅠT6809 – 6910④：92、ⅠT6809 – 6910④：243）

标本ⅠT6811 – 6912④：50，泥质灰白陶，内外壁皆施黑衣。宽沿较甚，圆唇。口径 23、残高
0.9 厘米（图四八，6）。

A 型Ⅱ式　3 件。

标本ⅠT6611 – 6712④：183，泥质灰白陶，内外壁皆施黑衣。沿面较宽，圆唇。口径 32、残
高 3.7 厘米（图四八，8）。

标本 I T6611 - 6712④:268,泥质灰白陶,内外壁皆施黑衣。宽沿较甚,圆唇。沿外侧饰不规则竖向划纹。口径 36.4、残高 4.3 厘米（图四八,9）。

标本 I T6811 - 6912④:197,泥质灰白陶,内外壁皆施黑衣。宽沿较甚,圆唇。腹部饰不规则竖向划纹。口径 34.4、残高 5.6 厘米（图四八,10）。

B 型 I 式　6 件。

标本 I T6613 - 6714④:13,泥质灰白陶,内外壁皆施黑衣。沿面较宽,圆唇。腹部饰一周压印纹。口径 24、残高 5.4 厘米（图四八,11）。

标本 I T6809 - 6910④:241,夹砂灰黑陶,内壁磨光呈黑色。圆唇。口径 22、残高 4.2 厘米（图四八,12）。

标本 I T6513④:47,泥质灰白陶,外壁施黑衣。沿面较宽,圆唇。腹部饰一周压印纹。残高 5.7 厘米（图四八,13）。

B 型 II 式　3 件。

标本 I T6809 - 6910④:237,夹砂灰黑陶,内壁磨光呈黑色。圆唇。口径 29、残高 1.5 厘米（图四八,14）。

标本 I T6809 - 6910④:179,泥质灰白陶。沿面较宽,圆唇。口径 24、残高 1.3 厘米（图四八,15）。

C 型　1 件。

标本 I T7009 - 7110④:15,泥质灰白陶,内外壁皆施黑衣。沿面较宽,圆唇。口径 29、残高 2.2 厘米（图四八,7）。

Da 型　5 件。

标本 I T6811 - 6912④:147,夹砂灰黑陶,内壁磨光呈黑色,外壁附着有烟炱。口径 24.5、残高 6.4 厘米（图四八,16）。

标本 I T6809 - 6910④:92,夹砂灰黑陶,内壁磨光呈黑色。尖圆唇。沿外侧饰绳纹。口径 22.8、残高 5.7 厘米（图四八,17）。

标本 I T6809 - 6910④:243,夹砂灰黑陶,内壁施黑衣,外壁附着有烟炱。口径 18、残高 5.4 厘米（图四八,18）。

盆形器　16 件。

Aa 型　4 件。

标本 I T6611 - 6712④:186,泥质灰白陶,外壁施黑衣。腹部饰两周压印纹。口径 49、残高 6.7 厘米（图四九,1）。

标本 I T6809 - 6910④:195,泥质灰白陶,外壁施黑衣。残高 2.6 厘米（图四九,2）。

Ab 型　7 件。

标本 I T6613 - 6714④:64,泥质灰黄陶。口径 52、残高 2.5 厘米（图四九,3）。

标本ⅠT6611－6712④：248，泥质灰白陶，内外壁皆施黑衣。口径41、残高3.4厘米（图四九，4）。

B型 4件。

标本ⅠT6611－6712④：185，泥质灰白陶，外壁施黑衣。内壁饰网格划纹。口径39.3、残高6.2厘米（图四九，5）。

C型 1件。

标本ⅠT6811－6912④：210，泥质灰白陶，内外壁皆施黑衣。口径41.6、残高3.3厘米（图四九，6）。

钵 2件。C型。

标本ⅠT6611－6712④：164，泥质灰白陶。圆唇。口径17、残高4.5厘米（图四九，7）。

标本ⅠT6811－6912④：200，泥质灰黑陶。圆唇。口径16、腹径18.8、底径5.8、高6.1厘米（图四九，8；彩版六，2）。

器盖 1件。B型。

标本ⅠT6611－6712④：43，夹砂灰黑陶。圆唇。唇部、盖身压印绳纹。口径17.2、残高1.8厘米（图四九，9）。

圈足 25件。

Aa型 15件。

标本ⅠT6809－6910④：254，夹砂灰黑陶。足底缘为方形。足底缘压印绳纹，足底外侧饰一周

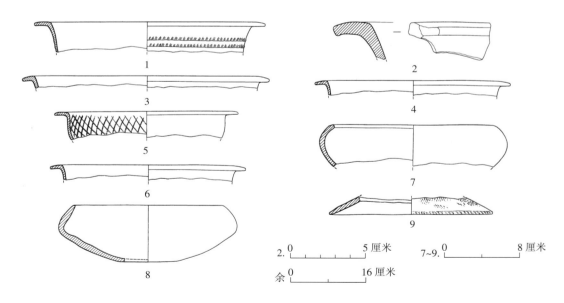

图四九 西区第40层出土陶器

1、2. Aa型盆形器（ⅠT6611－6712④：186、ⅠT6809－6910④：195） 3、4. Ab型盆形器（ⅠT6613－6714④：64、ⅠT6611－6712④：248） 5. B型盆形器（ⅠT6611－6712④：185） 6. C型盆形器（ⅠT6811－6912④：210） 7、8. C型钵（ⅠT6611－6712④：164、ⅠT6811－6912④：200） 9. B型器盖（ⅠT6611－6712④：43）

压印纹，足壁饰三个等距长方形镂孔。圈足径8.4、残高5.6厘米（图五〇，1）。

标本ⅠT6811－6912④:170，夹砂灰黑陶。足底缘为方形。足底外侧饰一周压印纹，足壁饰圆形镂孔和圆圈纹。圈足径11、残高6.5厘米（图五〇，2）。

标本ⅠT6611－6712④:144，夹砂黑褐陶。足底缘为方形。足底缘压印绳纹，足壁上部饰三个等距近椭圆形镂孔。圈足径10.3、残高7.1厘米（图五〇，3）。

标本ⅠT6811－6912④:183，夹砂灰黑陶。足底缘为圆形。足底外侧饰一周压印纹，足壁饰三个等距长条形镂孔。圈足径8.7、残高6.5厘米（图五〇，4）。

Ab型　2件。

标本ⅠT6809－6910④:255，夹砂灰黑陶。足底缘为方形。足底缘压印绳纹，足底外侧饰一周斜向绳纹，足壁饰两个对称近椭圆形镂孔。圈足径8.7、残高4.7厘米（图五〇，5）。

标本ⅠT6611－6712④:142，夹砂灰黑陶。足底缘为方形。足底外侧饰一周压印纹。圈足径6.9、残高7.2厘米（图五〇，6）。

Ac型　2件。

标本ⅠT6809－6910④:7，夹砂黑褐陶。足底缘为方形。圈足径8.2、残高2.2厘米（图五〇，7）。

标本ⅠT6611－6712④:193，夹砂灰黑陶，足壁附着有烟炱。足底缘为圆方形。足底缘压印绳纹，足壁饰斜向绳纹。圈足径11.6、残高2.9厘米（图五〇，8）。

Ba型　6件。

标本ⅠT6513④:48，泥质灰黄陶。足壁外撇。底径12.4、残高3.6厘米（图五〇，9）。

标本ⅠT6611－6712④:81，夹砂黑褐陶。足底缘为圆方形。足壁中部饰长方形镂孔。圈足径13、残高7.5厘米（图五〇，10）。

标本ⅠT6813－6914④:52，夹砂灰黑陶。足底缘为方形。足底缘压印绳纹，足壁饰三个等距长条形镂孔。圈足径9.8、残高7.2厘米（图五〇，11）。

器底　208件。

Aa型　164件。

标本ⅠT6809－6910④:223，泥质灰白陶，外壁施黑衣。外壁饰细绳纹，制作精细。底径15、残高4.8厘米（图五一，1）。

标本ⅠT6811－6912④:185，夹砂灰黑陶。外壁和器底皆饰粗绳纹。底径14、残高9厘米（图五一，2）。

标本ⅠT6813－6914④:9，夹砂灰黑陶。外壁和器底皆饰绳纹。制作精细。底径17、残高7.2厘米（图五一，3）。

标本ⅠT6811－6912④:98，泥质灰白陶，外壁施黑衣。外壁和器底皆饰细绳纹。制作精细。底径12.6、残高9.7厘米（图五一，16）。

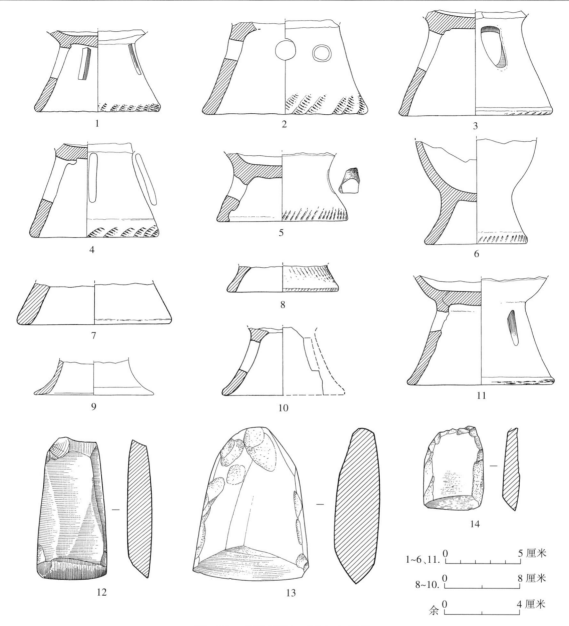

图五〇　西区第40层出土器物

1~4. Aa 型陶圈足（ⅠT6809－6910⑩：254、ⅠT6811－6912⑩：170、ⅠT6611－6712⑩：144、ⅠT6811－6912⑩：183）
5、6. Ab 型陶圈足（ⅠT6809－6910⑩：255、ⅠT6611－6712⑩：142）　7、8. Ac 型陶圈足（ⅠT6809－6910⑩：7、
ⅠT6611－6712⑩：193）　　9~11. Ba 型陶圈足（ⅠT6513⑩：48、ⅠT6611－6712⑩：81、ⅠT6813－6914⑩：52）　12. Bb
型石锛（ⅠT6613－6714⑩：1）　　13. Ba 型石斧（ⅠT6809－6910⑩：273）　　14. B 型玉锛（ⅠT6809－6910⑩：2）

标本ⅠT6611－6712⑩：86，夹砂灰黑陶，外壁附着有烟炱。外壁及底部饰粗绳纹。底径8.4、残高7.9厘米（图五一，15）。

Ab 型　18 件。均为夹砂陶器。

标本ⅠT6811－6912⑩：140，夹砂黑褐陶。底径6.9、残高3.2厘米（图五一，4）。

标本ⅠT6613－6714⑩：6，夹砂灰黑陶，外壁附着有烟炱。底径6.6、残高4.1厘米（图

图五一　西区第40层出土陶器底

1～3、15、16. Aa 型（ⅠT6809－6910④：223、ⅠT6811－6912④：185、ⅠT6813－6914④：9、ⅠT6611－6712④：86、ⅠT6811－6912④：98）　4～9. Ab 型（ⅠT6811－6912④：140、ⅠT6613－6714④：6、ⅠT6613－6714④：3、ⅠT6611－6712④：141、ⅠT6813－6914④：33、ⅠT6511－6512④：76）　10、11. Ba 型（ⅠT6809－6910④：50、ⅠT6811－6912④：178）　12. Bb 型（ⅠT6611－6712④：271）　13、14、17. C 型（ⅠT6811－6912④：181、ⅠT6813－6914④：51、ⅠT7009－7110④：11）

五一，5）。

标本ⅠT6613－6714④：3，夹砂灰黑陶，外壁附着有烟炱。外壁饰绳纹，另有抹痕。底径7、残高3.6厘米（图五一，6）。

标本ⅠT6611－6712④：141，夹砂黑褐陶。底径5.2、残高5.1厘米（图五一，7）。

标本ⅠT6813－6914④：33，夹砂灰褐陶。底径5.6、残高4.1厘米（图五一，8）。

标本ⅠT6511－6512④：76，夹砂灰黑陶，外壁附着有烟炱痕迹。外壁和器底饰粗绳纹。底径6.5、残高2.7厘米（图五一，9）。

Ba型　6件。

标本ⅠT6809－6910④：50，夹砂灰黑陶，外壁附着有烟炱痕迹。外壁和器底皆饰绳纹。底径8.7、残高1.8厘米（图五一，10）。

标本ⅠT6811－6912④：178，夹砂灰黑陶。外壁和器底皆饰绳纹。底径12.4、残高3厘米（图五一，11）。

Bb型　1件。

标本ⅠT6611－6712④：271，夹砂灰黑陶，外壁附着有烟炱。底径6.4、残高7.5厘米（图五一，12）。

C型　19件。

标本ⅠT6811－6912④：181，夹砂灰黑陶，外壁附着有烟炱痕迹。外壁和器底皆饰绳纹。底径7.2、残高3.6厘米（图五一，13）。

标本ⅠT6813－6914④：51，夹砂灰褐陶，外壁附着有烟炱痕迹。底径7.1、残高3.4厘米（图五一，14）。

标本ⅠT7009－7110④：11，夹砂灰黑陶，外壁附着有烟炱痕迹。外壁和器底饰粗绳纹。底径9.2、残高4.3厘米（图五一，17）。

（2）石器

3件。

锛　1件。Bb型。

标本ⅠT6613－6714④：1，灰白色。器体较薄，顶部残，两侧边平直，刃部外弧。器身磨制极为光滑。残长7.9、宽3.7、厚1厘米（图五〇，12）。

斧　2件。Ba型。

标本ⅠT6809－6910④：273，灰黑色。器体较厚，弧顶。器表磨制光滑，侧边保留线切割痕迹。长8.5、宽5.7、厚2.1厘米（图五〇，13）。

（3）玉器

1件。

锛　1件。B型。

标本ⅠT6809-6910④:2，青玉质，不透明，器身杂有大量白色、褐色沁斑。器体较小，器身较薄。器顶、两侧保留自然断痕。长4.5、宽3.2、厚0.8厘米（图五〇，14）。

（六）第 39 层出土遗物

该层出土遗物以陶器为主，另出土2件石器。共计出土陶片887片。陶器以夹砂陶为主，占66.18%。夹砂陶陶色以灰黑陶为主，占59.80%；次为褐陶，占25.72%；再次为黑褐陶，占12.44%；另有少量灰白、灰褐陶。其中饰纹饰者达55.37%，以粗绳纹、细绳纹为主，各占80.00%和11.69%，另有少量压印纹、附加堆压印纹、凹弦纹、网格纹、戳印纹等。泥质陶陶色以灰黄陶为主，占49.67%；其次为灰白陶，占39.00%；另有少量灰黑、褐、青灰陶。其中饰纹饰者占36.67%，以附加堆压印纹、细绳纹、粗绳纹为主，各占39.09%、21.91%、10.91%，另有少量戳印纹、刻划纹、凹弦纹、压印纹、网格纹、瓦棱纹等（表六）。陶器器类较为丰富，可辨器形有绳纹花边口沿罐、喇叭口高领罐、敞口尊形器、宽沿尊形器、盆形器、圈足等。石器仅有石璧坯料、柱形器。

表六　西区第 39 层陶片统计表

纹饰 \ 陶质陶色	夹砂陶					小计	百分比（%）	泥质陶					小计	百分比（%）
	黑褐	灰褐	灰黑	褐	灰白			灰白	青灰	灰黄	灰黑	褐		
素面	14	3	130	111	4	262	44.64	62	1	106	10	11	190	63.33
细绳纹	4		19	14	1	38	6.48	5	2	16			23	7.68
粗绳纹	54		185	18	3	260	44.29	9		3			12	4.00
附加堆纹				2		2	0.34							
压印纹	1	1	8			10	1.70	1			1	1	3	1.00
附加堆压印纹			6			6	1.02	27		13		3	43	14.33
刻划纹								2		1	1	3	7	2.33
戳印纹			2			2	0.34	6		3			9	3.00
凹弦纹			2	4		6	1.02	1	1	2			4	1.33
凸棱纹								1		1			2	0.67
网格纹			1			1	0.17			3			3	1.00
镂孔								2		1			3	1.00
瓦棱纹										1			1	0.33
小计	73	4	351	151	8	587		117	4	149	12	18	300	
百分比	12.44	0.68	59.80	25.72	1.36		100.0	39.00	1.33	49.67	4.00	6.00		100.0
合计	887													

（1）陶器

绳纹花边口沿罐　21 件。

A 型 Ⅱ 式　2 件。

标本 ⅠT6611 - 6712㊴：10，夹砂灰陶，内壁施黑衣。圆唇。唇部、外壁饰细绳纹。口径 34.5、残高 5.3 厘米（图五二，1）。

标本 ⅠT6809 - 6910㊴：16，夹砂灰黄陶，内壁磨光呈黑色。圆唇。沿外侧饰绳纹。残高 2.2 厘米（图五二，2）。

Ca 型 Ⅱ 式　3 件。

标本 ⅠT6809 - 6910㊴：43，夹砂灰黑陶。方唇。唇部、沿面、沿外侧、外壁皆饰绳纹。制作较为精细。口径 44、残高 7.5 厘米（图五二，3）。

Cb 型 Ⅱ 式　2 件。

标本 ⅠT6809 - 6910㊴：184，夹砂灰黑陶，外壁附着有烟炱痕迹。方唇。唇部和沿部内外壁皆饰绳纹。口径 36、残高 5.2 厘米（图五二，4）。

Cb 型 Ⅲ 式　6 件。

标本 ⅠT6809 - 6910㊴：42，夹砂灰黑陶。方唇，内壁上部有一明显斜面。唇部、沿面、沿内侧及外壁皆饰绳纹，内壁上部斜面压印成组的捺窝纹。口径 48、残高 10.6 厘米（图五二，5）。

标本 ⅠT6809 - 6910㊴：40，夹砂灰黑陶，外壁附着有烟炱痕迹。方唇。唇部、沿面、沿内侧及外壁皆饰绳纹。口径 48、残高 12.1 厘米（图五二，6）。

Cb 型 Ⅳ 式　1 件。

标本 ⅠT6809 - 6910㊴：37，夹砂灰黑陶。唇部、沿面饰绳纹。口径 24、残高 7.2 厘米（图五二，7）。

D 型 Ⅰ 式　2 件。

标本 ⅠT6809 - 6910㊴：41，夹砂灰黑陶。方唇。唇部、沿面、沿外侧、外壁皆饰绳纹。口径 31、残高 7.7 厘米（图五二，8）。

D 型 Ⅱ 式　1 件。

标本 ⅠT6809 - 6910㊴：44，夹砂灰黑陶。方唇。唇部、沿面、沿外侧、外壁皆饰绳纹。口径 42、残高 5 厘米（图五二，11）。

F 型　1 件。

标本 ⅠT6809 - 6910㊴：38，夹砂灰黑陶，内壁磨光呈黑色，外壁附着有烟炱痕迹。圆唇。唇部、沿外侧饰绳纹，沿外侧的绳纹大多抹去。残高 2.8 厘米（图五二，9）。

Ga 型 Ⅰ 式　1 件。

标本 ⅠT6611 - 6712㊴：9，夹砂黑褐陶。方唇。外壁饰绳纹，沿外侧有抹痕。残高 3.8 厘米（图五二，12）。

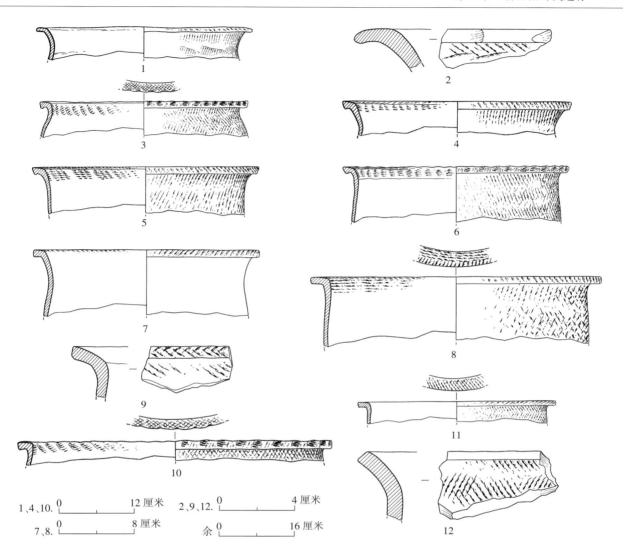

图五二　西区第 39 层出土陶绳纹花边口沿罐

1、2. A 型Ⅱ式（ⅠT6611 - 6712㊴：10、ⅠT6809 - 6910㊴：16）　3. Ca 型Ⅱ式　4. Cb 型Ⅱ式（ⅠT6809 - 6910㊴：43）　4. Cb 型Ⅱ式（ⅠT6809 - 6910㊴：184）　5、6. Cb 型Ⅲ式（ⅠT6809 - 6910㊴：42、ⅠT6809 - 6910㊴：40）　7. Cb 型Ⅳ式（ⅠT6809 - 6910㊴：37）　8. D 型Ⅰ式（ⅠT6809 - 6910㊴：41）　9. F 型（ⅠT6809 - 6910㊴：38）　10. Ga 型Ⅱ式（ⅠT6809 - 6910㊴：46）　11. D 型Ⅱ式（ⅠT6809 - 6910㊴：44）　12. Ga 型Ⅰ式（ⅠT6611 - 6712㊴：9）

Ga 型Ⅱ式　2 件。

标本ⅠT6809 - 6910㊴：46，夹砂灰黑陶。方唇，外壁附着有烟炱痕迹。唇部、沿面、沿外侧、外壁皆饰绳纹。口径 50、残高 3.2 厘米（图五二，10）。

喇叭口高领罐　13 件。

Aa 型Ⅰ式　3 件。

标本ⅠT6809 - 6910㊴：7，泥质灰白陶，内外壁皆施黑衣。口径 30、残高 3.5 厘米（图五三，1）。

标本ⅠT6813－6914㊴：1，泥质灰白陶。口径29、残高1.7厘米（图五三，2）。

标本ⅠT6611－6712㊴：2，泥质灰白陶。口径22.4、残高2.7厘米（图五三，3）。

Aa型Ⅱ式　1件。

标本ⅠT6809－6910㊴：12，泥质灰白陶，内外壁皆施黑衣。口径20、残高8厘米（图五三，4）。

Ad型Ⅰ式　1件。

标本ⅠT7007－7108㊴：1，泥质灰白陶，内外壁皆施黑衣。口径19、残高4厘米（图五三，5）。

Ad型Ⅱ式　7件。

标本ⅠT6809－6910㊴：10，泥质灰白陶，内外壁皆施黑衣。口径14.5、残高6.9厘米（图五三，6）。

Ae型Ⅰ式　1件。

标本ⅠT7009－7110㊴：2，泥质灰白陶。颈部饰四道瓦棱纹，肩部饰两圈三角形戳印纹。口径21.8、残高20厘米（图五三，7）。

宽沿尊形器　5件。

B型Ⅱ式　4件。

标本ⅠT6809－6910㊴：51，泥质灰白陶，内外壁皆施黑衣。圆唇，沿面较宽。腹部饰一周压印纹。口径27.2、残高4.4厘米（图五三，8）。

标本ⅠT6809－6910㊴：52，泥质灰白陶，内外壁皆施黑衣。宽沿较甚，圆唇。口径28、残高3.1厘米（图五三，9）。

标本ⅠT6611－6712㊴：1，泥质灰白陶，外壁施黑衣。宽沿较甚，圆唇。口径35、残高1.6厘米（图五三，10）。

C型　1件。

标本ⅠT6809－6910㊴：56，泥质灰白陶，内外壁皆施黑衣。宽沿较甚，圆唇。口径23.2、残高1.4厘米（图五三，11）。

盆形器　3件。Aa型。

标本ⅠT6809－6910㊴：50，泥质灰白陶，内外壁皆施黑衣。外壁饰两道凸棱纹。口径45.6、残高8厘米（图五三，12）。

圈足　2件。

Aa型　1件。

标本ⅠT6809－6910㊴：48，夹砂灰黑陶。足底缘为方形。足底缘压印绳纹，足底外侧一周压印纹，足壁饰三个等距长方形镂孔。圈足径8.7、残高9.5厘米（图五四，1）。

Bb型　1件。

标本ⅠT6809－6910㊴：49，夹砂灰黑陶，足壁附着有烟炱。足底缘为圆形。圈足径11.2、残高5厘米（图五四，2）。

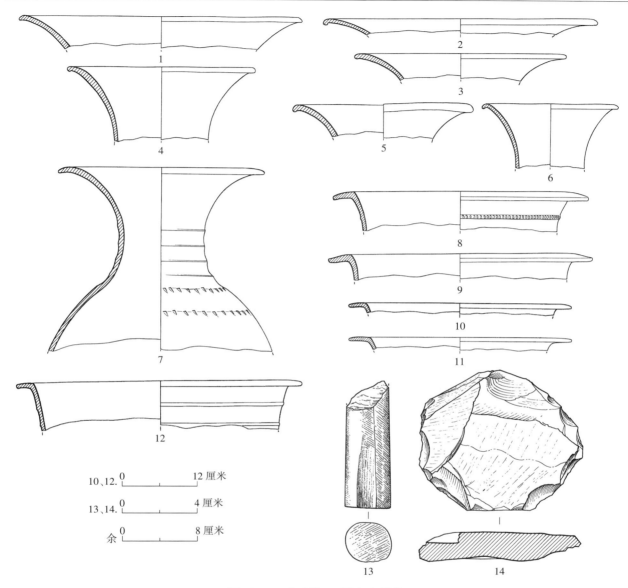

图五三 西区第 39 层出土器物

1~3. Aa 型 I 式陶喇叭口高领罐（I T6809－6910㊴：7、I T6813－6914㊴：1、I T6611－6712㊴：2） 4. Aa 型 II 式陶喇叭口高领罐（I T6809－6910㊴：12） 5. Ad 型 I 式陶喇叭口高领罐（I T7007－7108㊴：1） 6. Ad 型 II 式陶喇叭口高领罐（I T6809－6910㊴：10） 7. Ae 型 I 式陶喇叭口高领罐（I T7009－7110㊴：2） 8~10. B 型 II 式陶宽沿尊形器（I T6809－6910㊴：51、I T6809－6910㊴：52、I T6611－6712㊴：1） 11. C 型陶宽沿尊形器（I T6809－6910㊴：56） 12. Aa 型陶盆形器（I T6809－6910㊴：50） 13. 柱形石器（I T6809－6910㊴：3） 14. A 型石璧坯料（I T6809－6910㊴：8）

器底 67 件。

Aa 型 50 件。

标本 I T6809－6910㊴：35，夹砂灰黑陶，外壁附着有烟炱痕迹。外壁和器底皆饰粗绳纹。底径 13.3、残高 6.9 厘米（图五四，4）。

标本 I T6809－6910㊴：22，泥质灰黑陶。外壁饰细绳纹，制作精细。底径 14、残高 4.1 厘米

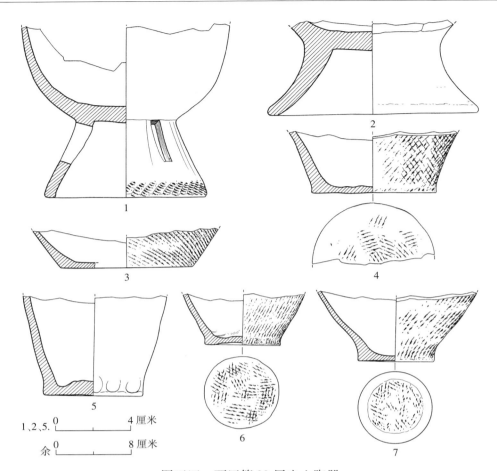

图五四　西区第 39 层出土陶器

1. Aa 型圈足（ⅠT6809－6910㉙：48）　2. Bb 型圈足（ⅠT6809－6910㉙：49）　3、4. Aa 型器底（ⅠT6809－6910㉙：22、ⅠT6809－6910㉙：35）　5. Ab 型器底（ⅠT6809－6910㉙：32）　6. Bb 型器底（ⅠT6809－6910㉙：30）　7. C 型器底（ⅠT6809－6910㉙：29）

（图五四，3）。

　　Ab 型　5 件。

　　标本ⅠT6809－6910㉙：32，夹砂灰黑陶，外壁附着有烟炱痕迹。外壁留有制作时的指状痕迹。底径 5.2、残高 5.6 厘米（图五四，5）。

　　Bb 型　7 件。

　　标本ⅠT6809－6910㉙：30，夹砂灰黑陶，外壁附着有烟炱痕迹。外壁和器底皆饰粗绳纹。底径 8、残高 5.7 厘米（图五四，6）。

　　C 型　5 件。

　　标本ⅠT6809－6910㉙：29，夹砂灰黑陶，外壁附着有烟炱痕迹。外壁和器底皆饰绳纹。底径 8、残高 7.9 厘米（图五四，7）。

　　（2）石器

　　2 件。

石璧坯料① 1件。A型。

标本ⅠT6809-6910㊴:8，青灰色石质。卵石上打下的一块，破裂面未经打磨、凹凸不平，另一面保持自然光面，周缘较薄、中部略厚。直径8.6、厚1.6厘米（图五三，14）。

柱形器 1件。

标本ⅠT6809-6910㊴:3，灰黑色石质。柱状，一端残断，另一端底部保留有平整切割面，磨制较为光滑。残长7、直径2.4厘米（图五三，13）。

（七）第38层出土遗物

该层出土遗物均为陶器，共计出土陶片323片。陶器以夹砂陶为主，占58.82%；余为泥质陶。夹砂陶陶色以黑褐为主，占58.95%；灰褐陶次之，占25.26%；灰黑陶再次之，占12.63%；另有少量灰黑、灰白、褐陶。其中饰纹饰者达74.21%，以粗绳纹为大宗，占86.52%，另有少量细绳纹、附加堆压印纹、压印纹、凸棱纹。泥质陶陶色以灰白陶为主，占73.69%；次为灰黄陶，占13.53%；再次为灰黑陶，占11.28%；另有极少量青灰陶。其中饰纹饰者较少，仅占24.06%，以粗绳纹、细绳纹为主，各占46.88%和28.13%，另有少量凸棱纹、附加堆压印纹和刻划纹（表七）。可辨器形主要有绳纹花边口沿罐、束颈罐、喇叭口高领罐、敛口小罐、盆形器、钵、圈足、器底。

表七　西区第38层陶片统计表

陶质\纹饰\陶色	夹砂陶					小计	百分比（%）	泥质陶				小计	百分比（%）
	黑褐	灰褐	灰黑	褐	灰白			灰白	青灰	灰黄	灰黑		
素面	39	10				49	25.79	80	1	13	7	101	75.94
细绳纹	8	7				15	7.89	5	1	2	1	9	6.77
粗绳纹	65	28	24	2	3	122	64.21	9		3	3	15	11.28
压印纹		1				1	0.53						
附加堆压印纹		2				2	1.05				1	1	0.75
刻划纹											1	1	0.75
凸棱纹					1	1	0.53	4			2	6	4.51
小计	112	48	24	2	4	190		98	2	18	15	133	
百分比（%）	58.95	25.26	12.63	1.05	2.11		100.0	73.69	1.50	13.53	11.28		100.0
合计	323												

绳纹花边口沿罐 2件。

D型Ⅱ式 1件。

标本ⅠT6513㊳:8，夹砂灰黑陶。方唇。唇部、沿面、沿外侧、外壁皆饰绳纹。残高4.1厘米

---

① 石璧坯料和柱形石器与商周时期出土同类器相同，其最早出现于第39层，介于此层为湖相沉积，其可能系早商时期浮沉仪式活动通过水流作用将晚期遗物混入早期堆积。

（图五五，1）。

Gc 型　1 件。

标本ⅠT6513㊳：10，夹砂灰陶，内壁磨光呈灰色。尖圆唇。外壁饰粗绳纹。口径 12、残高 7 厘米（图五五，2）。

束颈罐　4 件。

A 型Ⅱ式　2 件。

标本ⅠT6513㊳：20，泥质灰黑陶。残高 3.4 厘米（图五五，4）。

B 型Ⅰ式　2 件。

标本ⅠT6513㊳：31，泥质灰白陶，内外壁皆施黑衣。口径 31、残高 5.6 厘米（图五五，3）。

喇叭口高领罐　12 件。

Ac 型Ⅲ式　2 件。

标本ⅠT6513㊳：28，夹砂黑褐陶，内壁磨光呈灰色，外壁施黑衣。圆唇。口径 23、残高 4.1 厘米（图五五，5）。

标本ⅠT6513㊳：18，泥质灰黑陶。圆唇。口径 13.5、残高 3 厘米（图五五，6）。

Ad 型Ⅱ式　3 件。

标本ⅠT6513㊳：33，泥质灰白陶。颈部内壁留下有多道竖向指状制作痕迹。口径 15.2、残高 7.6 厘米（图五五，7）。

标本ⅠT6513㊳：32，泥质灰黑陶。圆唇。口径 15.6、残高 9.8 厘米（图五五，8）。

Ae 型Ⅰ式　3 件。

标本ⅠT6513㊳：27，泥质灰白陶，内外壁皆施黑衣。口径 16、残高 3.4 厘米（图五五，9）。

Ae 型Ⅱ式　4 件。

标本ⅠT6513㊳：25，泥质灰白陶。口径 18.8、残高 2.9 厘米（图五五，10）。

敛口小罐　2 件。

标本ⅠT6513㊳：34，夹砂灰黑陶。敛口，圆唇，鼓腹。上腹饰交错绳纹，下腹饰斜向绳纹。口径 5.6、腹径 10.2、底径 5.2、高 7.8 厘米（图五五，11）。

盆形器　1 件。Ab 型。

标本ⅠT6513㊳：30，泥质灰黄陶。口径 48、残高 2.2 厘米（图五五，12）。

钵　2 件。

B 型　1 件。

标本ⅠT6513㊳：15，泥质灰白陶，内外壁施黑衣。圆唇。口径 16.8、残高 2 厘米（图五五，13）。

C 型　1 件。

标本ⅠT6511－6512㊳：1，泥质灰白陶。尖圆唇，弧腹，平底。口径 16.6、底径 7.4、高 7.6 厘米（图五五，14；彩版六，3）。

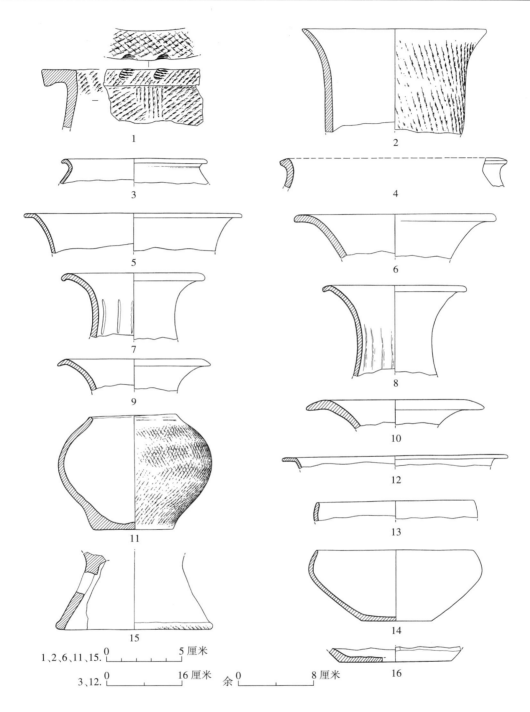

图五五 西区第38层出土陶器

1. D 型Ⅱ式绳纹花边口沿罐（ⅠT6513㊳：8） 2. Gc 型绳纹花边口沿罐（ⅠT6513㊳：10） 3. B 型Ⅰ式束颈罐
（ⅠT6513㊳：31） 4. A 型Ⅱ式束颈罐（ⅠT6513㊳：20） 5、6. Ac 型Ⅲ式喇叭口高领罐（ⅠT6513㊳：28、
ⅠT6513㊳：18） 7、8. Ad 型Ⅱ式喇叭口高领罐（ⅠT6513㊳：33、ⅠT6513㊳：32） 9. Ae 型Ⅰ式喇叭口高领罐
（ⅠT6513㊳：27） 10. Ae 型Ⅱ式喇叭口高领罐（ⅠT6513㊳：25） 11. 敛口小罐（ⅠT6513㊳：34） 12. Ab 型
盆形器（ⅠT6513㊳：30） 13. B 型钵（ⅠT6513㊳：15） 14. C 型钵（ⅠT6511－6512㊳：1） 15. Aa 型圈足
（ⅠT6513㊳：7） 16. Aa 型器底（ⅠT6513㊳：23）

圈足　1件。Aa 型。

标本ⅠT6513㊳：7，夹砂灰黑陶。足底缘为方圆形。足底缘压印绳纹，足壁饰长方形镂孔。圈足径 10.4、残高 5.4 厘米（图五五，15）。

器底　7件。Aa 型。

标本ⅠT6513㊳：23，泥质灰白陶，外壁施黑衣。底径 12、残高 1.7 厘米（图五五，16）。

（八）第 37 层出土遗物

该层遗物以陶器为主，数量较为丰富，共计出土陶片 1235 片。另出土 1 件石斧。其中夹砂陶、泥质陶数量相当，各占 49.72% 和 50.28%。夹砂陶陶色以黑褐陶为主，占 48.04%；次为灰黑陶，占 28.18%；再次为褐陶，占 12.87%；另有少量灰白、灰褐陶。其中饰纹饰者达 68.08%，以粗绳纹、细绳纹、附加堆纹为主，各占 63.64%、25.60%、6.22%，另有少量凹弦纹、压印纹、凸棱纹、镂孔、刻划纹等。泥质陶色以灰白陶为主，占 51.37%；次为灰黑陶，占 25.76%；再次为灰黄陶，占 16.91%；另有少量褐陶。其中饰纹饰者占 37.20%，以粗绳纹、细绳纹、附加堆纹为主，各占 52.38%、19.48%、11.26%，另有少量瓦棱纹、凸棱纹、凹弦纹、戳印纹等（表八）。器形较为丰富，可辨器形主要有绳纹花边口沿罐、束颈罐、喇叭口高领罐、敞口尊形器、钵、臼形器、器盖、圈足、器底。

表八　西区第 37 层陶片统计表

纹饰	夹砂陶					小计	百分比（%）	泥质陶					小计	百分比（%）
	黑褐	灰褐	灰黑	褐	灰白			灰白	青灰	灰黄	灰黑	褐		
素面	96	23	15	48	14	196	31.92	218	1	73	72	26	390	62.80
细绳纹	49	1	48	6	3	107	17.43	16		5	24		45	7.25
粗绳纹	132	5	97	17	15	266	43.32	66		17	33	5	121	19.48
附加堆纹	9		9	4	4	26	4.24	10		1	15		26	4.19
压印纹	2	1		2		5	0.81	1					1	0.16
附加堆压印纹	1					1	0.16			2	1	4	7	1.13
刻划纹		1				1	0.16				1	1	2	0.32
戳印纹	1					1	0.16	3			1		4	0.64
凹弦纹	3		2	2		7	1.14			1	4		5	0.81
凸棱纹			2			2	0.33	2		2	4		8	1.29
镂孔	2					2	0.33				1		1	0.16
瓦棱纹								3		4	4		11	1.77
小计	295	31	173	79	36	614		319	1	105	160	36	621	
百分比（%）	48.04	5.05	28.18	12.87	5.86		100.0	51.37	0.16	16.91	25.76	5.80		100.0
合计	1235													

（1）陶器

绳纹花边口沿罐　11 件。

D 型 Ⅱ 式　1 件。

标本 ⅠT6613－6714㊲：1，夹砂灰黄陶。方唇，唇缘外叠。唇部和沿部内外壁皆饰绳纹。口径 36.2、残高 4.2 厘米（图五六，1）。

E 型 Ⅱ 式　1 件。

标本 ⅠT6513㊲：24，夹砂灰黑陶。方唇。唇部、外壁饰绳纹。残高 4 厘米（图五六，5）。

Ga 型 Ⅱ 式　5 件。

标本 ⅠT6513㊲：28，夹砂灰黑陶。方唇。沿外侧饰交错绳纹。口径 40、残高 3.9 厘米（图五六，2）。

Ga 型 Ⅲ 式　4 件。

标本 ⅠT6513㊲：27，夹砂灰皮陶，内壁磨光呈灰色。尖唇。外壁饰交错细绳纹。制作精细。口径 24、残高 4.3 厘米（图五六，3）。

标本 ⅠT6511－6512㊲：30，夹砂灰黑陶。方唇。外壁饰绳纹。口径 24、残高 4.6 厘米（图五六，4）。

束颈罐　10 件。

A 型 Ⅰ 式　2 件。

标本 ⅠT6511－6512㊲：3，泥质灰黑陶。残高 2.1 厘米（图五六，6）。

A 型 Ⅱ 式　1 件。

标本 ⅠT6513㊲：34，泥质灰黑陶。口径 24、残高 2.8 厘米（图五六，7）。

B 型 Ⅰ 式　3 件。

标本 ⅠT6511－6512㊲：17，泥质灰白陶，内外壁皆施黑衣。口径 38、残高 4.8 厘米（图五六，8）。

B 型 Ⅱ 式　4 件。

标本 ⅠT6513㊲：51，泥质灰白陶，内外壁皆施黑衣。口径 40、残高 6.2 厘米（图五六，9）。

标本 ⅠT6513㊲：43，泥质灰白陶。口径 40、残高 2.4 厘米（图五六，10）。

喇叭口高领罐　10 件。

Ac 型 Ⅲ 式　1 件。

标本 ⅠT6613－6714㊲：3，夹砂灰黑陶，内壁磨光呈黑色，外壁附着有烟炱。圆唇。口径 20、残高 3.9 厘米（图五六，11）。

Ad 型 Ⅱ 式　4 件。

标本 ⅠT6611－6712㊲：5，泥质灰黑陶。口径 16、残高 8.7 厘米（图五六，12）。

标本 ⅠT6513㊲：53，泥质灰白陶。口径 15、残高 9.7 厘米（图五六，16）。

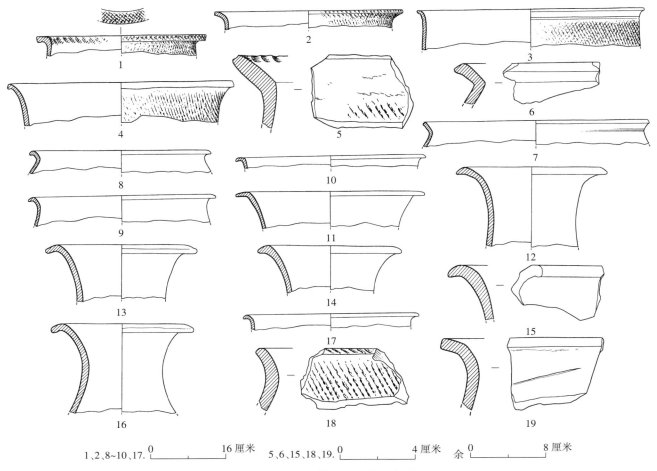

1、2、8~10、17. |0_____16 厘米|　　5、6、15、18、19. |0_____4 厘米|　　余 |0_____8 厘米|

图五六　西区第 37 层出土陶器

1. D 型 Ⅱ式绳纹花边口沿罐（ⅠT6613－6714㊲：1）　　2. Ga 型 Ⅱ式绳纹花边口沿罐（ⅠT6513㊲：28）　　3、4. Ga 型 Ⅲ式绳纹花边口沿罐（ⅠT6513㊲：27、ⅠT6511－6512㊲：30）　　5. E 型 Ⅱ式绳纹花边口沿罐（ⅠT6513㊲：24）　　6. A 型 Ⅰ式束颈罐（ⅠT6511－6512㊲：3）　　7. A 型 Ⅱ式束颈罐（ⅠT6513㊲：34）　　8. B 型 Ⅰ式束颈罐（ⅠT6511－6512㊲：17）　9、10. B 型 Ⅱ式束颈罐（ⅠT6513㊲：51、ⅠT6513㊲：43）　　11. Ac 型 Ⅲ式喇叭口高领罐（ⅠT6613－6714㊲：3）　　12、16. Ad 型 Ⅱ式喇叭口高领罐（ⅠT6611－6712㊲：5、ⅠT6513㊲：53）　　13～15. Ae 型 Ⅱ式喇叭口高领罐（ⅠT6513㊲：52、ⅠT6511－6512㊲：13、ⅠT6511－6512㊲：8）　　17. A 型 Ⅱ式敞口尊形器（ⅠT6611－6712㊲：21）　　18. B 型 Ⅱ式敞口尊形器（ⅠT6513㊲：20）　　19. C 型敞口尊形器（ⅠT6513㊲：23）

Ae 型 Ⅱ式　5 件。

标本 ⅠT6513㊲：52，泥质灰白陶。口径 16、残高 5.9 厘米（图五六，13）。

标本 ⅠT6511－6512㊲：13，泥质灰白陶，内外壁皆施黑衣。口径 15.2、残高 4.8 厘米（图五六，14）。

标本 ⅠT6511－6512㊲：8，夹砂灰白陶，内壁磨光呈灰色。圆唇。残高 2.9 厘米（图五六，15）。

敞口尊形器　10 件。

A 型 Ⅱ式　6 件。

标本 ⅠT6611－6712㊲：21，泥质灰白陶，内外壁皆施黑衣。口径 37.4、残高 3 厘米（图五六，17）。

B 型 II 式　2 件。

标本 I T6513㊲：20，夹砂灰黑陶。圆唇。唇部、沿外侧、外壁饰绳纹。残高 3.5 厘米（图五六，18）。

C 型　2 件。

标本 I T6513㊲：23，夹砂黄褐陶。方唇。残高 4 厘米（图五六，19）。

钵　2 件。B 型。

标本 I T6513㊲：38，泥质灰白陶，内外壁皆施黑衣。尖圆唇。口径 23、残高 3.3 厘米（图五七，1）。

标本 I T6611 - 6712㊲：22，泥质灰白陶，内外壁皆施黑衣。尖唇。口径 16、残高 3.4 厘米（图五七，2）。

臼形器　3 件。

A 型　1 件。

标本 I T6512㊲：36，夹砂黄褐陶。敛口，厚圆唇，弧腹。厚胎，制作较粗糙。残高 8.2 厘米（图五七，3）。

B 型　2 件。

标本 I T6513㊲：22，夹砂黄褐陶。侈口，方唇。唇部饰有波浪状压印花边。残高 4.9 厘米（图五七，5）。

标本 I T6513㊲：25，夹砂黄褐陶。侈口，方唇。唇部饰有波浪状压印花边，腹部饰斜向绳纹。残高 3.4 厘米（图五七，4）。

器盖　2 件。

A 型　1 件。

标本 I T6513㊲：30，夹砂灰黑陶。方唇。唇部、盖身饰绳纹。制作较粗糙。口径 16、残高 5.4 厘米（图五七，6）。

B 型　1 件。

标本 I T6511 - 6512㊲：24，夹砂灰陶。圆唇。盖身饰交错细绳纹。制作较粗糙。口径 15、残高 2.3 厘米（图五七，7）。

圈足　5 件。

Aa 型　2 件。

标本 I T6613 - 6714㊲：7，夹砂灰黑陶。足底缘为方圆形。足底外侧和足壁下部各饰一周戳印纹，足壁饰三个等距长方形镂孔。圈足径 10、残高 9.3 厘米（图五七，8）。

Bb 型　2 件。

标本 I T6511 - 6512㊲：14，泥质灰白陶，内外壁皆施黑衣。足底缘为尖圆形。圈足径 11.2、残高 4.1 厘米（图五七，9）。

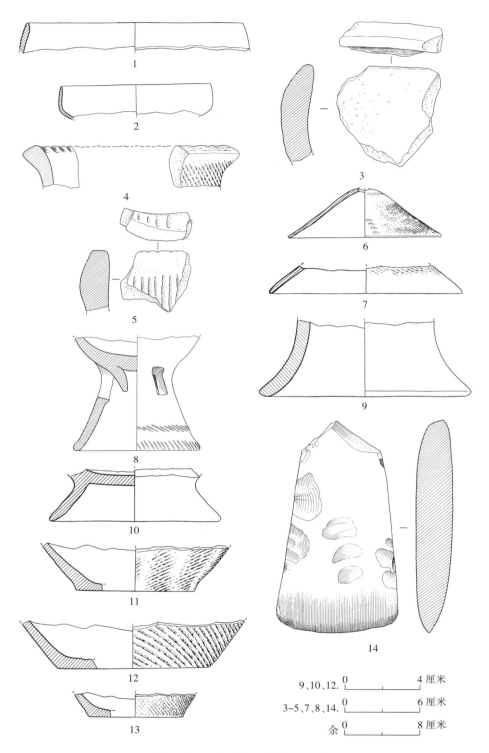

图五七　西区第 37 层出土器物

1、2. B 型陶钵（ⅠT6513⑰：38、ⅠT6611 - 6712⑰：22）　3. A 型陶臼形器（ⅠT6512⑰：36）　4、5. B 型陶臼形器
（ⅠT6513⑰：25、ⅠT6513⑰：22）　6. A 型陶器盖（ⅠT6513⑰：30）　7. B 型陶器盖（ⅠT6511 - 6512⑰：24）　8. Aa
型陶圈足（ⅠT6613 - 6714⑰：7）　9. Bb 型陶圈足（ⅠT6511 - 6512⑰：14）　10. Bc 型陶圈足（ⅠT6511 - 6512⑰：32）
11 ~ 13. Aa 型陶器底（ⅠT6611 - 6712⑰：9、ⅠT6513⑰：39、ⅠT6511 - 6512⑰：21）　14. C 型石斧（ⅠT6611 - 6712⑰：1）

Bc 型　1 件。

标本 I T6511－6512㊲：32，夹砂褐陶。足底缘为尖圆形。圈足径 9、残高 3 厘米（图五七，10）。

器底　33 件。Aa 型。

标本 I T6611－6712㊲：9，泥质灰黑陶。外壁饰粗绳纹。制作较精细。底径 12.4、残高 5.2 厘米（图五七，11）。

标本 I T6513㊲：39，泥质灰黑陶。外壁饰粗绳纹。底径 8、残高 2.6 厘米（图五七，12）。

标本 I T6511－6512㊲：21，夹砂灰黑陶。外壁饰粗绳纹。底径 10、残高 2.6 厘米（图五七，13）。

（2）石器

1 件。

斧　1 件。C 型。

标本 I T6611－6712㊲：1，灰黑色石质。器体较厚，顶部残，侧边保留切割痕迹，器表磨制光滑，刃部锋利，有使用痕迹。残长 17.5、宽 9.8、厚 3 厘米（图五七，14）。

（九）第 36 层出土遗物

该层遗物以陶器为主，并出土 1 件玉斧。共计出土陶片 701 片。陶器以泥质陶为多，夹砂陶略少，各占 54.92% 和 45.08%。泥质陶陶色以灰白陶为主，占 57.14%；次为灰黑陶，占 32.99%；另有少量灰黄、褐陶。其中饰纹饰者占 42.60%，以粗绳纹、细绳纹和凸棱纹为主，各占 62.80%、15.85%、12.80%；另有少量附加堆压印纹、刻划纹。夹砂陶陶色以黑褐陶为主，占 53.16%；灰黑陶次之，占 22.15%；灰白陶再次之，占 10.13%；另有少量褐陶、灰褐陶。其中饰纹饰者高达 85.13%，以粗绳纹、细绳纹为主，各占 72.86%、24.54%，另有极少量附加堆压印纹和戳印纹

表九　西区第 36 层陶片统计表

陶质 陶色 纹饰	夹砂陶					小计	百分比（%）	泥质陶					小计	百分比（%）
	黑褐	灰褐	灰黑	褐	灰白			灰白	青灰	灰黄	灰黑	褐		
素面	21	2	12	4	8	47	14.87	109		18	93	1	221	57.40
细绳纹	30	3	15	10	8	66	20.89	17		4	5		26	6.75
粗绳纹	114	14	40	12	16	196	62.02	84	1	5	12	1	103	26.75
附加堆压印纹	3		3			6	1.90	4		1	6		11	2.86
刻划纹								1		2			3	0.78
戳印纹		1				1	0.32							
凸棱纹								5		5	11		21	5.46
小计	168	20	70	26	32	316		220	1	35	127	2	385	
百分比（%）	53.16	6.33	22.15	8.23	10.13		100.0	57.14	0.26	9.09	32.99	0.52		100.0
合计	701													

（表九）。陶器可辨器形主要有绳纹花边口沿罐、束颈罐、喇叭口高领罐、敞口尊形器、钵、器底。

（1）陶器

绳纹花边口沿罐 6件。

Bb型Ⅱ式 1件。

标本ⅠT6611－6712㊱：7，夹砂灰黑陶。方唇。唇部和沿部内外壁饰绳纹。制作粗糙。口径17、残高5.9厘米（图五八，1）。

Bc型Ⅱ式 1件。

标本ⅠT6611－6712㊱：37，夹砂灰褐陶。圆唇。外壁饰绳纹。口径22、残高7.8厘米（图五八，2）。

Gb型 3件。

标本ⅠT6611－6712㊱：36，夹砂灰陶，内壁施黑衣。圆唇。外壁饰交错绳纹。口径23、残高5.7厘米（图五八，3）。

Gc型 1件。

标本ⅠT6611－6712㊱：26，夹砂灰黑陶。外壁压印绳纹。口径10、残高3厘米（图五八，16）。

束颈罐 13件。

A型Ⅰ式 5件。

标本ⅠT6611－6712㊱：62，泥质灰白陶，内外壁皆施黑衣。口径25.6、残高4.1厘米（图五八，4）。

B型Ⅰ式 7件。

标本ⅠT6611－6712㊱：53，泥质灰白陶，内外壁皆施黑衣。口径28、残高3.6厘米（图五八，5）。

C型 1件。

标本ⅠT6611－6712㊱：54，泥质灰白陶，内外壁皆施黑衣。口径16.4、残高7厘米（图五八，6）。

喇叭口高领罐 3件。

Aa型Ⅱ式 1件。

标本ⅠT6611－6712㊱：46，泥质灰黑陶。口径16.6、残高1.4厘米（图五八，7）。

Ab型Ⅱ式 1件。

标本ⅠT6611－6712㊱：44，泥质灰白陶。口径16、残高3.2厘米（图五八，8）。

Ad型Ⅱ式 1件。

标本ⅠT6611－6712㊱：57，泥质灰白陶，内外壁皆施黑衣。口径16、残高2.7厘米（图五八，9）。

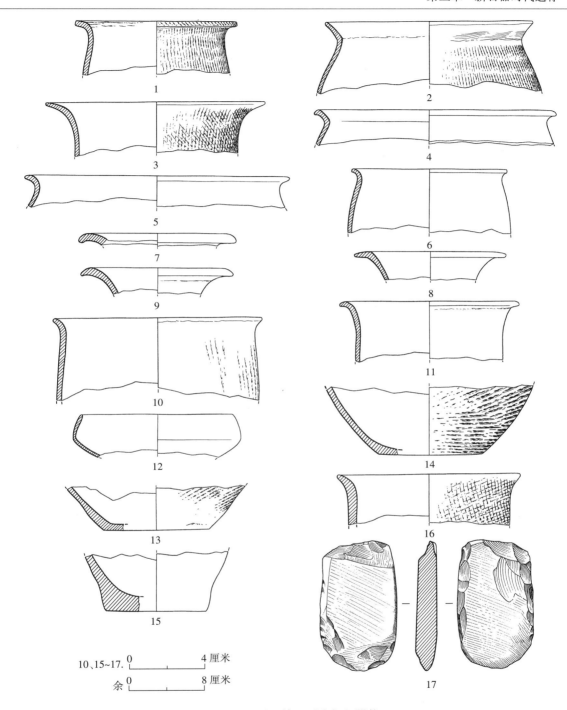

图五八　西区第36层出土器物

1. Bb 型 Ⅱ 式陶绳纹花边口沿罐（ⅠT6611－6712㊱：7）　2. Bc 型 Ⅱ 式陶绳纹花边口沿罐（ⅠT6611－6712㊱：37）
3. Gb 型陶绳纹花边口沿罐（ⅠT6611－6712㊱：36）　4. A 型 Ⅰ 式陶束颈罐（ⅠT6611－6712㊱：62）　5. B 型 Ⅰ 式陶束颈罐（ⅠT6611－6712㊱：53）　6. C 型陶束颈罐（ⅠT6611－6712㊱：54）　7. Aa 型 Ⅱ 式陶喇叭口高领罐（ⅠT6611－6712㊱：46）　8. Ab 型 Ⅱ 式陶喇叭口高领罐（ⅠT6611－6712㊱：44）　9. Ad 型 Ⅱ 式陶喇叭口高领罐（ⅠT6611－6712㊱：57）　10、11. A 型 Ⅱ 式陶敞口尊形器（ⅠT6611－6712㊱：29、ⅠT6611－6712㊱：45）　12. A 型陶钵（ⅠT6611－6712㊱：15）　13、14. Aa 型陶器底（ⅠT6611－6712㊱：59、ⅠT6611－6712㊱：10）　15. Ab 型陶器底（ⅠT6611－6712㊱：30）　16. Gc 型陶绳纹花边口沿罐（ⅠT6611－6712㊱：26）　17. D 型玉斧（ⅠT6612－6712㊱：3）

敞口尊形器 4 件。A 型 Ⅱ 式。

标本 ⅠT6611 - 6712○36 : 29，夹砂灰黑陶，内外壁皆施黑衣。圆唇。外壁饰绳纹，较模糊。口径 11、残高 4.5 厘米（图五八，10）。

标本 ⅠT6611 - 6712○36 : 45，夹砂灰白陶，内壁磨光。口径 19、残高 6.4 厘米（图五八，11）。

钵 1 件。A 型。

标本 ⅠT6611 - 6712○36 : 15，泥质灰白陶，内外壁皆施黑衣。尖唇。口径 16、残高 4.6 厘米（图五八，12）。

器底 13 件。

Aa 型 12 件。

标本 ⅠT6611 - 6712○36 : 59，泥质灰白陶，外壁施黑衣。外壁饰细绳纹，有抹痕。底径 11、残高 4.8 厘米（图五八，13）。

标本 ⅠT6611 - 6712○36 : 10，夹砂黑褐陶。外壁和器底饰粗绳纹。底径 11、残高 8 厘米（图五八，14）。

Ab 型 1 件。

标本 ⅠT6611 - 6712○36 : 30，夹砂红褐陶。底径 5.6、残高 3.2 厘米（图五八，15）。

（2）玉器

1 件。

斧 1 件。D 型。

标本 ⅠT6612 - 6712○36 : 3，淡黄色玉质，器身有白色、褐色及黑色沁斑。平面呈圆方形，器体短小，器身较薄，器顶不做修整，遗留有较多崩疤痕迹，刃部有磨损。长 7.1、宽 4.1、厚 1.1 厘米（图五八，17）。

（一○）第 35 层出土遗物

该层出土遗物均为陶器，共计出土陶片 343 片。陶器以泥质陶为主，占 60.93%。泥质陶陶色以灰白陶为主，占 34.45%；次为灰黑陶，占 27.75%；再次为灰黄陶，占 17.71%；另有少量褐陶、青灰陶。其中饰纹饰者占 39.71%，以粗绳纹、细绳纹为主，各占 67.47% 和 19.28%，另有少量凸棱纹、附加堆压印纹等。夹砂陶陶色以褐陶为主，占 43.28%；黑褐陶次之，占 26.12%；灰褐陶再次之，占 17.91%；另有少量灰黑陶。其中饰纹饰者达 59.70%，以粗绳纹、细绳纹为主，各占 51.25% 和 30.00%，另有少量附加堆压印纹、凸棱纹及网格纹（表一○）。可辨器形有绳纹花边口沿罐、束颈罐、喇叭口高领罐、敞口尊形器、器盖、圈足、器底。

绳纹花边口沿罐 2 件。

D 型 Ⅱ 式 1 件。

表一〇　西区第35层陶片统计表

陶质 陶色 纹饰	夹砂陶				小计	百分比（%）	泥质陶					小计	百分比（%）
	黑褐	灰褐	灰黑	褐			灰白	青灰	灰黄	灰黑	褐		
素面	4	4	4	42	54	40.30	53	12	31	27	3	126	60.29
细绳纹	5	5	3	11	24	17.91	4	3	1	7	1	16	7.66
粗绳纹	23	6	9	3	41	30.60	12	2	4	22	16	56	26.79
压印纹							1					1	0.48
附加堆压印纹	3	1	1	2	7	5.22					3	3	1.43
戳印纹							1					1	0.48
凸棱纹		5			5	3.73	1	1	1	2		5	2.39
网格纹		3			3	2.24							
镂孔										1		1	0.48
小计	35	24	17	58	134		72	18	37	58	24	209	
百分比（%）	26.12	17.91	12.69	43.28		100.0	34.45	8.61	17.71	27.75	11.48		100.0
合计	343												

标本ⅠT6613-6714㉟：23，夹砂黑褐陶。方唇。唇部、沿面、沿外侧、外壁皆饰绳纹，沿面和外壁有抹痕。残高3.1厘米（图五九，2）。

Ga型Ⅲ式　1件。

标本ⅠT6511-6512㉟：6，夹砂灰黄陶，内壁磨光呈灰色。方唇。外壁饰交错细绳纹。口径13、残高8.7厘米（图五九，1）。

束颈罐　1件。A型Ⅱ式。

标本ⅠT6511-6512㉟：12，泥质灰白陶，内外壁皆施黑衣。残高4厘米（图五九，3）。

喇叭口高领罐　5件。

Aa型Ⅰ式　1件。

标本ⅠT6613-6714㉟：6，泥质灰黄陶。口径16.2、残高2.2厘米（图五九，4）。

Ad型Ⅱ式　3件。

标本ⅠT6613-6714㉟：7，泥质灰黑陶。圆唇。口径12.5、残高2.4厘米（图五九，12）。

标本ⅠT6613-6714㉟：8，泥质灰黑陶，器壁较厚。颈内壁留下多道竖向指状制作痕迹。口径16.4、残高7厘米（图五九，5）。

Ae型Ⅱ式　1件。

标本ⅠT6613-6714㉟：4，泥质青灰陶。残高2.8厘米（图五九，6）。

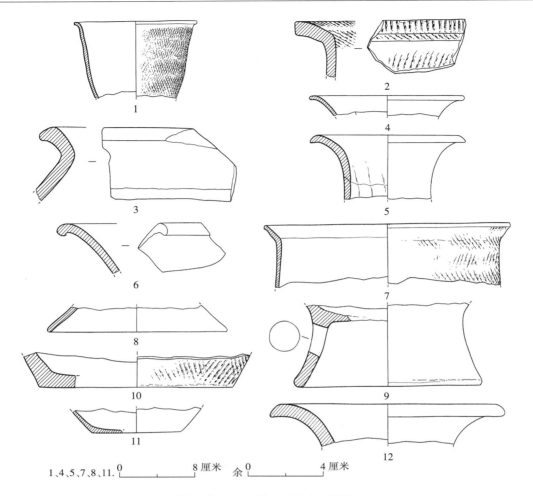

图五九　西区第 35 层出土器物

1. Ga 型 Ⅲ式陶绳纹花边口沿罐（Ⅰ T6511－6512㉟：6）　2. D 型 Ⅱ式陶绳纹花边口沿罐（Ⅰ T6613－6714㉟：23）
3. A 型 Ⅱ式陶束颈罐（Ⅰ T6511－6512㉟：12）　4. Aa 型 Ⅰ式陶喇叭口高领罐（Ⅰ T6613－6714㉟：6）　5、12. Ad
型 Ⅱ式陶喇叭口高领罐（Ⅰ T6613－6714㉟：8、Ⅰ T6613－6714㉟：7）　6. Ae 型 Ⅱ式陶喇叭口高领罐（Ⅰ T6613－
6714㉟：4）　7. D 型陶敞口尊形器（Ⅰ T6613－6714㉟：3）　8. B 型陶器盖（Ⅰ T6613－6714㉟：15）　9. Ab 型陶圈
足（Ⅰ T6511－6512㉟：9）　10、11. Aa 型陶器底（Ⅰ T6511－6512㉟：4、Ⅰ T6613－6714㉟：9）

敞口尊形器　1 件。D 型。

标本 Ⅰ T6613－6714㉟：3，夹砂灰黑陶。圆方唇。沿外侧、外壁饰绳纹。口径 26、残高 6.9 厘
米（图五九，7）。

器盖　1 件。B 型。

标本 Ⅰ T6613－6714㉟：15，泥质褐陶，内外壁皆施黑衣。圆唇。口径 19、残高 2.7 厘米
（图五九，8）。

圈足　1 件。Ab 型。

标本 Ⅰ T6511－6512㉟：9，夹砂褐陶。足底缘为圆形。足壁饰圆形镂孔。底径 10、残高 4.5 厘
米（图五九，9）。

器底　6 件。Aa 型。

标本ⅠT6511 - 6512㉟：4，夹砂灰褐陶。外壁和器底皆饰粗绳纹。底径 10.4、残高 1.8 厘米（图五九，10）。

标本ⅠT6613 - 6714㉟：9，泥质灰白陶。底径 9.4、残高 2.7 厘米（图五九，11）。

第四章　商周时期遗存

祭祀区包括西区第5～34层、中区第5～29层、东区第5～20层及各层下遗迹均为商周时期遗存。遗迹现象包括灰坑和礼仪性遗迹。出土大量无论数量、种类均极为丰富的遗物，遗物质地包括陶器、金器、玉器、铜器、石器、骨角器和漆木器等。

第一节　商周时期出土遗物的类型学分析

（一）商周时期陶器类型学分析

共计出土陶片342231片，陶质分为夹砂陶和泥质陶，以夹砂陶为多，占85.9%。夹砂陶陶色以灰黑陶为多，占67.9%，灰黄陶占13.4%，灰褐陶占10.9%，红褐陶占3.2%，灰陶占2.4%，黄褐陶占2.2%。其中以素面者居多，饰纹饰者占18.7%，其中细线纹占59.8%，粗绳纹占21.0%，凹弦纹占11.0%，压印纹占1.8%，细绳纹占1.3%，另有少量戳印纹、重菱纹、方格纹、凸棱纹、网格纹、瓦棱纹、附加堆纹等。泥质陶陶色以灰黑陶为多，占47.7%，灰黄陶占31.1%，灰褐陶占10.9%，灰陶占8.6%，黄褐陶占1.2%，红褐陶占0.3%，青灰陶占0.2%。以素面为主，饰纹饰者仅占12.9%，其中细线纹占67.6%，凹弦纹占12.4%，戳印纹占10.2%，凸棱纹占4.1%，粗绳纹占1.7%，另有极少量刻划纹、圆圈纹、镂孔、细绳纹、附加堆纹、重菱纹、压印纹、网格纹等（图六〇至六五）。制法有轮制、泥条盘筑和手制，泥条盘筑和手制多经轮修，泥条盘筑的器类内壁多遗留有明显的泥条盘筑痕迹，手制的器类多留有指痕。

尖底杯　226件。完整器和大致可复原者92件。以泥质陶为主，极少量为夹砂陶，以泥质灰黑陶最多，泥质灰黄陶次之。依据器物形制特征差异，分五型。

A型　45件。罐形。侈口，尖唇；杯身可清晰分为上下两部，底部均为小平底。依据肩部和杯身形态的差异，分四亚型。

Aa型　20件。长束颈，弧腹。罐形特征显著，上腹较短，折沿。陶质均为泥质陶。依据腹部和底部变化，分二式。

Ⅰ式　13件。大口，深腹，底径略大。标本ⅠT7209-7210⑱a：354（图六六，1）。

Ⅱ式　7件。小口，浅腹，小底。标本ⅠT6809-6910⑱a：90（图六六，2）。

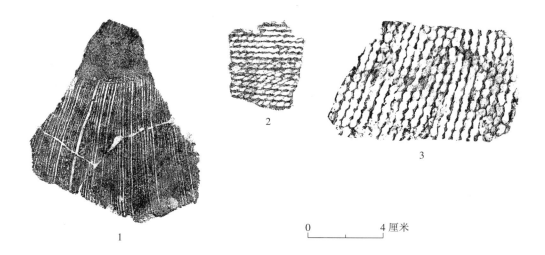

图六〇　商周时期陶器纹饰拓片

1. 细绳纹（ⅠT7209 – 7210⑮：22）　2、3. 粗绳纹（ⅠT6809 – 6910⑱a：14、ⅠT7007 – 7108⑥：19）

图六一　商周时期陶器纹饰拓片

1 ~ 3. 重菱纹（ⅠT6613 – 6712⑫：20、ⅠT8406⑥：36、ⅠT7215 – 7216⑦：5）　4、5、7. 凹弦纹（ⅠT8407⑥：6、ⅠT6809 – 6910⑱：35、ⅠT7309⑪：12）　6、8、9. 凸棱纹（ⅠT8407⑥：17、ⅠT6611 – 6712⑱：39、ⅠT7309⑪：39）

图六二　商周时期陶器纹饰拓片

1. 刻划纹（ⅠT7009－7110㉓：8）　2. 戳印圆圈纹＋刻划纹（ⅠT7009－7110⑯：31）　3. 重三角刻划纹（ⅠT7009－7110⑯：30）　4. 编钟纹（ⅠT7009－7110⑯：4）　5. 镂孔（ⅠT7213－7214⑯：21）　6、7. 细线纹（ⅠT7009－7110⑯：19、ⅠT7209－7210⑰：21）

图六三　商周时期陶器纹饰拓片

1、2. 压印纹（ⅠT7207－7208⑨：13、ⅠT7309⑪：10）　3～5. 网格纹（ⅠT7611⑦：16、ⅠT8005⑥：16、ⅠT6813－6914⑫：12）　6、7. 戳印纹（ⅠT7009－7110⑲：6、ⅠT7011－7112⑯：12）

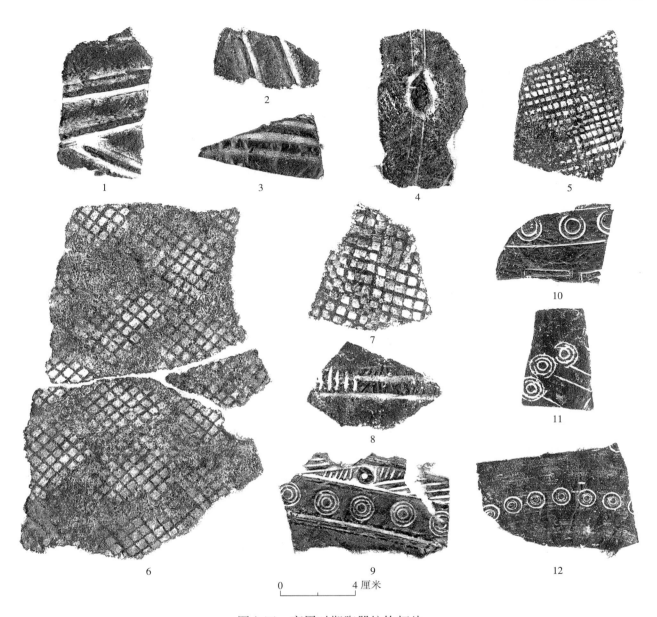

图六四　商周时期陶器纹饰拓片

1~3. 瓦棱纹（ⅠT6611－6712⑱：42、ⅠT6611－6712⑱：8、ⅠT6611－6712⑱：20）　4. 乳丁纹（ⅠT7007－7108⑱：
50）　5~7. 方格纹（ⅠT8106⑨：16、ⅠT7407⑫：1、ⅠT7011－7112⑮：13）　8. 附加堆纹（ⅠT7011－7112⑰：12）
9~12. 圆圈纹（ⅠT7007－7108⑱：46、ⅠT8106⑨：10、ⅠT7011－7112⑯：9、ⅠT6613－6714⑮：18）

Ab 型　14 件。口微侈，鼓腹，上腹略长，但短于下腹。杯身上、下分界线虽存在，但罐形特征已减弱。标本ⅠT7009－7110⑮：41（图六六，4）。

Ac 型　3 件。下腹微鼓，上腹长度大于下腹。标本ⅠT7211－7212⑯：292（图六六，5；彩版六，4）。

Ad 型　8 件。器形较大，宽体，下腹微鼓；上、下腹长度相近。标本ⅠT7209－7210⑰：710（图六六，3）。

图六五   商周时期陶器纹饰拓片

1、2. 夔龙纹（ⅠT8001⑤：19、ⅠT8001⑤：17）   3、6、7. 兽面纹（ⅠT8201⑨：21、ⅠT6613－6714⑫：8、ⅠT6811－
6912⑥：22）   4. 鸟纹（ⅠT8202⑦：21）   5. 螺旋纹（ⅠT7013－7114⑫：10）

　　B 型   80 件。深腹尖底杯。敛口，上下腹之间有制作时遗留的凸棱区隔，小平底或尖底。依据器物形制特征差异，分二亚型。

　　Ba 型   56 件。近直口，直壁。依据腹部变化，分三式。

　　Ⅰ式   16 件。上腹高于下腹，上下腹高度比约为 2/1。标本ⅠT7009－7110⑮：223（图六六，6）。

　　Ⅱ式   28 件。敛口，上腹明显高于下腹，上下腹高度比约为 3/1。标本ⅠT7009－7110⑭：167（图六六，7）。

　　Ⅲ式   12 件。上腹外弧较甚，上下腹几位一体，分界处凸棱不见，折棱不明显。标本ⅠT8106⑦：77

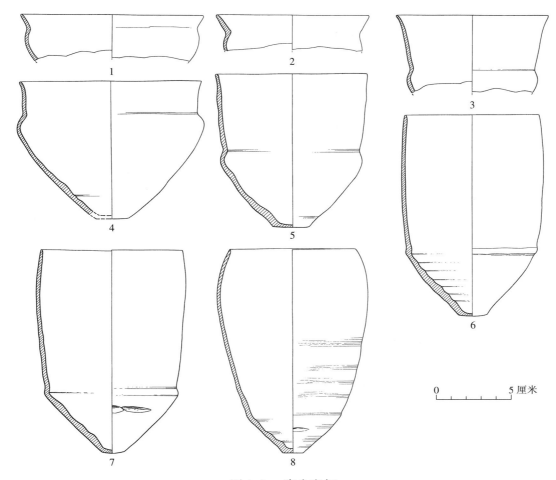

图六六　陶尖底杯

1. Aa 型Ⅰ式（ⅠT7209 – 7210⑱a：354）　　2. Aa 型Ⅱ式（ⅠT6809 – 6910⑱a：90）　　3. Ad 型（ⅠT7209 – 7210⑰：710）
4. Ab 型（ⅠT7009 – 7110⑮：41）　　5. Ac 型（ⅠT7211 – 7212⑯：292）　　6. Ba 型Ⅰ式（ⅠT7009 – 7110⑮：223）
7. Ba 型Ⅱ式（ⅠT7009 – 7110⑭：167）　　8. Ba 型Ⅲ式（ⅠT8106⑦：77）

（图六六，8）。

　　Bb 型　24 件。敛口，鼓腹。依据体形变化，分二式。

　　Ⅰ式　12 件。体形较胖。标本 L60：11（图六七，1）。

　　Ⅱ式　12 件。体形较瘦。标本ⅠT7011 – 7112⑬：150（图六七，2）。

　　C 型　82 件。圆唇。器形较小，腹部一体，整体形态瘦长，呈"炮弹形"，尖底。依据口部和腹部形态的差异，分二亚型。

　　Ca 型　34 件。口微侈，上腹部微内束，弧腹。依据口径和高矮变化，分二式。

　　Ⅰ式　11 件。大口，深腹，乳头状厚尖底。标本ⅠT6809 – 6910⑫：1（图六七，3）。

　　Ⅱ式　23 件。小口，浅腹，锥形尖底。标本 L28：88（图六七，4）。

　　Cb 型　48 件。敛口，上腹部微内束。依据口部直径、腹部深浅和底部形态变化，分二式。

　　Ⅰ式　10 件。大口，深腹，乳头状尖底。标本 L28：37（图六七，5）。

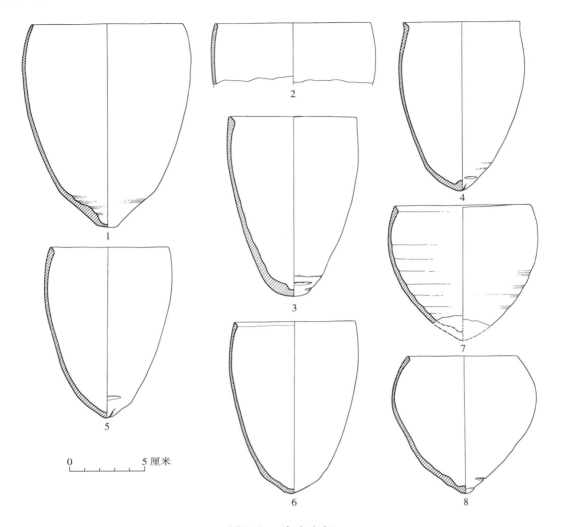

0 —————— 5 厘米

图六七　陶尖底杯

1. Bb 型 I 式（L60：11）　　2. Bb 型 II 式（ I T7011 – 7112⑬：150）　　3. Ca 型 I 式（ I T6809 – 6910⑫：1）　　4. Ca 型 II 式
（L28：88）　5. Cb 型 I 式（L28：37）　6. Cb 型 II 式（L28：99）　7. Da 型 I 式（L27：1907）　8. Da 型 II 式（L28：25）

II 式　38 件。小口，浅腹，锥形尖底。标本 L28：99（图六七，6）。

D 型　15 件。体形矮胖，体量更小，制作不规整；胎体一般较厚。依据形制差异，分四亚型。

Da 型　5 件。陀螺形。敛口，方唇。演变趋势为口部内敛程度加大，腹部外鼓程度加大。依据口径直径和高矮变化，分二式。

I 式　2 件。大口，腹略外鼓。标本 L27：1907（图六七，7）。

II 式　3 件。小口，腹部外鼓较甚。标本 L28：25（图六七，8）。

Db 型　5 件。臼窝形，近圜底。敛口，尖唇，弧腹，厚胎。依据体形变化，分二式。

I 式　4 件。体瘦长。标本 I T6609 – 6710⑫：71（图六八，1）。

II 式　1 件。体胖。标本 I T6613 – 6714⑩：27（图六八，2）。

Dc 型　4 件。钵形。敛口，圆唇，圜底，厚胎。依据体量变化，分二式。

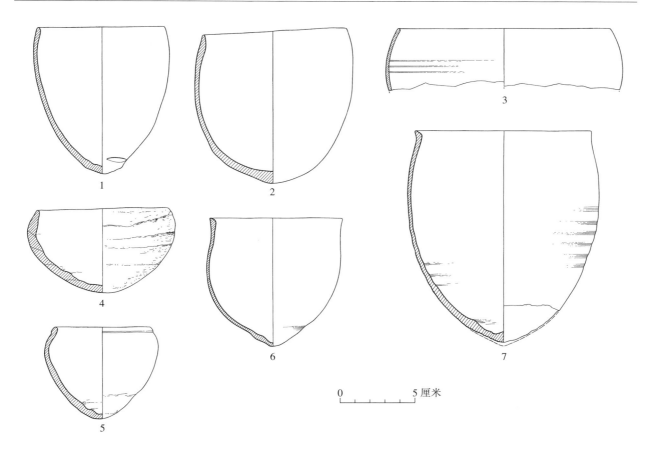

图六八　陶尖底杯

1. Db 型 I 式（I T6609 – 6710⑫：71）　2. Db 型 II 式（I T6613 – 6714⑩：27）　3. Dc 型 I 式（I T7011 – 7112⑬：252）　4. Dc 型 II 式（I T6511 – 6512⑩：7）　5. Dd 型（I T7213 – 7214⑩：1）　6. Eb 型（L28：9）　7. Ea 型（L28：96）

　　I 式　1 件。体量较大。标本 I T7011 – 7112⑬：252（图六八，3）。

　　II 式　3 件。体量较小。标本 I T6511 – 6512⑩：7（图六八，4）。

　　Dd 型　1 件。罐形。敛口，圆唇，尖底，厚胎。标本 I T7213 – 7214⑩：1（图六八，5）。

　　E 型　4 件。盆形，体形较大。侈口，弧腹，器物内部遗留有明显轮制痕迹。依据体量大小，分二亚型。

　　Ea 型　2 件。体量较大。标本 L28：96（图六八，7）。

　　Eb 型　2 件。体量较小。标本 L28：9（图六八，6）。

　　尖底盏　482 件。其中完整和大致可修复者 33 件。根据器物外形特征差异，分三型。

　　A 型　54 件。罐形。器形稍大，侈口，束颈。依据口部和唇部形态差异，分四亚型。

　　Aa 型　32 件。侈口，尖唇，鼓腹，器壁较薄。演变趋势为腹部由深变浅。依据口径和腹部及肩部变化，分三式。

　　I 式　11 件。大侈口，深鼓腹，口径大于肩径。标本 I T7007 – 7108⑱a：326（图六九，1）。

　　II 式　20 件。口略小，腹变浅，腹部微鼓，口径和肩径相近。标本 I T7009 – 7110⑱a：565

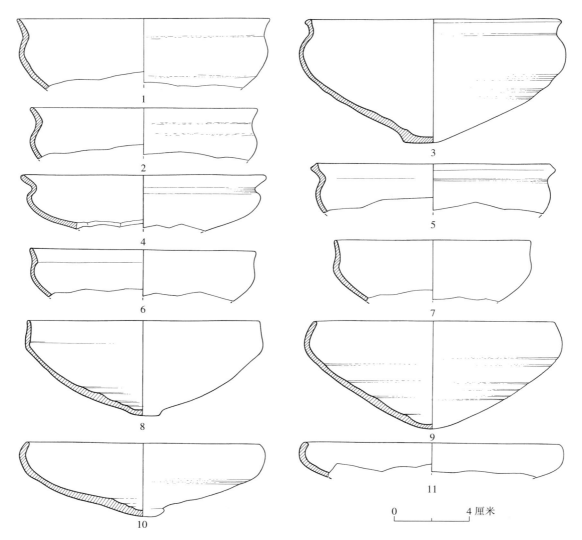

图六九　陶尖底盏

1. Aa 型 I 式（I T7007 – 7108⑱a：326）　　2. Aa 型 II 式（I T7009 – 7110⑱a：565）　　3. Ab 型 I 式（I T7007 – 7108⑱a：6）　　4. Aa 型 III 式（IT7309⑰：114）　　5. Ab 型 II 式（I T7009 – 7110⑯：164）　　6. Ac 型 I 式（I T7209 – 7210⑯：513）　　7. Ac 型 II 式（I T7211 – 7212⑯：91）　　8. Ad 型（I T7215 – 7216⑮：654）　　9. Ba 型 I 式（H2299：197）　　10. Ba 型 II 式（I T7215 – 7216⑩：1）　　11. Ba 型 III 式（I T6813 – 6914⑪：401）

（图六九，2）。

　　　III式　1件。小口，浅腹，近折腹，肩径略大于口径。标本 I T7309⑰：114（图六九，4）。

　　Ab 型　11件。敛口，方唇，器壁较厚。依据口径和腹部深浅变化，分二式。

　　　I 式　7件。大口，鼓肩，深腹。标本 I T7007 – 7108⑱a：6（图六九，3）。

　　　II 式　4件。小口，肩部微鼓，浅腹。标本 I T7009 – 7110⑯：164（图六九，5）。

　　Ac 型　9件。侈口，弧腹。依据口径和腹部深浅变化，分二式。

　　　I 式　5件。大口，口径和肩径相近。标本 I T7209 – 7210⑯：513（图六九，6）。

　　　II 式　4件。小口，肩径小于口径。标本 I T7211 – 7212⑯：91（图六九，7）。

Ad 型　2 件。折腹。大口，深腹，口径和肩径相近。标本 IT7215 – 7216⑮：654（图六九，8）。

B 型　246 件。钵形。敛口，圆唇，弧腹，尖底。依据肩部形态差异和器形大小，分五亚型。

Ba 型　100 件。鼓肩，器形较小。器壁薄。依据腹部深浅变化，分三式。

Ⅰ 式　36 件。深腹。标本 H2299：197（图六九，9；彩版六，5）。

Ⅱ 式　49 件。浅腹。标本 Ⅰ T7215 – 7216⑩：1（图六九，10）。

Ⅲ 式　15 件。腹部更浅。标本 Ⅰ T6813 – 6914⑪：401（图六九，11）。

Bb 型　65 件。弧肩，器形较小。口微敛，器壁薄。依据腹部深浅变化，分三式。

Ⅰ 式　12 件。深腹。标本 Ⅰ T7215 – 7216⑯：208（图七〇，1）。

Ⅱ 式　34 件。腹稍浅。标本 Ⅰ T6611 – 6712⑩：753（图七〇，2）。

Ⅲ式　19 件。浅腹。标本 Ⅰ T7011 – 7112⑬：405（图七〇，3）。

Bc 型　24 件。折肩，器形较小。敛口，圆唇，弧腹；器壁厚。依据腹部深浅变化，分二式。

Ⅰ 式　4 件。深腹。标本 Ⅰ T6611 – 6712⑬：76（图七〇，4）。

Ⅱ 式　20 件。浅腹。标本 Ⅰ T6513⑩：1520（图七〇，5）。

Bd 型　56 件。弧肩，器形较小。近直口，器壁厚。依据腹部深浅变化，分二式。

Ⅰ 式　25 件。深腹。标本 Ⅰ T6611 – 6712⑪：149（图七〇，6）。

Ⅱ 式　31 件。浅腹。标本 Ⅰ T8301 古河道：1（图七〇，7；彩版六，7）。

Be 型　1 件。深腹，体量较大。标本 Ⅰ T6613 – 6714⑫：154（图七〇，8）。

C 型　182 件。盏形，折肩是其最大特征。圆唇，弧腹，器壁较厚。依其口部形态差异，分三亚型。

Ca 型　20 件。敛口。依据腹部深浅变化，分二式。

Ⅰ 式　11 件。深腹。标本 Ⅰ T6412⑩：4（图七〇，9）。

Ⅱ 式　9 件。浅腹。标本 Ⅰ T6611 – 6712⑩：557（图七〇，10）。

Cb 型　92 件。近直口。依据腹部深浅变化，分二式。

Ⅰ 式　35 件。深腹。标本 Ⅰ T6511 – 6512⑩：50（图七〇，11）。

Ⅱ 式　57 件。浅腹。标本 Ⅰ T6611 – 6712⑩：559（图七〇，12）。

Cc 型　70 件。侈口。依据腹部深浅变化，分二式。

Ⅰ 式　19 件。深腹。标本 Ⅰ T6613 – 6714⑩：525（图七〇，13）。

Ⅱ 式　51 件。浅腹。标本 Ⅰ T6513⑩：1521（图七〇，14）。

尖底罐　49 件。完整器 7 件。底部或为尖底或圜底。依据口部形态差异，分五型。

A 型　19 件。敛口，矮领。依据肩部形态的差异，分二亚型。

Aa 型　10 件。圆唇，圆鼓肩，弧腹，尖底。标本 Ⅰ T6811 – 6912⑰：131（图七一，1）。

Ab 型　9 件。鼓肩。标本 Ⅰ T7011 – 7112⑬：55（图七一，2）。

B 型　13 件。直口，领部略高。圆唇，折肩，弧腹，圜底。依据领部高矮差异，分二式。

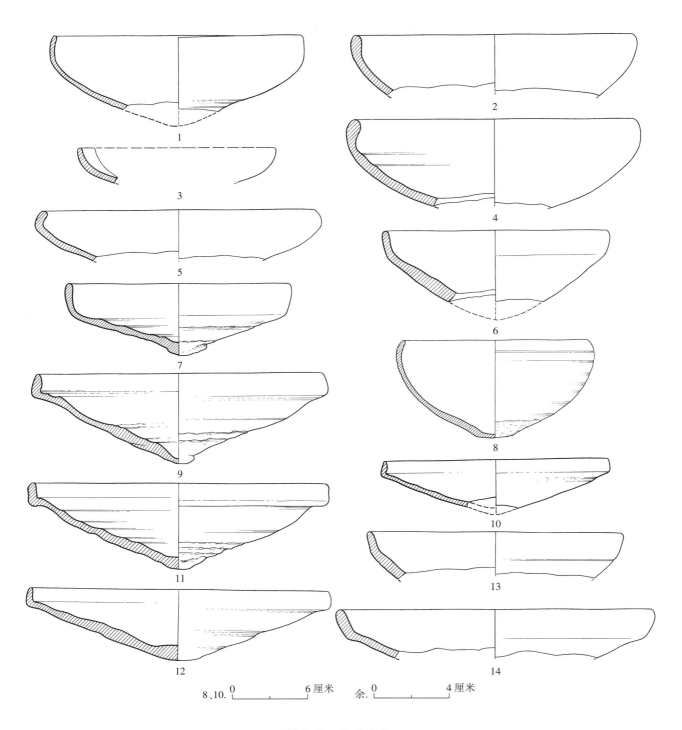

8、10. 0 ⎯⎯ 6厘米   余. 0 ⎯⎯ 4厘米

图七〇 陶尖底盏

1. Bb 型 I 式（I T7215－7216⑯：208）　　2. Bb 型 II 式（I T6611－6712⑩：753）　　3. Bb 型 III 式（I T7011－7112⑬：405）　　4. Bc 型 I 式（I T6611－6712⑬：76）　　5. Bc 型 II 式（I T6513⑩：1520）　　6. Bd 型 I 式（I T6611－6712⑪：149）　　7. Bd 型 II 式（I T8301 古河道：1）　　8. Be 型（I T6613－6714⑫：154）　　9. Ca 型 I 式（I T6412⑩：4）　　10. Ca 型 II 式（I T6611－6712⑩：557）　　11. Cb 型 I 式（I T6511－6512⑩：50）　　12. Cb 型 II 式（I T6611－6712⑩：559）　　13. Cc 型 I 式（I T6613－6714⑩：525）　　14. Cc 型 II 式（I T6513⑩：1521）

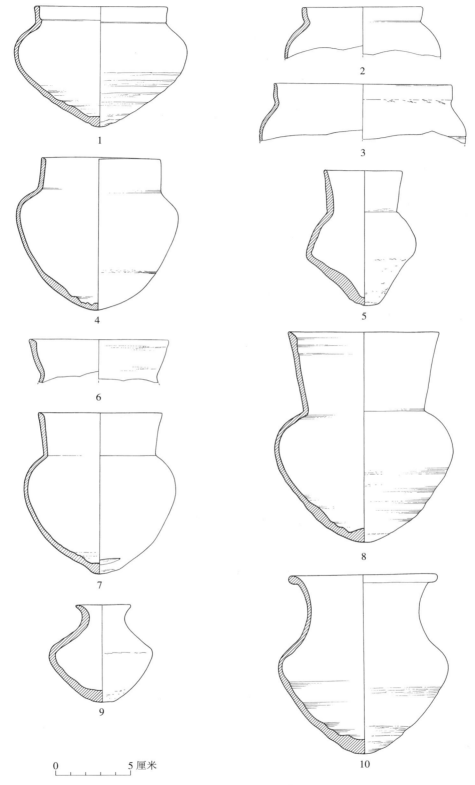

0 ————— 5 厘米

图七一　陶尖底罐

1. Aa 型（Ⅰ T6811－6912⑰：131）　　2. Ab 型（Ⅰ T7011－7112⑬：55）　　3. B 型Ⅰ式（Ⅰ T7009－7110⑰：383）　　4. B 型Ⅱ式（Ⅰ T7011－7112⑬：406）　　5. Ca 型Ⅰ式（Ⅰ T7007－7108⑧：18）　　6. Ca 型Ⅱ式（Ⅰ T6513⑩：853）　　7. Cb 型Ⅱ式（Ⅰ T7611⑦：23）　　8. Cb 型Ⅰ式（Ⅰ T6413⑩：17）　　9. E 型（Ⅰ T7011－7112⑯：475）　　10. D 型（Ⅰ T8007⑥：3）

Ⅰ式　3件。矮领。标本ⅠT7009－7110⑰：383（图七一，3）。

Ⅱ式　10件。高领。标本ⅠT7011－7112⑬：406（图七一，4）。

C型　14件。侈口，高领。整体器形极小。依据肩部形态的差异，分二亚型。

Ca型　6件。圆鼓肩。方唇，弧腹，尖底。依据领部变化，分二式。

Ⅰ式　1件。高领。标本ⅠT7007－7108⑧：18（图七一，5；彩版六，6）。

Ⅱ式　5件。矮领。标本ⅠT6513⑩：853（图七一，6）。

Cb型　8件。折肩。下弧腹内收，尖底。依据领部变化，分二式。

Ⅰ式　3件。高领。标本ⅠT6413⑩：17（图七一，8）。

Ⅱ式　5件。矮领。标本ⅠT7611⑦：23（图七一，7；彩版七，1）。

D型　1件。喇叭口，弧领，圜底。标本ⅠT8007⑥：3（图七一，10）。

E型　2件。敞口。束颈，折肩，不规则平底。标本ⅠT7011－7112⑯：475（图七一，9）。

小平底罐　250件。选取标本175件，其中完整和大致可修复者21件。陶质以夹砂陶为主，少数器物器表附着有烟炱痕迹，可能作为炊器使用。依其整体形态的差异，分四型。

A型　85件。体量高大，侈口，短沿，束颈，肩径明显大于口径。器物肩腹部饰有绳纹。依据肩部、腹部的形态差异，分四亚型。

Aa型　13件。折肩，弧腹。折沿，最大径位于腹部，平底。依据腹部深浅变化，分二式。

Ⅰ式　7件。深腹。标本L58①：104（图七二，1；彩版七，2）。

Ⅱ式　6件。浅腹。标本ⅠT8106⑩：3（图七二，2）。

Ab型　37件。弧肩，下腹斜直。折沿，方唇，弧腹，平底。依据体量高矮和肩部直径变化，分二式。

Ⅰ式　30件。体形较高，肩部最大径位于中腹部。肩径明显大于口径。L58②－13：14（图七二，3；彩版七，3）。

Ⅱ式　7件。体形变矮，肩部最大径位于肩部以上。肩径大于口径。标本ⅠT7209－7210⑲：71（图七二，4；彩版七，4）。

Ac型　4件。鼓肩，下腹内收。折沿，圆唇，平底。标本L56：23（图七二，5；彩版七，5）。

Ad型　31件。圆凸肩，下腹外弧。折沿，圆唇，弧腹，平底。依据口径变化，分二式。

Ⅰ式　20件。大口。标本L58①：1（图七二，6；彩版七，6）。

Ⅱ式　11件。小口，口微敞，口径小于13厘米。标本ⅠT6809－6910⑰：132（图七二，7）。

B型　131件。器形相对较小，陶质多为夹砂陶，质地粗糙；亦有一定数量的泥质陶，以黑皮陶居多，制作相对精致。短束颈，肩径略大于口径，弧腹，平底。依据肩部和颈部形态差异，分五亚型。

Ba型　18件。短颈，折肩。根据器形不同，分二式。

Ⅰ式　8件。大口，体高。标本H2311：11（图七二，8；彩版八，1）。

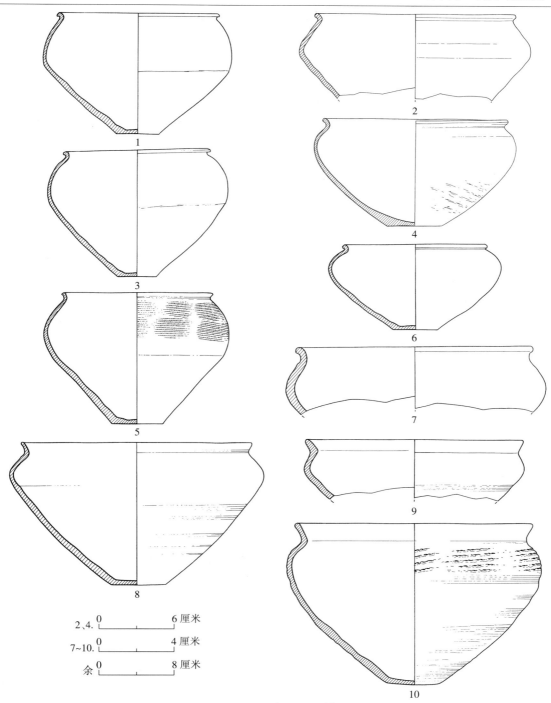

图七二　陶小平底罐

1. Aa 型 I 式（L58①:104）　2. Aa 型 II 式（I T8106⑩:3）　3. Ab 型 I 式（L58②-13:14）　4. Ab 型 II 式
（I T7209-7210⑲:71）　5. Ac 型（L56:23）　6. Ad 型 I 式（L58①:1）　7. Ad 型 II 式（I T6809-6910⑰:
132）　8. Ba 型 I 式（H2311:11）　9. Ba 型 II 式（I T7306⑬:31）　10. Bb 型（I T7009-7110⑱a:3）

　　II 式　10 件。小口，体矮，口径小于 12 厘米。标本 I T7306⑬:31（图七二，9）。

　　Bb 型　20 件。短颈，圆鼓肩。标本 I T7009-7110⑱a:3（图七二，10）。

　　Bc 型　55 件。长颈，鼓肩。依据口径和腹部变化，分三式。

Ⅰ式　25件。大口，肩径大于口径。标本ⅠT7007－7108⑱a：4（图七三，1）。

Ⅱ式　26件。肩径和口径相近，口径小于12厘米。标本ⅠT7009－7110⑱a：14（图七三，2）。

Ⅲ式　4件。体量较小，小口，口径小于11厘米。标本ⅠT7309⑪：1615（图七三，3；彩版八，2）。

Bd型　7件。长颈，耸肩。小口，肩径明显大于口径。标本ⅠT7007－7108⑱a：1（图七三，4）。

Be型　31件。弧肩，长颈。大口，肩径略大于口径。依据口径和体量变化，分二式。

Ⅰ式　28件。大口，体高。标本ⅠT6815－6916⑱b：75（图七三，5）。

Ⅱ式　3件。小口，体矮，口径小于12厘米。标本ⅠT7309⑪：28（图七三，6；彩版八，3）。

C型　28件。颈部略长，口径和肩径相近，小平底。陶质均为泥质陶，胎壁较薄。依据肩部形态的差异，分二亚型。

Ca型　20件。鼓肩。依据体量高矮变化差异，分二式。

Ⅰ式　13件。体大，大口，肩径略大于口径。标本ⅠT6815－6916⑱b：16（图七三，7）。

Ⅱ式　7件。体矮，小口，肩径和口径相近，口径小于12厘米。标本ⅠT7213－7214⑮：303（图七三，8）。

Cb型　8件。弧肩。依据体量高矮差异，分二式。

Ⅰ式　4件。体大，大口，肩径略大于口径。标本ⅠT7009－7110⑱a：12（图七三，9）。

Ⅱ式　4件。体矮，小口，肩径和口径相近，口径小于12厘米。标本ⅠT6811－6912⑰：28（图七三，10）。

D型　6件。器形更小，器身较矮，可能为明器。口径小于10厘米。依据口部和肩部形态的差异，分二亚型。

Da型　2件。侈口，鼓肩。尖唇，长颈，弧腹。标本ⅠT7209－7210⑰：721（图七三，11）。

Db型　4件。近敛口，折肩。圆唇，弧腹。标本ⅠT7011－7112⑰：58（图七三，12）。

瓮形器（绳纹敛口罐）　192件。此类罐以敛口最多，唇部或肩部一般都装饰有抹断斜向绳纹，器底有平底或圈足，以平底多见。依据口部形态的差异，分五型。

A型　20件。侈口。口沿与肩部有明显分界，整体呈盆状。依据肩部和沿部形态的差异，分四亚型。

Aa型　6件。弧肩，无颈，沿部与肩部几位一体，口径与肩径相近。标本L58①：219（图七四，1）。

Ab型　4件。弧肩，短颈，沿部与肩部分界清晰，肩径明显大于口径。标本L58①：227（图七四，2）。

Ac型　9件。肩部微鼓，短颈，沿部与肩部分界清晰，肩径明显大于口径。标本ⅠT7015－7116⑰：39（图七四，3）。

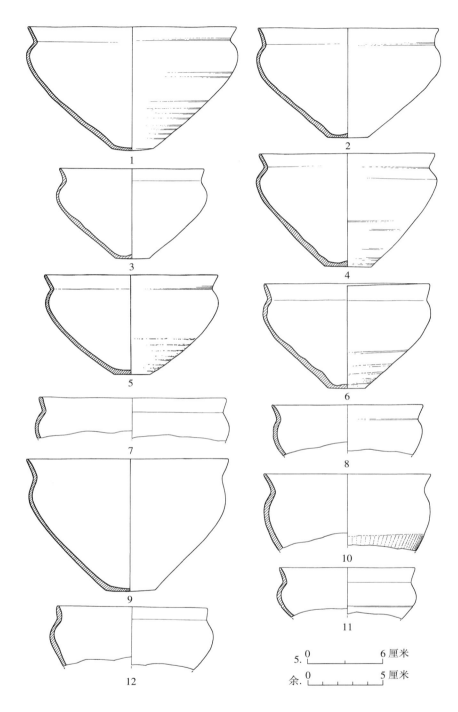

图七三 陶小平底罐

1. Bc 型 I 式（ I T7007－7108⑱a：4） 2. Bc 型 II 式（ I T7009－7110⑱a：14） 3. Bc 型 III 式（ I T7309⑪：1615）
4. Bd 型（ I T7007－7108⑱a：1） 5. Be 型 I 式（ I T6815－6916⑱b：75） 6. Be 型 II 式（ I T7309⑪：28） 7. Ca
型 I 式（ I T6815－6916⑱b：16） 8. Ca 型 II 式（ I T7213－7214⑮：303） 9. Cb 型 I 式（ I T7009－7110⑱a：12）
10. Cb 型 II 式（ I T6811－6912⑰：28） 11. Da 型（ I T7209－7210⑰：721） 12. Db 型（ I T7011－7112⑰：58）

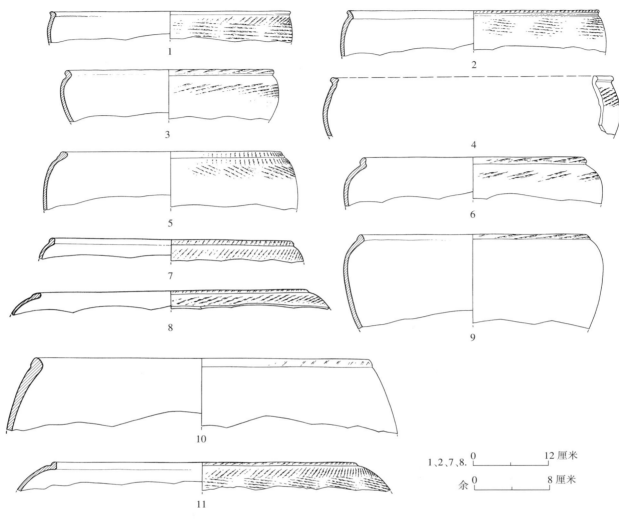

图七四　陶瓮形器（绳纹敛口罐）

1. Aa 型（L58①：219）　　2. Ab 型（L58①：227）　　3. Ac 型（ⅠT7015－7116⑰：39）　　4. Ad 型（ⅠT7009－7110⑲：233）　　5. Ca 型（ⅠT6511－6512⑰：71）　　6. Da 型（ⅠT6511－6512⑮：166）　　7. Cb 型（ⅠT7007－7108⑱a：165）　　8. Ea 型（ⅠT7009－7110⑲：239）　　9. Db 型（ⅠT6815－6916⑰：84）　　10. B 型（ⅠT7007－7108㉓：52）　　11. Eb 型（ⅠT6809－6910⑲：33）

　　Ad 型　1 件。弧肩，短颈，沿部与肩部分界清晰，肩部最大径明显下移，肩径明显大于口径。标本ⅠT7009－7110⑲：233（图七四，4）。

　　B 型　13 件。敛口，溜肩，无颈。标本ⅠT7007－7108㉓：52（图七四，10）。

　　C 型　37 件。敛口，窄折肩，深腹。依据口沿形态的差异，分二亚型。

　　Ca 型　23 件。唇部与肩部间无短颈。标本ⅠT6511－6512⑰：71（图七四，5）。

　　Cb 型　14 件。唇部与肩部间有一短颈。标本ⅠT7007－7108⑱a：165（图七四，7）。

　　D 型　83 件。敛口，窄鼓肩，深腹。依据口沿形态的差异，分二亚型

　　Da 型　37 件。唇部与肩部间有一短颈。标本ⅠT6511－6512⑮：166（图七四，6）。

Db 型　46 件。唇部与肩部间无短颈。标本 ⅠT6815 - 6916⑰：84（图七四，9）。

E 型　39 件。广肩，敛口。依据口沿形态的差异，分二亚型

Ea 型　9 件。无颈。标本 ⅠT7009 - 7110⑲：239（图七四，8）。

Eb 型　30 件。沿下有一短颈。标本 ⅠT6809 - 6910⑲：33（图七四，11）。

敛口罐　922 件。敛口。依据肩部宽窄和器形形态的差异，分四型。

A 型　161 件。罐形，窄肩，深腹。依据肩部形态的差异，分五亚型。

Aa 型　80 件。弧肩。依据口径和肩径变化，分二式。

Ⅰ式　49 件。大口，肩部略宽，肩径明显大于口径。标本 ⅠT6611 - 6712⑰：79（图七五，1）。

Ⅱ式　31 件。小口，窄肩，肩径与口径相近。标本 ⅠT7011 - 7112⑯：253（图七五，2）。

Ab 型　30 件。圆肩，浅腹。标本 L60：21（图七五，3）。

Ac 型　40 件。溜肩，深腹。标本 ⅠT7213 - 7214⑭：171（图七五，4）。

Ad 型　8 件。折肩。标本 L27：9（图七五，5）。

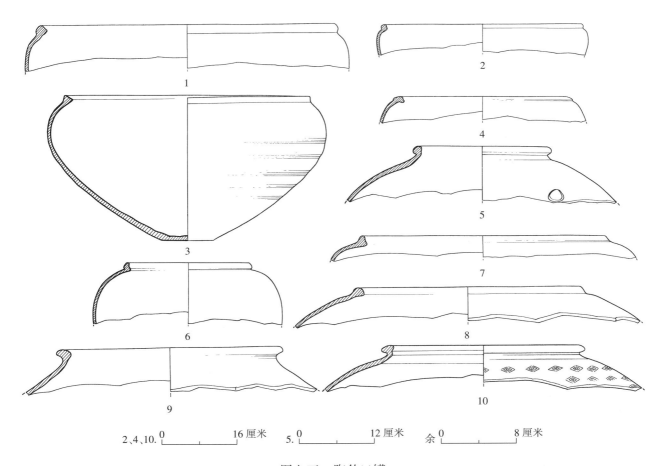

2、4、10. 0 ⸺ 16 厘米　　5. 0 ⸺ 12 厘米　　余 0 ⸺ 8 厘米

图七五　陶敛口罐

1. Aa 型Ⅰ式（ⅠT6611 - 6712⑰：79）　2. Aa 型Ⅱ式（ⅠT7011 - 7112⑯：253）　3. Ab 型（L60：21）　4. Ac 型
（ⅠT7213 - 7214⑭：171）　5. Ad 型（L27：9）　6. Ae 型（L60：40）　7. Ba 型（ⅠT7211 - 7212⑮：150）
8. Bb 型（ⅠT7011 - 7112⑯：234）　9. Bc 型（ⅠT6809 - 6910⑱a：54）　10. Bd 型（ⅠT6813 - 6914⑫：29）

Ae 型 3 件。器形较小，圆鼓肩。标本 L60：40（图七五，6）。

B 型 473 件。瓮形，广肩。依据口部与沿部形态的差异，分四亚型。

Ba 型 25 件。肩部略窄，唇部与肩部有凸起，形似短颈。标本 I T7211－7212⑮：150（图七五，7）。

Bb 型 104 件。大广肩，唇部与肩部几乎为一体。标本 I T7011－7112⑯：234（图七五，8）。

Bc 型 95 件。折沿，窄肩，有假矮领。标本 I T6809－6910⑱a：54（图七五，9）。

Bd 型 249 件。折沿，大广肩，假矮领。肩部一般饰有菱形纹。标本 I T6813－6914⑫：29（图七五，10）。

C 型 242 件。筒形，折肩。器物内外壁遗留有明显的轮制痕迹，烧成火候较高。依据唇部和肩部形态的差异，分四亚型。

Ca 型 82 件。钩形唇，弧折肩，唇部与肩部之间有一道明显凹槽，弧壁。依据口径和肩径变化，分二式。

Ⅰ式 43 件。大口，肩径大于口径，腹部外弧。标本 I T6613－6714⑮：68（图七六，1）。

Ⅱ式 39 件。小口，肩径和口径相近。标本 I T6615－6716⑬：143（图七六，2）。

Cb 型 72 件。近侈口，鹰嘴唇，唇部突出，肩部与唇部之间凹槽不明显，折肩突出，近直壁。依据口径和肩径变化，分二式。

Ⅰ式 20 件。小口，肩径和口径相近。标本 I T7215－7216⑩：89（图七六，3）。

Ⅱ式 52 件。大口，肩径大于口径。标本 I T7215－7216⑭：123（图七六，4）。

Cc 型 67 件。折肩，斜直壁。依据口径和肩径变化，分二式。

Ⅰ式 16 件。大口，肩径大于口径，溜折肩，腹部外弧。标本 I T6613－6714⑪：116（图七六，5）。

Ⅱ式 51 件。小口，肩径和口径相近，弧折肩。标本 L27：852（图七六，6）。

Cd 型 21 件。圆折肩。大口，近瓮。标本 I T7213－7214⑮：391（图七六，7）。

D 型 46 件。盆形，圈足。依据肩部形态的差异，分二亚型。

Da 型 33 件。折肩，斜直腹。标本 I T6813－6914⑪：83（图七六，8）。

Db 型 13 件。鼓肩，弧腹。标本 I T7009－7110⑭：13（图七六，9；彩版八，4）。

高领罐 460 件。依据口部形态的差异，分六型。

A 型 130 件。子母口，唇部和沿部分界清晰。依据沿部形态的差异，分二亚型。

Aa 型 114 件。凸唇。依据领部高矮的差异，分三式。

Ⅰ式 69 件。高领。标本 I T7211－7212⑰：270（图七七，1）。

Ⅱ式 22 件。领部较高。标本 I T7215－7216⑮：123（图七七，2）。

Ⅲ式 23 件。领部较矮。标本 I T6815－6916⑩：137（图七七，3）。

Ab 型 16 件。平沿凹槽。依据领部高矮的差异，分二式。

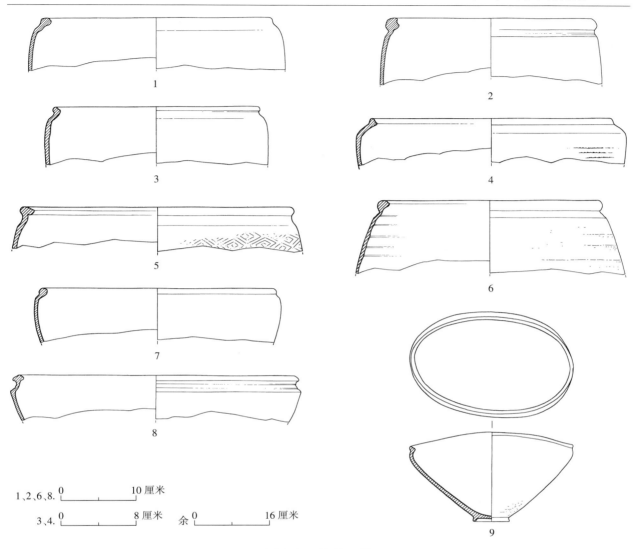

1、2、6、8. 0 ⊢——————⊣ 10 厘米

3、4. 0 ⊢——————⊣ 8 厘米　　　余 0 ⊢——————⊣ 16 厘米

图七六　陶敛口罐

1. Ca 型Ⅰ式（ⅠT6613－6714⑮：68）　2. Ca 型Ⅱ式（ⅠT6615－6716⑬：143）　3. Cb 型Ⅰ式（ⅠT7215－7216⑩：89）
4. Cb 型Ⅱ式（ⅠT7215－7216⑭：123）　5. Cc 型Ⅰ式（ⅠT6613－6714⑪：116）　6. Cc 型Ⅱ式（L27：852）　7. Cd 型
（ⅠT7213－7214⑮：391）　8. Da 型（ⅠT6813－6914⑪：83）　9. Db 型（ⅠT7009－7110⑭：13）

　　Ⅰ式　4 件。领部较高。标本ⅠT7211－7212⑰：192（图七七，4）。

　　Ⅱ式　12 件。领部略矮。标本ⅠT7209－7210⑮：777（图七七，5）。

　　B 型　12 件。喇叭口，领部束腰状。标本ⅠT6611－6712⑩：199（图七七，6）。

　　C 型　36 件。宽折沿，近盘口。依据领部高矮的差异，分二式。

　　Ⅰ式　16 件。高领。标本ⅠT6815－6916⑱b：62（图七七，7）。

　　Ⅱ式　20 件。领部略矮。标本ⅠT7009－7110⑲：148（图七七，8）。

　　D 型　49 件。直口，窄沿。标本ⅠT7009－7110⑰：214（图七七，9）。

　　E 型　2 件。敛口，窄折沿。标本 H2302：44（图七七，10）。

　　F 型　231 件。侈口。依据口沿、领部及整体器形的差异，分三亚型。

Fa 型　153 件。窄卷沿，沿外翻，领部内弧。依据领部高矮的变化，分二式。

Ⅰ式　103 件。高领。标本ⅠT6815－6916⑱b：88（图七七，11）。

Ⅱ式　50 件。领部较高。标本ⅠT6809－6910⑱a：515（图七七，12）。

Fb 型　52 件。宽折沿，领部内弧。依据领部高矮的变化，分二式。

Ⅰ式　34 件。高领。标本ⅠT7209－7210⑱a：427（图七七，13）。

Ⅱ式　18 件。领部较高。标本ⅠT7008－7108⑱a：236（图七七，14）。

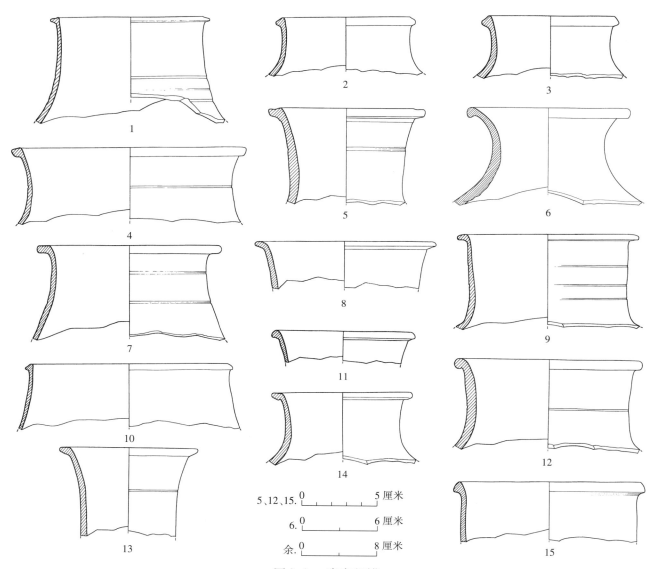

5、12、15. ⊢————⊣ 5 厘米

6. ⊢————⊣ 6 厘米

余. ⊢————⊣ 8 厘米

图七七　陶高领罐

1. Aa 型Ⅰ式（ⅠT7211－7212⑰：270）　2. Aa 型Ⅱ式（ⅠT7215－7216⑮：123）　3. Aa 型Ⅲ式（ⅠT6815－6916⑩：137）　4. Ab 型Ⅰ式（ⅠT7211－7212⑰：192）　5. Ab 型Ⅱ式（ⅠT7209－7210⑮：777）　6. B 型（ⅠT6611－6712⑩：199）　7. C 型Ⅰ式（ⅠT6815－6916⑱b：62）　8. C 型Ⅱ式（ⅠT7009－7110⑲：148）　9. D 型（ⅠT7009－7110⑰：214）　10. E 型（H2302：44）　11. Fa 型Ⅰ式（ⅠT6815－6916⑱b：88）　12. Fa 型Ⅱ式（ⅠT6809－6910⑱a：515）　13. Fb 型Ⅰ式（ⅠT7209－7210⑱a：427）　14. Fb 型Ⅱ式（ⅠT7008－7108⑱a：236）　15. Fc 型（H2316：60）

Fc 型　26 件。窄卷沿，近直领。器形小，器壁薄。标本 H2316：60（图七七，15）。

矮领罐　323 件。依其口部形态的差异，分七型。

A 型　115 件。直口。依据领部高矮差异，分二式。

Ⅰ式　47 件。小口，领部较高。标本ⅠT6815－6916⑰：293（图七八，1）。

Ⅱ式　68 件。大口，领部较矮。标本ⅠT7213－7214⑮：578（图七八，2）。

B 型　98 件。侈口，领部呈束腰状。依据领部高矮差异，分二式。

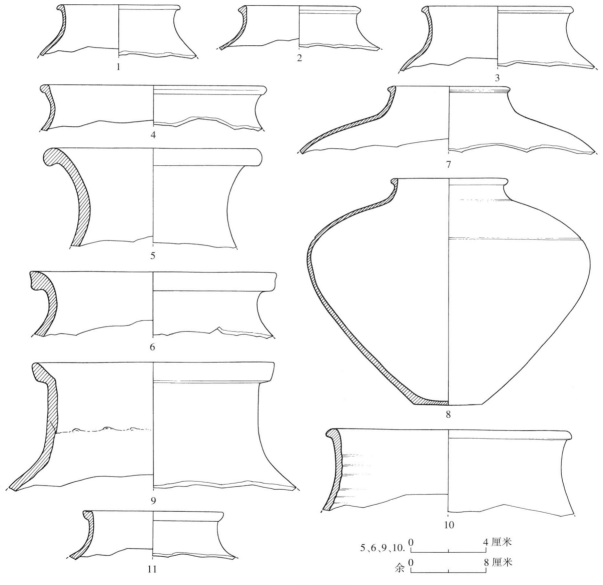

图七八　陶矮领罐

1. A 型Ⅰ式（ⅠT6815－6916⑰：293）　　2. A 型Ⅱ式（ⅠT7213－7214⑮：578）　　3. B 型Ⅰ式（ⅠT6609－6710⑯：38）
4. B 型Ⅱ式（ⅠT6414⑮：14）　　5. C 型Ⅰ式（ⅠT6511－6512⑩：419）　　6. C 型Ⅱ式（ⅠT6513⑩：1582）　　7. D 型Ⅰ
式（H2318：83）　　8. D 型Ⅱ式（ⅠT6809－6910⑮：96）　　9. E 型（ⅠT6815－6916⑱b：79）　　10. F 型（ⅠT7215－
7216⑯：107）　　11. G 型（ⅠT7011－7112⑮：240）

Ⅰ式　23 件。领部较高。标本ⅠT6609 - 6710⑯：38（图七八，3）。

Ⅱ式　75 件。领部较矮。标本ⅠT6414⑮：14（图七八，4）。

C 型　16 件。敞口，卷沿，方唇。依据领部高矮差异，分二式。

Ⅰ式　5 件。领部较高。标本ⅠT6511 - 6512⑩：419（图七八，5）。

Ⅱ式　11 件。领部较矮。标本ⅠT6513⑩：1582（图七八，6）。

D 型　76 件。敛口，折沿，广肩。依据领部高矮差异，分二式。

Ⅰ式　20 件。领部较高。标本 H2318：83（图七八，7）。

Ⅱ式　56 件。领部较矮。标本ⅠT6809 - 6910⑮：96（图七八，8）。

E 型　5 件。盘口，折沿，方唇。标本ⅠT6815 - 6916⑱b：79（图七八，9）。

F 型　12 件。侈口，折沿。整器矮小，器壁薄。标本ⅠT7215 - 7216⑯：107（图七八，10）。

G 型　1 件。子母口，平沿有凹槽。标本ⅠT7011 - 7112⑮：240（图七八，11）。

束颈罐　478 件。从器底观察可分平底、圈足两类。从纹饰看可分为两大类，一类是肩部饰有一道凹弦纹和斜向绳纹或交错绳纹组成纹饰带；另一类为素面，数量较多。依据装饰风格和口部及腹部形态的差异，分六型。

A 型　227 件。绳纹罐，肩部饰有绳纹或弦纹。依据肩部形态差异，分六亚型。

Aa 型　83 件。广弧肩。折沿，圆唇。标本ⅠT6513⑰：22（图七九，1）。

Ab 型　42 件。圆鼓肩。敞口，折沿，方唇。依据口径和体量变化，分二式。

Ⅰ式　14 件。大口，体高。标本ⅠT7307㉔：105（图七九，2）

Ⅱ式　28 件。小口，体矮。标本ⅠT7009 - 7110⑲：299（图七九，3）。

Ac 型　37 件。窄弧肩。侈口，折沿，圆唇。依据口径和体量变化，分二式。

Ⅰ式　18 件。大口，体高。标本ⅠT7308㉒：39（图七九，4）。

Ⅱ式　19 件。小口，体矮。标本ⅠT7407⑮：317（图七九，5）。

Ad 型　36 件。溜肩。折沿，圆唇。依据口径和体量变化，分二式。

Ⅰ式　11 件。大口，体高。标本ⅠT7213 - 7214⑯：58（图七九，6）。

Ⅱ式　25 件。小口，体矮。标本ⅠT7407⑮：438（图七九，7）。

Ae 型　19 件。鼓肩。敛口。依据口径变化，分二式。

Ⅰ式　16 件。大口。标本ⅠT7209 - 7210⑰：569（图七九，8）。

Ⅱ式　3 件。小口。标本ⅠT7309⑩：157（图七九，9）。

Af 型　10 件。弧肩。敛口。标本ⅠT7009 - 7110⑰：275（图七九，10）。

B 型　87 件。侈口，肩部不见绳纹装饰。此类束颈罐以圈足居多，仅有少量平底罐。依据肩部和腹部形态的差异，分五亚型。

Ba 型　30 件。广弧肩。折沿，圆唇，此类罐底部一般为平底。标本ⅠT6813 - 6914⑰：77（图七九，11）。

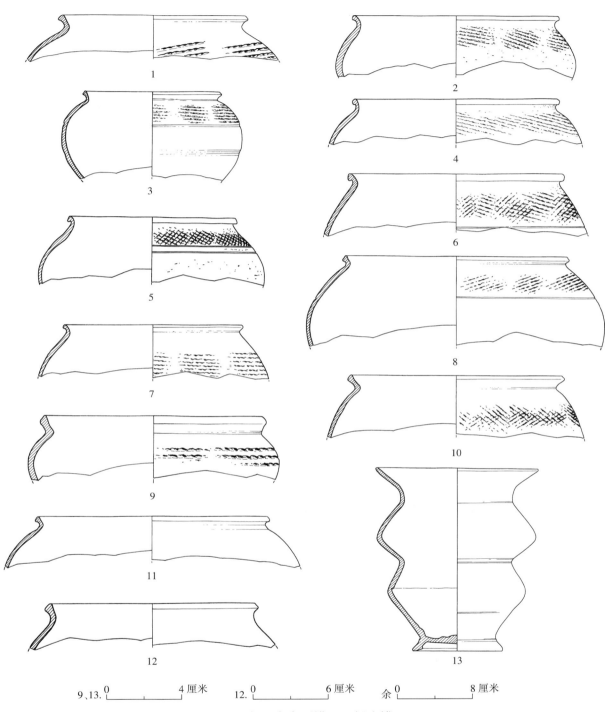

图七九　陶束颈罐、双折腹罐

1. Aa 型束颈罐（Ⅰ T6513⑰：22）　　2. Ab 型Ⅰ式束颈罐（Ⅰ T7307㉔：105）　　3. Ab 型Ⅱ式束颈罐（Ⅰ T7009 – 7110 ⑲：299）　　4. Ac 型Ⅰ式束颈罐（Ⅰ T7308㉒：39）　　5. Ac 型Ⅱ式束颈罐（Ⅰ T7407⑮：317）　　6. Ad 型Ⅰ式束颈罐 （Ⅰ T7213 – 7214⑯：58）　　7. Ad 型Ⅱ式束颈罐（Ⅰ T7407⑮：438）　　8. Ae 型Ⅰ式束颈罐（Ⅰ T7209 – 7210⑰：569） 9. Ae 型Ⅱ式束颈罐（Ⅰ T7309⑩：157）　　10. Af 型束颈罐（Ⅰ T7009 – 7110⑰：275）　　11. Ba 型束颈罐（Ⅰ T6813 – 6914⑰：77）　　12. Bb 型束颈罐（Ⅰ T6809 – 6910⑰：125）　　13. 双折腹罐（Ⅰ T7808⑧a：1）

Bb 型　30 件。窄弧肩。近敛口，卷沿，方唇，此类罐底部一般为平底。标本ⅠT6809 – 6910⑰：125（图七九，12）。

Bc 型　20 件。鼓肩，弧腹。折沿，此类罐以圈足多见。依据口径和腹部深浅变化，分二式。

Ⅰ式　6 件。小口，深腹。标本 H2315：26（图八〇，1；彩版八，5）。

Ⅱ式　14 件。大口，浅腹。标本ⅠT7009 – 7110⑬：9（图八〇，2）。

Bd 型　5 件。侈口，曲腹。依据口径及腹部变化，分二式。

Ⅰ式　1 件。大口，曲腹不明显。标本ⅠT7209 – 7210⑱a：362（图八〇，3）。

Ⅱ式　4 件。小口，曲腹明显。标本ⅠT7009 – 7110⑯：654（图八〇，4）。

Be 型　2 件。弧肩，弧腹，呈盆状。标本ⅠT7309⑱：81（图八〇，5）

C 型　134 件。敛口，尖唇，折沿，鼓肩，此类罐以圈足多见。依据肩部形制的差异，分五亚型。

Ca 型　64 件。鼓肩。依据口径和腹部深浅变化，分二式。

Ⅰ式　31 件。肩径略大于口径，深腹。标本ⅠT7213 – 7214⑮：332（图八〇，6）。

Ⅱ式　33 件。肩径大于口径，浅腹。标本ⅠT7211 – 7212⑬：1（图八〇，7）。

Cb 型　36 件。弧肩。标本ⅠT6513⑰：86（图八〇，8）。

Cc 型　9 件。折肩。标本ⅠT6809 – 6910⑯：118（图八〇，9）。

Cd 型　21 件。广弧肩。标本ⅠT7215 – 7216⑯：81（图八〇，10）。

Ce 型　4 件。溜肩。标本ⅠT6811 – 6912⑮：136（图八〇，11）。

D 型　14 件。子母口，唇部内沿有承接器盖的凹槽，此类罐底部一般为平底。依据肩部形态差异，分二亚型。

Da 型　2 件。广弧肩。标本ⅠT7209 – 7210⑱a：459（图八〇，12）。

Db 型　12 件。窄弧肩。标本ⅠT7009 – 7110⑮：384（图八〇，13）。

E 型　13 件。盘口，弧肩。标本ⅠT6815 – 6916⑱b：90（图八〇，14）。

F 型　3 件。无沿，尖底罐形。标本ⅠT6809 – 6910⑰：19（图八〇，15）。

双折腹罐　1 件。敞口，圆唇，束颈，腹部有两处圆鼓转折，底接圈足。标本ⅠT7808⑧a：1（图七九，13）。

绳纹圆底罐　82 件。依据领部或颈部形态的差异，分三型。

A 型　50 件。矮领。侈口，折沿，圆唇。依据肩部和领部形态的差异，分二亚型。

Aa 型　16 件。广折肩，束领较高。小口。标本ⅠT6613 – 6714⑪：93（图八一，1）。

Ab 型　34 件。窄折肩，直领较矮。近直口，大口。标本ⅠT6613 – 6714⑥：2（图八一，2）。

B 型　7 件。高领。喇叭口，厚方唇。标本ⅠT6513⑩：1663（图八一，3）。

C 型　25 件。无领，束颈罐。卷沿。依据口部和肩部形态的差异，分三亚型。

Ca 型　14 件。敞口，广弧肩。尖圆唇。标本ⅠT6511 – 6512⑩：303（图八一，4）。

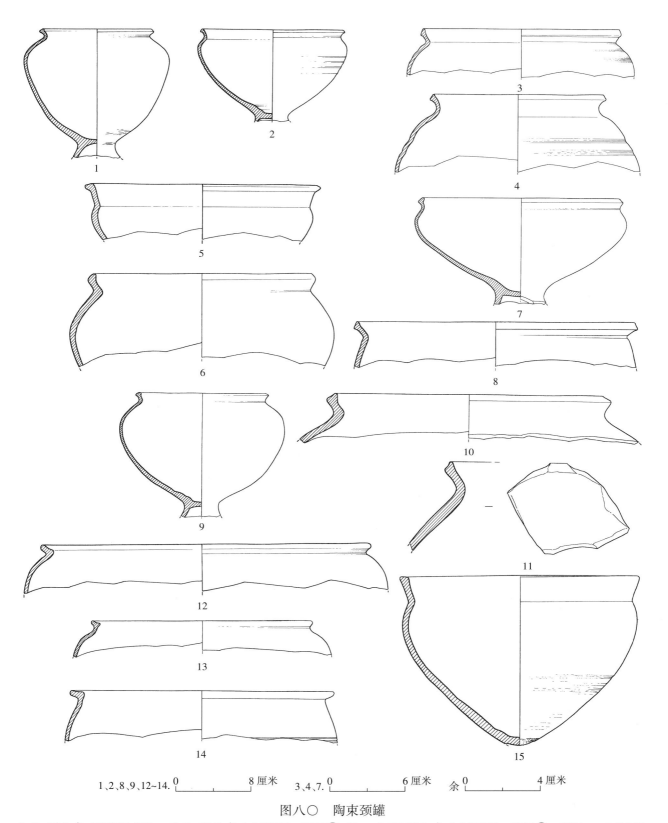

1、2、8、9、12~14. 0 ⎯⎯⎯ 8 厘米　　3、4、7. 0 ⎯⎯⎯ 6 厘米　　余 0 ⎯⎯⎯ 4 厘米

图八〇　陶束颈罐

1. Bc 型 I 式（H2315：26）　　2. Bc 型 II 式（I T7009－7110⑬：9）　　3. Bd 型 I 式（I T7209－7210⑱a：362）　　4. Bd 型
II 式（I T7009－7110⑯：654）　　5. Be 型（I T7309⑱：81）　　6. Ca 型 I 式（I T7213－7214⑮：332）　　7. Ca 型 II 式
（I T7211－7212⑬：1）　　8. Cb 型（I T6513⑰：86）　　9. Cc 型（I T6809－6910⑯：118）　　10. Cd 型（I T7215－7216⑯：
81）　　11. Ce 型（I T6811－6912⑮：136）　　12. Da 型（I T7209－7210⑱a：459）　　13. Db 型（I T7009－7110⑮：384）
14. E 型（I T6815－6916⑱b：90）　　15. F 型（I T6809－6910⑰：19）

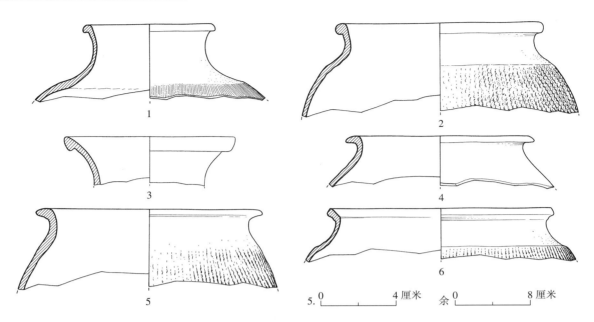

图八一　陶绳纹圜底罐

1. Aa 型（ⅠT6613－6714⑪：93）　2. Ab 型（ⅠT6613－6714⑥：2）　3. B 型（ⅠT6513⑩：1663）　4. Ca 型（ⅠT6511－6512⑩：303）　5. Cb 型（ⅠT6613－6714⑪：133）　6. Cc 型（ⅠT7011－7112⑤：53）

Cb 型　3 件。近直口，窄弧肩。尖圆唇。标本ⅠT6613－6714⑪：133（图八一，5）。

Cc 型　8 件。侈口，折肩。方唇。标本ⅠT7011－7112⑤：53（图八一，6）。

盘口罐　31 件。口部呈盘状，束颈。依据盘口形态的差异，分二型。

A 型　25 件。盘口仰折。依据口径变化，分二式。

Ⅰ式　19 件。大口，长颈。标本ⅠT7009－7110⑫：100（图八二，1）。

Ⅱ式　6 件。口径略小，短颈。标本ⅠT7013－7114⑫：63（图八二，2）。

B 型　6 件。盘口平折。标本ⅠT6813－6914⑪：87（图八二，11）。

长颈罐　31 件。颈部较长，整体比例不协调，器形较小。依据口部和肩部形态的差异，分四型。

A 型　4 件。子母口。长颈，腹部下垂，平底。依据颈部长短变化的差异，分二式。

Ⅰ式　3 件。颈部略短。标本ⅠT7009－7110⑬：703（图八二，3）。

Ⅱ式　1 件。颈部较长。标本 L28：79（图八二，4）。

B 型　15 件。喇叭口。方唇。标本ⅠT6613－6714⑩：547（图八二，5）。

C 型　5 件。侈口。依据唇部和肩部形态的差异，分三亚型。

Ca 型　2 件。圆唇外凸，折肩。标本ⅠT6511－6512⑩：5（图八二，6）。

Cb 型　2 件。尖唇，圆鼓肩。标本ⅠT6511－6512⑩：2004（图八二，7）。

Cc 型　1 件。圆唇。标本ⅠT6514⑩：54（图八二，8）。

D 型　7 件。盘口，鼓肩。器形较大，方唇，平底。依据口径和领部变化，分二式。

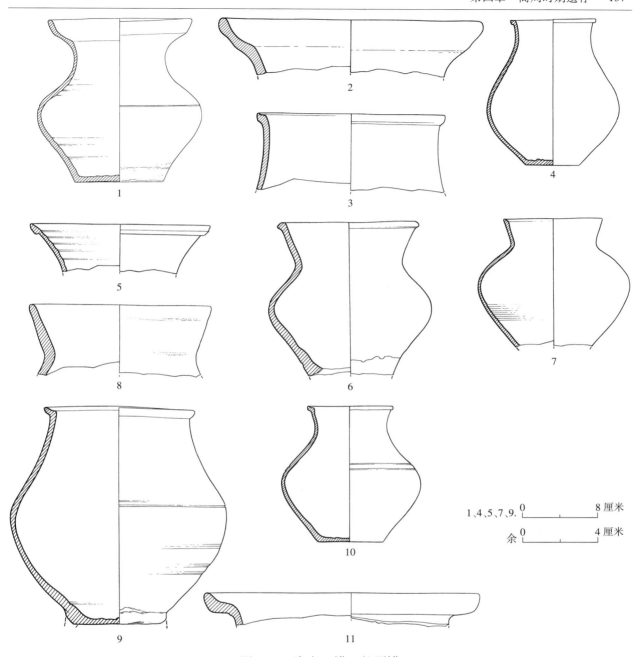

图八二 陶盘口罐、长颈罐

1. A 型 I 式盘口罐（I T7009 – 7110⑫：100） 2. A 型 II 式盘口罐（I T7013 – 7114⑫：63） 3. A 型 I 式长颈罐
（I T7009 – 7110⑬：703） 4. A 型 II 式长颈罐（L28：79） 5. B 型长颈罐（I T6613 – 6714⑩：547） 6. Ca 型长颈
罐（I T6511 – 6512⑩：5） 7. Cb 型长颈罐（I T6511 – 6512⑩：2004） 8. Cc 型长颈罐（I T6514⑩：54） 9. D 型
II 式长颈罐（L28：44 – 1） 10. D 型 I 式长颈罐（L27：61） 11. B 型盘口罐（I T6813 – 6914⑪：87）

I 式 5 件。大口，高领。标本 L27：61（图八二，10；彩版八，6）。

II 式 2 件。口略小，矮领。标本 L28：44 – 1（图八二，9）。

壶 112 件。主要特征是小口，高领。依据领部高矮和体形形态的差异，分三型。

A 型 89 件。高领。依据口部和唇部形态的差异，分六亚型。

Aa 型　13 件。侈口，尖唇。高领。标本 I T7007－7108㉓：94（图八三，1）。

Ab 型　27 件。敛口，尖唇。唇部外侧有一凸棱。标本 I T6809－6910⑱a：302（图八三，2）。

Ac 型　13 件。直口，圆唇。唇部外侧有一凸棱。标本 I T7209－7210⑰：449（图八三，3）。

Ad 型　28 件。侈口，圆唇。唇部外侧有一凸棱。标本 I T7211－7212⑯：270（图八三，5）。

Ae 型　4 件。盘口，高领。方唇。标本 I T6809－6910⑨：158（图八三，4）。

图八三　A 型陶壶

1. Aa 型（I T7007－7108㉓：94）　　2. Ab 型（I T6809－6910⑱a：302）　　3. Ac 型（I T7209－7210⑰：449）　　4. Ae 型
（I T6809－6910⑨：158）　　5. Ad 型（I T7211－7212⑯：270）　　6. Af 型（H2311：6）

Af 型　4 件。敛口，唇部外侧饰有对称乳丁纹。下腹部饰一凸棱，喇叭状圈足。标本 H2311：6（图八三，6；彩版九，1）。

B 型　17 件。矮领。依据口部和唇部形态的差异，分五亚型。

Ba 型　3 件。直口，唇部外侧饰一圈凸棱。标本ⅠT6809－6910⑰：215（图八四，1）。

Bb 型　7 件。近直口，口部呈不规则弧形。窄沿，曲领。标本ⅠT6613－6714⑫：97（图八四，2）。

Bc 型　2 件。敛口，圆唇，领部有多道平行凹槽。器形较小。标本ⅠT6809－6910⑱a：79（图八四，3）。

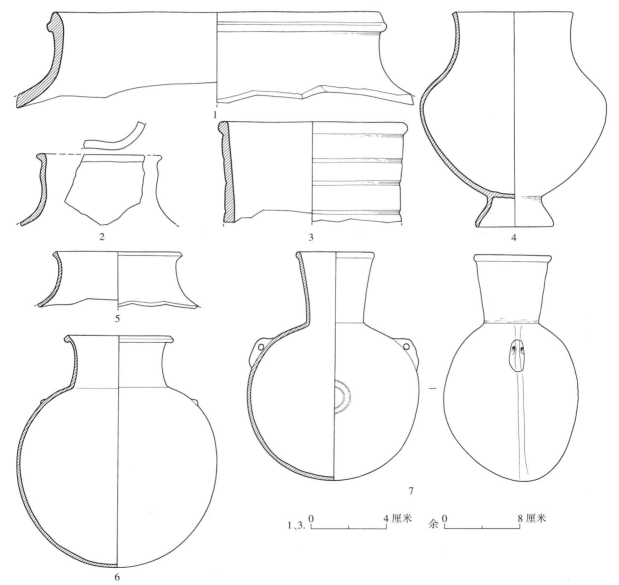

图八四　陶壶

1. Ba 型（ⅠT6809－6910⑰：215）　　2. Bb 型（ⅠT6613－6714⑫：97）　　3. Bc 型（ⅠT6809－6910⑱a：79）　　4. Bd 型
（ⅠT6809－6910⑮：95）　　5. Be 型（ⅠT7009－7110⑮：286）　　6. Ca 型（H2315：1）　　7. Cb 型（ⅠT6813－6914⑮：61）

Bd 型 4 件。口微侈，方唇。鼓肩，弧腹，矮圈足。标本ⅠT6809 – 6910⑮：95（图八四，4）。

Be 型 1 件。敛口，领部束腰。标本ⅠT7009 – 7110⑮：286（图八四，5）。

C 型 6 件。扁壶。依据口部和腹部形态的差异，分二型。

Ca 型 2 件。敞口，球形腹。肩部饰有对称乳丁纹。标本 H2315：1（图八四，6；彩版九，2）。

Cb 型 4 件。侈口，扁圆形腹。肩部饰有对称贯耳。标本ⅠT6813 – 6914⑮：61（图八四，7）。

瓶 19 件。数量较少。依据形制差异，分四型。

A 型 13 件。侈口，长颈，平底。依据口部和腹部形态的差异，分二亚型。

Aa 型 10 件。侈口，沿面凸起，平折沿，鼓腹。依据颈部和腹部变化差异，分二式。

Ⅰ式 4 件。短颈，深腹。标本ⅠT7009 – 7110⑮：50（图八五，1）。

Ⅱ式 6 件。长颈，浅腹。标本 L29：7（图八五，2）。

Ab 型 3 件。平沿，折沿外翻，敞口，弧腹。依据腹部变化差异，分二式。

Ⅰ式 1 件。弧腹。标本ⅠT7009 – 7110⑮：48（图八五，3）。

Ⅱ式 2 件。鼓腹。标本 L29：6（图八五，4；彩版九，3）。

B 型 2 件。直口，圆腹，尖底。标本 L28：57（图八五，5）。

C 型 3 件。喇叭口，斜直腹，下腹外折，平底，器形极小。标本ⅠT6807 – 6908⑱a：18（图八五，7）。

D 型 1 件。盘口。标本ⅠT7611⑦：5（图八五，6）。

盉 3 件。依据形态差异，分二型。

A 型 2 件。器身呈杯状，体形瘦长。标本ⅠT7309⑩：18（图八五，8）。

B 型 1 件。器身呈罐形，体形矮胖。标本ⅠT7309⑪：19（图八五，9；彩版九，4）。

盆 398 件。依据口部、底部及装饰形态差异，分六型。

A 型 101 件。绳纹盆，即唇部和腹部装饰有绳纹的陶盆。依据口部、沿部和腹部形态差异，分六亚型。

Aa 型 7 件。敛口，浅弧腹，唇部及腹部均压印绳纹。标本 L58①：234（图八六，1）。

Ab 型 12 件。口微侈，上腹部微鼓，深腹，唇部及腹部饰有绳纹。标本 L58①：232（图八六，2）。

Ac 型 73 件。侈口，仰折沿，浅弧腹，仅唇部压印绳纹。标本 H2311：80（图八六，3）。

Ad 型 5 件。子母口，浅弧腹。标本ⅠT8301⑤：10（图八六，4）。

Ae 型 3 件。敛口，鼓腹。标本ⅠT6809 – 6910⑱a：319（图八六，6）。

Af 型 1 件。直口，弧腹。标本ⅠT7407⑮：799（图八六，5）。

B 型 20 件。直口，素面。依据沿部和腹部形态的差异，分二亚型。

Ba 型 5 件。沿部与腹部有短颈，弧腹，上腹部较直。方唇。标本 H2308：7（图八六，8）。

Bb 型 15 件。沿部与腹部直接相连，深弧腹。方唇。标本ⅠT7009 – 7110⑯：61（图八六，7）。

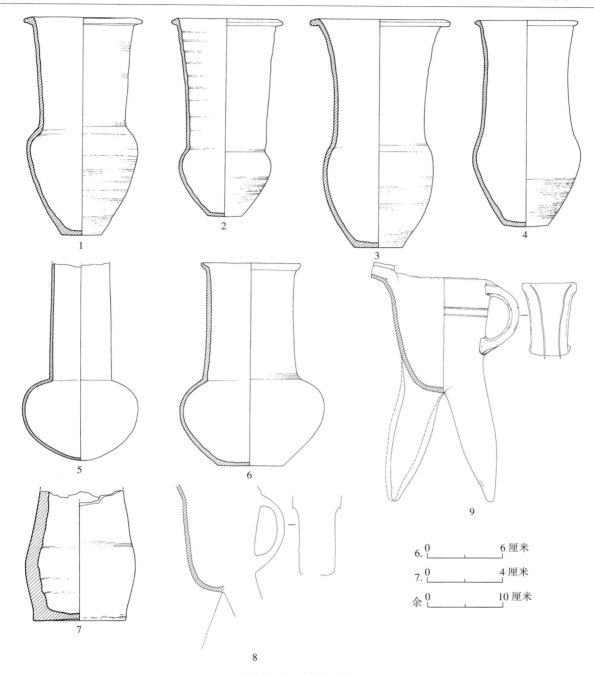

图八五　陶瓶、盉

1. Aa 型 I 式瓶（ I T7009－7110⑮：50）　　2. Aa 型 II 式瓶（L29：7）　　3. Ab 型 I 式瓶（ I T7009－7110⑮：48）
4. Ab 型 II 式瓶（L29：6）　　5. B 型瓶（L28：57）　　6. D 型瓶（ I T7611⑦：5）　　7. C 型瓶（ I T6807－6908⑱a：18）
8. A 型盉（ I T7309⑩：18）　　9. B 型盉（ I T7309⑪：19）

　　C 型　163 件。侈口，素面。依据沿部和腹部形态的差异，分四亚型。

　　Ca 型　29 件。卷沿，鼓腹。方唇。标本 I T6813－6914⑱b：143（图八六，10）。

　　Cb 型　30 件。折沿，沿部和腹部间有一短颈，深斜腹。标本 I T7009－7110⑰：353（图
八六，9）。

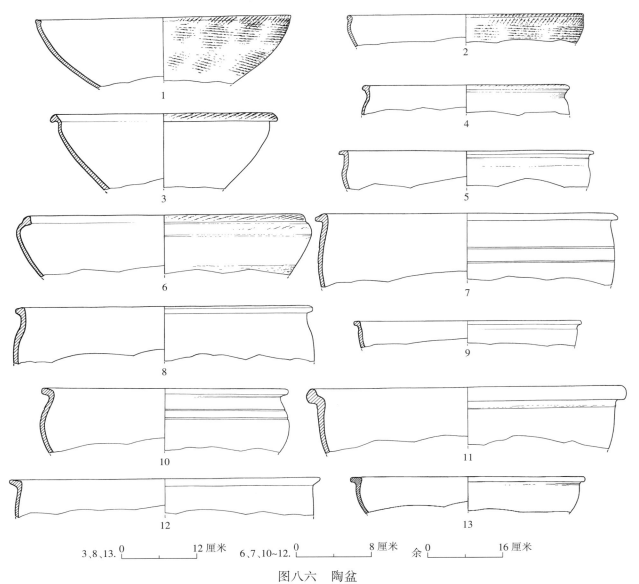

图八六　陶盆

1. Aa 型（L58①：234）　　2. Ab 型（L58①：232）　　3. Ac 型（H2311：80）　　4. Ad 型（ⅠT8301⑤：10）　　5. Af 型
（ⅠT7407⑮：799）　　6. Ae 型（ⅠT6809 – 6910⑱a：319）　　7. Bb 型（ⅠT7009 – 7110⑯：61）　　8. Ba 型（H2308：7）
9. Cb 型（ⅠT7009 – 7110⑰：353）　　10. Ca 型（ⅠT6813 – 6914⑱b：143）　　11. D 型（ⅠT6811 – 6912⑧：102）
12. Cc 型（ⅠT6511 – 6512⑮：88）　　13. Cd 型（ⅠT6809 – 6910⑰：69）

　　Cc 型　73 件。折沿，深弧腹。方唇。标本ⅠT6511 – 6512⑮：88（图八六，12）。

　　Cd 型　31 件。口微敛，卷沿，浅弧腹。方唇。标本ⅠT6809 – 6910⑰：69（图八六，13）。

　　D 型　10 件。盘口，深弧腹。圆唇。标本ⅠT6811 – 6912⑧：102（图八六，11）。

　　E 型　72 件。敛口，素面。依据腹部和底部形态的差异，分四亚型。

　　Ea 型　31 件。深弧腹，平底。依据口径和腹部形态的变化，分二式。

　　Ⅰ式　14 件。大口，弧腹外弧，腹径大于口径。标本ⅠT7011 – 7112⑭：50（图八七，1）。

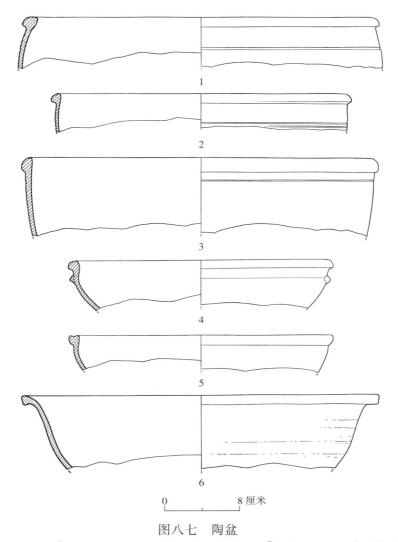

图八七 陶盆

1. Ea 型 I 式（I T7011 – 7112⑭：50） 2. Ea 型 II 式（I T6511 – 6512⑬：56） 3. Eb 型（I T6813 – 6914⑪：193）
4. Ec 型（I T7211 – 7212⑭：13） 5. Ed 型（I T7215 – 7216⑭：14） 6. F 型（I T7011 – 7112⑭：52）

II 式 17 件。小口，弧腹近直，腹径和口径相近。标本 I T6511 – 6512⑬：56（图八七，2）。

Eb 型 21 件。口微敛，深弧腹外弧，平底。标本 I T6813 – 6914⑪：193（图八七，3）。

Ec 型 19 件。折沿，浅弧腹，圈足。标本 I T7211 – 7212⑭：13（图八七，4）。

Ed 型 1 件。口微敛，折沿，斜直腹。标本 I T7215 – 7216⑭：14（图八七，5）。

F 型 32 件。敞口，深腹。标本 I T7011 – 7112⑭：52（图八七，6）。

瓮 499 件。主要特征是口径及器形均较大，均为夹砂陶，仅发现口、肩残片，颈部和肩部多为分别制作后二次粘接，接口一般为斜向磋口，少数在接口处泥条加固。根据领部形态的差异，分四型。

A 型 170 件。高领。大喇叭口。依据口部和领部形态的差异，分三亚型。

Aa 型 103 件。口外侈，束腰领。标本 L32：441（图八八，1）。

Ab 型　54 件。口微侈，斜直领。标本 L58①：255（图八八，2）。

Ac 型　13 件。侈口，弧领。标本 ⅠT7005－7106㉜：41（图八八，3）。

B 型　89 件。领部较高。依据口部形态的差异，分二亚型。

Ba 型　62 件。侈口。弧领。标本 ⅠT6807－6908⑳：46（图八八，4）。

Bb 型　27 件。喇叭口。束领。标本 ⅠT7009－7110⑱a：128（图八八，5）。

C 型　106 件。矮领。依据口部形态差异，分五亚型。

Ca 型　21 件。直口，直领，广肩。标本 ⅠT7007－7108㉓：147（图八八，6）。

Cb 型　11 件。侈口，仰折沿，斜领，深弧腹。依据口、领部和腹部的变化，分二式。

Ⅰ式　8 件。大口，领部略高，深腹。标本 H2311：76（图八八，7）。

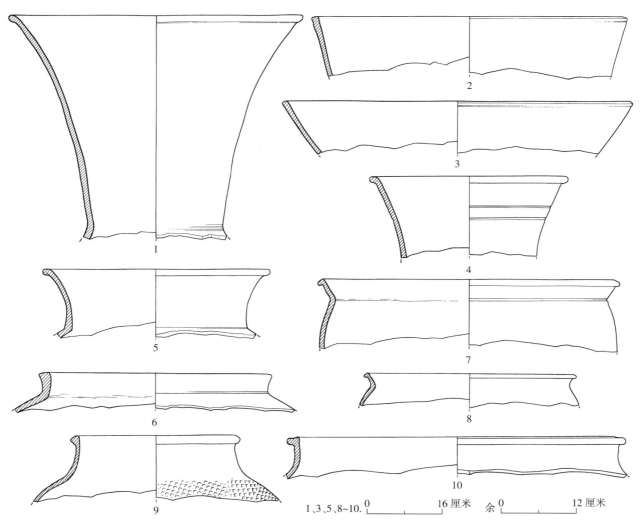

图八八　陶瓮

1. Aa 型（L32：441）　　2. Ab 型（L58①：255）　　3. Ac 型（ⅠT7005－7106㉜：41）　　4. Ba 型（ⅠT6807－6908⑳：46）
5. Bb 型（ⅠT7009－7110⑱a：128）　　6. Ca 型（ⅠT7007－7108㉓：147）　　7. Cb 型Ⅰ式（H2311：76）　　8. Cb 型Ⅱ式
（ⅠT6609－6710⑰：40）　　9. Cc 型Ⅰ式（ⅠT7015－7116⑯：39）　　10. Cc 型Ⅱ式（ⅠT7011－7112⑬：570）

Ⅱ式 3件。小口，领部略矮，腹部变浅。标本ⅠT6609－6710⑰：40（图八八，8）。

Cc型 7件。子母口。依其口径和领部变化，分二式。

Ⅰ式 2件。小口，领部较高。标本ⅠT7015－7116⑯：39（图八八，9）。

Ⅱ式 5件。大口，领部略矮。标本ⅠT7011－7112⑬：570（图八八，10）。

Cd型 63件。侈口，领部内弧，圆鼓肩。依据口部和领部变化，分二式。

Ⅰ式 17件。大口，领部略高。标本ⅠT7009－7110⑮：38（图八九，1）。

Ⅱ式 46件。小口，矮领。标本ⅠT7009－7110⑬：164（图八九，2）。

Ce型 4件。近敛口，近束颈罐。标本ⅠT7209－7210⑰：902（图八九，3）。

D型 134件。半高领，厚唇，宽沿，体形厚重。依据口部形态的差异，分五亚型。

Da型 54件。宽沿外翻，厚唇，厚壁。体形较大。依据口径和体量大小变化，分三式。

Ⅰ式 20件。大口，高领，体量大。标本ⅠT7011－7112⑬：191（图八九，4）。

Ⅱ式 27件。口径较小，领部略矮，体量较小。标本ⅠT6813－6914⑪：386（图八九，5）。

Ⅲ式 7件。小口，矮领。标本ⅠT6611－6712⑪：155（图八九，6）。

Db型 22件。敞口，厚唇，宽沿外翻。依据口径和体量大小变化，分二式。

Ⅰ式 4件。大口，高领。标本ⅠT6813－6914⑪：306（图八九，7）。

Ⅱ式 18件。小口，矮领。标本ⅠT6611－6712⑩：735（图八九，8）。

Dc型 7件。敞口，近盘口，方唇，束领。依据口径和体量大小变化，分二式。

Ⅰ式 4件。大口，高领。标本ⅠT6511－6512⑩：344（图八九，9）。

Ⅱ式 3件。小口，矮领。标本ⅠT6811－6912⑨：198（图八九，10）。

Dd型 16件。口微敛，厚叠唇，弧领。标本ⅠT7207－7208⑧：48（图八九，11）。

De型 35件。盘口，窄沿外翻，斜领，方唇。依据口径和体量大小变化，分二式。

Ⅰ式 12件。弧领。标本ⅠT6613－6714⑩：626（图八九，12）。

Ⅱ式 23件。斜直。标本L27：60（图八九，13）。

缸 135件。主要特征是大口、深腹、器壁厚重。依其口部、纹饰及整体形态的差异，分五型。

A型 43件。敛口，唇部和腹部均饰有绳纹。根据腹部形态差异，分二亚型。

Aa型 29件。弧腹。依据口径和腹部变化，分二式。

Ⅰ式 15件。大口，深腹。标本L58①：239（图九〇，1）。

Ⅱ式 14件。小口，浅腹。标本L58①：238（图九〇，2）。

Ab型 14件。斜直腹。标本ⅠT7007－7108㉓：115（图九〇，3）。

B型 8件。侈口，唇部压印绳纹，弧腹。标本ⅠT7011－7112⑮：818（图九〇，4）。

C型 29件。侈口，深弧腹。依据沿部和唇部形态的差异，分三亚型。

Ca型 11件。近盘口，折沿，方唇。标本ⅠT7011－7112⑯：437（图九〇，5）。

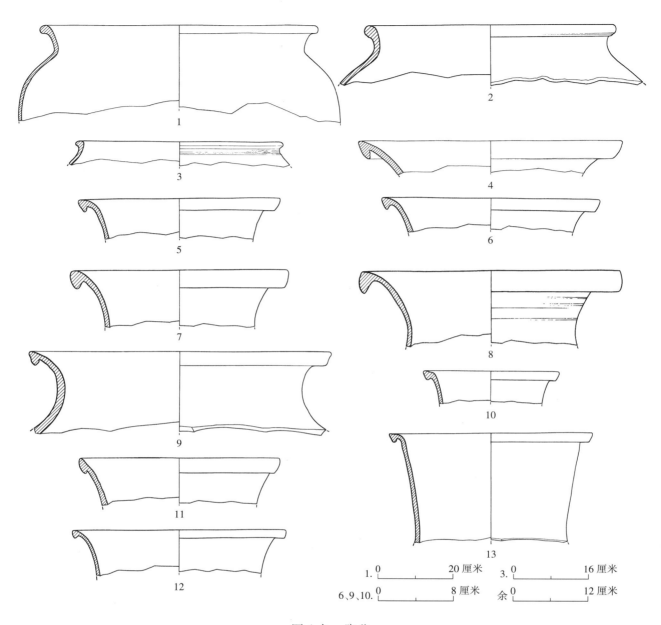

图八九 陶瓮

1. Cd 型 I 式（I T7009–7110⑮：38） 2. Cd 型 II 式（I T7009–7110⑬：164） 3. Ce 型（I T7209–7210⑰：902）
4. Da 型 I 式（I T7011–7112⑬：191） 5. Da 型 II 式（I T6813–6914⑪：386） 6. Da 型 III 式（I T6611–6712⑪：
155） 7. Db 型 I 式（I T6813–6914⑪：306） 8. Db 型 II 式（I T6611–6712⑩：735） 9. Dc 型 I 式（I T6511–
6512⑩：344） 10. Dc 型 II 式（I T6811–6912⑨：198） 11. Dd 型（I T7207–7208⑧：48） 12. De 型 I 式（I T6613–
6714⑩：626） 13. De 型 II 式（L27：60）

　　Cb 型 12 件。口微侈，平沿有凹槽，深弧腹。标本 I T6815–6916⑰：240（图九〇，6）。

　　Cc 型 6 件。口微侈，窄沿，筒形状，器形较大。纹饰繁缛。标本 I T7708⑥：2（图九〇，7）。

　　D 型 8 件。折肩，敛口，深腹。依据沿部、唇部和肩部形态的差异，分三亚型。

　　Da 型 1 件。折沿不突出，圆唇，溜折肩，折肩不明显。标本 L27：1792（图九〇，8）。

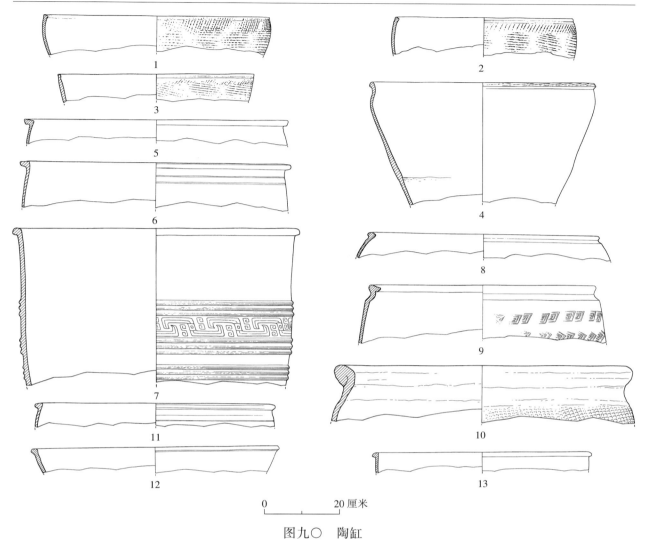

0 ├─────┤ 20 厘米

图九○　陶缸

1. Aa 型 Ⅰ 式（L58①：239）　　2. Aa 型 Ⅱ 式（L58①：238）　　3. Ab 型（ⅠT7007－7108㉓：115）　　4. B 型（ⅠT7011－7112⑮：818）　　5. Ca 型（ⅠT7011－7112⑯：437）　　6. Cb 型（ⅠT6815－6916⑰：240）　　7. Cc 型（ⅠT7708⑥：2）　　8. Da 型（L27：1792）　　9. Db 型（ⅠT6413⑩：683）　　10. Dc 型（L27：66）　　11. Ea 型（ⅠT7009－7110⑲：222）　　12. Eb 型（ⅠT7009－7110⑮：57）　　13. Ec 型（ⅠT7011－7112⑮：280）

Db 型　4 件。折沿，尖唇，折肩突出，形制同于敛口罐的 Ca 型。标本 ⅠT6413⑩：683（图九○，9）。

Dc 型　3 件。肩部外折内弧。器形极大，唇部、器壁极厚。肩部和腹部饰有压印网格纹。标本 L27：66（图九○，10）。

E 型　47 件。敛口。依据腹部形态的差异，分三亚型。

Ea 型　25 件。腹部外弧。标本 ⅠT7009－7110⑲：222（图九○，11）。

Eb 型　8 件。斜弧腹。标本 ⅠT7009－7110⑮：57（图九○，12）。

Ec 型　14 件。近直口，直壁。标本 ⅠT7011－7112⑮：280（图九○，13）。

釜　19 件。依据口部形态的差异，分三型。

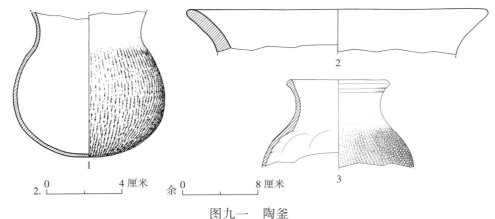

图九一　陶釜

1. A 型（ⅠT7007 – 7108⑦：5）　　2. B 型（ⅠT6613 – 6714⑪：127）　　3. C 型（ⅠT8006⑥：9）

A 型　16 件。敞口，高领，圜底，腹部呈椭球形。标本 ⅠT7007 – 7108⑦：5（图九一，1）。

B 型　2 件。侈口。标本 ⅠT6613 – 6714⑪：127（图九一，2）。

C 型　1 件。敛口，长颈。标本 ⅠT8006⑥：9（图九一，3）。

杯　9 件。依据底部和耳部形态的差异，分三型。

A 型　2 件。平底杯。依据口部形态的差异，分二亚型

Aa 型　1 件。侈口，圆唇，弧腹。标本 L58②－8：5（图九二，1；彩版一〇，1）。

Ab 型　1 件。敛口，尖圆唇，弧腹微鼓。标本 ⅠT6613 – 6714⑫：159（图九二，2）。

B 型　6 件。圈足杯。依据口部和肩部线条的差异，分二亚型。

Ba 型　4 件。口微敛，弧腹，圈足外侈。标本ⅠT7013 – 7114⑭：7（图九二，3；彩版一〇，2）。

Bb 型　2 件。敛口较甚，上腹部形成折肩，矮圈足内敛。标本 ⅠT6613 – 6714⑪：94（图九二，4）。

C 型　1 件。双耳杯，侈口，平底，大双耳从唇部连接至底部。标本 ⅠT7207 – 7208⑯：17（图九二，5）。

盏形器　1100 件。主要特征是唇部内勾，深腹，圈足。依据形态特征差异，分三型。

A 型　253 件。筒形，敛口，深直腹。依据腹部形态的差异，分三亚型。

Aa 型　93 件。唇部呈"L"状，腹部内弧。依据口、腹部变化，分二式。

Ⅰ式　59 件。小口，深腹。标本 ⅠT6811 – 6912⑬：160（图九三，1）。

Ⅱ式　34 件。大口，浅腹。标本 ⅠT7007 – 7108⑨：193（图九三，2）。

Ab 型　141 件。口近侈口，唇部斜直，近直腹。依据口、腹部变化，分二式。

Ⅰ式　17 件。小口，深腹。标本 ⅠT7011 – 7112⑬：377（图九三，3）。

Ⅱ式　124 件。大口，浅腹。标本 ⅠT6613 – 6714⑬：120（图九三，4）。

Ac 型　19 件。敛口，方唇，腹径大于口径。依据口、腹部变化，分二式。

Ⅰ式　4 件。小口，深腹。标本 ⅠT7013 – 7114⑭：126（图九三，5）。

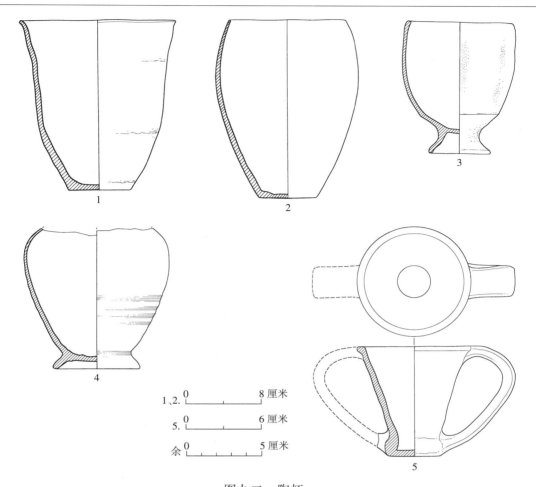

图九二　陶杯

1. Aa 型（L58②－8∶5）　　2. Ab 型（ⅠT6613－6714⑫∶159）　　3. Ba 型（ⅠT7013－7114⑭∶7）　　4. Bb 型
（ⅠT6613－6714⑪∶94）　　5. C 型（ⅠT7207－7208⑯∶17）

Ⅱ式　15 件。大口，浅腹。标本ⅠT6811－6912⑬∶180（图九三，6）。

B 型　705 件。侈口，唇部和腹部有分界，深弧腹，矮圈足外撇。依据腹部形态的差异，分二
亚型。

Ba 型　288 件。弧腹。依据腹部深浅变化，分二式。

Ⅰ式　213 件。深腹。标本ⅠT7209－7210⑮∶203（图九三，8）。

Ⅱ式　75 件。浅腹。标本ⅠT6613－6714⑪∶84（图九三，7）。

Bb 型　417 件。斜直腹。依据腹部变化，分二式。

Ⅰ式　333 件。深腹。标本ⅠT6613－6714⑪∶349（图九三，9）。

Ⅱ式　84 件。浅腹。标本ⅠT6613－6714⑪∶315（图九三，10）。

C 型　142 件。大侈口，喇叭状，盆形。浅腹，斜直壁，内敛矮圈足。依据腹部深浅变化，分二式。

Ⅰ式　57 件。深腹。标本ⅠT7211－7212⑮∶174（图九三，12）。

Ⅱ式　85 件。浅腹。标本ⅠT6611－6712⑪∶21（图九三，11）。

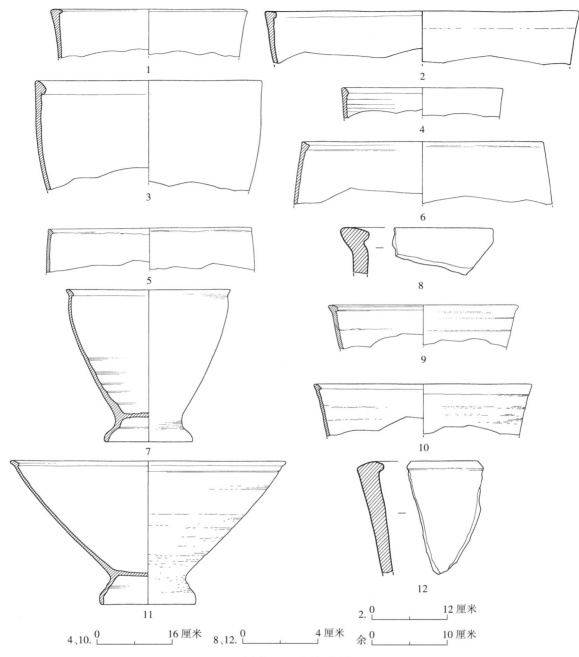

图九三　陶簋形器

1. Aa 型 I 式（I T6811 – 6912⑬：160）　　2. Aa 型 II 式（I T7007 – 7108⑨：193）　　3. Ab 型 I 式（I T7011 – 7112⑬：377）　4. Ab 型 II 式（I T6613 – 6714⑬：120）　5. Ac 型 I 式（I T7013 – 7114⑭：126）　6. Ac 型 II 式（I T6811 – 6912⑬：180）　7. Ba 型 II 式（I T6613 – 6714⑪：84）　8. Ba 型 I 式（I T7209 – 7210⑮：203）　9. Bb 型 I 式（I T6613 – 6714⑪：349）　　10. Bb 型 II 式（I T6613 – 6714⑪：315）　11. C 型 II 式（I T6611 – 6712⑪：21）　12. C 型 I 式（I T7211 – 7212⑮：174）

盔形器　9 件。侈口，曲腹，平底。形态倒过来似头盔状。标本 L33：13（图九四，1；彩版一〇，3）。

桶形器　177 件。主要特征整体形制呈桶形，深腹。依据口部形态差异，分三型。

A 型　44 件。直口，方唇，直壁。标本ⅠT7009 – 7110㉞：33（图九四，2）。

B 型　119 件。侈口。依据腹部的差异，分二亚型。

Ba 型　116 件。斜直腹。标本 L58①：196（图九四，3）。

Bb 型　3 件。弧腹。标本ⅠT7007 – 7108⑳：126（图九四，4）。

C 型　14 件。敛口。依据腹部的差异，分三亚型。

Ca 型　2 件。斜直腹。标本ⅠT7005 – 7106㉜：7（图九四，5）。

Cb 型　8 件。弧腹。标本ⅠT6414⑮：21（图九四，6）。

Cc 型　4 件。直腹。标本ⅠT7007 – 7108㉙：169（图九四，7）。

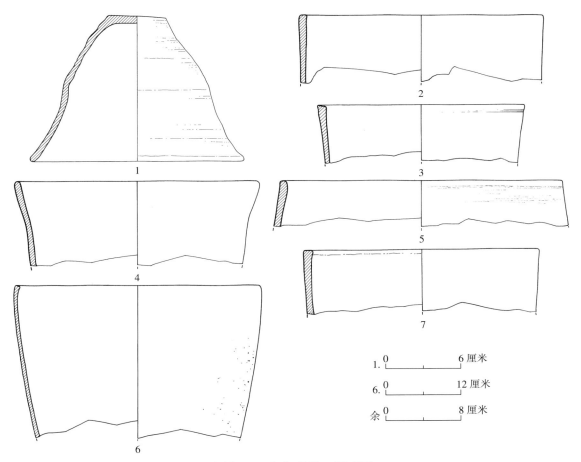

图九四　陶盔形器、桶形器

1. 盔形器（L33：13）　2. A 型桶形器（ⅠT7009 – 7110㉞：33）　3. Ba 型桶形器（L58①：196）　4. Bb 型桶形器
（ⅠT7007 – 7108⑳：126）　5. Ca 型桶形器（ⅠT7005 – 7106㉜：7）　6. Cb 型桶形器（ⅠT6414⑮：21）　7. Cc 型桶
形器（ⅠT7007 – 7108㉙：169）

瓠形器　7 件。此类器物未见完整器，口部均残，下腹内收，均为平底。依据下腹部内收形态差异，分三型。

A 型　3 件。下腹内收不突出，斜直腹。陶质粗糙。标本ⅠT7009 – 7110⑰：545（图九五，1）。

B 型　2 件。下腹呈束腰状。陶质细腻。标本ⅠT6611 – 6712⑱a：59（图九五，2）。

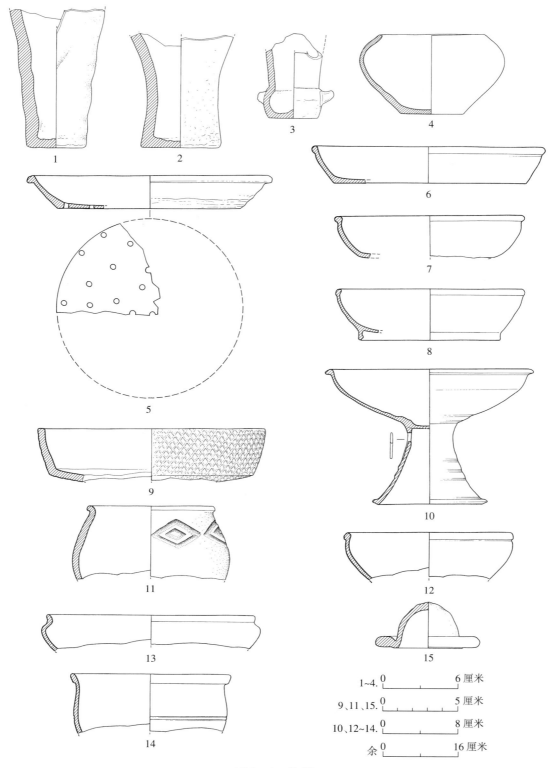

图九五　陶器

1. A 型瓿形器（ⅠT7009－7110⑰：545）　2. B 型瓿形器（ⅠT6611－6712⑱a：59）　3. C 型瓿形器（ⅠT7307⑮：394）
4. 钵形器（ⅠT6511－6512⑩：48）　5. 甑（ⅠT7905⑤：1）　6. A 型盘（ⅠT7009－7110⑫：99）　7. B 型盘（ⅠT7215－
7216⑬：32）　8. C 型盘（ⅠT8105⑦：334）　9. D 型盘（ⅠT7011－7112⑥：13）　10. 圈足豆（ⅠT8007⑨a：1）　11. A 型
盆形器（L60：58）　12. B 型盆形器（H2318：97）　13. Ca 型盆形器（ⅠT7009－7110⑮：53）　14. Cb 型盆形器
（ⅠT6611－6712⑩：136）　15. 帽形器（ⅠT7013－7114⑮：18）

C 型 2 件。下腹部较直，近底部饰两个对称乳丁。标本 I T7307⑮：394（图九五，3）。

盆形器 24 件。形态较小，小口，小平底。依据口部形态的差异，分三型。

A 型 3 件。敞口，弧腹。腹部饰有一圈菱形印纹。标本 L60：58（图九五，11）。

B 型 10 件。敛口，浅腹。标本 H2318：97（图九五，12）。

C 型 11 件。侈口，深腹。依据肩部形态的差异，分二亚型。

Ca 型 7 件。鼓肩。标本 I T7009 – 7110⑮：53（图九五，13）。

Cb 型 4 件。弧肩，深弧腹。标本 I T6611 – 6712⑩：136（图九五，14）。

帽形器 5 件。亦名尖底盂。夹砂灰陶，烧成火候略高。标本 I T7013 – 7114⑮：18（图九五，15）。

钵形器 1 件。标本 I T6511 – 6512⑩：48（图九五，4）。

甗 1 件。侈口，底部密布圆形孔。标本 I T7905⑤：1（图九五，5）。

盘 11 件。依据口部、腹部装饰及底部形态的差异，分四型。

A 型 7 件。侈口，平底。素面。标本 I T7009 – 7110⑫：99（图九五，6）。

B 型 2 件。敛口，平底。素面。标本 I T7215 – 7216⑬：32（图九五，7）。

C 型 1 件。敛口，底接圈足。素面。标本 I T8105⑦：334（图九五，8；彩版一〇，4）。

D 型 1 件。器形极矮小。口微敛，方唇，折腹。腹部饰有压印网格纹。标本 I T7011 – 7112⑥：13（图九五，9）。

圈足豆 3 件。高圈足。标本 I T8007⑨a：1（图九五，10；彩版一〇，5）。

豆盘 710 件。依据形制差异，分五型。

A 型 1 件。钵形。标本 I T7207 – 7208⑯：1（图九六，1）。

B 型 46 件。杯形。依据口部和腹部形态差异，分三亚型。

Ba 型 32 件。喇叭形口，深弧腹。标本 I T6809 – 6910⑱a：144（图九六，2）。

Bb 型 3 件。侈口，斜直腹。标本 I T7009 – 7110⑲：298（图九六，3）。

Bc 型 11 件。侈口，深弧腹。标本 I T7407⑮：364（图九六，4）。

C 型 17 件。盘状。依据腹部形态的差异，分三亚型。

Ca 型 2 件。折腹。标本 I T7207 – 7208⑯：10（图九六，5）。

Cb 型 5 件。斜直腹。标本 I T7011 – 7112⑯：491（图九六，6）。

Cc 型 10 件。弧腹。标本 I T7205 – 7206㉛：46（图九六，7）

D 型 645 件，大喇叭口状。依据腹部形态的差异，分二亚型。

Da 型 468 件。斜直腹。标本 L58①：186（图九六，8）。

Db 型 177 件。弧腹内凹。标本 L58①：193（图九六，9）。

E 型 1 件。钵状。标本 L25：75（图九六，10）

豆柄 574 件。依据柄部粗细形态差异，分二型。

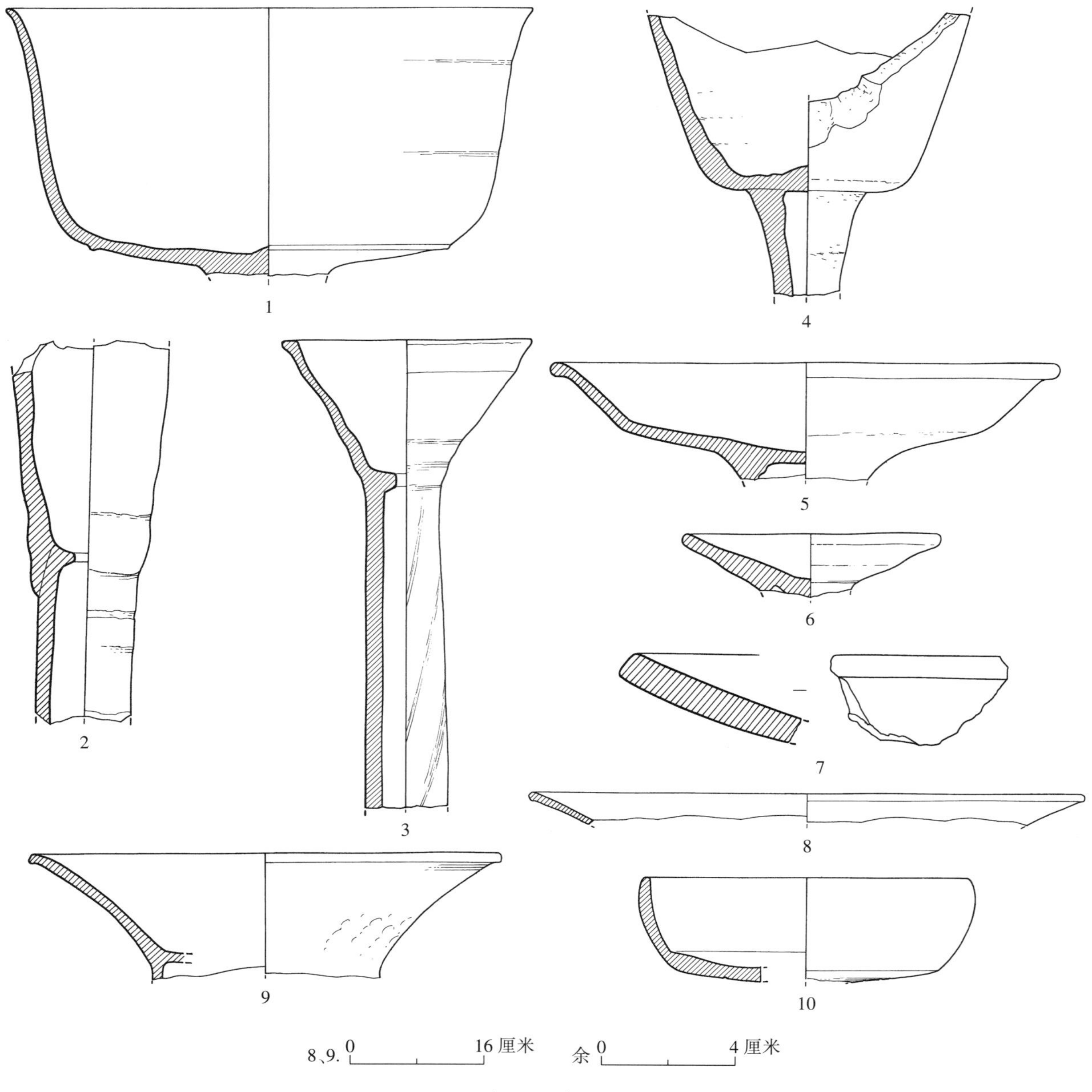

图九六　陶豆盘

1. A 型（ⅠT7207－7208⑯：1）　　2. Ba 型（ⅠT6809－6910⑱a：144）　　3. Bb 型（ⅠT7009－7110⑲：298）　　4. Bc 型
（ⅠT7407⑮：364）　　5. Ca 型（ⅠT7207－7208⑯：10）　　6. Cb 型（ⅠT7011－7112⑯：491）　　7. Cc 型（ⅠT7205－
7206㉛：46）　　8. Da 型（L58①：186）　　9. Db 型（L58①：193）　　10. E 型（L25：75）

A 型　559 件。细柄。依据柄部形态的差异，分四亚型。

Aa 型　487 件。圆柱状。标本 H2315：13（图九七，1）、L58①：115（图九七，2）、ⅠT7007－
7108㉑：151（图九七，3）。

Ab 型　36 件。纺锤形，中间粗，两端细。标本ⅠT7007－7108㉑：17（图九七，4）、L37：
58（图九七，8）。

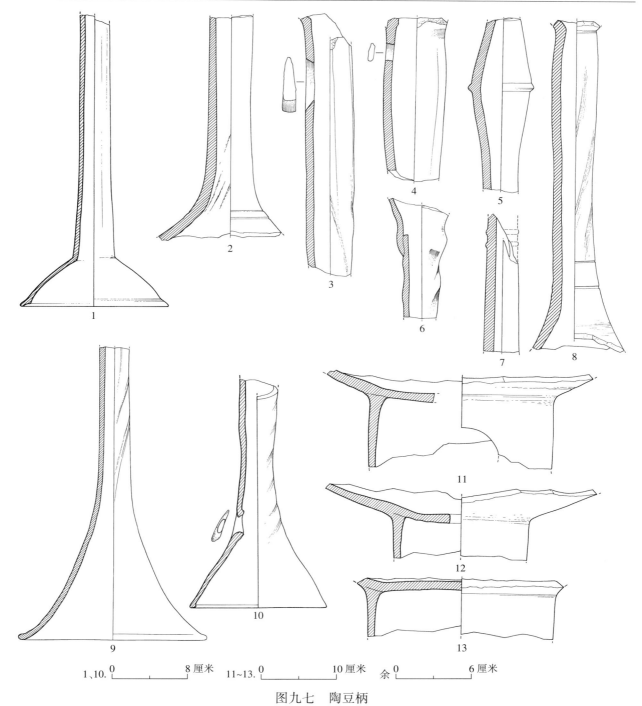

图九七　陶豆柄

1～3. Aa 型（H2315∶13、L58①∶115、ⅠT7007－7108㉑∶151）　4、8. Ab 型（ⅠT7007－7108㉑∶17、L37∶58）　5、7. Ac 型（ⅠT7215－7216⑮∶580、ⅠT6813－6914⑮∶36）　6、9、10. Ad 型（ⅠT7009－7110⑱a∶18、ⅠT7007－7108㉙∶2、L41∶124）　11. Ba 型（L32∶131）　12. Bb 型（ⅠT7007－7108⑲∶312）　13. Bc 型（L41∶198）

Ac 型　22 件。竹节状，柄部两端或中段装饰有凸棱纹。标本ⅠT7215－7216⑮∶580（图九七，5）、ⅠT6813－6914⑮∶36（图九七，7）。

Ad 型　14 件。柄部外壁呈绞丝状。标本ⅠT7009－7110⑱a∶18（图九七，6）、ⅠT7007－7108㉙∶2

（图九七，9）、L41：124（图九七，10）。

B 型　15 件。粗柄。依据柄部装饰差异，分三亚型。

Ba 型　8 件。柄部装饰有圆形镂孔。标本 L32：131（图九七，11）。

Bb 型　5 件。柄部中部有条形穿孔。标本 ⅠT7007 - 7108⑲：312（图九七，12）。

Bc 型　2 件。实心柄部。标本 L41：198（图九七，13）。

器盖　51 件。此处器盖均指可复原完整之器。依据形制差异，分七型。

A 型　10 件。喇叭状器盖。依据盖纽和盖身形态的差异，分二亚型。

Aa 型　7 件。盘状器纽，盖身呈斜直腹，窄沿。标本 H2299：2（图九八，1；彩版一一，1）。

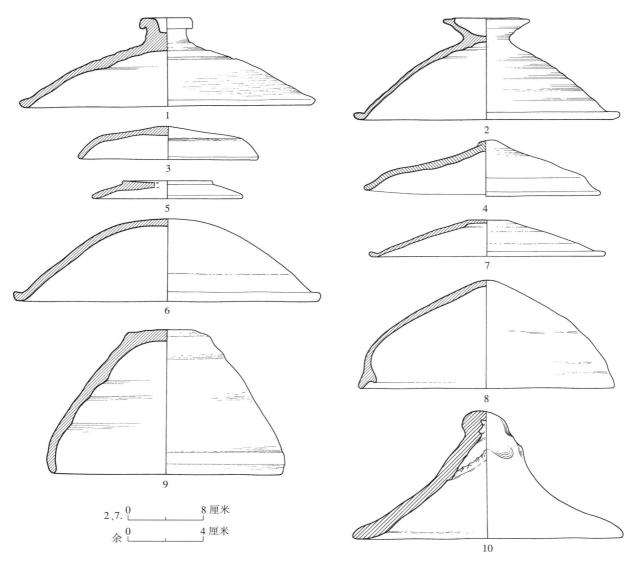

图九八　陶器盖

1. Aa 型（H2299：2）　　2. Ab 型（H2299：207）　　3. Ba 型（ⅠT7209 - 7210⑱a：455）　　4. Bb 型（L27：38）　　5. Bc 型
（ⅠT7309⑩：165）　　6. C 型（ⅠT7207 - 7208⑯：8）　　7. D 型（ⅠT7307⑮：351）　　8. E 型（ⅠT7007 - 7108⑱a：7）
9. F 型（ⅠT6613 - 6714⑪：46）　　10. G 型（ⅠT6513⑩：13）

Ab 型　3 件。喇叭状器纽，盖身呈弧腹，宽沿。标本 H2299：207（图九八，2；彩版一〇，6）。

B 型　23 件。覆盏形。依据盖身和纽部形态的差异，分三亚型。

Ba 型　3 件。器纽近尖底，盖身折腹，盖口近敛。标本ⅠT7209－7210⑱a：455（图九八，3）。

Bb 型　19 件。器纽近乳头状，盖身斜弧腹，盖口近侈。标本 L27：38（图九八，4）。

Bc 型　1 件。器纽平底，盖身斜直。标本ⅠT7309⑩：165（图九八，5）。

C 型　1 件。覆盆形。器纽近平底，弧腹，侈口。标本ⅠT7207－7208⑯：8（图九八，6；彩版一一，2）。

D 型　1 件。覆盘形。器纽平底，弧腹，侈口。标本ⅠT7307⑮：351（图九八，7）。

E 型　2 件。覆钵形。器纽为尖底，敛口，尖唇，弧腹。标本ⅠT7007－7108⑱a：7（图九八，8）。

F 型　2 件。覆杯状。器纽呈不规则平底，弧腹，敛口。标本ⅠT6613－6714⑪：46（图九八，9）。

G 型　12 件。斗笠状。器纽捏制呈不规则形状，喇叭状盖身。夹砂灰陶，烧成火候较高。标本ⅠT6513⑩：13（图九八，10；彩版一一，3）。

器纽　114 件。绝大多数属于器盖的盖纽，盖身残缺。依据纽部形态的差异，分六型。

A 型　19 件。圆圈状纽。标本ⅠT7007－7108⑲：183（图九九，1）。

B 型　56 件。盘状器纽。依据口部的差异，分三亚型。

Ba 型　28 件。侈口，纽径较小。标本ⅠT7009－7110⑯：161（图九九，2）。

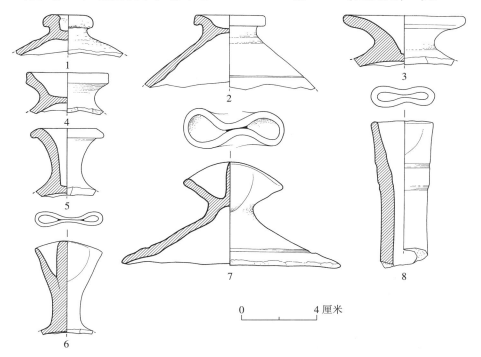

图九九　陶器纽

1. A 型（ⅠT7007－7108⑲：183）　2. Ba 型（ⅠT7009－7110⑯：161）　3. Bb 型（ⅠT7007－7108⑲：200）　4. Bc 型（ⅠT6815－6916⑰：118）　5. C 型（ⅠT7209－7210⑳：4）　6. Da 型Ⅰ式（ⅠT7209－7210⑰：709）　7. Da 型Ⅱ式（ⅠT7209－7210⑭：147）　8. Db 型（H2306：15）

Bb 型　7 件。敞口，纽径较大。标本 I T7007 - 7108⑲：200（图九九，3）。

Bc 型　21 件。敛口。标本 I T6815 - 6916⑰：118（图九九，4）。

C 型　6 件。菌首状。标本 I T7209 - 7210⑳：4（图九九，5）。

D 型　18 件。横 "8" 字形，依据纽部柄部形态的差异，分二亚型。

Da 型　16 件。扇形柄。依据柄部高矮和平面变化，分二式。

Ⅰ式　9 件。高柄，细 "8" 字形。标本 I T7209 - 7210⑰：709（图九九，6）。

Ⅱ式　7 件。矮柄，宽 "8" 字形。标本 I T7209 - 7210⑭：147（图九九，7）。

Db 型　2 件。柱状柄。标本 H2306：15（图九九，8）。

E 型　13 件。纽部皆为手捏制成不规则的泥突状或弯钩状。依据纽部形态的差异，分二亚型。

Ea 型　4 件。纽部泥突状。标本 I T7213 - 7214⑮：717（图一〇〇，1）。

Eb 型　9 件。纽部呈弯钩状。标本 L27：15（图一〇〇，2）。

F 型　2 件。花瓣状。标本 I T7309⑪：1331（图一〇〇，3）。

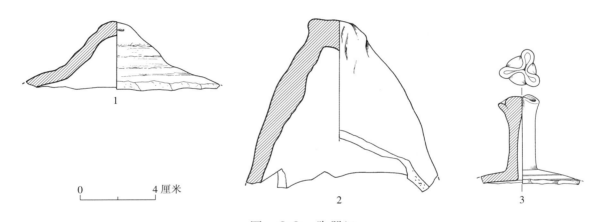

图一〇〇　陶器纽
1. Ea 型（I T7213 - 7214⑮：717）　2. Eb 型（L27：15）　3. F 型（I T7309⑪：1331）

器座　67 件。依据形制差异，分五型。

A 型　21 件。箍状，束腰。依据上口部和沿部形态的差异，分二亚型。

Aa 型　6 件。侈口，腰部装饰有一道凸棱。依据高矮变化，分二式。

Ⅰ式　5 件。体量较高。标本 I T7011 - 7112⑮：811（图一〇一，1）。

Ⅱ式　1 件。体量较矮。标本 I T6613 - 6714⑫：151（图一〇一，2）。

Ab 型　15 件。敛口，腰部无装饰。依据高矮和上口直径变化，分二式。

Ⅰ式　8 件。直径较小，体矮。标本 I T7011 - 7112⑯：456（图一〇一，3）。

Ⅱ式　7 件。直径较大，体高。标本 I T7011 - 7112⑮：198（图一〇一，4）。

B 型　11 件。筒状，体较高。敛口，弧壁。标本 I T7013 - 7114⑩：111（图一〇一，5）。

C 型　28 件。筒状，中空。圈足直径较小。足部内壁有明显的泥条盘筑痕迹，制作相对粗糙。

依据足部形态差异，分三亚型。

    Ca 型　22 件。喇叭状，足壁外撇。标本ⅠT7207 – 7208⑯：39（图一〇一，6）。

    Cb 型　5 件。覆杯状，足壁内敛。标本 H2316：14（图一〇一，7）。

    Cc 型　1 件。足壁斜直。标本ⅠT6809 – 6910⑭：398（图一〇一，11）。

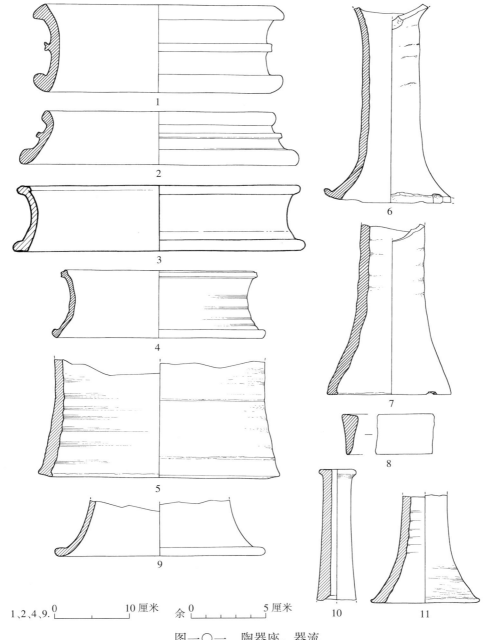

图一〇一　陶器座、器流

1. Aa 型Ⅰ式器座（ⅠT7011 – 7112⑮：811）　2. Aa 型Ⅱ式器座（ⅠT6613 – 6714⑫：151）　3. Ab 型Ⅰ式器座（ⅠT7011 – 7112⑯：456）　4. Ab 型Ⅱ式器座（ⅠT7011 – 7112⑮：198）　5. B 型器座（ⅠT7013 – 7114⑩：111）　6. Ca 型器座（ⅠT7207 – 7208⑯：39）　7. Cb 型器座（H2316：14）　8. D 型器座（ⅠT6611 – 6712⑫：76）　9. E 型器座（ⅠT7407⑮：728）　10. 器流（ⅠT7209 – 7210⑮：731）　11. Cc 型器座（ⅠT6809 – 6910⑭：398）

D 型　3 件。镯状，直壁，体量较小。标本 I T6611 – 6712⑫：76（图一〇一，8）。

E 型　4 件。喇叭形高器座。标本 I T7407⑮：728（图一〇一，9）。

器流　2 件。标本 I T7209 – 7210⑮：731（图一〇一，10）。

器底　1423 件。依据底部形态的差异，分五型。

A 型　468 件。平底。依据底部直径大小，分三亚型。

Aa 型　172 件。底径大于 10 厘米。标本 I T7007 – 7108⑱a：350（图一〇二，1）。

Ab 型　198 件。底径 6 ~ 10 厘米。标本 L58①：53（图一〇二，2）。

Ac 型　98 件。底径小于 5 厘米。标本 I T6809 – 6910⑰：156（图一〇二，3）。

B 型　9 件。大平底，底部有一圆形穿孔。此类器物形制一般为器座。标本 I T7009 – 7110 ⑲：120（图一〇二，4）。

C 型　10 件。假圈足底。标本 I T6611 – 6712⑩：82（图一〇二，5）。

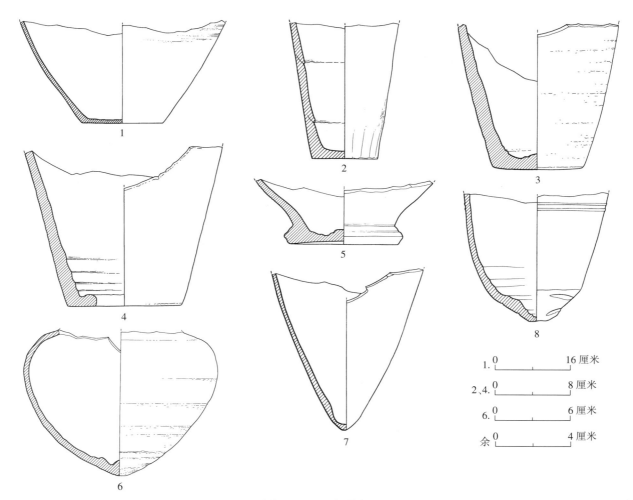

图一〇二　陶器底

1. Aa 型（I T7007 – 7108⑱a：350）　2. Ab 型（L58①：53）　3. Ac 型（I T6809 – 6910⑰：156）　4. B 型（I T7009 – 7110⑲：120）　5. C 型（I T6611 – 6712⑩：82）　6. Da 型（L28：28）　7. Dc 型（L28：59）　8. Db 型（I T7211 – 7212 ⑭：82）

D 型　536 件。尖底。依据底部形态和对应器物差异，分六亚型。

Da 型　10 件。尖底罐底。标本 L28：28（图一〇二，6）。

Db 型　312 件。尖底杯底，乳头状，底部较厚。标本 Ⅰ T7211 – 7212⑭：82（图一〇二，8）。

Dc 型　46 件。尖底杯底，锥状。标本 L28：59（图一〇二，7）。

Dd 型　103 件。尖底盏底，下腹部外弧，水滴状。标本 Ⅰ T6513⑩：1067（图一〇三，1）。

De 型　5 件。圜形尖底，一般为尖底罐器底。标本 Ⅰ T6613 – 6714⑮：200（图一〇三，2）。

Df 型　60 件。斜直腹，锥状底。标本 Ⅰ T6613 – 6714⑩：658（图一〇三，3）。

E 型　400 件。小平底，直径小于 3 厘米。依据底部形态和所对应器物形制差异，分五亚型。

Ea 型　27 件。小平底罐。夹砂陶。标本 Ⅰ T7009 – 7110⑰：176（图一〇三，5）。

Eb 型　23 件。平底内凹，尖底杯底。泥质黑皮陶。标本 Ⅰ T6815 – 6916⑱b：9（图一〇三，6）。

Ec 型　80 件。平底略外弧，尖底杯底。泥质陶。标本 Ⅰ T7211 – 7212⑭：5（图一〇三，9）。

Ed 型　225 件。平底明显外弧，尖底杯底，多为 Ba 型Ⅲ式尖底杯器底。依据底径变化，分三式。

Ⅰ式　28 件。底径大于 2 厘米。标本 Ⅰ T7209 – 7210⑱a：319（图一〇三，4）。

Ⅱ式　156 件。底径 1～2 厘米。标本 Ⅰ T7209 – 7210⑯：637（图一〇三，8）。

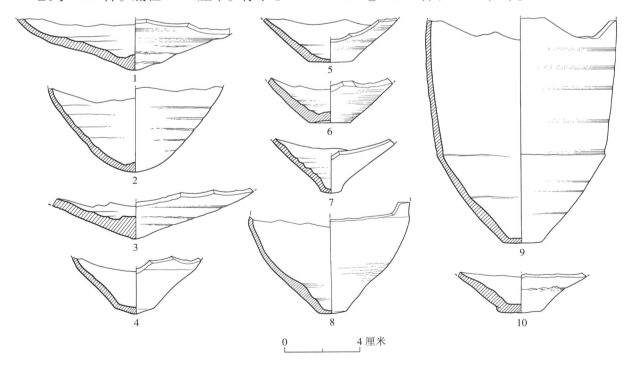

0 　　　　4 厘米

图一〇三　陶器底

1. Dd 型（Ⅰ T6513⑩：1067）　2. De 型（Ⅰ T6613 – 6714⑮：200）　3. Df 型（Ⅰ T6613 – 6714⑩：658）　4. Ed 型Ⅰ式（Ⅰ T7209 – 7210⑱a：319）　5. Ea 型（Ⅰ T7009 – 7110⑰：176）　6. Eb 型（Ⅰ T6815 – 6916⑱b：9）　7. Ed 型Ⅲ式（Ⅰ T7211 – 7212⑯：105）　8. Ed 型Ⅱ式（Ⅰ T7209 – 7210⑯：637）　9. Ec 型（Ⅰ T7211 – 7212⑭：5）　10. Ee 型（Ⅰ T7011 – 7112⑯：249）

Ⅲ式　41件。底径小于1厘米，为乳头状。标本ⅠT7211－7212⑯：105（图一〇三，7）。

Ee型　45件。平底不规整，一般为夹砂陶。罐形尖底盏器底。标本ⅠT7011－7112⑯：249（图一〇三，10）。

圈足　290件。依据足部形态差异，分三型。

A型　43件。喇叭状圈足，此类足一般较高。依据足部高矮和足跟形态差异，分二亚型。

Aa型　35件。足跟外侈，足壁内弧。标本ⅠT7009－7110㉞：47（图一〇四，1）。

Ab型　8件。足跟微侈，斜直壁。标本L32：29（图一〇四，3；彩版一一，4）。

B型　30件。足部呈覆杯。依据足跟形制的差异，分二亚型。

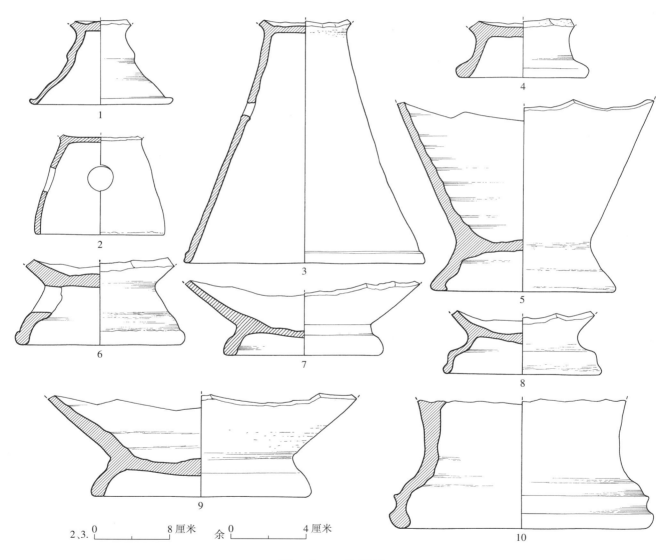

图一〇四　陶圈足

1. Aa型（ⅠT7009－7110㉞：47）　2. Ba型（L58①：118）　3. Ab型（L32：29）　4. Bb型（ⅠT6811－6912⑰：58）
5. Ca型（ⅠT6511－6512⑩：55）　6. Cb型（ⅠT7009－7110⑱a：149）　7. Cc型Ⅰ式（H2311：195）　8. Cd型Ⅰ式
（ⅠT7013－7114⑫：133）　9. Cc型Ⅱ式（ⅠT7009－7110⑱a：759）　10. Cd型Ⅱ式（ⅠT6611－6712⑩：76）

Ba 型 10 件。足跟内敛，足壁上有圆形镂孔。标本 L58①：118（图一〇四，2）。

Bb 型 20 件。足部外侈。标本 I T6811－6912⑰：58（图一〇四，4）。

C 型 217 件。足部呈覆盘状。依据足跟和足壁形态差异，分四亚型。

Ca 型 51 件。足跟内敛，足壁内弧。标本 I T6511－6512⑩：55（图一〇四，5）。

Cb 型 59 件。足跟微内敛，足壁斜直。标本 I T7009－7110⑱a：149（图一〇四，6）。

Cc 型 77 件。足跟外侈，弧壁。依据足部高矮和足径变化，分二式。

I 式 32 件。足径较小，足部略矮。标本 H2311：195（图一〇四，7）。

II 式 45 件。足径较大，足部较高。标本 I T7009－7110⑱a：759（图一〇四，9）。

Cd 型 30 件。侈口，折壁形成凸棱。依据足部高矮和足径变化，分二式。

I 式 21 件。足径较小，足部略矮。标本 I T7013－7114⑫：133（图一〇四，8）。

II 式 9 件。足径较大，足部较高。标本 IT6611－6712⑩：76（图一〇四，10；彩版一一，5）。

袋足 21 件。依据袋足胖瘦形态差异，分二型。

A 型 15 件。袋足瘦长。依据足跟形态差异，分二亚型。

Aa 型 7 件。足部较钝，呈乳头状。标本 L32：83（图一〇五，1）。

Ab 型 8 件。足部较尖，呈锥状。标本 I T6513⑮：72（图一〇五，2）。

B 型 6 件。袋足肥胖，足跟圆钝。标本 I T6611－6712⑮：175（图一〇五，3）。

鋬手 2 件。标本 I T6809－6910⑱a：321（图一〇五，4）。

鋬耳 3 件。标本 H2306：11、I T7307⑮：421、I T8206⑧a：9－2。

网坠 3 件。纺锤形，中间均有一圆形穿孔。标本 I T6611－6712⑩：35（图一〇五，5；彩版一一，6）。

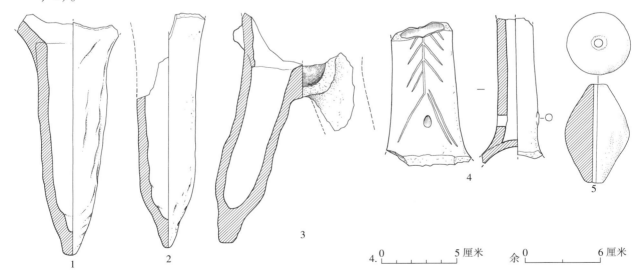

图一〇五 陶器

1. Aa 型袋足（L32：83） 2. Ab 型袋足（I T6513⑮：72） 3. B 型袋足（I T6611－6712⑮：175） 4. 鋬手（I T6809－6910⑱a：321） 5. 网坠（I T6611－6712⑩：35）

纺轮　49 件。依据其形态差异，分七型。

A 型　5 件。圆台形。标本ⅠT7009 - 7110⑱a：5（图一〇六，1）。

B 型　29 件。帽形，表面有多道凹弦纹。依据边缘弧度形态的差异，分二亚型。

Ba 型　13 件。外弧。标本ⅠT7209 - 7210⑫：102（图一〇六，2）。

Bb 型　16 件。内弧。标本ⅠT7011 - 7112⑭：2（图一〇六，3）。

C 型　4 件。算珠形。标本ⅠT7009 - 7110⑰：10（图一〇六，4）。

D 型　6 件。圆丘形。标本ⅠT7009 - 7110⑫：20（图一〇六，5）。

E 型　2 件。圆球形。标本 C：520（图一〇六，6）。

F 型　2 件。圆饼状。标本 C：996（图一〇六，7）。

G 型　1 件。纽扣状。标本 C：997（图一〇六，8）。

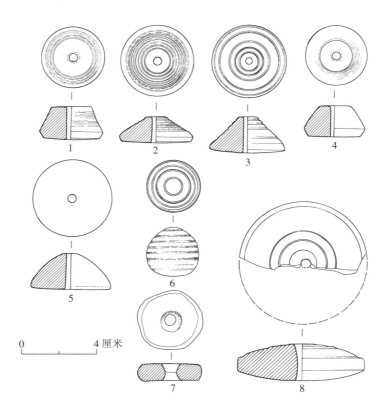

图一〇六　陶纺轮

1. A 型（ⅠT7009 - 7110⑱a：5）　2. Ba 型（ⅠT7209 - 7210⑫：102）　3. Bb 型（ⅠT7011 - 7112⑭：2）
4. C 型（ⅠT7009 - 7110⑰：10）　5. D 型（ⅠT7009 - 7110⑫：20）　6. E 型（C：520）　7. F 型（C：996）
8. G 型（C：997）

瓶形器　1 件。标本 L29：14。

异形器　2 件。标本ⅠT7407⑮：853、L25：92。

船形器　1 件。标本 L27：1912。

猪首　1 件。标本 C：985。

陶狗　1件。标本 L2：17。

饼形器　1件。标本 C：1000。

纹饰陶片　7件。标本 C：1268。

（二）商周时期玉器类型学分析

共计3248件。玉质以透闪石软玉为主，还有少量的阳起石、透辉石、斜长石、闪长石、滑石、大理石、绿泥石、叶蜡石、绿松石、玛瑙等。器物多数不透明或半透明，质地内部为白色、灰色、浅黄褐的基本无色系列，内部的结构多疏松，易风化，器物的表面则大多呈现出红、紫、褐、黑等丰富而缤纷的色泽。玉器的装饰技法有刻纹镂空、透雕、立体扉牙饰等，装饰纹样有直线纹、网格纹、菱形纹、三角形纹、曲线纹、交叉纹、兽面纹、人形纹、蝉纹等。加工技法开料用线切割和片切割，钻孔用空心钻、实心钻，单面或双面钻孔，打磨规整，抛光细致。按器物的外部形态分为几何形器、像生形器、其他形器三类。

1. 几何形器

2184件。按器物的平面形态分为多边形器、圆形器两类。

（1）多边形器

811件。有镞、戈、矛、刀、剑、钺、璋、圭、斧、锛、锛形器、凿、凹刃凿形器、饰件等。

镞　3件。依据平面形状差异，分二型。

A 型　2件。镞身平面形状呈三棱，状锋部圆钝，长铤。整器制作规整，打磨精细。标本 L8①：18（图一○七，6）。

B 型　1件。镞身平面形状呈三角形，无铤，尖锋，有两尾翼。标本 Ⅰ T8105⑨a：1（图一○七，7；彩版一一，7）。

戈　54件。平面形状近三角形，长方形内，三角形尖锋。除6件较残无法分型外，余48件按援部、锋部、阑部及齿饰形态差异，分五型。

A 型　20件。援部呈舌状，锋部圆钝。依据有无阑部差异，分二亚型。

Aa 型　9件。阑部无装饰。标本 C：32（图一○七，1；彩版一二，1）。

Ab 型　11件。阑部有齿状装饰。标本 L4：8（图一○七，2；彩版一二，2）。

B 型　11件。三角形尖锋，上下刃有弧形脊，上下刃近前锋处急收，前后刃相接处有明显尖凸。依据阑部装饰的差异，分二亚型。

Ba 型　8件。单阑，阑出上下齿饰。长方形直内，内近阑处有穿孔。援本部两面刻有三条阴线方框，框内又有用两条阴线组成的方框，框内饰有纹饰。标本 C：683（图一○七，3；彩版一二，3）。

Bb 型　3件。阑部齿状装饰。援部较宽，中部起脊，两侧微凹，两边刃较薄。单面钻穿孔在

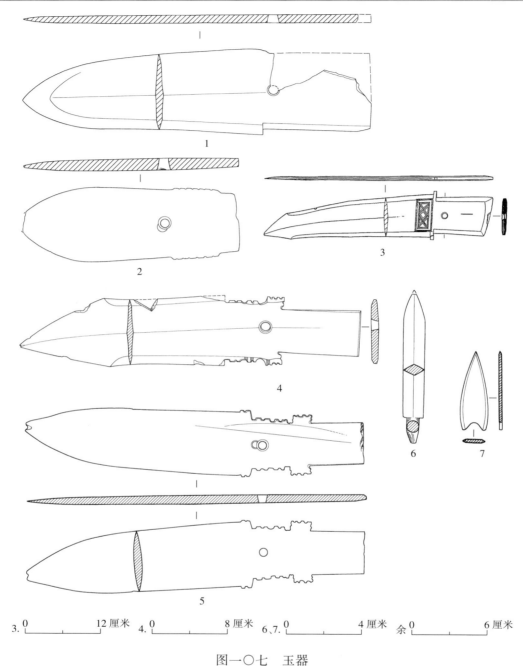

图一〇七　玉器

1. Aa 型戈（C：32）　　2. Ab 型戈（I4：8）　　3. Ba 型戈（C：683）　　4. Bb 型戈（C：46）　　5. Ca 型戈（C：168）
6. A 型镞（L8①：18）　　7. B 型镞（ⅠT8105⑨a：1）

阑部近内处。标本 C：46（图一〇七，4；彩版一二，4）。

　　C 型　8 件。锋尖分叉，形成两个三角形歧锋。阑部有三组对称凸起齿饰。依据阑部装饰差异，分三亚型。

　　Ca 型　4 件。前锋有极小叉口，形成两个小三角形尖锋。援身较长，两侧边直，上下刃近前锋处呈弧形向前缓收，器身中部较厚，边刃较薄，单面钻穿孔近阑上部。标本 C：168（图一〇七，

5；彩版一二，5）。

Cb 型 2件。歧锋叉口较深，叉口交接处形成凹槽。援身较宽，上边刃至前锋处急收，交接处形成小尖凸。下边刃较直，至前锋处缓收，器身中部微凸，两边较薄。标本 C：53（图一〇八，1；彩版一二，6）。

Cc 型 2件。援身长，中部微凹，两侧较厚，两边刃较直。标本 C：27（图一〇八，2；彩版一三，1）。

D 型 6件。器身窄长，中部起脊，上刃至前锋处斜收，长方形内较长。标本 C：196（图一〇八，3；彩版一三，2）。

E 型 3件。玉白中泛青，器表有少量黄褐色、黑色点状沁斑。三角形尖锋，两侧边呈连弧形的曲刃，下边刃起连弧形脊。横长方形内。援近内部有一喇叭形穿孔。依据曲刃和穿孔位置差异，分二亚型。

Ea 型 1件。连续曲弧刃，穿孔位于阑部以上。标本 C：478（图一〇八，4；彩版一三，3）。

Eb 型 2件。两道曲弧刃，穿孔位于阑部以下。标本 ⅠT7710⑦：10（图一〇八，5；彩版一三，4）。

矛 23件，其中2件形式不可辨，余依据矛叶的平面形状和体量长短的差异，分三型。

A 型 7件。柳叶形，后锋相交，无脊，长体。依据叶部宽窄，分二亚型。

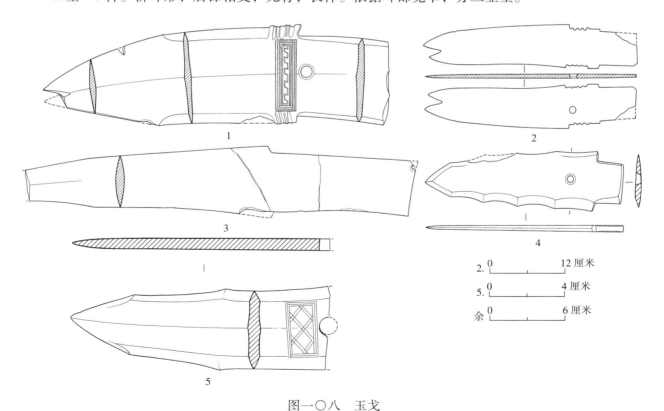

图一〇八 玉戈

1. Cb 型（C：53）　2. Cc 型（C：27）　3. D 型（C：196）　4. Ea 型（C：478）　5. Eb 型（ⅠT7710⑦：10）

Aa 型　6 件。宽体。叶较宽，器身中部上粘附有一块黑色物质，形状似一件小矛。标本 C：738（图一○九，1；彩版一四，1）。

Ab 型　1 件。白玉，透明。叶呈细长柳叶形，锋刃尖锐，断面呈横六边形。标本 C：18（图一○九，2；彩版一四，2）。

B 型　10 件。梭形，后锋平直，长体。锋刃锐利，边刃起脊较薄。标本 C：132（图一○九，3；

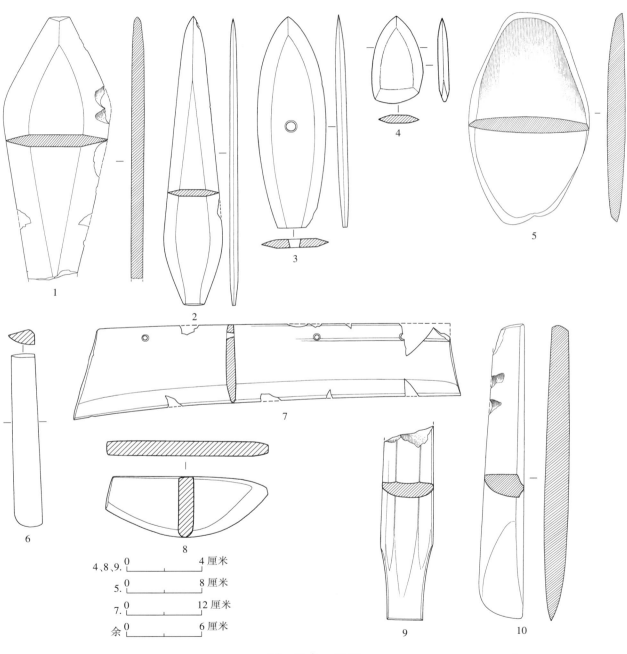

图一○九　玉器

1. Aa 型矛（C：738）　2. Ab 型矛（C：18）　3. B 型矛（C：132）　4. Ca 型矛（C：635）　5. Cb 型矛（C：672）　6. A 型刀（C：165）　7. B 型刀（C：118）　8. 刀形器（ⅠT7907⑤：1－2）　9. 剑（C：583）　10. C 型刀（C：1366）

彩版一四，3）。

C 型　4 件。短体，多为利用边角余料加工制成，磨制精细或半成品。依据平面形状和体量大小的差异，分二亚型。

Ca 型　3 件。标枪头状，窄叶。标本 C：635（图一〇九，4；彩版一四，4）。

Cb 型　1 件。器厚，宽叶，中部无脊，边刃斜磨。标本 C：672（图一〇九，5；彩版一四，5）。

刀　4 件。依据平面形状的差异，分三型。

A 型　2 件。平面形状呈条形，横剖面呈三角形。标本 C：165（图一〇九，6；彩版一三，5）。

B 型　1 件。平面形状呈上小下大的梯形。标本 C：118（图一〇九，7；彩版一三，6）。

C 型　1 件。削刀。标本 C：1366（图一〇九，10）。

刀形器　1 件。标本 Ⅰ T7907⑤：1 - 2，平面形状刀状。两面中部被磨平，器形不明（图一〇九，8）。

剑　6 件。均残。器身呈条状，一面中部内凹，一面呈弧形凸起。扁茎。标本 C：583（图一〇九，9）。

钺　7 件。双面刃较宽，均外弧。依据平面形状的差异，分六型。

A 型　2 件。器身扁平。青玉质，半透明。平顶，身平面近梯形，两侧各有三组齿状突起，身中部有一穿孔，左侧边上还有一小穿孔。刃部较宽，外弧，两端略上翘。标本 C：775（图一一〇，1；彩版一五，1）。

B 型　1 件。器扁平似璧形。青玉质，不透明。中有一孔，弧形顶，两侧各有两组齿状突起，每组两齿，刃部较宽，分四段磨成连弧形双面刃。标本 C：546（图一一〇，2；彩版一五，2）。

C 型　1 件。器平面近梯形。灰白玉，不透明，器表有黄、黑、褐色沁斑。顶端为尖首，末端为弧形宽刃。器身两面有相同的纹饰。每面的纹饰分为上、下两部分，上部用双阴线雕刻出一兽面纹。兽面有双角及尖耳，呈倒八字形，臣字形眼，嘴中排列三组对称的尖齿，兽面纹四周用减地法在空白处填以云雷纹。标本 C：7（图一一〇，3；彩版一五，3）。

D 型　1 件。平面形状呈凸字形。标本 D5：19（图一一〇，4；彩版一六，1）。

E 型　1 件。呈亚腰状。标本 Ⅰ T7809⑦：11（图一一〇，5；彩版一六，2）。

F 型　1 件。器身呈荷包形。标本 Ⅰ T7810⑦：12（图一一〇，6；彩版一六，3）。

璋　338 件。器呈长条形，器身扁平，刃部略宽，长方形柄，柄较器身略窄。两侧平直，阑饰有简有繁。除 148 件器物残破严重、无法辨识其型式外，余 190 件按刃部和体量的差异，分五型。

A 型　28 件。刃呈弧形内凹，刃尖一高一低不对称，双面刃。依据阑部形态，分四亚型。

Aa 型　11 件。无阑，仅有齿饰。标本 C：71（图一一一，1；彩版一六，4）。

Ab 型　13 件。多阑和龙形齿饰。标本 C：6（图一一一，2；彩版一七，1）。

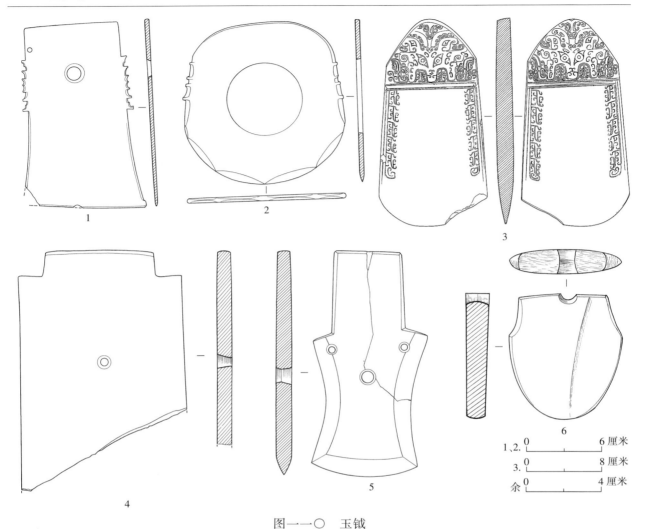

图一一〇　玉钺

1. A 型（C：775）　　2. B 型（C：546）　　3. C 型（C：7）　　4. D 型（D5：19）　　5. E 型（ⅠT7809⑦：11）　　6. F 型（ⅠT7810⑦：12）

Ac 型　2 件。无阑、无柄，宽体。标本 C：5（图一一一，3；彩版一七，2）。

Ad 型　2 件。刃部呈斜内弧形，牙部饰有透雕动物，援部多饰有"蝉符"。标本 C：141（图一一一，11；彩版一七，3）。

B 型　2 件。凹弧刃的最低点在中部，多阑。标本 C：123（图一一一，6；彩版一七，4）。

C 型　12 件。刃呈"V"形。按刃口和阑部的差异，分三亚型。

Ca 型　1 件。"V"字形叉口宽而深，多阑、多齿和龙形饰。标本 C：82（图一一一，5；彩版一七，5）。

Cb 型　3 件。器身两面平，"V"形叉口较宽而浅，多阑和多齿。标本 C：461（图一一一，4；彩版一八，2）。

Cc 型　8 件。器身中部略凸，"V"字形叉口窄而深，齿饰不明显。标本 C：122（图一一一，7；彩版一八，1）。

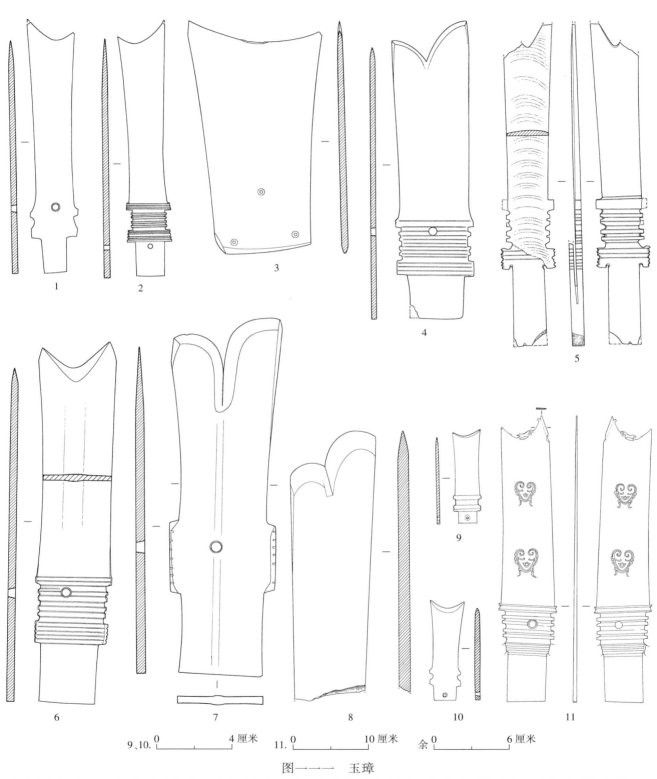

9、10. 0 ⊢————⊣ 4 厘米　　11. 0 ⊢————⊣ 10 厘米　　余 0 ⊢————⊣ 6 厘米

图一一一　玉璋

1. Aa 型（C∶71）　　2. Ab 型（C∶6）　　3. Ac 型（C∶5）　　4. Cb 型（C∶461）　　5. Ca 型（C∶82）　　6. B 型（C∶123）

7. Cc 型（C∶122）　　8. D 型（ⅠT8104⑥∶35）　　9. Ea 型（C∶479）　　10. Eb 型（ⅠT8007⑧a∶1）　　11. Ad 型（C∶141）

D 型　2 件。刃口呈连续弧形，叉口较浅。标本 IT8104⑥：35（图一一一，8；彩版一八，3）。

E 型　146 件。体量较小，凹弧刃最低点位于中部。依据阑部、纹饰差异，分二亚型。

Ea 型　134 件。双阑，阑部有齿饰。标本 C：479（图一一一，9；彩版一八，4）。

Eb 型　12 件。无阑，仅有齿饰。标本 Ⅰ T8007⑧a：1（图一一一，10）。

肩扛象牙玉璋　2 件。器呈平行四边形，两端斜直。器身两面分别刻有两组图案，每组图案由一向右侧跪坐的人像、两道折曲纹、三道直线纹组成。折曲纹分布于直线纹上下。人像高冠高鼻，方耳方颐，椭圆形眼，身着长袍，双膝着地，左手持握，肩上扛有一物，此物前尖后宽，呈柱状，极似一根完整的象牙。标本 L10：16（图一一二，4；彩版一八，5）。

边璋　1 件。标本 C：1172。

圭　5 件。平刃，器上有灰白色筋条状斑。平面呈长方形，整器制作规整。依据阑部和柄部形态的差异，分三型。

A 型　1 件。器身较长，阑部有五组齿状饰，长方形柄。上下两组各有四道平行直线纹，中间三组各有三道平行直线纹，每道线纹均由两条平行直线纹组成。标本 C：507（图一一二，1；彩版一八，6）。

B 型　2 件。无柄，阑部仅有齿状饰。无平行直线装饰。标本 C：956（图一一二，2；彩版一九，1）。

C 型　2 件。长柄，短身。标本 Ⅰ T7306⑥：2（图一一二，3；彩版一九，2）。

斧　28 件，其中 5 件保存完整。器体均小，器呈上小下大的梯形，身较厚，两面微凸，两侧

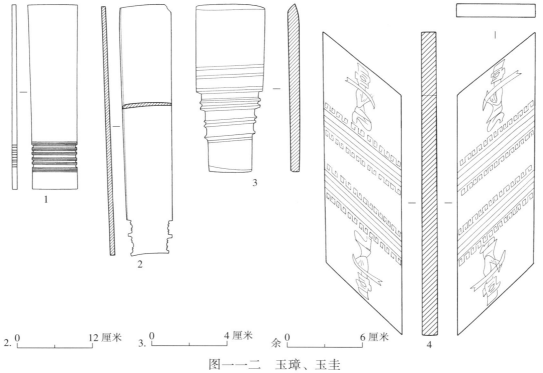

2. ⌊0ㅡ12 厘米⌋　3. ⌊0ㅡ4 厘米⌋　余 ⌊0ㅡ6 厘米⌋

图一一二　玉璋、玉圭

1. A 型圭（C：507）　2. B 型圭（C：956）　3. C 型圭（Ⅰ T7306⑥：2）　4. 肩扛象牙玉璋（L10：16）

平直。刃部外弧，中锋。个别刃沿有残破痕。整器磨制精细，器顶多保留自然断面，不作打磨。依据平面形状的差异，分四型。

A 型　9 件。长方形。标本 C：271（图一一三，1；彩版一九，3）。

B 型　11 件。舌形。标本 C：590（图一一三，2；彩版一九，5）。

C 型　4 件。梯形。标本 C：563（图一一三，3；彩版一九，4）、ⅠT8009⑦：6（图一一三，4）。

D 型　4 件。方形。标本 C：740（图一一三，5；彩版一九，6）。

锛　47 件。除 1 件无法分型外，余 46 件依据平面形状的差异，分四型。

A 型　23 件。长方形，器形瘦长。单面刃，偏锋。器体宽短，器身较厚，制作规整。标本 C：200（图一一三，6；彩版二〇，4）。

B 型　9 件。方形，器形宽短。标本 C：557（图一一三，7；彩版二〇，1）、ⅠT7810⑦：14（图一一三，8）。

C 型　5 件。梯形，器形宽胖。标本 ⅠT8307⑥：5（图一一三，9；彩版二〇，2）。

D 型　9 件。不规则状，周缘磨制不规整，斜弧顶。标本 ⅠT7811⑦：5（图一一三，10）、L2：18（图一一三，11；彩版二〇，3）。

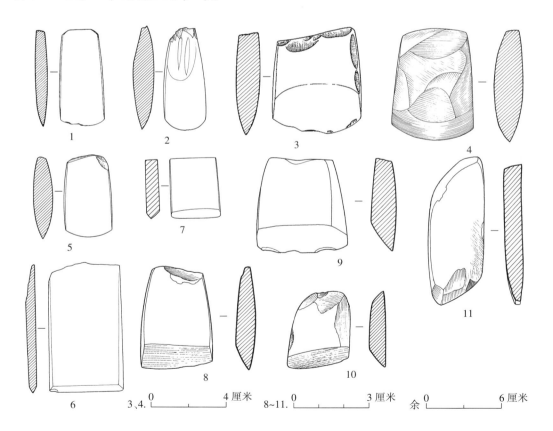

图一一三　玉斧、玉锛

1. A 型斧（C：271）　2. B 型斧（C：590）　3、4. C 型斧（C：563、ⅠT8009⑦：6）　5. D 型斧（C：740）　6. A 型锛（C：200）　7、8. B 型锛（C：557、ⅠT7810⑦：14）　9. C 型锛（ⅠT8307⑥：5）　10、11. D 型锛（ⅠT7811⑦：5、L2：18）

锛形器　12 件。器呈上窄下宽的梯形，单面弧形刃，器形略长。依据平面形状的差异，分四型。

A 型　5 件。器形较长，器身扁平，平刃。标本ⅠT7809⑦：9（图一一四，1；彩版二〇，5）。

B 型　4 件。器身扁薄，横剖面呈椭圆形，舌形刃。平顶，顶端、两侧均打磨规整。标本ⅠT7906⑦：1（图一一四，2；彩版二〇，6）。

C 型　2 件。器呈斤状，平顶，弧刃。标本ⅠT8206⑦：8（图一一四，3；彩版二一，1）。

D 型　1 件。平面形状呈椭圆形，弧刃。标本L6：179（图一一四，4；彩版二一，2）。

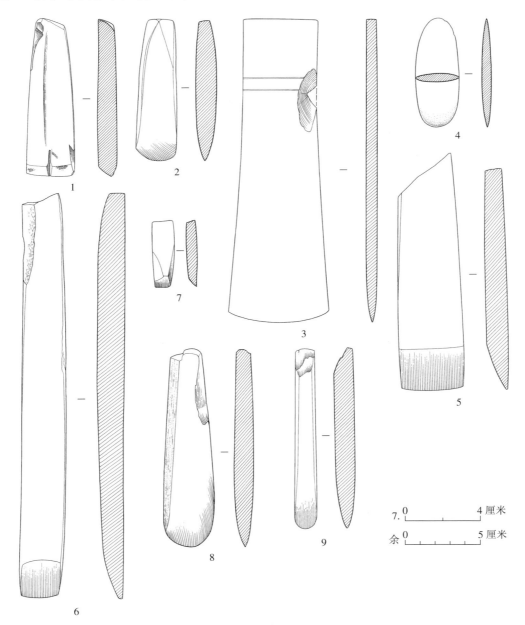

图一一四　玉锛形器、玉凿

1. A 型锛形器（ⅠT7809⑦：9）　2. B 型锛形器（ⅠT7906⑦：1）　3. C 型锛形器（ⅠT8206⑦：8）　4. D 型锛形器（L6：179）　5. Aa 型凿（L4：5）　6. Ab 型凿（L4：11）　7. Ac 型凿（L2：10）　8. Ba 型凿（ⅠT8104⑥：25）　9. Bb 型凿（ⅠT7805⑦：3）

凿 167件。此类器平面形状呈条形，均为双面弧形刃。除6件无法分型外，余161件按刃部和平面形状的差异，分五型。

A 型 26件。平刃，长方体。依据凿体宽窄差异，分三亚型。

Aa 型 6件。刃部与体同宽，宽体。标本L4：5（图一一四，5，彩版二一，3）。

Ab 型 14件。刃部小于体宽，窄体。标本L4：11（图一一四，6；彩版二一，4）。

Ac 型 6件。体量较小，平顶，平刃。标本L2：10（图一一四，7；彩版二一，5）。

B 型 116件。长舌状，刃部呈舌形。依据体部宽窄和刃部形状差异，分三亚型。

Ba 型 36件。体宽，平面形状呈长勺状。标本ⅠT8104⑥：25（图一一四，8；彩版二一，6）。

Bb 型 78件。体窄，体细长。标本ⅠT7805⑦：3（图一一四，9；彩版二二，1）。

Bc 型 2件。体窄，斜弧刃。标本C：512（图一一五，1）。

C 型 17件。平面形状呈棱柱状，边不规则。依据体量大小，可分二亚型。

Ca 型 9件。体量较小，弧刃。标本ⅠT8206⑦：55（图一一五，2；彩版二二，2）。

Cb 型 8件。体量较长，弧刃。标本ⅠT7307⑪：1（图一一五，5；彩版二二，3）。

D 型 1件。圭状，三角形刃部。标本C：643（图一一五，3；彩版二二，4）。

E 型 1件。器形较小，凹刃，体短。此类凹刃凿同宝墩文化时期同类器非常接近，其与凹刃凿形器可能有着一定发展演变关联。标本H2311：1（图一一五，4）。

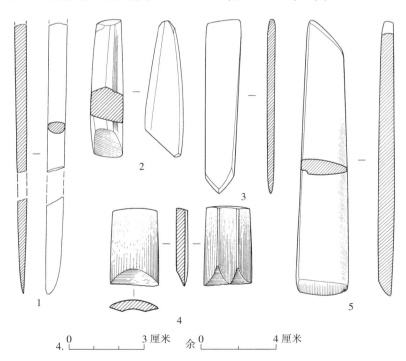

图一一五 玉凿

1. Bc 型（C：512） 2. Ca 型（ⅠT8206⑦：55） 3. D 型（C：643） 4. E 型（H2311：1）
5. Cb 型（ⅠT7307⑪：1）

凹刃凿形器　54件。器呈长方形，上窄下宽。器身一面平直，一面外弧。平直的宽面在近刃口处内凹，凹面与平面相交处形成一条弧形脊，单面刃，刃沿外弧。器顶端有的平整，有的仍保留自然断裂面。依据器体平面形状和体量的差异，分三型。

A型　14件。器体较短。按器身横剖面和体量厚重的差异，分二亚型。

Aa型　11件。器身较厚，横剖面呈半椭圆形。标本C:42（图一一六，1；彩版二二，5）。

Ab型　3件。器身扁平，横剖面略呈扁棱形。标本C:657（图一一六，2；彩版二二，6）。

B型　36件。长椭圆形，体厚重，器形较长，横剖面均呈半圆形。按顶部形制的差异，分三亚型。

Ba型　20件。器顶规整，保留自然断面。标本C:10（图一一六，3；彩版二三，1）。

Bb型　7件。平顶，打磨整齐。标本C:9（图一一六，4；彩版二三，2）。

Bc型　9件。弧顶，顶部规整。标本C:12（图一一六，5；彩版二三，3）。

C型　4件。平面形状呈长条状，刃部较窄，体细长。依据刃部外缘形状的差异，分二亚型。

Ca型　3件。刃部外弧。标本ⅠT8003⑦:5（图一一六，6；彩版二三，4）。

Cb型　1件。刃部平直。标本ⅠT7909⑦:11（图一一六，7；彩版二三，5）。

玉凿半成品　5件。平面形状呈细长方形，刃部未成形。标本L2:11（图一一六，8；彩版二三，6）。

锥形器　1件。平面近纺锤形，断面呈圆角长方形。标本ⅠT6511-6512⑦:1（图一一六，9；彩版二四，1）。

鞘形器　2件。整器呈上大下小的梯形，正面刻划出五道凹槽，槽间有脊。背面平整，刻有边栏。灰白玉，器表有黄褐色沁斑。璧较薄，两侧边向内卷成槽。两侧边上有小孔，身脊线上有大孔。标本C:109（图一一七，1）。

梭子形器　5件。平面形状呈梭子形。顶端、底端、两面都有切割痕迹。标本ⅠT8206⑦:2（图一一七，5）。

多边形饰件　1件。整器略呈四边形，器上端平，下端呈内凹三角形，单面斜刃，刃沿尖薄。标本C:129（图一一七，2；彩版二四，2）。

菱形器　43件。平面形状呈菱形，玉料扁平，各面均为平面。标本ⅠT7710⑦:12（图一一七，4；彩版二四，3）。

角形器　1件。平面形状呈角状。标本ⅠT8301⑥:7（图一一七，3；彩版二四，4）。

坠饰　1件。平面形状呈圆角长方形，顶部有一圆形穿孔。标本ⅠT8205⑦:51（彩版二四，5）。

（2）圆形器

1373件。有玉琮、箍形器、璧、环、镯、椭圆形器、球体形器、圆角镂空饰件及绿松石珠、玛瑙珠等。

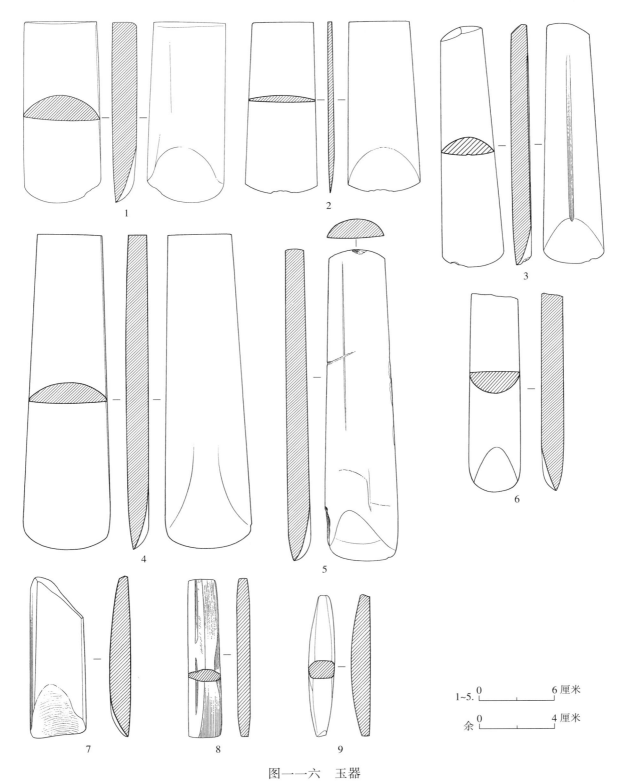

图一一六　玉器

1. Aa 型凹刃凿形器（C：42）　2. Ab 型凹刃凿形器（C：657）　3. Ba 型凹刃凿形器（C：10）　4. Bb 型凹刃凿形器
（C：9）　5. Bc 型凹刃凿形器（C：12）　6. Ca 型凹刃凿形器（ⅠT8003⑦：5）　7. Cb 型凹刃凿形器（ⅠT7909⑦：11）
8. 玉凿半成品（L2：11）　9. 锥形器（ⅠT6511－6512⑦：1）

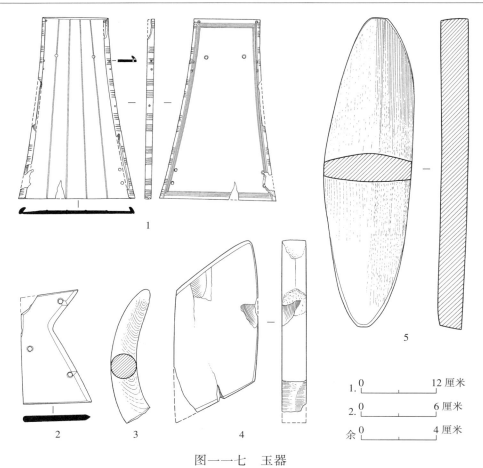

图一一七　玉器

1. 鞘形器（C:109）　2. 多边形饰件（C:129）　3. 角形器（ⅠT8301⑥:7）　4. 菱形器（ⅠT7710⑦:12）
5. 梭子形器（ⅠT8206⑦:2）

琮　33件。均为方柱体，外方内圆，中有一孔。除1件无法分型外，余32件按器体长短及纹饰的不同，分四型。

A型　2件。长方柱体，器表每面均开槽分节，每节上雕琢纹饰。选料精，制作细。按外形、节数、纹饰的差异，分二亚型。

Aa型　1件。青玉，透明，器表有白化现象及条状黑色、灰黑色沁斑。器身瘦长，上大下小，分十节。标本C:61（图一一八，1；彩版二五，1）。

Ab型　1件。器形方正，上下大小相同。分四节。每节的上、中、下部均阴刻一组平行直线纹，每组三条线，共九条线。标本C:1（图一一八，2；彩版二五，2）。

B型　23件。中方柱体式，素面，器表无纹饰，中间无槽，四角不分节，是金沙玉琮的主要形制。这类玉琮所用玉材不精，加工也较为粗糙，其中更有半成品。依据器体射口的差异，分二亚型。

Ba型　9件。八角形射口。器形趋于方正，高宽基本一致。孔用管对钻而成。标本C:651（图一一九，1；彩版二六，1）。

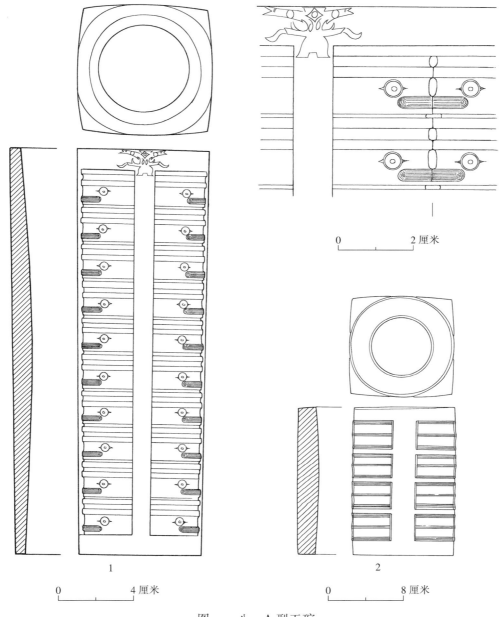

图一一八 A 型玉琮

1. Aa 型（C∶61）　2. Ab 型（C∶1）

Bb 型　14 件。圆形射口。标本 C∶177（图一一九，2）。

C 型　3 件。短方柱体，器形更矮小，射矮，射口呈圆形。遗留有切割台痕。标本 C∶712（图一一九，3；彩版二六，2）。

D 型　4 件。器身扁矮。素面。器表粘附有铜锈。标本 C∶556（图一一九，4；彩版二六，3）。

箍形器　31 件。分三型。

A 型　21 件。短体，亚腰，器呈圆筒形，中空。依据腰部形态差异，分三亚型。

Aa 型　13 件。器身中部微束腰。标本 C∶172，器表呈灰黑色，有大量不规则灰白色条状沁

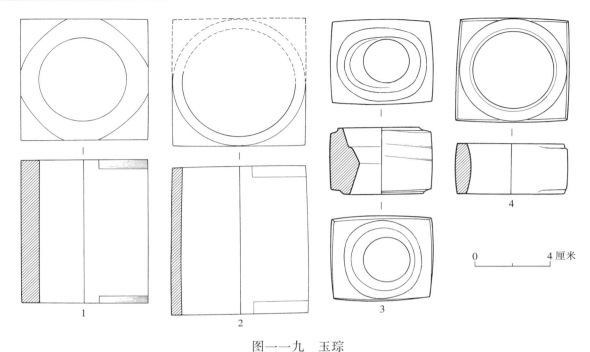

图一一九　玉琮

1. Ba 型（C:651）　2. Bb 型（C:177）　3. C 型（C:712）　4. D 型（C:556）

斑。器表上下边缘各饰两道凹弦纹（图一二〇，1；彩版二六，4）。

Ab 型　7 件。器身中部外弧，腰部无装饰。标本 C:540（图一二〇，2）。

Ac 型　1 件。镯面凸出，截面呈"]"形，腰部直壁，无纹饰。标本 C:28（彩版二六，5）。

B 型　9 件。深筒，直壁，腰部有多道凸棱。标本 I T8003⑦:19（图一二〇，3；彩版二六，6）。

C 型　1 件。深孔，镯面呈"L"状。标本 I T8307⑥:8（图一二〇，4；彩版二六，7）。

剑璏形器　1 件。器呈窄长方框形，中空。外壁饰有刻划纹饰，内缘一侧有钻孔痕迹。标本 I T8102⑥:1（图一二〇，5；彩版二七，1）。

璧　179 件。器平面呈圆形，中间有圆孔。除 6 件无法分型外，余 173 件依照领部有无差异，分二型。

A 型　136 件。孔缘上下凸起，形成领。按领的高矮和剖面形状及边缘装饰差异，分六亚型。

Aa 型　54 件。领部较高，束腰状，环面较宽。依据直径和腰部变化，分二式。

I 式　37 件。直径较大，束腰不明显。标本 I T8004⑦:17（图一二一，1）。

II 式　17 件。直径较小，束腰明显。标本 I T8104⑥:21（图一二一，2；彩版二七，2）。

Ab 型　13 件。孔厚实，剖面呈锥子状，窄环。标本 L6:66（图一二一，3）。

Ac 型　21 件。剖面呈"T"字形，孔环略窄，孔壁略弧。标本 I T7808⑦:7（图一二一，4）。

Ad 型　5 件。宽环直壁。标本 L6:336（图一二一，5）。

Ae 型　1 件。璇玑状有领璧，领部突出，宽环，孔壁较直。环外沿等距伸出四组凸起，每组有五个齿突。标本 C:11（图一二一，6；彩版二七，3）。

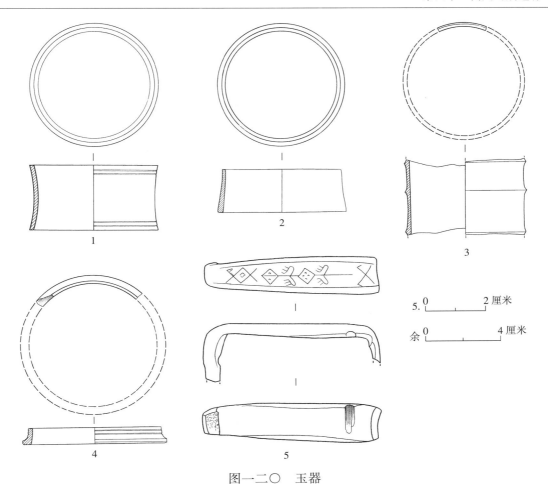

图一二〇　玉器

1. Aa 型箍形器（C：172）　　2. Ab 型箍形器（C：540）　　3. B 型箍形器（ⅠT8003⑦：19）　　4. C 型箍形器（ⅠT8307⑥：8）　　5. 剑璏形器（ⅠT8102⑥：1）

Af 型　42 件。领部微凸，孔径较大，环面较窄。近孔缘处比环面略高，形成一小环形。标本 L2：19－2（图一二二，5）、ⅠT8206⑤：9（图一二二，2）。

B 型　37 件。无领。依据肉部和平剖面以及边缘装饰差异，分三亚型。

Ba 型　27 件。圆饼状，肉部中间薄，边缘厚。标本 L6：146（图一二二，1）。

Bb 型　2 件。横截面呈截尖锥形，肉部中间厚，边缘薄。标本 ⅠT6513⑦：3（图一二二，3）。

Bc 型　8 件。璇玑式璧，边缘有齿状装饰。标本 C：609（图一二二，4；彩版二七，4）。

环　72 件。依据平面和截面形状的差异，分二型。

A 型　53 件。圆饼状，肉中间薄，边缘厚。依据层数差异，分二亚型。

Aa 型　33 件。单层。标本 ⅠT8104⑥：11（图一二二，6）。

Ab 型　20 件。双层，上下之间有凹槽。标本 ⅠT8106⑥：1（彩版二七，5）。

B 型　19 件。剖面截尖锥形，肉边缘薄，中间厚。标本 ⅠT6413⑦：7（图一二二，7；彩版二七，6）。

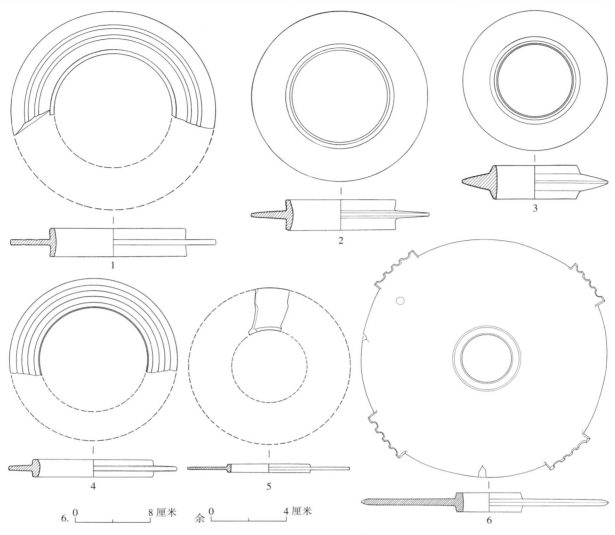

图一二一 A 型玉璧

1. Aa 型 I 式（ⅠT8004⑦：17） 2. Aa 型 II 式（ⅠT8104⑥：21） 3. Ab 型（L6：66） 4. Ac 型（ⅠT7808⑦：7）
5. Ad 型（L6：336） 6. Ae 型（C：11）

镯 145 件。平面呈环形，中有一圆孔，孔径大，环面极窄。按环面横剖面的差异，分四型。

A 型 84 件，仅 8 件保存完整。剖面呈椭圆形。依据内缘差异，分二亚型。

Aa 型 68 件。内壁无凸起。标本ⅠT8104⑥：36（图一二三，1；彩版二八，1）。

Ab 型 16 件。内壁有凸起。标本ⅠT8104⑥：34（图一二三，2）、L8④：18（彩版二八，2）。

B 型 23 件。剖面呈橄榄球形，深穿。依据内缘差异，分二亚型。

Ba 型 15 件。内壁无凸起。标本ⅠT8003⑦：29（图一二三，3；彩版二八，3）。

Bb 型 8 件。内壁有凸起。标本ⅠT8104⑥：18（图一二三，4）。

C 型 31 件。器扁平，剖面呈扁平形。标本 C：625（图一二三，5；彩版二八，4）。

D 型 7 件。平面呈盖状，剖面呈由上至下斜直状。标本 L8③：66（图一二三，6；彩版二八，5）。

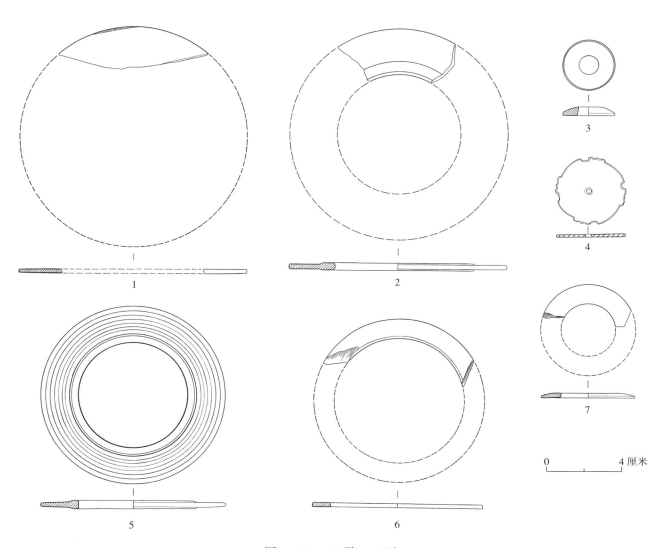

图一二二　玉璧、玉环

1. Ba 型璧（L6：146）　　2、5. Af 型璧（ⅠT8206⑤：9、L2：19－2）　　3. Bb 型璧（ⅠT6513⑦：3）　　4. Bc 型璧（C：609）　　6. Aa 型环（ⅠT8104⑥：11）　　7. B 型环（ⅠT6413⑦：7）

玦　6 件。标本 C：610（图一二三，7；彩版二八，6）。

璜　1 件。鱼状。标本 ⅠT7407⑦：1（图一二三，8；彩版二九，1）。

椭圆形器　3 件。标本 C：19（图一二三，9；彩版二九，2）。

球体形器　1 件。球体规整，球面有划痕。标本 C：144（图一二四，2；彩版二九，6）。

圆角镂空饰件　1 件。器身极薄，镂空。标本 C：130（图一二四，1；彩版二九，3）。

掏雕环链　1 件。紫红色，器表有黑色、黄色沁斑。系由一块玉掏雕成三个独立而又相连的环，其中一环与其他两环相连，而这其他两环独立不相连。标本 ⅠT8105⑨a：73（彩版二九，4）。

玉珠　54 件。标本 ⅠT8404⑫：2。

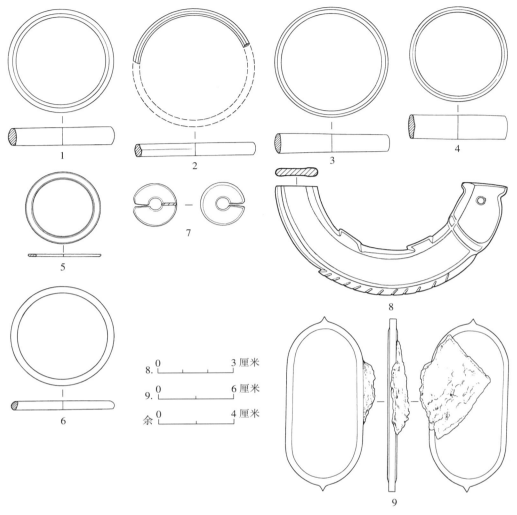

图一二三　玉器

1. Aa 型镯（ⅠT8104⑥：36）　　2. Ab 型镯（ⅠT8104⑥：34）　　3. Ba 型镯（ⅠT8003⑦：29）　　4. Bb 型镯
（ⅠT8104⑥：18）　5. C 型镯（C：625）　6. D 型镯（L8③：66）　7. 玦（C：610）　8. 璜（ⅠT7407⑦：1）
9. 椭圆形器（C：19）

绿松石珠① 　841 件。器形均较小，加工精细程度不一。以管状居多，另有少量饼状、截尖锥形。标本 C：146（图一二四，3）。

玛瑙珠　4 件。呈管状。双面钻孔。标本 C：394（图一二四，4）。

2. 像生形器

8 件。分为人物形器与动物形器两类。

（1）人物形器

1 件。

---

① 　本书玉器为广义概念，含绿松石、玛瑙、美石等，为区别，绿松石、玛瑙注明，其他未注明者均为一般玉器。

人面像 1件。标本C：167（图一二四，5；彩版二九，5）。

（2）动物形器

6件。

玉海贝佩饰 5件。标本C：632（图一二四，6；彩版二九，7）。

蝉纹玉片 1件。标本L6：174，紫褐色玉质。平面形状呈不规则椭圆形，上宽下窄。一面采用减地技法将蝉的头、眼、翅膀、足等身体特征刻画得惟妙惟肖，头部下端刻有"蝉符"。该件器物是金沙遗址祭祀区将蝉与蝉符完美结合的艺术精品（图一二四，9；彩版三〇，1）。

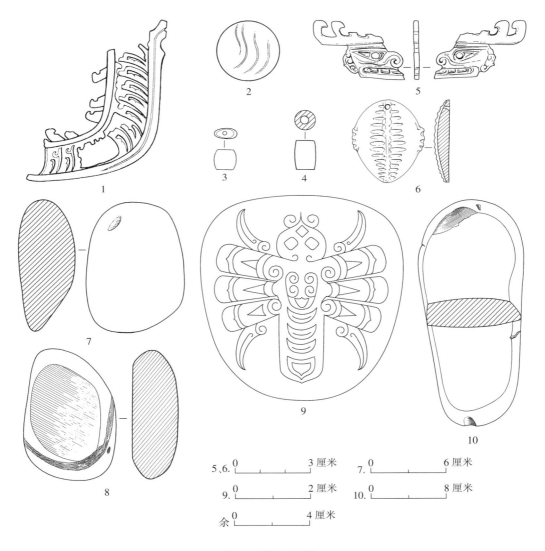

图一二四 玉器

1. 圆角镂空玉饰件（C：130）　2. 球体形玉器（C：144）　3. 绿松石珠（C：146）　4. 玛瑙珠（C：394）
5. 玉人面像（C：167）　6. 玉海贝佩饰（C：632）　7. 美石（C：1332）　8. 磨石（C：539）　9. 蝉纹玉片
（L6：174）　10. 特殊玉器（C：20）

3. 其他形器

1056 件。器形有美石、磨石、特殊玉器以及玉器残片四类。

美石 266 件。表面多未进行加工，保持玉石的自然形态。标本 C：1332，斜长石（图一二四，7；彩版三〇，2）。

磨石 113 件。有磨制或切割痕迹，大多在自然卵石的一面或两面进行打磨，从而形成平台，有的还留下细密的磨擦痕迹，其情况较为复杂，类型也较多。标本 C：539，斜长石（图一二四，8；彩版三〇，3）。

特殊玉器 34 件。利用自然卵石切割成形，并经打磨抛光处理，制作非常规整。标本 C：20，透闪石（图一二四，10；彩版三〇，4）。

玉器残件 627 件。由于机械施工，破坏严重，已无法分辨出器形。

玉饰件 1 件。标本 C：288。

瓶形器 1 件。标本 I T7809⑦：13。

绿松石片 1 件。标本 I T8304⑫：1。

玉片 1 件。标本 L8①：53。

穿孔玉器 1 件。标本 I T8106⑨a：53。

玉料 9 件。标本 D2：2、L2：6。

玉石 2 件。标本 I T6513⑦：1、I T6609 – 6710⑦：5。

（三）商周时期石器类型学分析

共计 4543 件。石质有蛇纹石化橄榄岩、蛇纹岩、蛇纹石化大理岩、板岩、砂岩、千枚岩等。石器的制作工艺有简有繁，多为素面，加工技术以磨制为主，大部分未做细加工，器物表面不抛光，个别器物装饰有简单的平行直线纹、圆圈纹、垂叶纹、曲线纹等。石跪坐人像和动物类雕刻作品制作最为精细。器形分几何形器、像生形器、其他形器三类。

1. 几何形器

4413 件。按器物平面形态可分为多边形器、圆形器两类。

（1）多边形器

429 件。有矛、钺、璋、斧、锛等。

矛 18 件。平面形状呈三角形，尖锋。除 2 件无法分型外，余 16 件按具体形态，分三型。

A 型 8 件。阔叶形。依据叶部宽窄差异，分二亚型。

Aa 型 3 件。柳叶形叶，叶略窄，中部无脊，有边刃，无骹。标本 C：624（图一二五，4；彩版三〇，5）。

Ab 型　5 件。梭形，叶部较宽，中部无脊，有边刃，无骹。标本ⅠT8406⑥：3（图一二五，1；彩版三一，1）。

B 型　5 件。梭形。三角形锋，器身细长，叶较窄，中脊高凸，叶部与骹部相交处不明显。标本 C：102（图一二五，2；彩版三一，2）。

C 型　3 件。器形较小。锋尖较圆，有边刃，无脊，叶部与骹部相交处明显，底平，磨制较精。标本 C：579（图一二五，3；彩版三一，3）。

钺　1 件。器两面微凸起，平顶，顶上无銎，有肩，刃部为长舌形，圆刃较厚；正面肩上有一阑。标本 C：587（图一二五，5；彩版三一，4）。

璋　29 件。多残断。器呈长方形，均为凹弧刃，阑上有的还刻划平行直线纹或网格划纹，线纹上还涂抹朱砂。器身不做精细的加工，多保留自然断面或切割面，刃部打磨相对较精细。除 8

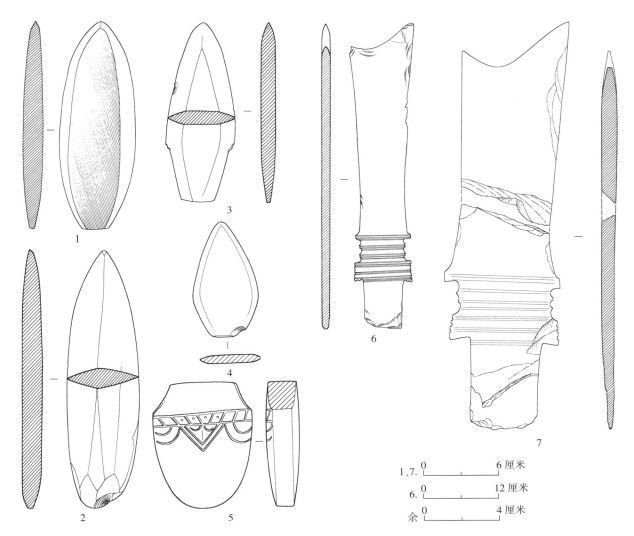

图一二五　石器

1. Ab 型矛（ⅠT8406⑥：3）　　2. B 型矛（C：102）　　3. C 型矛（C：579）　　4. Aa 型矛（C：624）　　5. 钺（C：587）
6. A 型璋（C：262）　　7. B 型璋（C：258）

件无法分型外，余21件依据牙、身部形态差异，分二型。

A型　16件。牙尖两边高低差异较小，器身瘦长，柄部较短。阑部有凸出器身的齿状饰不突出。标本C∶262（图一二五，6；彩版三一，6）。

B型　5件。牙尖高度差异较大，器身宽短，柄部较短，阑部有凸出器身的齿状饰突出。标本C∶258（图一二五，7）。

石璋半成品　225件。均为半成品，器呈长方形，均为凹弧刃，大部分器物仅磨制出刃部雏形，也有相当部分是刃部不突出，阑部纹饰成型。阑上有的还刻划平行直线纹或网格划纹，阑部不见齿状装饰；器体多保留自然断面或打制面，少量打磨相对较精细。依据身部磨制差异，分三型。

A型　24件。器体仅将牙部打制成型，打制痕迹明显，少见磨制痕迹。体略窄，柄部和阑部不成型，阑部与柄部分界不清楚。标本ⅠT7007－7108㉑∶5（图一二六，1）。

B型　181件。此类器通体磨制，体宽。牙部多残，柄部不成型，边缘部分遗留有明显的打制痕迹。依据牙部差异，分二亚型。

Ba型　142件。牙部弧刃，高差小。标本ⅠT7007－7108㉒∶4（图一二六，2）。

Bb型　39件。牙部突出，高差较大。标本ⅠT6811－6912⑰∶122（图一二六，3）。

C型　20件。刃部不存，多仅存阑部或柄部，阑部一般装饰网格划纹，不见齿状装饰。标本ⅠT7007－7108㉑∶7（图一二六，4）。

圭　4件。仅存援中部残片，刃残断。平面呈长方形。援身中部微凸，侧边较直。标本L3∶84（图一二六，5；彩版三一，5）。

石琮半成品　16件。特征为器形整体方正，通体呈长方柱体状，通体经过磨制，但磨制相对粗糙；顶部和底部一般有圆形浅窝，系对钻而成。上、下两端台面已经初步磨制而成。上下射孔均未对钻成孔。石质固定，均为硬度较高的灰褐色硅质岩，表面缝隙较多，质量相对较重。依据其通体平面形态的差异，分三型。

A型　10件。长方柱状，体量较小，上下台面直径相近。依据台面直径与柱体直径的差异，分二亚型。

Aa型　8件。台面直径同柱体直径相近。依据体量大小和器表槽线差异，分三式。

Ⅰ式　3件。体量矮小，仅台面正中两个小浅窝，上下台面遗留有多处崩疤痕迹。四壁不见刻纹。标本ⅠT7007－7108㉞∶15（图一二七，1）。

Ⅱ式　3件。体量略高，器形方正，表面有稚嫩的刻划横向平行凹槽刻纹。整器打磨较为平整，圆形射口，孔用管对钻而成。全器分三节，每节角面均阴刻一组平行直线，每组两条线，共六条线；柱体四壁中轴有两条平行的竖槽刻纹，刻纹线条刻划不规整，线条不流畅，显得较为稚嫩。五道横向刻纹延伸至竖向槽刻纹之间，通过横向凹槽刻纹与竖向凹槽刻纹的相交点，可判断是先施刻横向凹槽刻纹，再施刻竖向凹槽刻纹。节与节之间转角处均用减地法打磨有半月形崩缺，每棱上四个。标本L58①∶68（图一二七，2）。

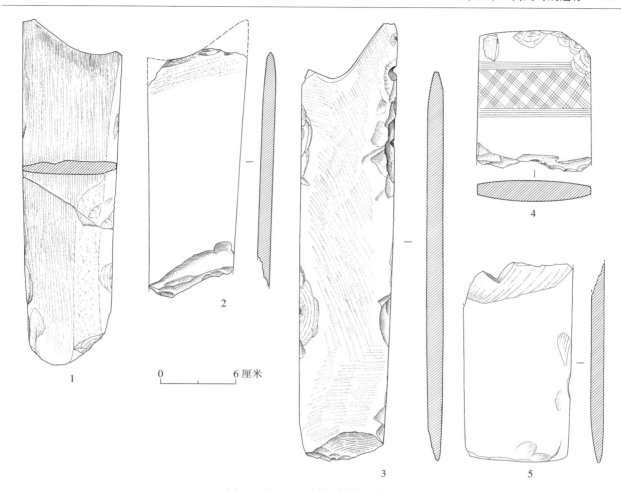

图一二六　石璋半成品、石圭

1. A 型石璋半成品（ⅠT7007–7108㉑：5）　　2. Ba 型石璋半成品（ⅠT7007–7108㉒：4）　　3. Bb 型石璋半成品
（ⅠT6811–6912⑰：122）　　4. C 型石璋半成品（ⅠT7007–7108㉑：7）　　5. 石圭（L3：84）

Ⅲ式　2 件。体量较高，全器可分为三节，每节角面刻有三条横向凹槽刻纹，这些刻纹平直
规整，线条纤细流畅，这些刻纹线由于长久的水浸，模糊不清；柱体四壁中轴有两条平行的竖槽
刻纹，上下台面正中对钻有两个圆形小孔。整器打磨粗糙，上下台面有崩口痕迹。标本ⅠT7007–
7108⑳：4（图一二七，3）。

Ab 型　2 件。台面直径小于柱体直径。依据体量大小和器表槽线差异，分二式。

Ⅰ式　1 件。器体仅磨制成琮体状，表面尚未刻划，台面穿孔未钻，整器较为平整。上下台
面遗留有明显的崩口。标本 L37：265（图一二七，5）。

Ⅱ式　1 件。全器可粗分为三节，每节角面有三条横向平行凹槽刻纹，这些刻纹线条平直规
整，线条纤细流畅，这些刻纹由于长久的水浸，切割线模糊不清；柱体四壁中轴有两条平行的竖
槽刻纹，上下台面正中对钻有两个圆形小孔。整器打磨粗糙。标本 L39：156（图一二七，4）。

B 型　4 件。长梯形柱体状，台面直径上小底大，体量较大。依据体量和切割线变化差异，分
三式。

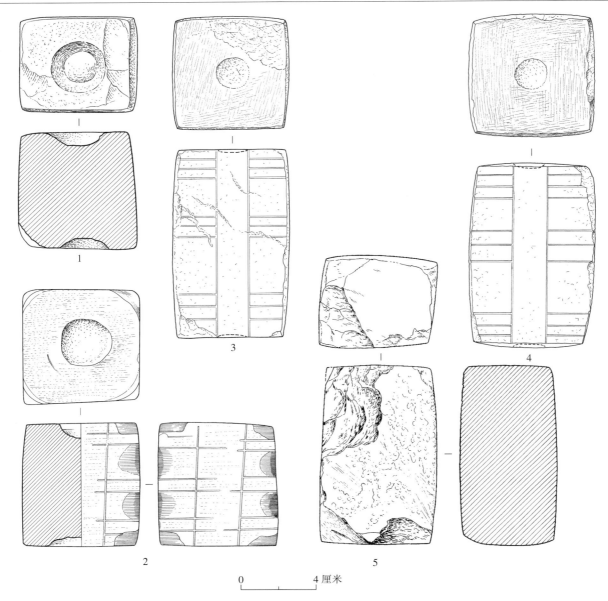

图一二七　A型石琮半成品

1. Aa型Ⅰ式（ⅠT7007－7108㉞：15）　　2. Aa型Ⅱ式（L58①：68）　　3. Aa型Ⅲ式（ⅠT7007－7108⑳：4）　　4. Ab型Ⅱ
式（L39：156）　　5. Ab型Ⅰ式（L37：265）

　　Ⅰ式　1件。体量较矮，整体仅刻出琮体轮廓。全器分三节，每节角面均阴刻一组平行横向凹槽刻纹，每组两条，刻纹间距较大不一，这些直线刻纹不规整，线条断错。柱体四壁中轴有一条竖槽刻纹，节与节之间转角处均用减地法打磨有半月形崩缺。标本ⅠT6809－6910⑱a：1（图一二八，1）。

　　Ⅱ式　2件。整体仅刻划出琮体轮廓，上下台面残断。全器分三节，每节角面均阴刻一组横向平行凹槽刻纹，每组四条，直线间距等齐划分，这些细线平直规整，线条纤细流畅；节与节之间转角处均用减地法打磨有半月形崩缺。标本L3：51（图一二八，2；彩版三二，1）。

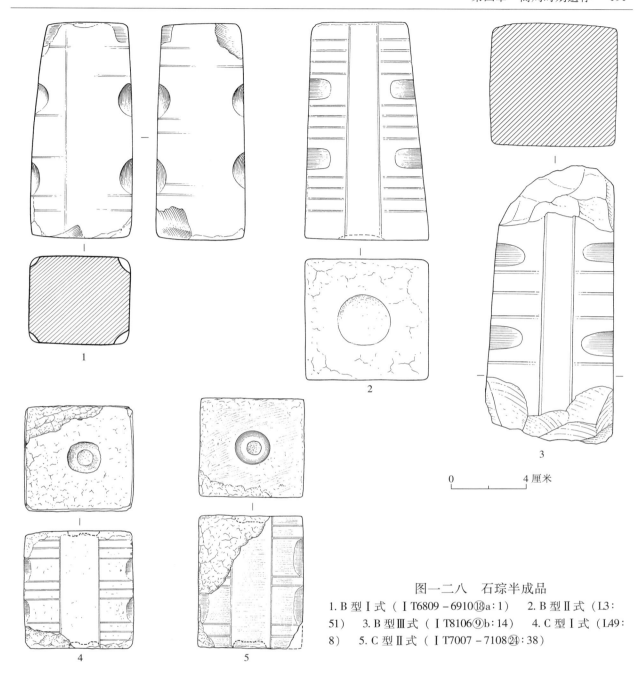

图一二八　石琮半成品

1. B 型 I 式（ⅠT6809－6910⑱a：1）　2. B 型 Ⅱ 式（L3：51）　3. B 型Ⅲ式（ⅠT8106⑨b：14）　4. C 型 I 式（L49：8）　5. C 型 Ⅱ 式（ⅠT7007－7108㉔：38）

　　Ⅲ式　1件。整体规整。全器分三节，每节角面阴刻一组横向平行凹槽刻纹，每组三条刻纹间距等齐划分，这些直线刻纹平直规整，线条纤细流畅；柱体四壁中轴有两条平行的竖槽刻纹。一道横向刻纹延伸至竖向槽刻纹之间，通过横向凹槽刻纹与竖向凹槽刻纹的相交点，可判断是先施刻横向凹槽刻纹，再施刻竖向凹槽刻纹。节与节之间转角处均用减地法打磨有半月形崩缺。标本ⅠT8106⑨b：14（图一二八，3；彩版三二，2）。

　　C 型　2件。体形为正方体。依据体量大小和器表槽线差异，分二式。

　　I式　1件。体量较小，切割线流畅，布局规整。上下台面均有崩口。全器分三节，每节角面阴刻一组横向平行凹槽刻纹，每组三条；柱体四壁中轴有两条平行的竖槽刻纹。节与节之间转角处均用减地法打磨有半月形崩缺。标本L49：8（图一二八，4）。

Ⅱ式　1件。体量较高，切割线流畅，布局规整。全器分三节，每节角面阴刻一组横向平行凹槽刻纹，每组两条平行刻纹；柱体四壁中轴有两条平行的竖槽刻纹。节与节之间转角处均用减地法打磨有半月形崩缺。标本ⅠT7007－7108㉔：38（图一二八，5）。

斧　73件。双面弧刃，器体较厚。依据平面形状的差异，分四型。

A型　31件。长体，平面形状呈舌形。一般体形大而厚重，刃口制作相对规整，器身多凹凸不平，保留自然剖裂面，有的还留有线切割痕迹，均不做磨制修整。依据刃部宽窄差异，分二亚型。

Aa型　19件。窄刃，体窄。标本C：296（图一二九，1；彩版三二，3）。

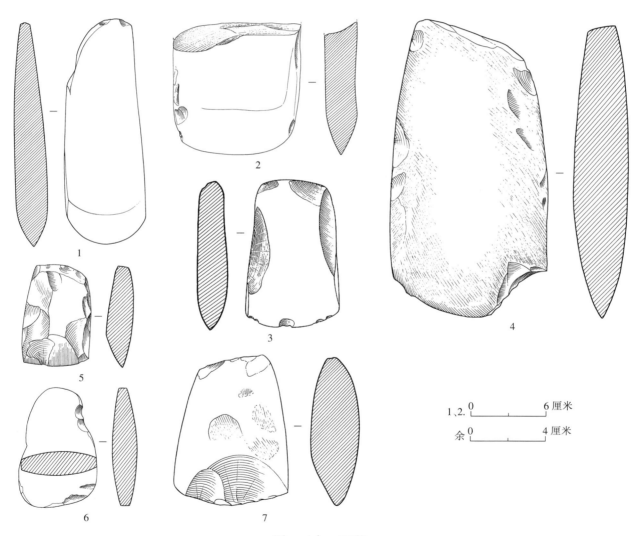

图一二九　石斧

1. Aa型（C：296）　2. Ab型（ⅠT8005⑨a：4）　3、4. Ba型（C：990、ⅠT6611－6712⑦：22）　5. Bb型（ⅠT8009⑦：7）
6. D型（ⅠT8206⑦：31）　7. C型（ⅣT8008⑤：1）

Ab 型　12 件。宽刃，体宽。标本ⅠT8005⑨a：4（图一二九，2）。

B 型　28 件。长方形。依据体量大小差异，分二亚型。

Ba 型　15 件。体宽大，长体。器身仍凹凸不平，多不做修整。标本 C：990（图一二九，3；彩版三二，4）、ⅠT6611－6712⑦：22（图一二九，4）。

Bb 型　13 件。短体，近方形。标本ⅠT8009⑦：7（图一二九，5；彩版三二，5）。

C 型　11 件。梯形，顶窄刃宽。标本ⅣT8008⑤：1（图一二九，7）。

D 型　3 件。腰子形。标本ⅠT8206⑦：31（图一二九，6；彩版三二，6）。

锛　38 件。单面刃，刃沿外弧。除 1 件无法分型外，余 37 件依据平面形状的差异，分三型。

A 型　24 件。平面形状呈长方形，斜直刃，平顶居多。依据侧边与刃部形状差异，分二亚型。

Aa 型　17 件。器体相对较薄，刃部和侧边在一条直线上。标本ⅠT7710⑤：1（图一三〇，1；彩版三三，1）。

Ab 型　7 件。器体相对较厚，刃部略弧，刃部和侧边不在一条直线上。标本 C：397（图一三〇，2；彩版三三，2）。

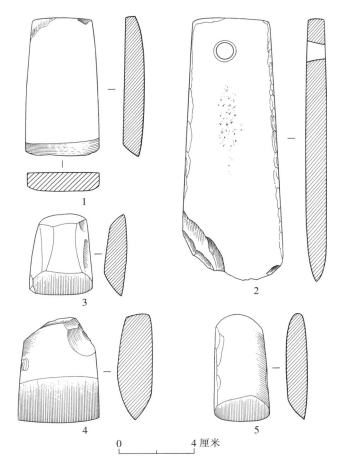

图一三〇　石锛
1. Aa 型（ⅠT7710⑤：1）
2. Ab 型（C：397）
3. Ba 型（ⅠT8001⑤：1）
4. Bb 型（L2：1－2）
5. C 型（L2：1－1）

B 型　11 件。梯形，体厚重。依据宽窄差异，分二亚型。

Ba 型　7 件。窄长梯形，弧顶，棱柱状，弧刃，刃部和侧边不在一条线上。标本 I T8001⑤：1（图一三〇，3；彩版三三，3）。

Bb 型　4 件。体宽胖，刃部呈梳子状。标本 L2：1－2（图一三〇，4）。

C 型　2 件。椭圆形，体厚重，弧刃。标本 L2：1－1（图一三〇，5）。

锛形器　1 件。标本 C：759。

凿　11 件。依据平面形状的差异，分四型。

A 型　2 件。梭形。标本 I T7803⑤：1（图一三一，1；彩版三三，4）。

B 型　1 件。圭形。标本 I T7809⑦：10（图一三一，3；彩版三三，5）。

C 型　7 件。长条形。依据体宽窄，分二亚型

Ca 型　3 件。体宽。标本 I T8011⑦：2（图一三一，2；彩版三四，1）。

Cb 型　4 件。体窄。标本 I T7810⑦：11（图一三一，4；彩版三四，2）。

D 型　1 件。棱柱状。标本 I T6513⑦：20（图一三一，5；彩版三四，3）。

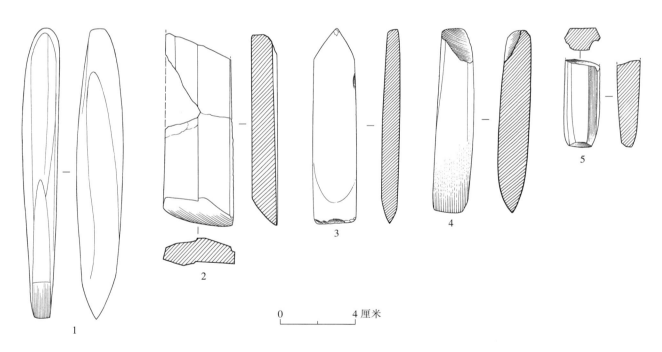

0 ——— 4 厘米

图一三一　石凿

1. A 型（I T7803⑤：1）　2. Ca 型（I T8011⑦：2）　3. B 型（I T7809⑦：10）　4. Cb 型（I T7810⑦：11）
5. D 型（I T6513⑦：20）

簪　2 件。管状，平面形状呈五棱柱形，顶端残。标本 I T8404⑤：3（图一三二，1）。

多璜联璧　7 件。平面形状呈半弧形，中间有穿孔，两端各有一个或两个圆形穿孔。标本 I T8004⑦：55（图一三二，2；彩版三四，4）。

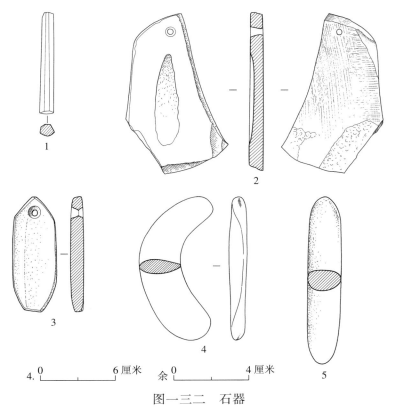

图一三二　石器

1. 簪（ⅠT8404⑤：3）　2. 多璜联璧（ⅠT8004⑦：55）　3. 挂饰（ⅠT7209－7210⑯：2）　4. 半月形器
（C：803）　5. 长条形器（ⅠT7209－7210⑱a：31）

挂饰　1件。圭形。标本ⅠT7209－7210⑯：2，顶部呈三角形，近顶部处有一管状穿孔（图一三二，3；彩版三四，5）。

半月形器　2件。平面形状呈半月形，牙尖一边大一边小。标本C：803（图一三二，4）。

长条形器　1件。平面形状呈长条形。标本ⅠT7209－7210⑱a：31（图一三二，5）。

（2）圆形器

3984件。计有璧、环、柱形器等。

璧　224件。器身均较厚，器体呈圆环状，中间有一圆孔，单面穿孔；多残破，边缘不规整。依据平面形状及孔径与环面的比例差异，分三型。

A型　173件。大孔，剖面呈长条状，穿孔居中，孔径较大。依据肉部宽窄差异，分二亚型。

Aa型　90件。小孔，宽肉。标本C：726（图一三三，1；彩版三四，6）。

Ab型　83件。大孔，窄肉。标本ⅠT7007－7108㉓：42（图一三三，2）。

B型　45件。剖面呈梯形，上窄下宽，孔径较小，环面较宽。依据穿孔位置差异，分二亚型。

Ba型　34件。穿孔居中，体量较小，可能为石芯。标本C：721（图一三三，4；彩版三五，3）。

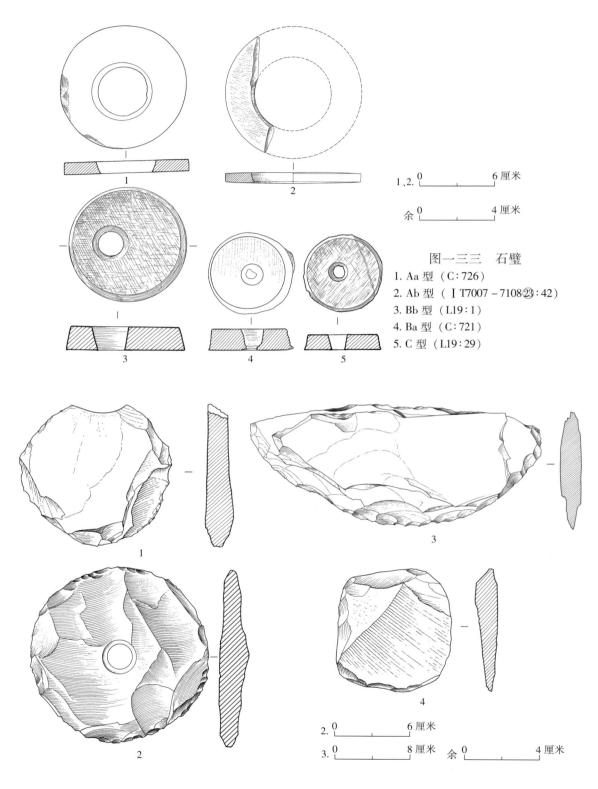

图一三三　石璧

1. Aa 型（C：726）
2. Ab 型（ⅠT7007－7108㉓：42）
3. Bb 型（L19：1）
4. Ba 型（C：721）
5. C 型（L19：29）

图一三四　石璧坯料

1. A 型（C：1001）　　2. B 型（C：39）　　3. C 型（ⅠT7007－7108㉓：18）　　4. D 型（ⅠT7306⑮：6）

Bb 型　11 件。穿孔不居中，体量略大。标本 L19：1（图一三三，3；彩版三五，4）。

C 型　6 件。体量非常小。环面及轮边打磨精细，孔单面钻通，环面较宽。标本 L19：29（图一三三，5；彩版三五，1）。

璧坯料　3199 件。器呈圆形，周缘较薄，中部略厚，两面保留剖裂面，边缘修薄，整器未做打磨，器表凹凸不平。依据平面形状和穿孔差异，分四型。

A 型　3037 件。环面无穿孔。标本 C：1001（图一三四，1）。

B 型　156 件。环面上有管钻痕，但孔未钻通。标本 C：39（图一三四，2；彩版三五，2）。

C 型　1 件。平面呈半月形。标本 I T7007 - 7108㉓：18（图一三四，3）。

D 型　5 件。不规则状。标本 I T7306⑮：6（图一三四，4）。

璧半成品　521 件。均为半成品，穿孔未做细致处理，周缘磨制，多残断。依据孔径和体量大小差异，分三型。

A 型　195 件。体量较大，大孔。标本 I T7007 - 7108㉞：70（图一三五，1）。

B 型　280 件。体量较大，小孔。标本 I T7007 - 7108㉞：12（图一三五，2）。

C 型　46 件。体量较小，石芯半成品。标本 I T7207 - 7208㉔：2（图一三五，3）。

环　2 件。平面呈圆环形，剖面呈截锥形。环面较窄，外缘呈方形面。标本 I T8207⑥：1、C：1020（图一三五，4、5）。

球　3 件。平面形状呈球形，实心。标本 I T8105⑨a：46（图一三五，6）

柱形器　19 件。平面形状呈柱状。标本 Ⅳ T8103⑧a：6（图一三五，9）。

石芯　13 件。为石璧钻孔的产物。标本 I T7007 - 7108㉞：52（图一三五，7）。

纺轮　3 件。平面呈梯形，上窄下宽，器身似台阶一圈一圈增大；横剖面呈圆形。标本 I T8205⑨a：8（图一三五，8）。

2. 像生形器

42 件。分人物形器与动物形器两类。

（1）人物形器

13 件。形制均为跪坐人像。

跪坐人像　13 件。裸体，赤足，双膝屈跪，双手被绳索反缚。人像头顶发式中分，四角高翘，脑后有辫发两束。两束并为一股，直垂于后背的双手之间。根据体形的不同，分三型。

A 型　5 件。人体比例适中，上身挺直前倾。标本 C：716（图一三六，1；彩版三六，1）。

B 型　3 件。体形偏高，上身较直而平，脸部宽扁，肩部较宽，人体比例不太协调。标本 C：212（图一三六，2；彩版三六，2）。

C 型　5 件。体形瘦小，上身微前倾，五官雕刻粗糙草率，人体比例不协调，头顶发式、身后长辫、捆绑绳索均只具轮廓。标本 C：159（图一三七；彩版三六，3）。

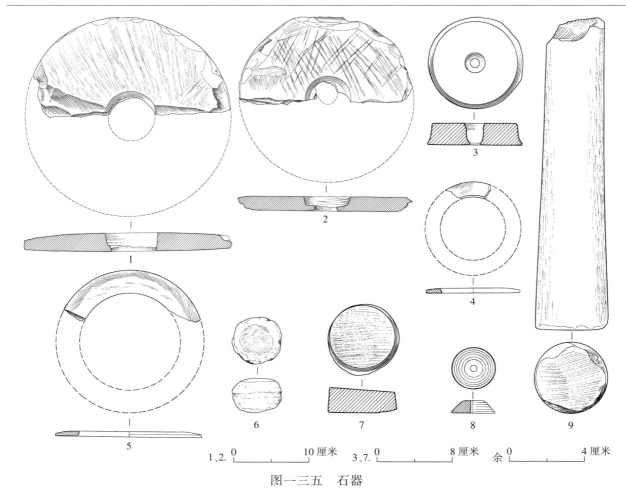

图一三五　石器

1. A 型石璧半成品（ⅠT7007 - 7108㉞：70）　2. B 型石璧半成品（ⅠT7007 - 7108㉞：12）　3. C 型石璧半成品
（ⅠT7207 - 7208㉔：2）　4、5. 环（ⅠT8207⑥：1、C：1020）　6. 石球（ⅠT8105⑨a：46）　7. 石芯（ⅠT7007 -
7108㉞：52）　8. 纺轮（ⅠT8205⑨a：8）　9. 柱形器（ⅣT8103⑧a：6）

（2）动物形器

29 件。有虎、蛇、鳖、獠牙形器等。

虎　16 件。虎均呈卧姿，直颈昂首，虎头及颈较虎身大，虎口大张，喉部有一个或两个管钻
而成的圆面，眼睛、耳、胡须均为阴刻，口、眼、耳、胡须上都涂有朱砂。虎腿与身之间往臀部
延伸形成一条凹槽，与臀部的圆形小孔下的一条凹槽将虎臀部分为六部分。有 3 件石虎尾，余 13
件按体形大小差异，分二型。

A 型　6 件。体形较大。石质选择较好。标本 C：211（图一三八，1；彩版三七，1）。

B 型　7 件。体形稍小。石质较差。标本 C：3（图一三八，2；彩版三七，2）。

蛇　11 件。蛇首呈三角形，头微昂，口内涂朱砂。除 1 件无法分型外，余 10 件按平面形状的
差异，分二型。

A 型　3 件。蛇身盘绕，平面形状呈"S"形。标本 C：719（图一三九，1；彩版三五，5）。

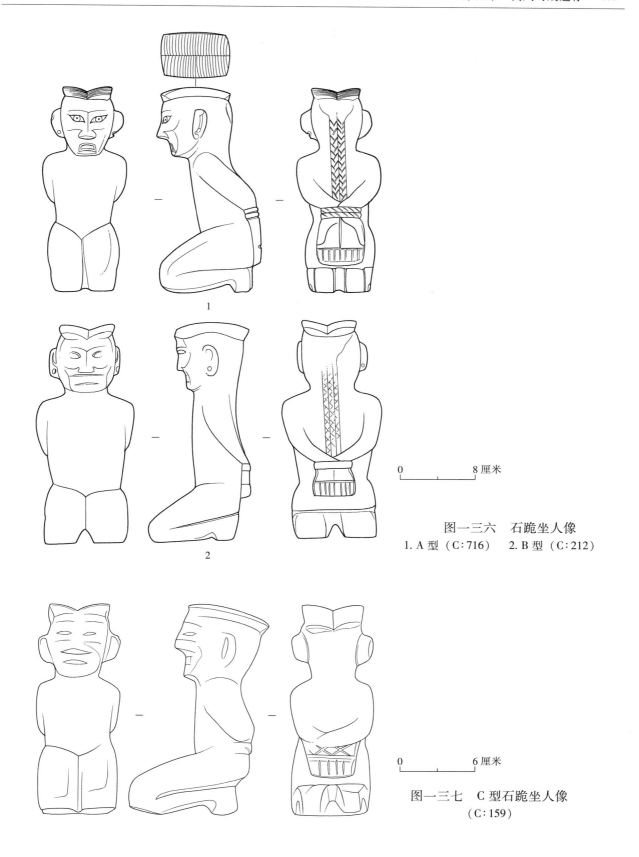

1

2

图一三六 石跪坐人像
1. A 型（C:716） 2. B 型（C:212）

0   8 厘米

0   6 厘米

图一三七 C 型石跪坐人像
（C:159）

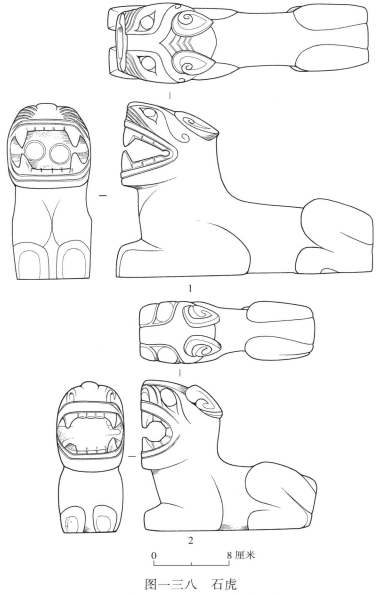

图一三八　石虎
1. A 型（C：211）　　2. B 型（C：3）

B 型　7 件。蛇身平面形状呈"L"形。石质较差，风化严重，其头部具体情况不明。标本C：457（图一三九，2）。

鳖　1 件。石质为砂岩。身体呈卵形，体肥硕，三角形头部前伸，四肢短小后缩，腹部扁平，全身打磨。标本 C：642（图一三九，3；彩版三六，4）。

獠牙形器　1 件。器呈獠牙状，牙尖残。标本 C：627（图一三九，4）。

3. 其他形器

88 件。有不规则形器、石料、石器残片。

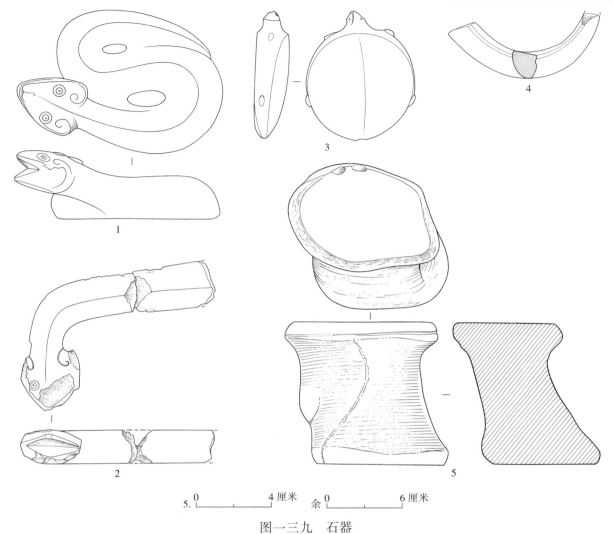

图一三九　石器

1. A 型石蛇（C：719）　　2. B 型石蛇（C：457）　　3. 石鳖（C：642）　　4. 獠牙形器（C：627）　　5. 研磨器
（L58②－13：1）

研磨器　1 件。整器打磨光滑，底部磨制规整。标本 L58②－13：1（图一三九，5）。

不规则形器　3 件。形态不规则，器身多磨制。

石料　20 件。均保留自然形态。个别器物上保留有加工痕迹。

石器残片　17 件。由于机械施工，破坏严重，无法辨识器形。

特殊石器　1 件。标本ⅠT7009－7110⑱a：11。

奇石　1 件。标本 L2：22。

石戈残片　18 件。标本ⅠT8305⑨a：9。

石磬　2 件。出自 L62。

石条　1 件。标本 G1：10。

石片　24 件，其中 22 件不可辨器形。标本ⅠT8304⑪：1。

（四）商周时期铜器类型学分析

共计1408件。大多为小型器物，大型铜器仅存残片。铜器多为一次浑铸而成，多为双面范。装饰技法有素面、墨绘、穿孔、铸纹、立体附饰等。依据器物的外部形态分为几何形器、像生形器、其他形器三类。

1. 几何形器

1095件。按器物平面形态分为多边形器、圆形器两类。

（1）多边形器

500件。有戈、镞、钺、璋、锥形器、长条形器、铃、菱形器等。

戈　133件，13件保存完整。均为无胡戈。除39件残缺严重无法分型外，余94件依据平面形状和阑部及齿部差异，分四型。

A型　28件。援呈细长的等腰三角形，锋部缓收，凸起的中脊从穿孔处一直延伸到锋。本部两侧出阑，本部正中有一穿孔。方形内。均无明显使用痕迹。按齿饰的不同，分二亚型。

Aa型　23件。平面呈十字形，齿较细直，齿沟较深，援两侧有多组连弧形齿饰。标本ⅠT8206⑦:48（图一四〇，1；彩版三八，1）。

Ab型　5件。表面无"十"字形纹饰，齿较宽而深。标本C:873（图一四〇，2）。

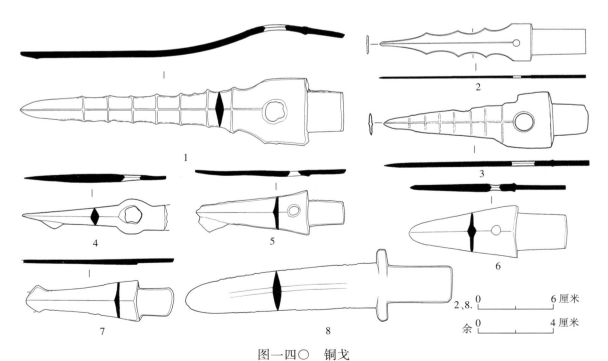

图一四〇　铜戈

1. Aa型（ⅠT8206⑦:48）　2. Ab型（C:873）　3. Ba型（C:844）　4. Bb型（L6:165）　5、6. Ca型（ⅠT8005⑥:1、L2:13）　7. Cb型（ⅠT8206⑦:61）　8. D型（C:646）

B 型　42 件。无阑，本部与内部直接连为一体，援两侧的齿饰不明显。援本部穿孔较大。援部等距离分布多道短横脊。依据表面纹饰差异，分二亚型。

Ba 型　30 件。表面饰有"十"字形纹饰。标本 C：844（图一四〇，3；彩版三八，2）。

Bb 型　12 件。表面无纹饰。标本 L6：165（图一四〇，4；彩版三八，3）。

C 型　23 件。三角形援。依据援部宽窄差异，分二型。

Ca 型　5 件。大三角援，长方形内。标本ⅠT8005⑥：1（图一四〇，5；彩版三八，4）、L2：13（图一四〇，6）。

Cb 型　18 件。援部稍窄。器形较小，内较短，援部少见穿。标本ⅠT8206⑦：61（图一四〇，7；彩版三八，5）。

D 型　1 件。援呈舌形状，中部凸起，刃部较薄。锋部缓收，长方形内，有格，窄阑，无穿。标本 C：646（图一四〇，8；彩版三八，6）。

镞　35 件。除 1 件残破无法分型外，余 35 件依据锋部平面形状的差异，分四型。

A 型　11 件。柳叶形锋部，双翼不突出，叶部相对细长。依据铤部和脊部形状的差异，分四亚型。

Aa 型　5 件。长铤，脊部平面为菱形。标本ⅠT6412⑧：2（图一四一，1；彩版三九，1）。

Ab 型　5 件。长铤，后锋平直，脊部平面呈"十"字形。标本ⅠT8307⑤：1（图一四一，2；彩版三九，2）。

Ac 型　1 件。阔叶，长铤，脊部平面四棱状。标本ⅠT6413⑦：1（图一四一，3；彩版三九，3）。

B 型　19 件。尖锋，后锋作尖状，中脊凸起，双翼突出，长铤。依据锋部平面形态的差异，分三亚型。

Ba 型　12 件。柳叶形锋部，脊部呈"十"字形，双翼窄长。标本ⅠT6513⑦：5（图一四一，4；彩版三九，4）。

Bb 型　5 件。阔叶形锋部，脊部呈凹字状，双翼不突出，短铤。标本ⅠT6412⑦：1（图一四一，5；彩版三九，5）。

Bc 型　2 件。蝙蝠状锋部，脊部呈"十"字形，双翼宽大。标本ⅠT7307⑦：1（图一四一，6；彩版三九，6）。

C 型　3 件。脊部两侧中空。标本ⅠT8205⑧a：8（图一四一，7；彩版三九，7）。

D 型　2 件。平面形状呈叉状，中空。标本 C：1204（图一四一，8）。

矛　1 件。锋部略残，柳叶形叶，长骹、横断面成圆形，骹部有对称弓形耳。横剖面呈圆形。标本ⅠT7215－7216⑭：2（图一四一，14）。

斧　2 件。平顶，两侧边平直，外弧刃，整器制作较为精细。标本ⅣT8105⑨a：2（图一四一，11；彩版三九，8）。

钺　1 件。器身较短，顶部略残，平面近梯形，刃外弧，刃两端略上翘，高低不齐。标本

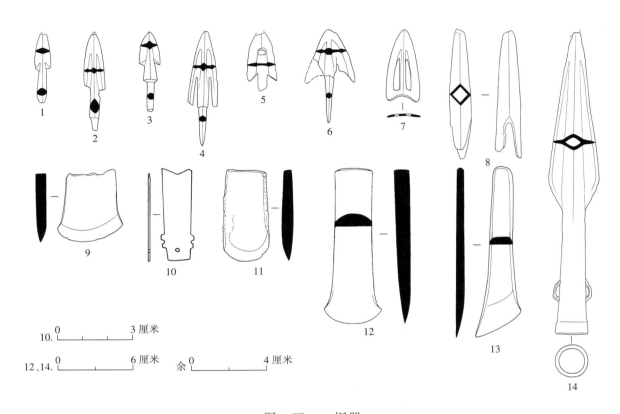

图一四一　铜器

1. Aa 型镞（ⅠT6412⑧:2）　2. Ab 型镞（ⅠT8307⑤:1）　3. Ac 型镞（ⅠT6413⑦:1）　4. Ba 型镞（ⅠT6513⑦:5）
5. Bb 型镞（ⅠT6412⑦:1）　6. Bc 型镞（ⅠT7307⑦:1）　7. C 型镞（ⅠT8205⑧a:8）　8. D 型镞（C:1204）　9. 钺
（C:498）　10. 璋（C:713）　11. 斧（ⅣT8105⑨a:2）　12. 斤（ⅠT7113 - 7114 采集:1）　13. 刻刀（ⅠT7207 -
7208⑩:1）　14. 矛（ⅠT7215 - 7216⑭:2）

C:498（图一四一, 9; 彩版四〇, 1）。

斤　1件。刃部明显宽于器身, 平顶, 两侧平直, 器身长, 刃外弧, 刃两端上翘明显, 刃部锋利。标本ⅠT7113 - 7114 采集:1（图一四一, 12）。

刻刀　2件。弧形刃, 刃部宽于器身, 刃部极为锋利。标本ⅠT7207 - 7208⑩:1（图一四一, 13）。

璋　1件。器体小, 身呈长条形, 双阑, 无齿, 长方形柄, 中有小穿孔, "V"字形刃。器身极薄。标本 C:713（图一四一, 10; 彩版四〇, 2）。

锥形器　56件, 其中5件完整。除1件无法分型外, 余55件按平面形状的差异, 分四型。

A 型　51件。片状。依据平面形状的差异, 分三亚型。

Aa 型　29件。器呈尖条形, 中部宽, 两端窄, 中间有脊直达两端, 横剖面呈"V"字形。标本 C:386（图一四二, 1; 彩版四〇, 4）。

Ab 型　14件。器呈椭圆形, 中部较宽, 两端缓收, 中间有脊, 外缘起脊, 横剖面呈弧形。标本 C:707（图一四二, 2; 彩版四〇, 5）。

Ac 型　8 件。器呈鞋形，断面呈"凹"字形。标本ⅠT8003⑦：37（图一四二，3；彩版四〇，6）。

B 型　1 件。角形。标本ⅠT8104⑥：9（图一四二，4；彩版四〇，3）。

C 型　1 件。棱柱形。标本ⅠT6613－6714⑦：1（图一四二，5；彩版四〇，7）。

D 型　2 件。长条形。上宽下窄。器物中空，管状，一端平直，一端尖锥状。骹口外壁饰有一组鱼、鸟、箭纹，造型同射鱼纹金带纹饰一致。带尾羽的弓箭，穿过鸟身，箭头直抵鱼头。鱼鸟纹上面有两条平行弦纹，下面有一条弦纹。标本 L8④：44（图一四二，6；彩版四一，1）。

长条形器　211 件。均为长条形，素面。按有无穿孔差异，分二型。

A 型　142 件。无穿孔。标本 C：1286－1（图一四二，7）。

B 型　69 件。器身的两端和中部都有较小的穿孔。标本 C：1287（图一四二，8）。

叉形器　1 件。平面形状呈"叉"形，顶端略有残缺，叉部有两个"半月"形组成。标本ⅠT7507⑥：1（图一四二，10）。

削形器　2 件。长条状，刃部不突出。标本ⅠT7407⑧：1（图一四二，9；彩版四一，2）。

铃　33 件。平顶上均有环形小纽。依据平面形状的差异，分三型。

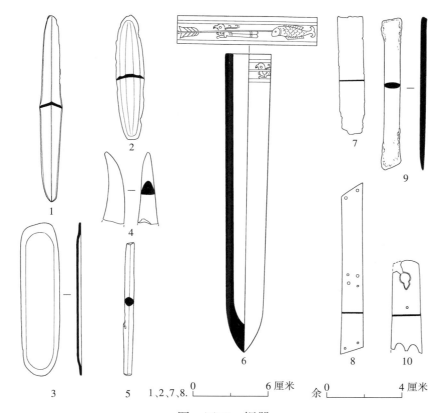

图一四二　铜器

1. Aa 型锥形器（C：386）　2. Ab 型锥形器（C：707）　3. Ac 型锥形器（ⅠT8003⑦：37）　4. B 型锥形器（ⅠT8104⑥：9）　5. C 型锥形器（ⅠT6613－6714⑦：1）　6. D 型锥形器（L8④：44）　7. A 型长条形器（C：1286－1）　8. B 型长条形器（C：1287）　9. 削形器（ⅠT7407⑧：1）　10. 叉形器（ⅠT7507⑥：1）

　　A 型　15 件。覆瓦状，两侧无翼，横剖面为合瓦形，顶部呈弧形。依据口部两侧形状差异，分二亚型。

　　Aa 型　5 件。口部两侧边内折，剖面外凸。标本 C：44（图一四三，1；彩版四一，3）、ⅠT8106⑦：24（图一四三，2）。

　　Ab 型　10 件。口部内凹。标本ⅠT8105⑦：96（图一四三，3）。

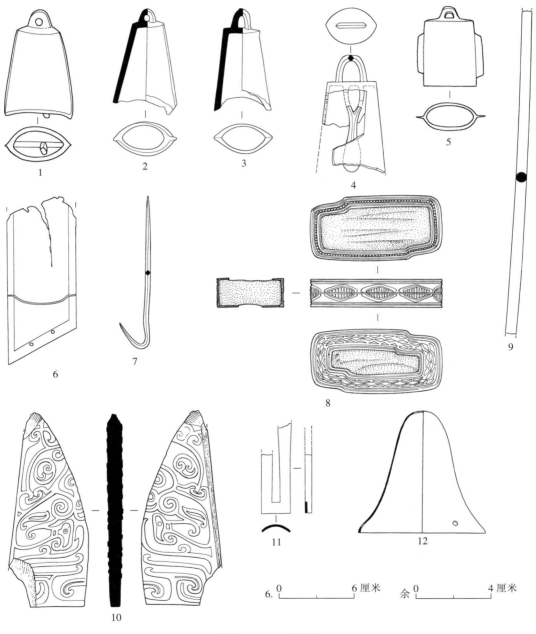

图一四三　铜器

1、2. Aa 型铃（C：44、ⅠT8106⑦：24）　3. Ab 型铃（ⅠT8105⑦：96）　4. B 型铃（ⅠT7809⑥：12－1）
5. C 型铃（C：497）　6. 菱形器（C：600）　7. 铜钩（ⅣT8205④：1）　8. 方形器（ⅠT7809⑦：5）
9. 管形饰（C：41）　10. 弧形饰（ⅠT7807⑤：26）　11. 回字形器（C：1158）　12. 铃形饰（L12：13）

B 型　12 件。梯形，横剖面呈桃核状，口部略凹。标本 I T7809⑥:12-1（图一四三，4）。

C 型　6 件。平面呈长方形，横剖面为椭圆形，口部较平，无铃舌。两侧均有长方形翼。标本 C:497（图一四三，5；彩版四一，4）。

铃形饰　1 件。平面呈喇叭状。上窄下宽。口沿平直，口部周围有圆形小穿孔。标本 L12:13（图一四三，12；彩版四一，5）。

菱形器　3 件。器略残。器正面中间略凸，背面略凹，周缘平直，短边近外缘处各有两个小穿孔。标本 C:600（图一四三，6）。

方形器　1 件。平面呈长方环形，中空，一组对角内折，断面呈长方形。周身饰满阳刻纹饰。一面饰一周由两道凸弦纹夹圆点纹构成的纹饰带；另一面饰一周由两道凸弦纹夹菱形纹构成的纹饰带；侧面饰一周海贝形纹饰。标本 I T7809⑦:5（图一四三，8；彩版四二，1）。

铜钩　11 件。长条状，弯钩。标本 IV T8205④:1（图一四三，7）。

管形饰　2 件。平面形状呈长方形，横剖面呈圆形。器身略弯曲。标本 C:41（图一四三，9；彩版四二，2）。

弧形饰　1 件。整器平面形状呈半弧形，两面均阴刻凤鸟纹和云雷纹。标本 I T7807⑤:26（图一四三，10）。

回字形器　1 件。平面呈长方回形，中间分叉。剖面呈弧形，中部隆起，一端残断。标本 C:1158（图一四三，11）。

柳叶形饰　1 件。标本 C:1239。

（2）圆形器

595 件。有璧、挂饰、圆涡形器、圆角方孔形器、圆角长方形板、桃形板、不规则形板等。

璧　192 件。依据孔壁是否凸起成领差异，分二型。

A 型　175 件。有领璧。按凸起形式的差异，分四亚型。

Aa 型　4 件。均残。孔缘单面凸起，孔径小于环面宽。个别器物上有数量较多的小穿孔。标本 C:1202（图一四四，1）。

Ab 型　8 件。孔缘双面凸起，孔径较大，约占全器三分之一。孔壁及凸起的领成直线，器壁剖面呈"T"形。标本 C:678（图一四四，2；彩版四二，4）。

Ac 型　162 件。孔壁及凸起的领呈三角形，器壁剖面呈"Y"形。依据孔径变化，分二式。

I 式　23 件。直径略小，体形小。标本 I T7904⑧a:1（图一四四，3；彩版四二，5）。

II 式　139 件。直径较大，体形略大。标本 I T8003⑥:12（图一四四，4；彩版四三，1）。

Ad 型　1 件。箍状，剖面呈弧形。标本 L8③:42（图一四四，5）。

B 型　17 件。孔缘不凸起，无领。根据孔径与环面宽度的比例，分三亚型。

Ba 型　8 件。孔径小于或等于环面宽。标本 C:606（图一四四，6；彩版四三，2）。

Bb 型　6 件。孔径大于环面。标本 C:552（图一四四，7）、D2:7（图一四四，8；彩版四三，3）。

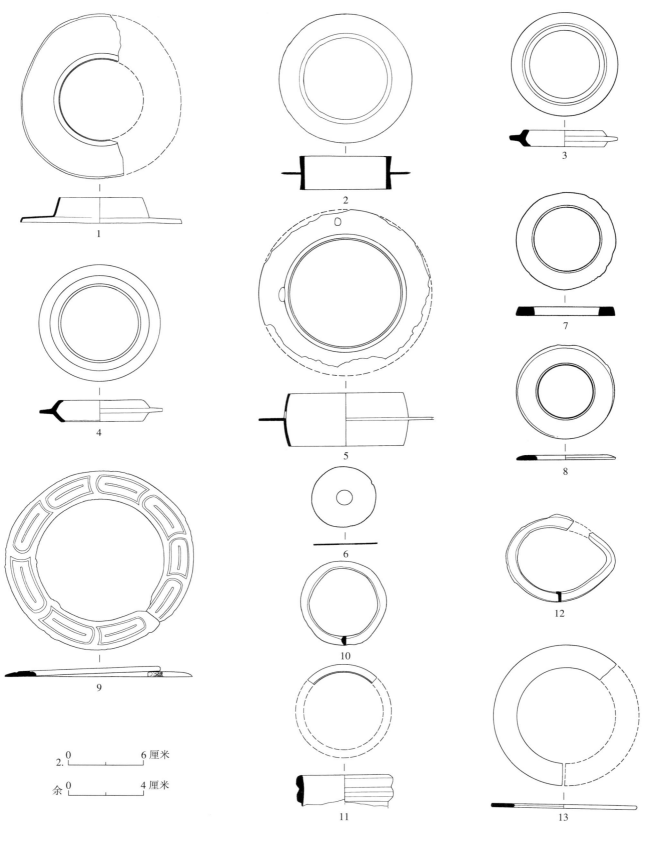

图一四四　铜器

1. Aa 型璧（C：1202）　　2. Ab 型璧（C：678）　　3. Ac 型Ⅰ式璧（ⅠT7904⑧a：1）　　4. Ac 型Ⅱ式璧（ⅠT8003⑥：12）
5. Ad 型璧（L8③：42）　　6. Ba 型璧（C：606）　　7、8. Bb 型璧（C：552、D2：7）　　9. A 型环形器（ⅠT8003⑥：4）
10. Bc 型璧（L6：149）　　11. 箍形器（ⅠT8005⑦：73）　　12. B 型环形器（L6：332）　　13. 玦（L8③：74）

Bc 型　3 件。背面粗糙，器较薄。标本 L6∶149（图一四四，10；彩版四三，4）。

环形器　13 件。依据表面装饰和制作工艺差异，分二型

A 型　1 件。表面饰云雷纹，制作规整，直径略大。标本ⅠT8003⑥∶4（图一四四，9；彩版四三，5）。

B 型　12 件。素面，制作粗糙，边缘多未处理，直径略小。标本 L6∶332（图一四四，12；彩版四三，6）。

箍形器　1 件。管状，仅存一段。器身外缘波浪状，先凸出再内凹再凸出。双面钻孔。标本ⅠT8005⑦∶73（图一四四，11；彩版四四，1）。

玦　1 件。平面呈圆环形。环面上有一缺口。孔径大于环面宽。标本 L8③∶74（图一四四，13）。

挂饰　175 件。其中 47 件完整。器略呈圆形，中部隆起，顶上有一环纽，素面。除 8 件残缺严重无法分型外，余 167 件依据剖面形状的差异，分十型。

A 型　65 件。器呈圆形，两侧有翼或凸齿。标本 C∶1325（图一四五，1）、ⅠT8303⑥∶1（图一四五，2；彩版四四，2）。

B 型　9 件。椭圆形，两侧有翼或凸齿。标本ⅠT8105⑦∶82（图一四五，3；彩版四四，3）。

C 型　23 件。方形，两侧多有两翼。标本 C∶885（图一四五，4；彩版四四，4）、ⅠT8005⑦∶79（图一四五，9；彩版四四，5）。

D 型　6 件。长方形，无翼或凸齿。标本ⅠT8405⑩∶2（图一四五，5；彩版四四，6）、ⅠT8202⑥∶6（图一四五，6）。

E 型　40 件。瓜棱状，两侧多有翼或凸齿。标本ⅠT8106⑦∶55（图一四五，7；彩版四四，7）。

F 型　6 件。铜铃状，两侧有双翼。标本ⅠT8106⑦∶54（图一四五，8；彩版四五，1）。

G 型　1 件。水母状。标本ⅠT8005⑦∶5（图一四五，10；彩版四五，2）。

H 型　12 件。长条状。标本ⅠT8005⑦∶11（图一四五，13；彩版四五，3）。

I 型　1 件。扇贝形。标本 C∶500（图一四五，12）。

J 型　4 件。六边形。标本ⅠT8004⑦∶43（图一四五，11；彩版四五，4）。

圆涡形器　10 件。器中心上凸，器内弧壁，器外沿伸出一尖尾。依据器表形态差异，分二型。

A 型　8 件。器壁较薄，器物中心凸起，素面。标本 C∶543（图一四六，1；彩版四五，5）。

B 型　2 件。器身较厚，器表有一圈浅槽状旋纹。中心收缩成有乳突的尖顶。标本 C∶542（图一四六，2）。

圆角方孔形器　182 件，其中 47 件完整。除 1 件无法分型外，余 181 件依据领部有无差异，分二型。

A 型　170 件。有领方孔。依据孔部和领部内侧形态差异，分三亚型。

Aa 型　145 件。领部斜直。平面呈圆角方形。中有一方形穿孔，孔壁一面上凸成领。领呈上

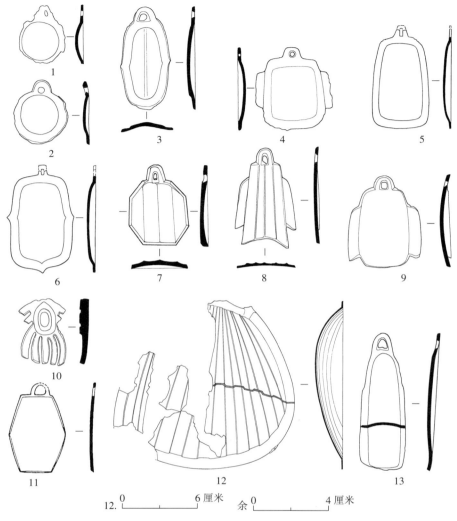

12. 0 —————— 6 厘米　余 0 —————— 4 厘米

图一四五　铜挂饰

1、2. A 型（C：1325、ⅠT8303⑥：1）　3. B 型（ⅠT8105⑦：82）　4、9. C 型（C：885、ⅠT8005⑦：79）　5、6. D 型
（ⅠT8405⑩：2、ⅠT8202⑥：6）　7. E 型（ⅠT8106⑦：55）　8. F 型（ⅠT8106⑦：54）　10. G 型（ⅠT8005⑦：5）
11. J 型（ⅠT8004⑦：43）　12. I 型（C：500）　13. H 型（ⅠT8005⑦：11）

小下大的覆斗形。依据领部和直径的变化差异，分二式。

　　Ⅰ式　82 件。高领，孔径较小。标本ⅠT8206⑩：7（图一四六，3；彩版四五，6）。

　　Ⅱ式　63 件。领与面近垂直，方孔边长基本相同。标本ⅠT8006⑥：1（图一四六，4）、
ⅠT8206⑦：20（图一四六，5；彩版四六，1）。

　　Ab 型　7 件。领部内凹，剖面呈"Y"字形。标本 L6：302（图一四六，6；彩版四六，2）。

　　Ac 型　18 件。领部顶部内凸，形成短沿。标本ⅠT8305⑩：1（图一四六，7；彩版四六，3）。

　　B 型　11 件。无领，平面呈回字形，上下宽度基本相同，中有方孔，环面极窄。一段残断，
似连接它物。标本 L6：148（图一四六，8；彩版四六，4）。

　　圆角长方形板　14 件。其中 10 件保存完整，大小基本相同。呈圆角长方形，素面，板中央大

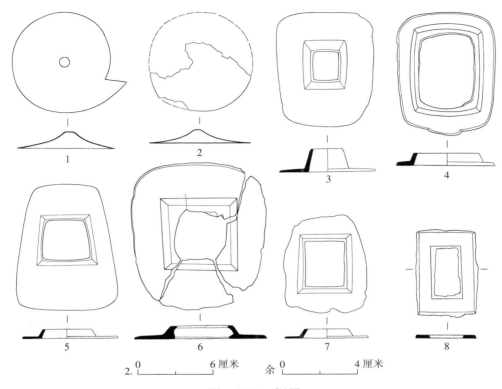

图一四六　铜器

1. A 型圆涡形器（C：543）　　2. B 型圆涡形器（C：542）　　3. Aa 型Ⅰ式圆角方孔形器（ⅠT8206⑩：7）　　4、5. Aa 型Ⅱ式圆角方孔形器（ⅠT8006⑥：1、ⅠT8206⑦：20）　　6. Ab 型圆角方孔形器（L6：302）　　7. Ac 型圆角方孔形器（ⅠT8305⑩：1）　　8. B 型圆角方孔形器（L6：148）

多有一圆圈痕迹。标本 C：882（图一四七，6）。

桃形板　2 件。下端平面形状呈桃形。依据上端平面形状的差异，分二型。

A 型　1 件。上端内凹，两角上翘呈尖三角形。标本 C：392（图一四七，1；彩版四六，5）。

B 型　1 件。上端连续凹状，呈盉形。标本 ⅠT7908⑨a：13（图一四七，2）。

不规则形板　4 件。平面呈不规则圆形，边缘处有距离不等的三个小方孔。标本 C：752（图一四七，3；彩版四六，6）。

椭圆形器　1 件。平面形状呈椭圆形，锈蚀严重，边缘整体锈损，边缘有一处缺失，整器制作精细。标本 ⅠT8201⑧a：1（图一四七，7）。

2. 像生形器

77 件。分人物形器与动物形器两类。

（1）人物形器

36 件。有立人像、人面形器、眼睛形器、眼泡等。

立人像　3 件。由上下相连的立人和插件两部分组成。立人身着短袍，头戴一道环形帽圈。

标本 C：17（图一四七，4；彩版四七，1）。

　　人面形器　3 件。整器似一略有变形的人面，人面上仅眼睛、嘴形状较为清楚，其他部分因锈蚀已模糊不清。标本 C：317（图一四七，5；彩版四七，2）。

　　眼睛形器　18 件。仅 2 件保存完整，其余均残损严重。器呈片状。除 1 件无法分型外，余 17

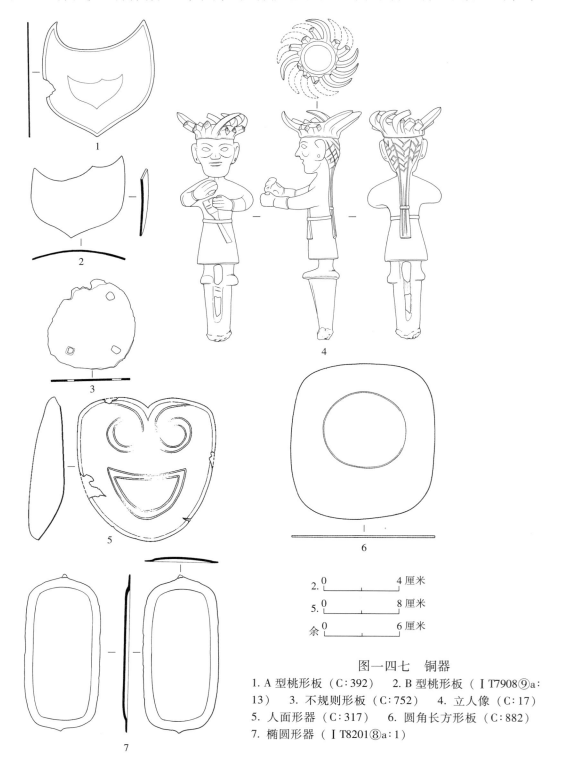

图一四七　铜器

1. A 型桃形板（C：392）　2. B 型桃形板（ⅠT7908⑨a：13）　3. 不规则形板（C：752）　4. 立人像（C：17）
5. 人面形器（C：317）　6. 圆角长方形板（C：882）
7. 椭圆形器（ⅠT8201⑧a：1）

件根据器物不同形态，分二型。

A 型 5 件。外形如鸟。器身中部略宽，前后端渐小，前端向下弯曲成钩喙状，后端向上弯曲。眼珠、眼角及眼形器的周缘均墨绘。标本 C：393（图一四八，1；彩版四八，1）。

B 型 12 件。器身外轮廓呈菱形，中部略外弧。据瞳孔的表现方式不同，分二亚型。

Ba 型 7 件。用墨绘方式表现眼珠、眼角、眼眶。标本 C：692（图一四八，2；彩版四八，2）。

Bb 型 5 件。用穿孔方式表现眼珠、眼角。标本 C：1272（图一四八，3；彩版四八，3）。

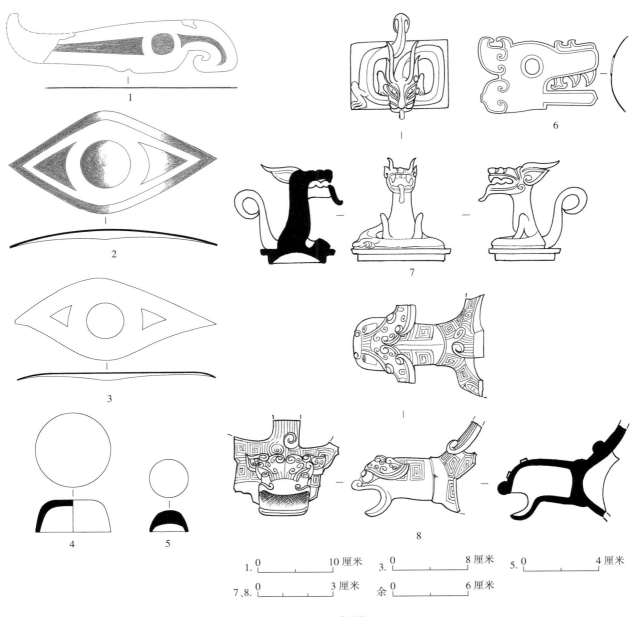

图一四八 铜器

1. A 型眼睛形器（C：393） 2. Ba 型眼睛形器（C：692） 3. Bb 型眼睛形器（C：1272） 4. A 型眼泡（C：330）
5. B 型眼泡（ⅠT8003⑥：13） 6. 龙形器（C：506） 7. 龙形器钮（ⅠT7009－7110⑫：18） 8. 虎（ⅠT7509⑥：1）

眼泡　8 件。器体呈半球状，内部中空。依据大小和顶部形态的差异，分二型。

A 型　5 件。器顶略平，体量较大。标本 C：330（图一四八，4；彩版四七，3）。

B 型　3 件。体量较小，弧顶。标本ⅠT8003⑥：13（图一四八，5；彩版四七，4）。

人头　2 件。标本 L8①：10。

人耳　1 件。标本ⅠT8105⑧a：32。

立人手臂　1 件。标本 C：586。

（2）动物形器

41 件。有龙形器、虎、牛首、鸟、蝉、鱼形器等。

龙形器　7 件。均保存不完整。器呈弧形，龙圆眼中空，张口露齿。标本 C：506（图一四八，6；彩版四八，4）。

龙形器纽　1 件。器纽由上部的龙形装饰和下部的方形底座两部分构成。底座呈横长方形，四周呈曲尺状，中空，顶部外平内圜，素面。底座上的龙形装饰系圆雕而成，龙的角、眼、耳、嘴、身、爪等部位一应俱全，形象生动，立体感强。标本ⅠT7009－7110⑫：18（图一四八，7；彩版四九，1）。

虎　5 件。其中虎 3 件，虎尾 2 件。器中空，应是大型器物的附件。造型为虎，仅有头部和颈部。口部大张，无虎牙，吻部发达，昂首怒目，双耳竖立，双耳上均饰卷曲纹，额头上阳刻细线纹，颈部上遍饰云雷纹。标本ⅠT7509⑥：1（图一四八，8；彩版四九，2）。

牛首　4 件，其中 1 件为铜牛角。均保存完整。牛角高翘，三角形双耳向两侧耸出，牛首后部均为空心圆柱状。标本 C：198（图一四九，1；彩版四九，3）。

鸟　13 件。其中少量存鸟头部分，大量为鸟尾残件。鸟的形态各异，属于不同原型，多数是立于柱形器上，少量为片状，属于悬挂物品。标本 C：553（图一四九，2；彩版五〇，1）。

蝉　4 件。蝉形，尾部分叉，横剖面为椭圆形。标本 C：1159（图一四九，3）。

鱼形器　3 件。依据平面形态差异，分二型。

A 型　2 件。鱼形铜箔。器呈细叶状，头端均有一小孔。标本 C：1285（图一四九，5）。

B 型　1 件。鱼形饰，浑铸而成，仅刻划鱼头和鱼尾。标本ⅠT7809⑥：12－2（彩版四九，4）。

貘首　1 件。悬挂于一环上，刻划出貘首，鼻残断。推测为铜卣上装饰。标本ⅠT8406⑥：2（图一四九，4；彩版四二，3）。

怪兽　1 件。形体造型独特，头大身小，牛头鸟身。茸角高翘，圆角。其形态同"烛龙"相近。三角形双耳向两侧耸出。额上饰菱纹，吻部发达夸张，吻部上方饰两处三角形纹，未刻划出鼻孔及嘴。周身遍饰片状鱼鳞纹，下腹上饰卷曲纹。底部为空心长方柱状，两侧均有一方形穿孔相互对称并均饰云雷纹，推测该器是立于大型铜器上的附件。标本ⅠT8004⑦：37（图一四九，6；彩版五〇，2）。

灵猫　1 件。标本ⅠT8405⑦：16。

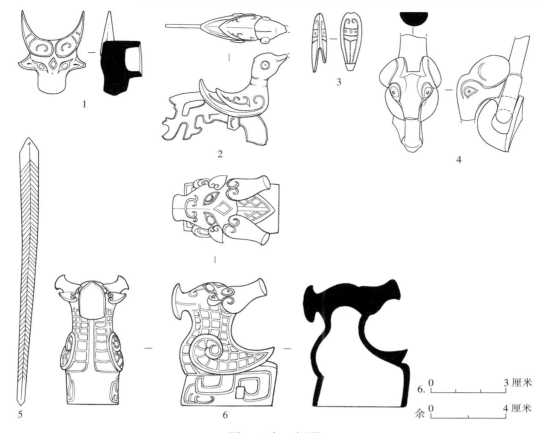

图一四九 铜器

1. 牛首（C：198） 2. 鸟（C：553） 3. 蝉（C：1159） 4. 貘首（ⅠT8406⑥：2） 5. A 型鱼形器（C：1285）
6. 怪兽（ⅠT8004⑦：37）

动物形器 1 件。标本 C：1284。

3. 其他形器

236 件。有铜罍、喇叭形器、圈足残片、镂空饰件、铜器残片等。

罍 1 件。体量较小。盘口，直沿，方唇，束颈，鼓肩，斜腹内收，圈足。肩部有两个对称的环形耳，每耳两侧各有一对对称的凸起的圆形涡纹。标本ⅠT7607⑦：1（图一五〇，6；彩版五一，2）。

容器 3 件。簋形，侈口，窄沿，浅腹。腹部饰有两条平行方格纹带，间断有圆形方格点纹和"出"字纹饰。标本ⅠT6611 – 6712⑥：1 – 3（图一五〇，8）。

牌饰 2 件。虎形，器身扁平。头部呈半环形，下颌较长，前端有一尖牙竖立。短身，长尾上卷，腿呈跪卧姿势，头部、尾部均有阴线刻槽。标本ⅠT7804⑦：1（图一五〇，5；彩版五一，1）。

冠饰 1 件。器身较薄。上部为兽面纹尾状冠，表面饰兽面纹；底部为一扁平面。标本 D5：7

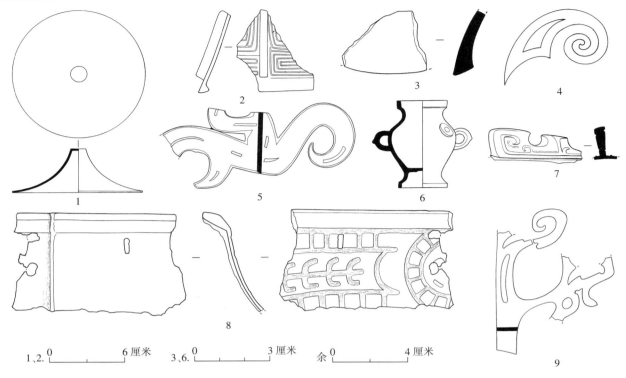

图一五〇　铜器

1. 喇叭形器（C：555）　2. A 型圈足残片（C：210）　3. B 型圈足残片（D7：2）　4. 镂空饰件（C：615）　5. 牌饰
（ⅠT7804⑦：1）　6. 罍（ⅠT7607⑦：1）　7. 冠饰（D5：7）　8. 容器（ⅠT6611－6712⑥：1－3）　9. 兽面镂孔饰
品（ⅠT7908⑨a：14）

（图一五〇，7；彩版五一，3）。

喇叭形器　1件。器底面呈圆形，立面呈下大上小的喇叭状，小平顶，顶上有一圆孔，中空。底边周缘整齐。标本 C：555（图一五〇，1；彩版五一，4）。

圈足残片　7件。可能为铜容器的圈足残件，均饰云雷纹，有的还饰有扉棱。依据足部形态的差异，分二型。

A 型　5件。足部内敛。标本 C：210（图一五〇，2）。

B 型　2件。足部外侈。标本 D7：2（图一五〇，3；彩版五一，5）。

镂空饰件　2件。均残损。器身较薄，纹饰曲线流畅，可能为鸟的羽翅。标本 C：615（图一五〇，4）。

兽面镂孔饰品　1件。仅存三块残片，且无法拼接。器身扁平，正面有光滑，背面粗糙。标本ⅠT7908⑨a：14（图一五〇，9）。

铜器残片　212件。在机械施工中破坏严重，已无法辨识其器形。

尊　3件。标本ⅠT7913⑦：1、ⅠT8004⑦：60、ⅠT8105⑦表下：34。

圈足　2件。标本ⅠT8103⑦：11、ⅠT8205⑦：26。

扉棱　1件。标本ⅠT8106⑦：56。

（五）商周时期金器类型学分析

共计 288 件。以金片、金箔为主，采用捶揲、剪切、刻划、模冲、镂空、打磨等多种技法成型和纹样加工。依据器物的平面形态差异，可分为几何形器、像生形器、其他形器三类。

1. 几何形器

82 件。按器物平面形态可分为多边形器、圆形器两类。

（1）多边形器

36 件。有三角形器、菱形金箔、圭形饰、条形饰、鱼纹带。

三角形器　2 件。依据平面形状的差异，分二型。

A 型　1 件。圆角三角形。标本 C：834（图一五一，1；彩版五二，3）。

B 型　1 件。梭形。标本ⅠT8201⑨a：1（图一五一，2）。

菱形金箔　2 件。平面形状呈菱形。标本ⅠT8105⑦：73－1（图一五一，3）。

圭形饰　1 件。平面形状呈圭形。标本ⅠT8106⑦：3（图一五一，4）。

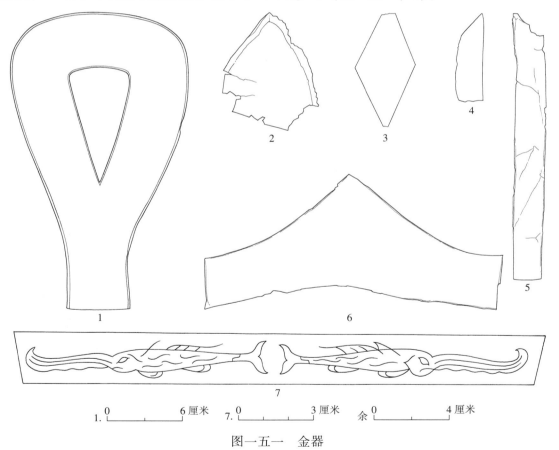

图一五一　金器

1. A 型三角形器（C：834）　2. B 型三角形器（ⅠT8201⑨a：1）　3. 菱形金箔（ⅠT8105⑦：73－1）　4. 圭形饰（ⅠT8106⑦：3）　5. A 型条形饰（C：604）　6. B 型条形饰（L8④：30）　7. 鱼纹带（C：687－2）

条形饰　28件。依据平面形状的差异，分二型。

A型　25件。长条状。标本C：604（图一五一，5）。

B型　3件。不规则状。标本L8④：30（图一五一，6；彩版五二，2）。

鱼纹带　3件，其中1件为射鱼纹金带。鱼纹金带C：687－1、C：687－2，两段大小几乎相同，重量相等。器呈下短上长的倒梯形。带面平整。正面纹饰由两条首向外、尾相对的鱼纹组成。鱼嘴前有似鸟喙的长吻。标本C：687－1、C：687－2（图一五一，7；彩版五二，1）。射鱼纹金带1件，标本C：688（图一五二，1；彩版五三，1）。

（2）圆形器

46件。器类计有"四鸟绕日"金箔饰、圆形金箔饰、素面环形金饰、金盒。

"四鸟绕日"金箔饰　1件。整器呈圆形，器身极薄。镂空纹饰分内外两层，内层为一圆圈，周围等距分布十二条旋转的齿状光芒；外层图案围绕在内层图案周围，由四只相同的鸟组成。标本C：477（图一五二，7；彩版五四，1）。

圆形金箔饰　36件。器呈圆形，器身有一圆形穿孔。按穿孔位置和有无的不同，分三型。

A型　2件。穿孔在圆心，器表略弧。标本C：1404（图一五二，2）。

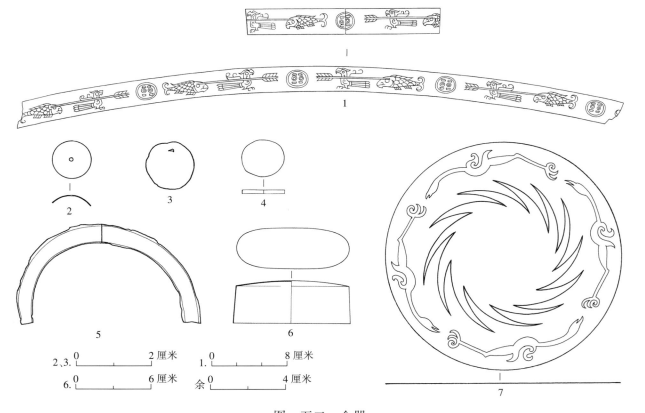

2、3. ⊢0━━━━━2厘米⊣　　1. ⊢0━━━━━8厘米⊣

6. ⊢0━━━━━6厘米⊣　　余 ⊢0━━━━━4厘米⊣

图一五二　金器

1. 鱼纹带（C：688）　　2. A型圆形金箔饰（C：1404）　　3. B型圆形金箔饰（C：1369）　　4. 环（L8③：61）　　5. 素面环形饰（C：1398）　　6. 盒（C：591）　　7. "四鸟绕日"金箔饰（C：477）

B 型　34 件。穿孔在器物边缘，器身平整。标本 C∶1369（图一五二，3）。

环　1 件。环状。标本 L8③∶61（图一五二，4；彩版五四，2）。

素面环形饰　7 件。均残断。素面无纹饰，环面宽窄不等，器身多有铜锈。标本 C∶1398（图一五二，5）。

盒　1 件。平面形状呈椭圆形，无盖，平底略外弧。标本 C∶591（图一五二，6；彩版五四，3）。

2. 像生形器

53 件。分为人物形器与动物形器两类。

（1）人物形器

5 件。

面具　2 件。依据平面形态的差异，分二型。

A 型　1 件。圆脸，圆颐。标本 C∶465（图一五三，1；彩版五五，1）。

B 型　1 件。方脸，方颐。标本 L8④∶58（图一五三，2；彩版五五，2）。

人面形器　3 件。人脸像，仅勾勒出眼睛、嘴巴和鼻子。其可能是依附于铜人面形器。标本 L13∶1（图一五三，3；彩版五三，2）、L8③∶26（图一五三，4；彩版五三，3）。

（2）动物形器

48 件。有蛙形金饰、鱼形金箔饰等。

蛙形饰　8 件。形制、大小、制作工艺基本相同。器呈片状，头部呈尖桃形，并列一对圆眼。亚字形身，背部中间一脊线，前后四肢相对向内弯曲，尾端尖。脊两侧饰对称弦纹，由背脊处延至四肢，弦纹内饰一排连珠纹。标本 C∶217（图一五三，5；彩版五六，1）。

鱼形金箔饰　39 件。依据头部形态差异，分二型。

A 型　35 件。三角形鱼头，口、眼刻划清晰。依据体量长短差异，分二亚型。

Aa 型　21 件。短体。依据体形变化，分二式。

Ⅰ式　14 件。体宽胖。标本ⅠT8206⑩∶24-2（图一五三，6）。

Ⅱ式　7 件。体瘦长。标本ⅠT8106⑨a∶151（图一五三，7）。

Ab 型　14 件。体形细长。标本 L6∶337（图一五三，8；彩版五六，2）、ⅠT8106⑨a∶7（图一五三，10）。

B 型　4 件。圆头，仅刻划出口部，无眼部刻划。身部除了鱼刺刻划外，还有圆圈状鱼鳞。标本ⅠT8205⑦∶24（图一五三，9）。

蛇纹金箔　1 件。标本 L8④∶13。

3. 其他形器

153 件。有喇叭形器、"几"字形器、金器残片等。

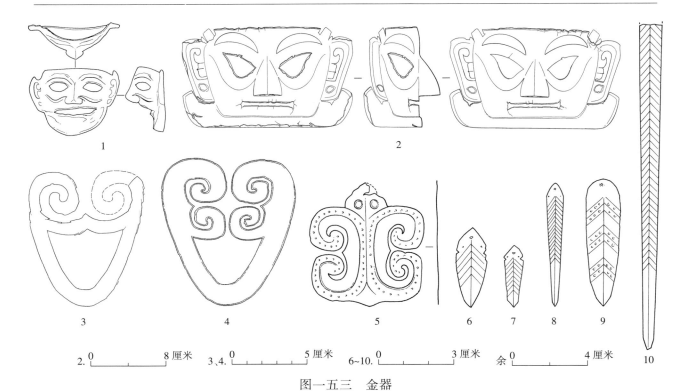

2. $\underset{0}{\vdash}$————$\underset{8厘米}$ 3、4. $\underset{0}{\vdash}$————$\underset{5厘米}$ 6~10. $\underset{0}{\vdash}$————$\underset{3厘米}$ 余 $\underset{0}{\vdash}$————$\underset{4厘米}$

图一五三　金器

1. A 型面具（C：465）　2. B 型面具（L8④：58）　3、4. 人面形器（L13：1、L8③：26）　5. 蛙形饰（C：217）　6. Aa 型 I 式鱼形金箔饰（ I T8206⑩：24－2）　7. Aa 型 II 式鱼形金箔饰（ I T8106⑨a：151）　8、10. Ab 型鱼形金箔饰（L6：337、 I T8106⑨a：7）　9. B 型鱼形金箔饰（ I T8205⑦：24）

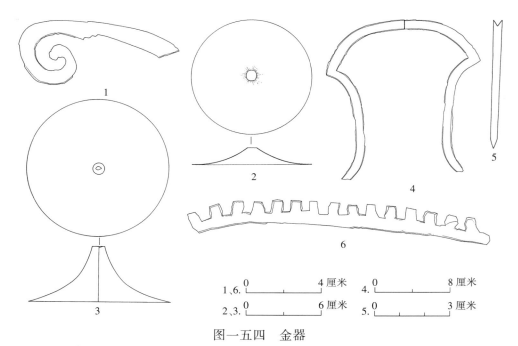

1、6. $\underset{0}{\vdash}$————$\underset{4厘米}$　4. $\underset{0}{\vdash}$————$\underset{8厘米}$

2、3. $\underset{0}{\vdash}$————$\underset{6厘米}$　5. $\underset{0}{\vdash}$————$\underset{3厘米}$

图一五四　金器

1. 金器残片（ I T8005⑦：68）　2. B 型喇叭形器（C：551）　3. A 型喇叭形器（C：31）　4. "几"字形器（C：222）
5. 锥形饰（L8①：40）　6. 锯齿形饰（L14：81－1）

喇叭形器　5 件。底面呈圆形，立面呈上小下大的喇叭形，顶上均有一穿孔，周壁向下逐渐外侈。按器物高低的差异，分二型。

A 型　3 件。器物较高。小平顶，顶上有一个近似菱形的小孔。器表素面，曾作抛光处理，内壁粘附有铜锈，并有较多划痕。标本 C：31（图一五四，3；彩版五六，3）。

B 型　2 件。器物较矮。小平顶，顶上有一个不规则形穿孔。器表不平整，器内外壁均抛光，留有不规则的细密划痕。标本 C：551（图一五四，2；彩版五六，4）。

"几"字形器　1 件。器呈平面形状"几"字形，外缘不规整，有内卷痕迹。器身附有铜锈。整器作抛光处理。标本 C：222（图一五四，4；彩版五六，5）。

锥形饰　5 件。平面形状呈锥形。标本 L8①：40（图一五四，5）。

锯齿形饰　2 件。器身有十五个齿突。标本 L14：81 - 1（图一五四，6；彩版五六，6）。

金器残片　140 件。平面形状均呈片状。器物大小不等，厚薄不一，有的器身上粘附铜锈，有的金片外缘内卷，可能系包裹或者镶贴其他器物之用。标本 Ⅰ T8005⑦：68（图一五四，1）。

（六）商周时期骨角器类型学分析

共计至少 51 件。骨角器主要以象牙、鹿骨、鹿角、牛骨等制成，形状有矛、镞、锥形器、柱形器、圆形器、管状器、鹿角等。器表都有打磨，有的磨制非常光滑。

骨矛　1 件。平面形状呈梭形，尖锋，弧刃。标本 C：2188（图一五五，1）。

骨镞　1 件。标本 C：1290，器呈三棱形，尖锋，双翼，圆锥形铤，整器磨制精细（图一五五，2；彩版五七，1）。

骨凿　1 件。标本 Ⅰ T8404⑫：6。

圆形骨器　3 件。器一面微凸，一面较平，出土时器表光洁，现器表有开裂现象。标本 C：599（图一五五，4）。

螺形骨器　1 件。标本 C：244，平面近椭圆形。器物完整（图一五五，5）。

骨网坠　1 件。平面近长方形。平面形状呈管状，横剖面近圆形。器身中心有孔，只有一端穿通。标本 C：1312（图一五五，6）。

锥形骨器　2 件。由黄色鹿跖骨或掌骨制成。器平面形状呈长条形，顶端磨平，器两表中部均有浅凹槽，锥状刃部略残。标本 C：246（图一五五，3）、C：426（彩版五七，2）。

圆柱象牙器　11 件。平面形状呈圆柱状。标本 L11：41（图一五五，7）。

圆饼状象牙器　1 件。平面形状呈圆饼状。标本 L11：23（图一五五，8）。

鹿角　12 件。标本 C：1021（图一五五，9）。

卜甲　5 件。标本 L64：1～5。

条形骨器　1 件。标本 L19：30。

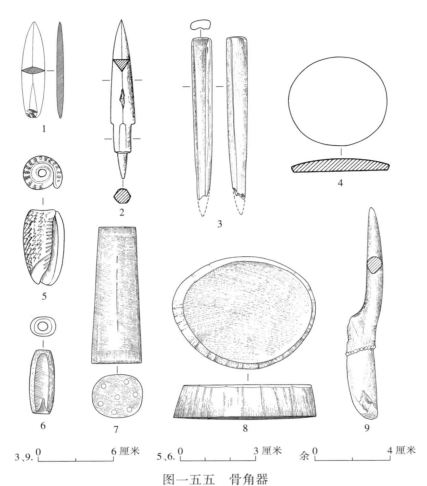

图一五五 骨角器

1. 骨矛（C：2188） 2. 骨镞（C：1290） 3. 锥形骨器（C：246） 4. 圆形骨器（C：599） 5. 螺形骨器（C：244） 6. 骨网坠（C：1312） 7. 圆柱象牙器（L11：41） 8. 圆饼状象牙器（L11：23） 9. 鹿角（C：1021）

骨饰品 1件。标本 I T8105⑨a：2。

骨珠 1件。标本 I T8106⑨a：1。

兽骨 3件。标本 L6：71。

角器 2件。标本 C：1289、C：725。

兽牙 2件。标本 C：1306-1、C：1306-2。

象牙器 1件。标本 C：1300。

象牙臼齿 1件。标本 L8①：56。

象牙 若干。标本 L8①：50、L8①：54。

（七）商周时期漆、木、竹器类型学分析

共计12件。

0   8 厘米

图一五六　木雕人像（L58①：688）

木器　1件。仅发现1段残件。呈棍状，上涂有朱砂。

木雕人像　1件。木雕分为上下两节，上节为兽面人头像；下节为装饰。木雕人头像通体向前弯曲，犹如象牙的牙尖部分，上大下小；上部的横截面为椭圆形，正面窄，侧面宽。标本L58①：688（图一五六；彩版五七，3）。

木兽面构件　1件。正面为变形人面纹，方颐，方脸，对称的眼睛；鼻脊微现，下颌方正；夸张的长耳。标本L24：61（彩版五八，1）。

木榫卯构件　3件。构件一端呈曲尺状，另一端为榫头，可插入其他构件中。素面。L24：62（彩版五八，3）。

镶嵌蚌片漆器　1件。为动物的尾部。漆器一端残断，当为卯端。平面形状呈曲尺状，上翘，器身镶嵌有大小不一的白色蚌片，呈鳞片状，部分已经脱落，器身为黑漆髹地，周缘有带状红彩装饰。该漆器装饰技术具有非常明显的"螺钿"风格。标本L58①：82（彩版五八，2）。

弓形漆器　2件。标本L58②－9：39、L58②－9：40。

木胎虎头漆器　1件。标本L11：31。

镶嵌玉片漆器　1件。仅存表面的漆器和绿松石装饰的局部。该器以红色漆绘出纹样主体，再以黑色漆勾勒纹样边缘，在空隙处填以绿松石，非常华丽。残缺的部分类似兽面纹的造型，其中眼睛部分较为明显，口部似露出牙齿，周围以勾卷、方折的线条来表示躯体等部位。标本L11：11。

竹器　1件。标本L58①：95－1。

第二节　西区商周时期遗存及分期

一　地层、遗迹及出土遗物

西区商周时期遗存出土遗物极为丰富，共计发现26个灰坑及36处祭祀遗迹（附表一）；遗物以陶器为主，另有玉器、铜器、石器，数量相对较少。共计出土陶片254484片，陶质分为夹砂陶和泥质陶，以夹砂陶为多，占87.57%。夹砂陶陶色以灰黑陶为多，占67.16%，灰黄陶占13.48%，灰褐陶占11.02%，红褐陶占3.43%，灰陶占2.66%，黄褐陶占2.25%。以素面居多，饰纹饰者仅占19.80%，以细线纹、粗绳纹、凹弦纹、压印纹为主，分别占62.86%、18.03%、11.10%、1.90%。泥质陶中以灰黑陶为多，占45.16%，灰黄陶占33.69%，灰陶占10.70%，灰褐陶占8.90%，黄褐陶占1.00%，青灰陶占0.30%，红陶占0.25%。以素面为主，饰纹饰者仅占15.52%，以细线纹、凹弦纹、戳印纹、凸棱纹为主，分别占68.00%、12.43%、10.33%、4.05%，另有极少量刻划纹、圆圈纹、镂孔、细绳纹、附加堆纹、重菱纹、压印纹、网格纹等（表一一）。陶器可辨器形主要有尖底杯、尖底盏、尖底罐、小平底罐、高领罐等。玉器种类有斧、锛等。铜器种类有刻刀、镞、器尾、残片。石器种类有璋、斧、锛、杵、璧及石器半成品等。为了准确全面地反映材料，我们采用按地层单位介绍遗物的方法。

表一一　西区商周时期地层陶片统计表

纹饰	夹砂陶								泥质陶								
陶质／陶色	灰黑	灰	红褐	灰褐	黄褐	灰黄	小计	百分比（%）	灰黑	灰	灰黄	灰褐	青灰	红	黄褐	小计	百分比（%）
素面	118060	5491	5825	17854	4267	27224	178721	80.19	11821	2695	9695	2114	82	71	239	26717	84.48
细绳纹	319	2	63	127	15	32	558	0.25	4	7	1				1	13	0.04
粗绳纹	5110	78	585	1545	163	476	7957	3.57	16	19	14	3	3			56	0.18
重菱纹	267	1	21	46	14	23	372	0.17	1		14	3				18	0.06
凹弦纹	3406	79	184	585	163	483	4900	2.20	299	45	172	86	2		6	610	1.93
凸棱纹	204	2	28	29	12	18	293	0.13	71	32	63	29	2		2	199	0.63
刻划纹	120	2	2	16	3	11	154	0.07	29	7	9	8				53	0.17
镂孔	30	3	3	9	1	8	54	0.02	4	4	11	4				23	0.07
细线纹	20310	251	914	4245	355	1669	27744	12.45	1651	522	562	537	4	5	57	3338	10.55
压印纹	764	6	5	49	7	9	840	0.38	3			3	1			7	0.02
网格纹	231			2	2	4	239	0.11	1		1				6	8	0.03
戳印纹	373	2	7	14	1	25	422	0.19	349	47	85	21		1	4	507	1.60
瓦棱纹	17			13	1	6	37	0.02	1		1					2	0.00
乳丁纹	65	4	6	13	3	20	111	0.05	3	4		5				12	0.04
方格纹	388		2	10	2	11	413	0.19									
云雷纹	2						2	0.00									
附加堆纹	11	8		4	1	5	29	0.01	4	1	2	1	1			9	0.03
圆圈纹	7					4	11	0.00	27	2	24					53	0.17
鸟首纹											1					1	0.00
硬陶兽面纹			1				1	0.00									
小计	149684	5929	7646	24561	5010	30028	222858	100.00	14284	3385	10655	2814	95	78	315	31626	100.00
百分比（%）	67.16	2.66	3.43	11.02	2.25	13.48	100.00		45.16	10.70	33.69	8.90	0.30	0.25	1.00		
合计	254484																

（一）第 34 层下遗迹及出土遗物

开口于第 34 层下遗迹仅有 H2313（见附表一）。

H2313

分布于Ⅰ T7007、Ⅰ T7008、Ⅰ T7009、Ⅰ T6808、Ⅰ T6809、Ⅰ T6909 等探方。开口于第 34 层下，打破 37 层。平面形状呈不规则形。堆积填土为灰黑色土，较湿润，结构细腻，土质略含沙较松散，有树叶、草木腐朽痕迹。填土中包含极少量陶片，可辨器形仅有小平底罐、器底①。

陶器　2 件。

小平底罐　1 件。Ac 型。

标本 H2313：3，夹砂灰黑陶。方唇。口径 16.8、肩径 19.4、底径 4.2、高 10.6 厘米（图一五七，1）。

器底　1 件。Aa 型。

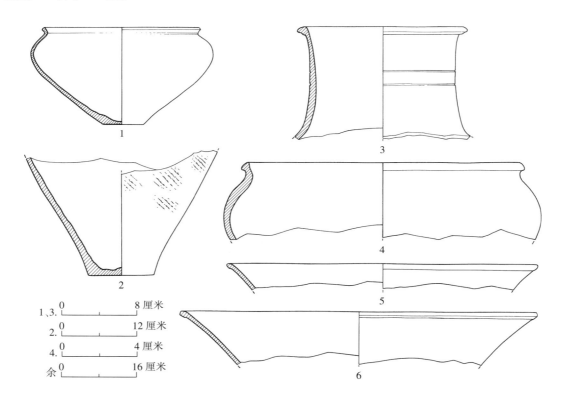

图一五七　西区 H2313、第 34 层出土陶器

1. Ac 型小平底罐（H2313：3）　2. Aa 型器底（H2313：1）　3. Aa 型Ⅰ式高领罐（Ⅰ T7007 – 7108㉞：61）　4. Ab 型Ⅰ式小平底罐（Ⅰ T7007 – 7108㉞：23）　5、6. Aa 型瓮（Ⅰ T7009 – 7110㉞：69、Ⅰ T7009 – 7110㉞：58）

---

① 因部分资料缺失，仅有文字描述，尺寸不详。

标本 H2313∶1，夹砂灰黄陶。腹部饰成组绳纹。底径 10.7、残高 20.4 厘米（图一五七，2）。

（二）第 34 层出土遗物

该层出土遗物包括陶器和石器。共计出土 650 片陶片和 61 件石器。陶片以夹砂灰黑陶、灰黄陶为主，分别占 57.53% 和 21.68%，素面居多，占 75.27%，纹饰以细线纹、粗绳纹为主，另有少量凹弦纹、压印纹等（表一二）。陶器可辨器形有小平底罐、高领罐、壶、盆、瓮、盘形器、桶形器等。石器种类有石琮、石璧、柱形石器等。

表一二 西区第 34 层陶片统计表

陶质 / 陶色 / 纹饰	夹砂陶						小计	百分比（%）	泥质陶					小计	百分比（%）
	灰黑	灰	红褐	灰褐	黄褐	灰黄			灰黑	灰	灰黄	灰褐	黄褐		
素面	230	53	4	20	24	89	420	75.27	48	1	13	9	1	72	78.26
粗绳纹	44			5	3	2	54	9.68							
凹弦纹	7				1	9	17	3.04			1	1		2	2.17
凸棱纹									1		1	1		3	3.26
刻划纹	1						1	0.18							
细线纹	39			3	1	21	64	11.47	1			13		14	15.22
压印纹		2					2	0.36				1		1	1.09
小计	321	55	4	28	29	121	558		50	1	15	25	1	92	
百分比（%）	57.53	9.85	0.72	5.02	5.20	21.68		100.00	54.35	1.09	16.30	27.17	1.09		100.00
合计	650														

（1）陶器

34 件。

小平底罐 1 件。Ab 型Ⅰ式。

标本ⅠT7007－7108㉞∶23，夹砂灰黑陶。折沿，方唇。口径 15、肩径 16.8、残高 4.2 厘米（图一五七，4）。

高领罐 1 件。Aa 型Ⅰ式。

标本ⅠT7007－7108㉞∶61，夹砂灰黄陶。斜折沿，圆唇。领部饰两周凹弦纹。口径 18、残高 12.6 厘米（图一五七，3）。

壶 1 件。Aa 型。

标本ⅠT7007－7108㉞∶24，夹砂灰陶。尖圆唇。口径 12.7、残高 5.5 厘米（图一五八，6）。

盆 2 件。

Ac 型 1 件。

标本ⅠT7009－7110㉞∶36，夹砂灰黑陶。卷沿，方唇。唇部压印绳纹。残高 3.7 厘米（图一五八，1）。

Ba 型　1 件。

标本 I T7007 - 7108㉞:26，夹砂灰黑陶。折沿。残高 7.1 厘米（图一五八，2）。

瓮　3 件。Aa 型。

标本 I T7009 - 7110㉞:69，夹砂灰黑陶。圆唇。口径 66、残高 5.4 厘米（图一五七，5）。

标本 I T7009 - 7110㉞:58，夹砂灰黑陶。折沿，方唇。口径 76、残高 11.2 厘米（图一五七，6）。

盔形器　1 件。

标本 I T7009 - 7110㉞:1，夹砂灰黑陶。圆唇。器壁上有明显的泥条盘筑痕迹。口径 16、纽径 4.8、高 8.4 厘米（图一五九，1；彩版五九，1）。

桶形器　4 件。

A 型　3 件。

标本 I T7009 - 7110㉞:33，夹砂灰黑陶。方唇。口径 26、残高 7.2 厘米（图一五八，3）。

标本 I T7009 - 7110㉞:63，夹砂灰陶。方唇。口径 34、残高 4.2 厘米（图一五八，4）。

Ba 型　1 件。

标本 I T7009 - 7110㉞:30，夹砂灰黑陶。圆唇。器壁遗留有明显的手制痕迹。口径 28、残高

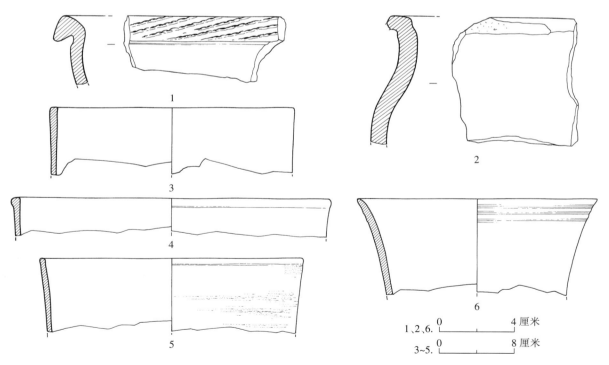

图一五八　西区第 34 层出土陶器

1. Ac 型盆（I T7009 - 7110㉞:36）　2. Ba 型盆（I T7007 - 7108㉞:26）　3、4. A 型桶形器（I T7009 - 7110㉞:33、I T7009 - 7110㉞:63）　5. Ba 型桶形器（I T7009 - 7110㉞:30）　6. Aa 型壶（I T7007 - 7108㉞:24）

8 厘米（图一五八，5）。

豆盘　8 件。

Bc 型　1 件。

标本 I T7009 - 7110㉞：60，夹砂灰黑陶。器外壁有轮制痕迹。残高 4.9 厘米（图一五九，6）。

Da 型　7 件①。

标本 I T7009 - 7110㉞：37，夹砂灰黑陶。外斜折沿，方唇。口径 62、残高 3.8 厘米（图一五九，7）。

标本 I T7009 - 7110㉞：65，夹砂灰黄陶。圆唇。口径 72、残高 4.8 厘米（图一五九，8）。

豆柄　6 件。

Aa 型　4 件。

标本 I T6811 - 6912㉞：1，夹砂灰黑陶。压印云雷纹。残高 17.3 厘米（图一五九，12）。

标本 I T7007 - 7108㉞：32，泥质灰黑陶。近圈足处饰两周凸棱纹。残高 8.1 厘米（图一五九，9）。

Ab 型　1 件。

标本 I T7009 - 7110㉞：64，夹砂灰黑陶。残高 7.1 厘米（图一五九，10）。

Bb 型　1 件。

标本 I T7009 - 7110㉞：29，夹砂灰黑陶。残高 19 厘米（图一五九，11）。

器底　6 件。

Aa 型　3 件。

标本 I T7009 - 7110㉞：31，夹砂灰黑陶。底径 11.4、残高 5.1 厘米（图一五九，2）。

Ab 型　3 件。

标本 I T7007 - 7108㉞：62，夹砂灰褐陶。器壁外遗留有手制痕迹。底径 8.4、残高 6.5 厘米（图一五九，3）。

标本 I T7009 - 7110㉞：59，夹砂灰黑陶。底径 6.2、残高 11.5 厘米（图一五九，4）。

圈足　1 件。Aa 型。

标本 I T7009 - 7110㉞：47，泥质灰黑陶。圈足径 7.5、残高 4.7 厘米（图一五九，5）。

（2）石器

61 件。

石琮半成品　3 件。Aa 型 I 式。

标本 I T7007 - 7108㉞：15，灰色。半成品，上下射孔未对钻成孔，器表打磨较为粗糙。宽 5.7、高 6.5、孔径 2.8 厘米（图一六〇，1）。

石璧坯料　28 件。

———————————————

① 此类豆盘有问题，一类可能为瓮，即大口；另一类可能为器盖。器盖可能性较大。

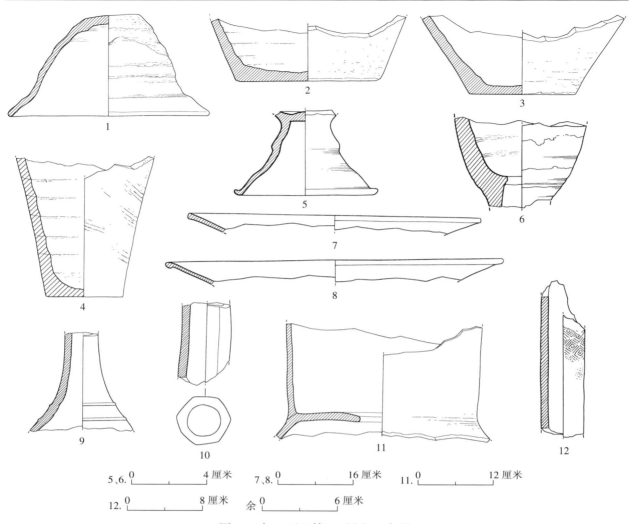

图一五九　西区第34层出土陶器

1. 盉形器（ⅠT7009－7110㉞：1）　　2. Aa 型器底（ⅠT7009－7110㉞：31）　　3、4. Ab 型器底（ⅠT7007－7108㉞：62、ⅠT7009－7110㉞：59）　　5. Aa 型圈足（ⅠT7009－7110㉞：47）　　6. Bc 型豆盘（ⅠT7009－7110㉞：60）　　7、8. Da 型豆盘（ⅠT7009－7110㉞：37、ⅠT7009－7110㉞：65）　　9、12. Aa 型豆柄（ⅠT7007－7108㉞：32、ⅠT6811－6912㉞：1）　　10. Ab 型豆柄（ⅠT7009－7110㉞：64）　　11. Bb 型豆柄（ⅠT7009－7110㉞：29）

A 型　24 件。

标本ⅠT7007－7108㉞：55，灰黑色。破裂面及轮边未经打磨。直径8.3、厚1.2 厘米（图一六〇，2）。

标本ⅠT7009－7110㉞：13，黑色。破裂面及轮边未经打磨。长径15.3、短径14.7、厚1.7 厘米（图一六〇，3）。

标本ⅠT7007－7108㉞：59，灰色。从卵石上打下的一块，破裂面粗磨，另一面保持自然光面。周缘较薄，中部略厚。直径13.7、厚3 厘米（图一六〇，4）。

B 型　4 件。

标本ⅠT7007－7108㉞：14，灰黑色。剖裂面及轮边粗磨。直径45.2、厚3.6 厘米（图一六〇，5）。

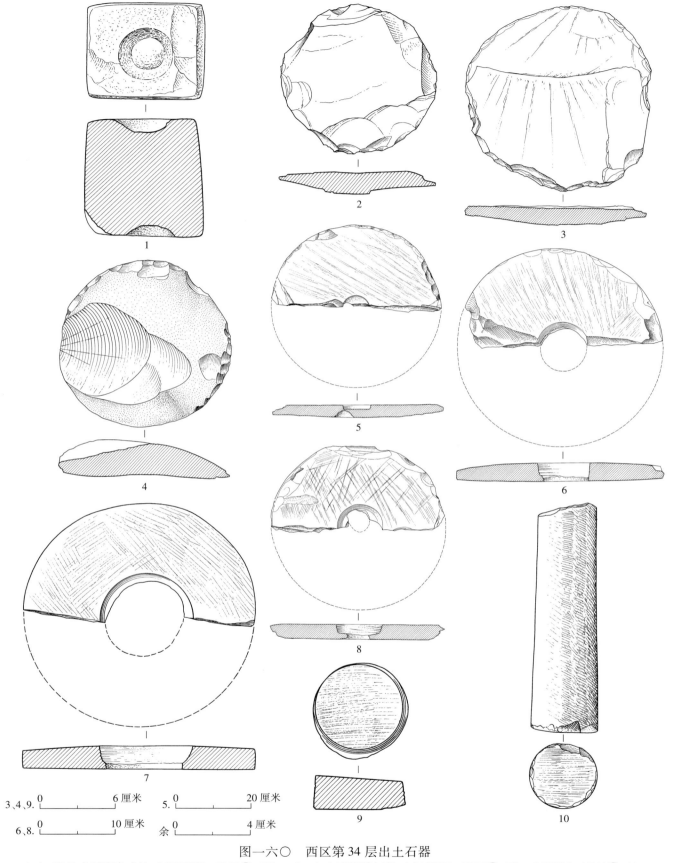

3、4、9. 0　　　　　　6厘米　　　5. 0　　　　　　20厘米

6、8. 0　　　　　　10厘米　　　余 0　　　　4厘米

图一六〇　西区第34层出土石器

1. Aa 型 I 式石琮半成品（I T7007 - 7108㉞：15）　　2～4. A 型石璧坯料（I T7007 - 7108㉞：55、I T7009 - 7110㉞：13、I T7007 - 7108㉞：59）　5. B 型石璧坯料（I T7007 - 7108㉞：14）　6、7. A 型石璧半成品（I T7007 - 7108㉞：70、I T7007 - 7108㉞：11）　8. B 型石璧半成品（I T7007 - 7108㉞：12）　9. 石芯（I T7007 - 7108㉞：52）　10. 柱形器（I T7009 - 7110㉞：19）

石璧半成品　21 件。

A 型　15 件。

标本Ⅰ T7007 – 7108㉞：11，灰黑色。孔壁留有管钻痕迹。环面及轮边均打磨精细。直径 12.3、孔径 4.9、厚 1.3 厘米（图一六〇，7）。

标本Ⅰ T7007 – 7108㉞：70，灰黑色。孔壁留有管钻痕迹，环面及轮边打磨精细。直径 27.5、孔径 6.6、厚 2.5 厘米（图一六〇，6）。

B 型　6 件。

标本Ⅰ T7007 – 7108㉞：12，灰色。孔壁留有管钻痕迹。环面及轮边均打磨精细。直径 23.2、孔径 6.1、厚 2 厘米（图一六〇，8）。

石芯　4 件。

标本Ⅰ T7007 – 7108㉞：52，黑色。环面打磨精细。边缘留有管钻痕迹。直径 8.5、厚 3 厘米（图一六〇，9）。

柱形器①　5 件。

标本Ⅰ T7009 – 7110㉞：19，灰色硅质岩。柱状，一端保留有平整切割面，磨制精细，周缘器表打磨较为粗糙。石质同石琮半成品相同，似为石琮射口的石芯，如果能被证实，将对石琮钻孔技术提供实物证据，其可能用砂或石英钻孔。残长 12.7、直径 3.1～3.5 厘米（图一六〇，10；彩版五九，2）。

（三）第 32 层出土遗物

该层出土遗物均为陶器，数量较少。共计出土陶片 303 片，夹砂陶居多，占总数的 95.38%。夹砂陶以素面为主，饰纹饰者占 28.72%，以细线纹、凹弦纹、粗绳纹居多，另有极少量压印纹、戳印纹、凸棱纹等（表一三）。泥质陶均为素面。可辨器形仅有瓮、桶形器、豆盘。

陶器

6 件。

瓮　4 件。

Ab 型　2 件。

标本Ⅰ T7005 – 7106㉜：27，夹砂灰黑陶。斜折沿，方唇。残高 5.1 厘米（图一六一，1）。

Ac 型　2 件。

标本Ⅰ T7005 – 7106㉜：41，夹砂灰黑陶。斜折沿，方唇。口径 74、残高 11.4 厘米（图一六一，2）。

标本Ⅰ T7005 – 7106㉜：6，夹砂灰黑陶。方唇。口径 62.5、残高 8.7 厘米（图一六一，5）。

---

① 柱形石器的石质同石琮半成品一致，其一端大一端小，形制和大小与石琮射口掏出的石芯非常接近，可能为石琮射口加工过程中的废弃物。该认识如果能被证实，对于讨论石琮加工技术有重要意义。

表一三　西区第32层陶片统计表

陶质 陶色 纹饰	夹砂陶				小计	百分比（%）	泥质陶				小计	百分比（%）
	灰黑	灰	灰褐	灰黄			灰黑	灰黄	青灰	黄褐		
素面	152	15	11	28	206	71.28	6	5	1	2	14	100.00
粗绳纹	16				16	5.54						
凹弦纹	3	5		1	9	3.11						
凸棱纹	1				1	0.35						
细线纹	46		7	1	54	18.68						
压印纹	1				1	0.35						
戳印纹	2				2	0.69						
小计	221	20	18	30	289		6	5	1	2	14	
百分比	76.47	6.92	6.23	10.38		100.00	42.86	35.71	7.14	14.29		100.00
合计	303											

桶形器　1件。Ca 型。

标本ⅠT7005－7106㉜：7，夹砂灰黑陶。圆唇。口径30、残高5.3厘米（图一六一，3）。

豆盘　1件。Cc 型。

标本ⅠT7005－7106㉜：24，夹砂灰黑陶。圆唇。残高2厘米（图一六一，4）。

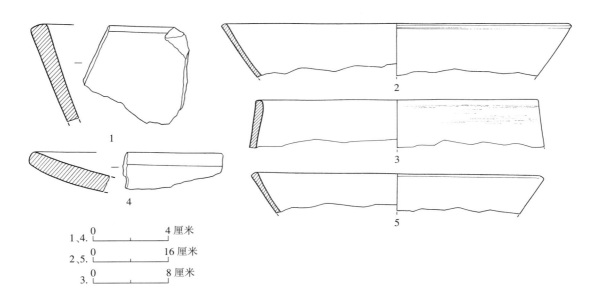

1、4.　0 ——— 4 厘米
2、5.　0 ——— 16 厘米
3.　0 ——— 8 厘米

图一六一　西区第32层出土陶器

1. Ab 型瓮（ⅠT7005－7106㉜：27）　2、5. Ac 型瓮（ⅠT7005－7106㉜：41、ⅠT7005－7106㉜：6）　3. Ca 型桶形器
（ⅠT7005－7106㉜：7）　4. Cc 型豆盘（ⅠT7005－7106㉜：24）

（四）第 31 层下遗迹及出土遗物

开口于第 31 层下遗迹有灰坑 2 个（见附表一），分述如下。

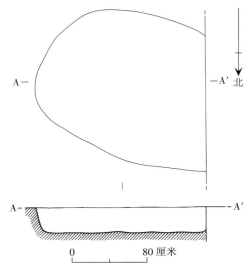

图一六二　西区 H2320 平、剖面图

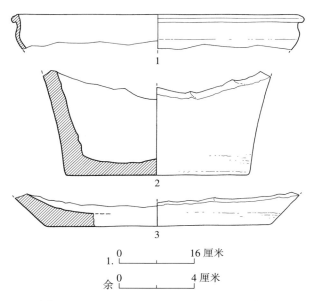

图一六三　西区 H2320、H2336 出土陶器
1. Ae 型盆（H2320：2）　　2. Ab 型器底（H2320：1）
3. Aa 型器底（H2336：2）

1. H2320

位于 I T6610 西部，部分叠压于西壁下。开口于第 31 层下，打破生土。平面形状大致呈椭圆形，斜壁，平底。长径 1.78、短径 1.6、深 0.26 米。坑内填土为黄褐色砂土，含灰烬，土质坚硬，填土中出土有少量陶片，可辨器形仅有盆、器底等（图一六二）。

盆　1 件。Ae 型。

标本 H2320：2，夹砂灰黑陶。折沿。口径 62、残高 7.5 厘米（图一六三，1）。

器底　1 件。Ab 型。

标本 H2320：1，夹砂灰黑陶。平底。底径 9.7、残高 6 厘米（图一六三，2）。

2. H2336

位于 I T6611 西南部。开口于第 31 层下，打破生土。平面形状大致呈椭圆形，弧壁，斜底。长径 1.8、短径 0.68、深 0.06～0.19 米。坑内填土为黄灰色沙性土，含零星灰烬，质地坚硬，填土中出土有极少量陶片，可辨器形仅有器底（图一六四）。

器底　1 件。Aa 型。

标本 H2336：2，泥质灰黑陶。底径 12、残高 1.8 厘米（图一六三，3）。

（五）第 31 层出土遗物

该层出土遗物有陶器、玉器、石器。共计出土 1898 片陶片、1 件玉器和 4 件石器。陶器以夹砂陶居多，占 81.77%。夹砂陶陶色以灰黑陶为主，占 84.09%；灰黄陶次之，占 7.93%；灰褐陶再次之，占 4.64%。其中饰纹饰者仅占 14.88%，以粗绳纹为主，占 80.09%；细线纹次之，占 8.66%；另有极少量凹弦纹、凸棱纹、压印纹、戳印纹等。泥质陶中灰黑陶占 26.30%，灰陶占 23.99%，灰黄陶占 21.67%，灰褐陶占 17.63%，青灰陶占 6.94%，红陶占 3.18%，黄褐陶占 0.29%。其中饰纹饰者仅占 14.16%，以细线纹为主，占 46.94%；粗绳纹次之，占 24.49%；另有极少量凹弦纹、凸棱纹、细绳纹等（表一四）。陶器可辨器形主要有高领罐、瓮、桶形器、盆、豆盘、器底等。玉器可辨器形有玉斧。石器可辨器形有石锛、石璧等。

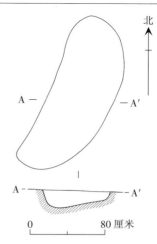

图一六四　西区 H2336 平、剖面图

（1）陶器

50 件。

高领罐　2 件。

Aa 型 Ⅱ 式　1 件。

标本 ⅠT6611－6712③:67，夹砂灰黄陶。斜折沿，圆唇。领部饰一周凹弦纹。口径 14.6、残高 7.2 厘米（图一六五，1）。

D 型　1 件。

标本 ⅠT6611－6712③:44，夹砂灰黑陶。平折沿，圆唇。残高 3 厘米（图一六五，2）。

瓮　22 件。

Ab 型　11 件。

标本 ⅠT7205－7206③:65，夹砂灰黑陶。方唇。口径 60、残高 10.5 厘米（图一六五，4）。

Ac 型　2 件。

标本 ⅠT7205－7206③:33，夹砂灰黑陶。方唇。口径 63、残高 4.7 厘米（图一六五，5）。

Ba 型　9 件。

标本 ⅠT7005－7106③:40，夹砂灰黑陶。方唇。口径 72、残高 6.4 厘米（图一六五，6）。

标本 ⅠT7005－7106③:53，夹砂灰黑陶。方唇。口径 66、残高 4.6 厘米（图一六五，7）。

桶形器　5 件。A 型。

标本 ⅠT7205－7206③:59，夹砂灰黄陶。方唇。口径 22、残高 9.2 厘米（图一六五，8）。

盆　1 件。Ac 型。

标本 ⅠT6611－6712③:70，夹砂灰黑陶。折沿，方唇。唇部压印绳纹。口径 45、残高 5.8 厘米（图一六五，3）。

豆盘　10 件。

Cc 型　1 件。

标本 ⅠT7205－7206③:46，夹砂灰黑陶。方唇。残高 2.7 厘米（图一六六，5）。

表一四　西区第31层陶片统计表

陶质 纹饰	夹砂陶								泥质陶								
	灰黑	灰	红褐	灰褐	黄褐	灰黄	小计	百分比（%）	灰黑	灰	灰黄	灰褐	青灰	红	黄褐	小计	百分比（%）
素面	1115	35	5	66	9	91	1321	85.12	64	74	73	55	21	9	1	297	85.84
细绳纹	3	2					3	0.19	2	1						3	0.87
粗绳纹	148			3	1	31	185	11.92	5	6			1			12	3.47
凹弦纹	8			2			10	0.64	1			4				5	1.44
凸棱纹	6						6	0.39	3	1						4	1.15
细线纹	18			1		1	20	1.29	15	1	1	2	2	2		23	6.65
压印纹	3						3	0.19									
网格纹	1						1	0.07									
戳印纹	3						3	0.19									
附加堆纹									1		1					2	0.58
小计	1305	37	5	72	10	123	1552	100.00	91	83	75	61	24	11	1	346	100.00
百分比（%）	84.09	2.38	0.32	4.64	0.64	7.93			26.30	23.99	21.67	17.63	6.94	3.18	0.29		
合计	1898																

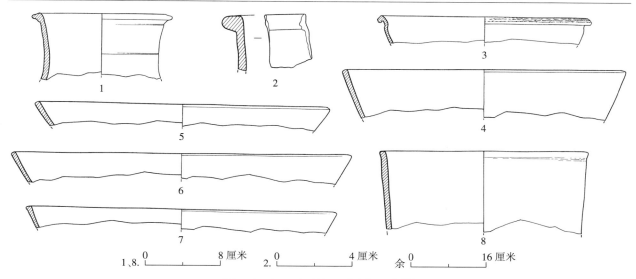

图一六五 西区第31层出土陶器

1. Aa 型Ⅱ式高领罐（ⅠT6611－6712㉛：67） 2. D 型高领罐（ⅠT6611－6712㉛：44） 3. Ac 型盆（ⅠT6611－6712㉛：70） 4. Ab 型瓮（ⅠT7205－7206㉛：65） 5. Ac 型瓮（ⅠT7205－7206㉛：33） 6、7. Ba 型瓮（ⅠT7005－7106㉛：40、ⅠT7005－7106㉛：53） 8. A 型桶形器（ⅠT7205－7206㉛：59）

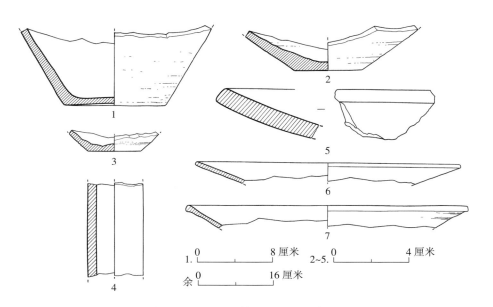

图一六六 西区第31层出土陶器

1. Aa 型器底（ⅠT7205－7206㉛：17） 2. Ac 型器底（ⅠT6611－6712㉛：64） 3. Ea 型器底（ⅠT6511－6512㉛：17） 4. Aa 型豆柄（ⅠT6611－6712㉛：63） 5. Cc 型豆盘（ⅠT7205－7206㉛：46） 6、7. Da 型豆盘（ⅠT7205－7206㉛：66、ⅠT7005－7106㉛：64）

Da 型 9 件。

标本ⅠT7205－7206㉛：66，夹砂灰黑陶。方唇。口径56、残高4.4厘米（图一六六，6）。

标本ⅠT7005－7106㉛：64，夹砂灰黑陶。方唇。口径60、残高4.6厘米（图一六六，7）。

豆柄 3 件。Aa 型。

标本ⅠT6611 - 6712㉛：63，夹砂灰黑陶。残高5.3厘米（图一六六，4）。

器底　7件。

Aa型　4件。

标本ⅠT7205 - 7206㉛：17，夹砂灰黑陶。外壁饰绳纹。底径10.9、残高9.2厘米（图一六六，1）。

Ac型　2件。

标本ⅠT6611 - 6712㉛：64，夹砂灰褐陶。底径3.5、残高2.6厘米（图一六六，2）。

Ea型　1件。

标本ⅠT6511 - 6512㉛：17，泥质灰黑陶。近底处及底部饰细弦痕。底径2.8、残高1.1厘米（图一六六，3）。

（2）玉器

1件。

斧　1件。B型。

标本ⅠT7205 - 7206㉛：1，青玉质，不透明，器身有酱黄、青黑、灰黑等多色沁斑和筋条状斑纹。器体厚长，制作规整。器顶部残，器身上部保留自然断痕，两侧打磨光滑，近顶部中间有一圆形单面钻孔。残长17.7、宽7.3、厚1.8、孔径1.3厘米（图一六七，1；彩版五九，3）。

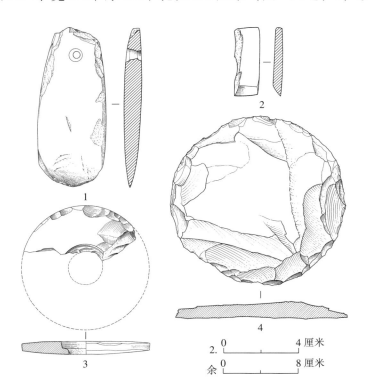

图一六七　西区第31层出土玉、石器

1. B型玉斧（ⅠT7205 - 7206㉛：1）　2. Aa型石锛（ⅠT6611 - 6712㉛：2）　3. Aa型石璧（ⅠT6611 - 6712㉛：1）
4. A型石璧坯料（ⅠT6807 - 6908㉛：1）

（3）石器

4件。

锛　1件。Aa型。

标本ⅠT6611-6712㉛:2，灰白色。器体较薄，顶部残及器一侧残，器边平直，刃沿平。器身磨制较为光滑。残长3.7、残宽1.3、厚0.3厘米（图一六七，2）。

石璧　1件。Aa型。

标本ⅠT6611-6712㉛:1，灰黑色。孔壁留有管钻痕迹。环面粗磨，轮边有打磨痕迹。直径13.7、孔径3.7、厚1.5厘米（图一六七，3）。

石璧坯料　2件。A型。

标本ⅠT6807-6908㉛:1，黑色。破裂面及周缘未经打磨。周缘较薄，中部略厚。直径18.7、厚1.7厘米（图一六七，4）。

（六）第29层下遗迹及出土遗物

开口于第29层下遗迹有6处，分别为L50、L53、L56、L57、L58、L59（图一六八；见附表一），分述如下。

1. L50

位于ⅠT7008西南，东部被L37第3层叠压。开口于第29层下，堆积置于第34层层表之上。堆积中有大量遗物集中分布，堆积平面形状大致呈椭圆形。长径2.48、短径1.76米。堆积内填土为褐色黏砂土，湿度重，沙性中，质地疏松。堆积内出土遗物均为石器，共计7件石璧坯料（图一六九；彩版五九，4）。

石器

7件。

石璧坯料　7件。A型。

标本L50:1，灰色。从卵石上打下的一块，破裂面未经打磨。直径16.5、厚2.8厘米（图一七〇，1）。

标本L50:18，黑色。破裂面及轮边未经打磨。直径14、厚1.2厘米（图一七〇，4）。

标本L50:19，灰黑色。破裂面及轮边未经打磨。直径27.2、厚2.8厘米（图一七〇，3）。

标本L50:20，黑色。破裂面及轮边未经打磨。直径21.2、厚2.3厘米（图一七〇，2）。

2. L53

位于ⅠT7008西北，南部被L50叠压，东部被L37第3层叠压。开口于第29层下，堆积置于第34层层表之上。堆积中大量遗物集中分布，现存堆积平面形状大致呈不规则椭圆形。长径3.7、

I T6611	I T6711	I T6811	I T6911	I T7011	I T7111
I T6610	I T6710	I T6810	I T6910	I T7010	I T7110
I T6609	I T6709	I T6809	I T6909	I T7009	I T7109

北

0 ___ 3 米

图一六八　西区第 29 层下遗迹平面分布图

L59　L58　L57　L53　L50　L56

I T6808　I T6908　I T7008　I T7108

I T6807　I T6907　I T7007　I T7107

北 ←

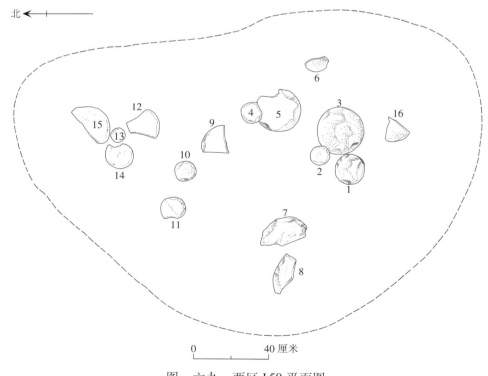

0 ___ 40 厘米

图一六九　西区 L50 平面图

1～16. 石璧坯料

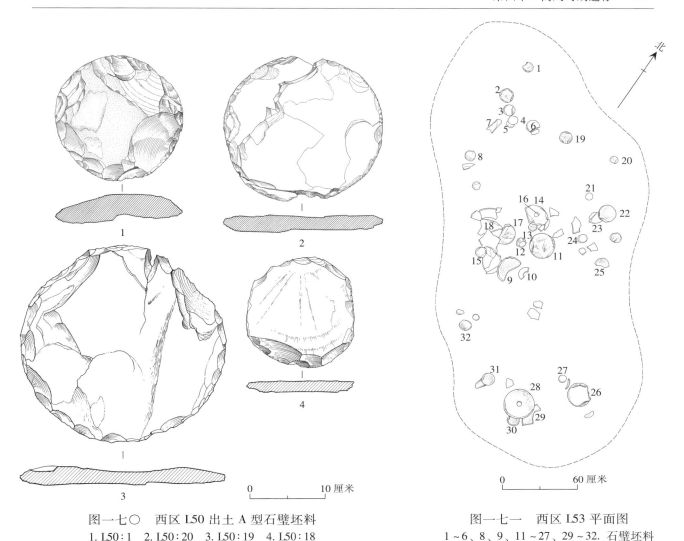

图一七〇　西区 L50 出土 A 型石璧坯料
1. L50∶1　2. L50∶20　3. L50∶19　4. L50∶18

图一七一　西区 L53 平面图
1～6、8、9、11～27、29～32. 石璧坯料
7. 石璋　10、28. 石璧

短径 1.65 米。堆积内填土为褐色黏砂土，湿度重，质地紧密。出土遗物均为石器，共计 34 件，
其中有 2 件石璋、30 件石璧坯料、2 件石璧（图一七一；彩版六〇，1）。

石器

34 件。

璋　2 件。均残。器型不可辨。

璧　2 件。Ab 型。

标本 L53∶10，灰黄色，带褐色及灰色斑点。孔壁留有管钻痕迹，环面及轮边打磨精细。直径
11.6、孔径 4.8、厚 0.9 厘米（图一七二，1）。

石璧坯料　30 件。A 型。

标本 L53∶31，灰色。从卵石上打下的一块，破裂面粗磨，另一面保持自然光面，周缘较薄、
中部略厚。直径 9.9、厚 1.8 厘米（图一七二，2）。

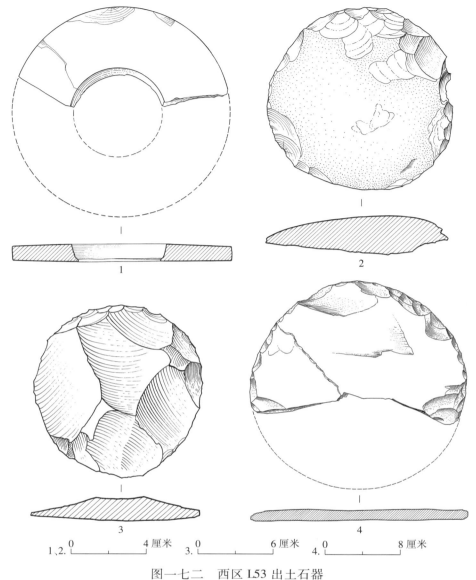

图一七二　西区 L53 出土石器
1. Ab 型石璧（L53：10）　2～4. A 型石璧坯料（L53：31、L53：21、L53：9）

标本 L53：21，灰黑色。破裂面及轮边未经打磨，周缘较薄、中部略厚。直径 14、厚 1.9 厘米（图一七二，3）。

标本 L53：9，灰黑色。破裂面及轮边粗磨。直径 23.1、厚 1.3 厘米（图一七二，4）。

3. L56

位于 I T7007 北部。开口于第 29 层下，堆积置于第 34 层层表之上。堆积内大量遗物集中分布，堆积平面形状呈不规则状。东西长 2.75、南北宽 1.75 米。堆积内填土为褐色黏砂土，湿度重，质地紧密。堆积内出土遗物多为石器，共计 23 件，均为石璧半成品；另外还伴出有 1 件象牙、2 件陶器（图一七三；彩版六〇，2）。

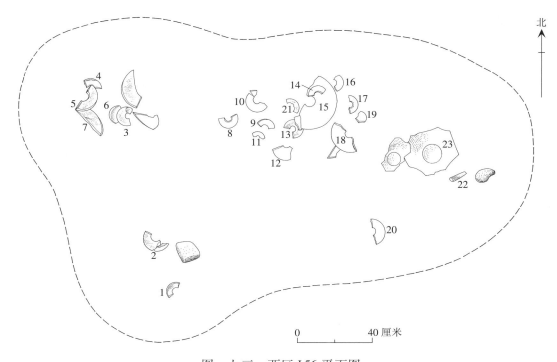

图一七三　西区 L56 平面图
1~21. 石璧半成品　22. 象牙　23. 陶器底

（1）陶器

2 件。

小平底罐　1 件。Ac 型。

标本 L56∶23，夹砂灰黑陶，内外壁附着有烟炱痕迹，方唇。肩部饰有成组斜向细绳纹。口径 16、肩径 19.6、底径 5.2、高 14.4 厘米（图一七四，1；彩版六〇，3）。

器底　1 件。Ab 型。

标本 L56∶25，夹砂灰黑陶。底径 7.9、残高 9.1 厘米（图一七四，2）。

（2）石器

23 件。

石璧半成品　23 件。多为残件，表面磨制不精，凹凸不平。

A 型　22 件。

标本 L56∶5，灰黑色。孔壁留有管钻痕迹，环面及轮边打磨精细。直径 16.5、孔径 5.2、厚 1.3 厘米（图一七四，3）。

标本 L56∶13，灰黑色。孔壁留有管钻痕迹，环面及轮边打磨精细。直径 11.6、孔径 4.8、厚 1.1 厘米（图一七四，4）。

B 型　1 件。

标本 L56∶19，灰黑色。孔壁留有管钻痕迹，环面及轮边打磨精细。直径 11.1、孔径 4.1、厚

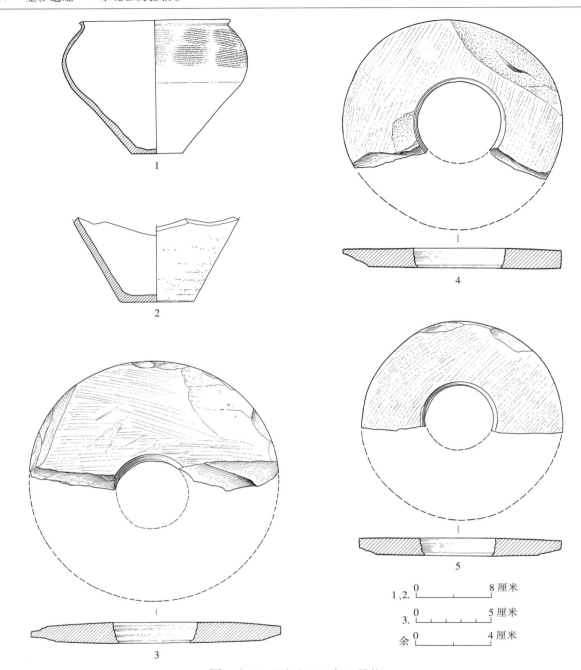

图一七四　西区 L56 出土器物

1. Ac 型陶小平底罐（L56：23）　　2. Ab 型陶器底（L56：25）　　3、4. A 型石璧半成品（L56：5、L56：13）
5. B 型石璧半成品（L56：19）

1 厘米（图一七四，5）。

4. L57

位于ⅠT6908 东北部。部分叠压于ⅠT6908 北隔梁下。开口于第 29 层下，打破第 34 层。依据遗物堆积位置大致划出范围线，平面形状大致呈不规则形，南北最长 2.1、东西最宽 2.05 米。填土为灰褐色黏砂土，结构紧密。出土遗物以石器为主，共 18 件，包括 15 件石璧坯料、1 件石璋半成品及 2 件石璧（图一七五；彩版六一，1）。

石器　18 件。

石璋半成品　1 件。C 型。

标本 L57：18，青色。刃部、底端均残。器表饰三组平行线纹及一组交错线纹。残长 11.2、宽 8.2、厚 1 厘米（图一七六，1）

璧　2 件。Aa 型。

标本 L57：9，灰褐色带灰黑色细纹路。孔壁有管钻痕迹，像是被利器凿穿，环面打磨较精细，轮边有打磨痕迹。直径约 15.3、孔径 5.7、厚 1.5 厘米（图一七六，2）。

石璧坯料　15 件。A 型。

标本 L57：2，灰黑色。破裂面及轮边未经打磨。周缘较薄、中部略厚。直径 14.4、厚 2.5 厘米（图一七六，3）。

标本 L57：4，灰白色。从卵石上打下的一块，破裂面打磨精细，另一面保持自然光面。周缘较薄，中部略厚。直径 9.4、厚 1.7 厘米（图一七六，4）。

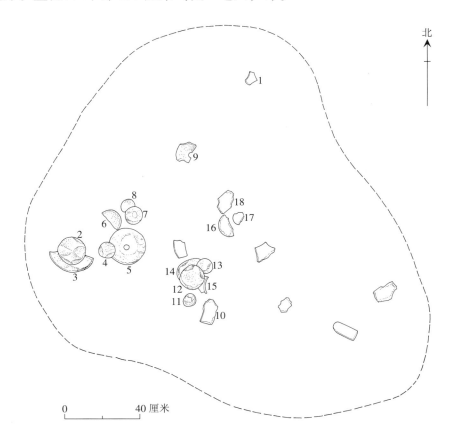

图一七五　西区 L57 平面图

1. 玉片　2～4、6～8、10～14、16、17. 石璧坯料　5、9. 石璧　15. 陶束颈罐　18. 石璋半成品

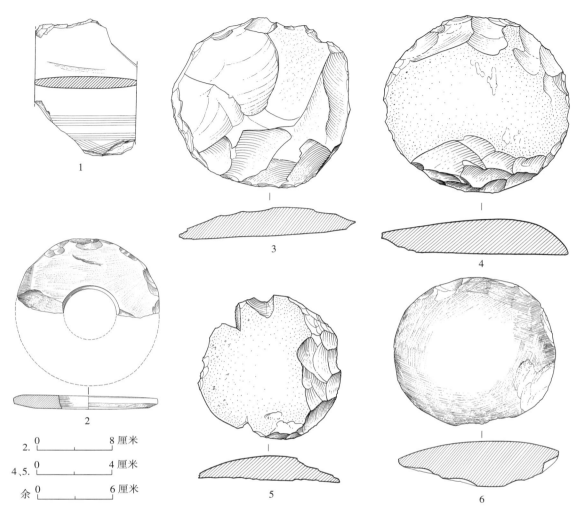

图一七六　西区 L57 出土石器

1. C 型石璋半成品（L57:18）　2. Aa 型石璧（L57:9）　3~6. A 型石璧坯料（L57:2、L57:4、L57:8、L57:14）

标本 L57:8，青灰色。破裂面及轮边未经打磨。周缘较薄，中部略厚。直径 7.5、厚 1.4 厘米（图一七六，5）。

标本 L57:14，灰色。破裂面及轮边未经打磨。周缘较薄，中部略厚。直径 12.8、厚 3.7 厘米（图一七六，6）。

5. L58

位于 I T6908、I T7008、I T7108、I T6909、I T7009、I T7109、I T7010、I T7110 内。开口于第 29 层下，打破第 34 层。该堆积部分延伸至 I T6910 内，因为考虑后期保护需要，未对该堆积进行全面揭露，只是根据工作需要进行解剖式发掘，故各部分发掘深度不一。该遗存平面形状呈不规则形，东西残长 14.2、南北最宽 11.2 米。坑内堆积分两层，第 1 层填黄褐色黏砂土，夹杂灰烬、碎石等，深 0.2 ~ 0.35 米。出土遗物 300 余件（图一七七；彩版六一，2；彩版六二至六三）；第 2 层堆积较为特殊，坑内分布有大量黑色黏土，有多处区域填土为黑色，含大量灰烬，界限明晰，应是有意为之。该遗存底部依据遗物堆积差异，共划出 17 处堆积，各处堆积大小不一，形状各异，除少数无遗物外，均有一定数量的各类遗物。其中 L58② – 1 平面形状呈不规则形，长 1.1、宽 0.82 米。出土 1 件石璧坯料。L58② – 2 平面形状呈圆形，直径 0.82 米。无出土遗物。L58② – 3 平面形状呈不规则形。长 1.6、宽 1.26 米。出土石器 9 件、陶器 1 件（小平底罐）。L58② – 4 平面形状呈不规则形。长 2.64、宽 1.5 米。出土陶器 2 件、木器 7 件、竹器 3 件、骨头 1件、石器 4 件。L58② – 5 平面形状近方形，长 1.62、宽 1.58 米。出土陶器 2 件（小平底罐）、石器 9件、木器 1 件。L58② – 6 平面形状呈不规则形，长 1.5、宽 1.34 米。遗物较少，仅出土 2 件木器。L58② – 7 平面形状呈不规则形，被工作坑打破，长 1.41、宽 0.7 米。无包含物。L58② – 8 平面形状呈不规则形，长 5.2、宽 2.3 米。出土象牙 2 件、陶器 4 件（2 件小平底罐、1 件杯、1 件束颈罐）、木器 15 件、石器 5 件（石璋 2 件、石斧 1 件、石璧 1 件、卵石 1 件）。L58② – 9 平面形状呈不规则形，长 3.08、宽 3.04 米。出土陶器 5 件、骨头 1 件、石器 18 件、玉器 3 件、木器13 件。L58② – 10 平面形状呈不规则形，长 3.12、宽 2.1 米。出土遗物较少，陶器 1 件、石器1 件。L58② – 11 平面形状呈不规则形，长 1.58、宽 1 米。无包含物。L58② – 12 平面形状呈不规则形，长 3.38、宽 2.22 米。出土陶器 1 件、竹编及竹器 3 件、木器 3 件、石器 1 件。L58② – 13，被 L58② – 8 打破，平面形状呈不规则形，长 4.28、宽 2.87 米。出土陶器 2 件、竹器 3 件、木器 4件、石器 4 件。L58② – 14 平面形状近似椭圆形，长 1.9、宽 1.1 米。无包含物。L58② – 15 平面形状呈不规则形，长 2.34、宽 1.28 米。无包含物。L58② – 16 平面形状呈不规则形，长2.48、宽 0.74 米。无包含物。L58② – 17 平面形状呈不规则形。长 1.74、宽 1 米。无包含物（图一七八；彩版六四至七〇）。

（1）陶器

128 件。

小平底罐　9 件。这些小平底罐外壁多附有烟炱痕迹，埋藏环境中可能包含大量炭灰。

Aa 型 I 式　1 件。

标本 L58① : 104，夹砂灰黑陶。方唇。口径 17.2、肩径 20、底径 4.3、高 13.3 厘米（图一七九，1；彩版七一，1）。

Ab 型 I 式　3 件。

标本 L58② – 13 : 14，夹砂灰黑陶，外壁附着烟炱痕迹。方唇。口径 15.6、肩径 19.2、底径4.2、高 14.2 厘米（图一七九，2；彩版七一，2）。

标本 L58② – 5 : 9，夹砂灰黑陶。卷沿，圆唇。通体饰细绳纹。口径 15.2、肩径 17.4、残高7.2 厘米（图一七九，3）。

Ac 型　1 件。

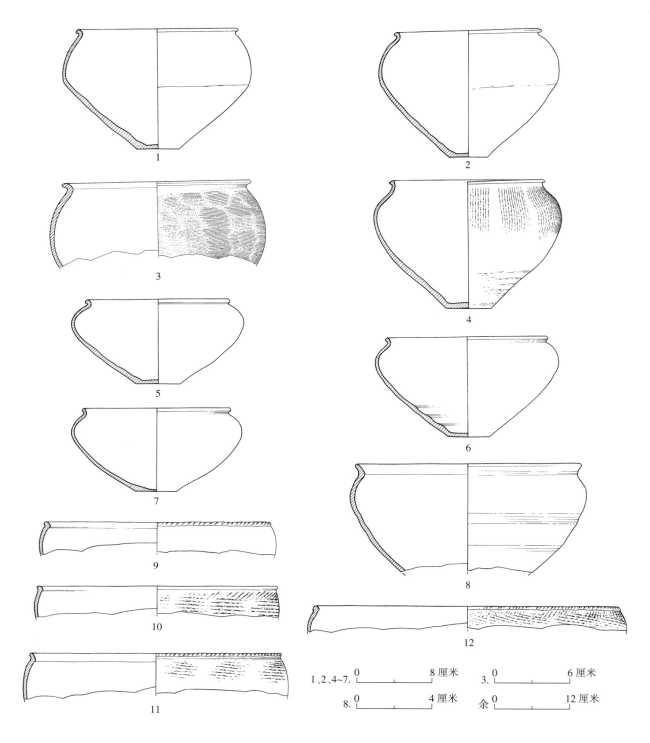

图一七九　西区 L58 出土陶器

1. Aa 型 I 式小平底罐（L58①：104）　　2、3. Ab 型 I 式小平底罐（L58②－13：14、L58②－5：9）　　4. Ac 型小平底罐（L58②－12：4）　　5~7. Ad 型 I 式小平底罐（L58①：1、L58②－8：9、L58②－3：12）　　8. Be 型 I 式小平底罐（L58②－3：15）　　9、10. Aa 型瓮形器（L58①：221、L58①：219）　　11. Ab 型瓮形器（L58①：227）　　12. B 型瓮形器（L58①：218）

标本 L58②－12：4，夹砂灰黑陶，外壁附着烟炱痕迹。卷沿，方唇。颈部及肩部饰细绳纹。口径 16.4、肩径 20、底径 4.9、高 14.1 厘米（图一七九，4）。

Ad 型 I 式 3 件。

标本 L58①：1，夹砂灰黑陶，外壁附着烟炱痕迹。方唇。口径 15.2、肩径 18.2、底径 4.8、高 9.4 厘米（图一七九，5；彩版七一，3）。

标本 L58②－8：9，夹砂灰黑陶，外壁附着烟炱痕迹。方唇。口径 17.1、肩径 19.6、底径 4.4、高 11.1 厘米（图一七九，6；彩版七一，4）。

标本 L58②－3：12，夹砂灰黑陶，外壁附着烟炱痕迹。方唇。口径 15.8、肩径 18.2、底径 4.2、高 9.1 厘米（图一七九，7）。

Be 型 I 式 1 件。

标本 L58②－3：15，夹砂灰黑陶。尖唇。口径 12、肩径 12.6、残高 6 厘米（图一七九，8）。

瓮形器 7 件。

Aa 型 4 件。

标本 L58①：221，夹砂灰黑陶。圆唇。口径 36、残高 5.4 厘米（图一七九，9）。

标本 L58①：219，夹砂灰黑陶。圆唇。口径 38、残高 5.1 厘米（图一七九，10）。

Ab 型 2 件。

标本 L58①：227，夹砂灰黑陶。方唇。口径 40、残高 6.6 厘米（图一七九，11）。

B 型 1 件。

标本 L58①：218，夹砂灰黑陶。方唇，外壁饰绳纹。口径 48.8、残高 5.1 厘米（图一七九，12）。

束颈罐 1 件。Aa 型。

标本 L58①：296，夹砂灰黑陶。方唇。肩部饰斜向绳纹。口径 28、残高 8.8 厘米（图一八〇，1）。

盆 7 件。

Aa 型 4 件。

标本 L58①：234，夹砂灰黑陶。方唇。口径 54、残高 14.8 厘米（图一八〇，3）。

标本 L58①：233，夹砂灰黑陶。方唇。口径 38、残高 5.8 厘米（图一八〇，4）。

标本 L58①：228，夹砂灰黑陶。方唇。外壁饰绳纹。口径 46.8、残高 7.2 厘米（图一八〇，14）。

Ab 型 2 件。

标本 L58①：220，夹砂灰黑陶。方唇。口径 48、残高 5.3 厘米（图一八〇，5）。

标本 L58①：232，夹砂灰黑陶。方唇。口径 50、残高 6.5 厘米（图一八〇，6）。

Ac 型 1 件。

标本 L58①：201，夹砂灰黑陶。方唇。唇部压印绳纹。残高 11 厘米（图一八〇，7）。

瓮 19 件。

Aa 型 6 件。

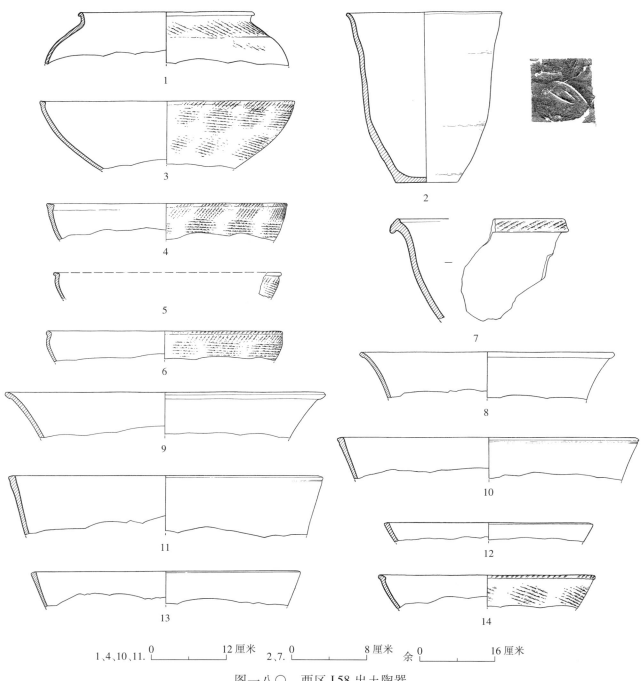

图一八〇 西区 L58 出土陶器

1. Aa 型束颈罐（L58①：296）　2. Aa 型杯（L58②-8：5）　3、4、14. Aa 型盆（L58①：234、L58①：233、L58①：228）
5、6. Ab 型盆（L58①：220、L58①：232）　7. Ac 型盆（L58①：201）　8、9. Aa 型瓮（L58①：260、L58①：258）
10、11. Ab 型瓮（L58①：240、L58①：255）　12、13. Ac 型瓮（L58①：250、L58①：254）

标本 L58①：260，夹砂灰黑陶。方唇。口径 54、残高 10.7 厘米（图一八〇，8）。

标本 L58②-9：27，夹砂黑衣陶，胎呈黄褐色，器表施有一层黑色陶衣。唇部和腹部均残，仅存颈部和肩部。长颈，鼓肩，深腹。颈部与肩部为两次对接，颈部与肩部对接处外壁有一圈抹痕。

颈部内壁遗留有明显的泥条盘筑痕迹。颈部和肩部饰有云雷纹，颈部云雷纹位于颈中部，云雷纹为排印而成，肩部云雷纹为先排印云雷纹后抹光，形成三圈平行云雷纹带，第三圈云雷纹带中部浅刻有羽状纹；肩部内壁装饰有由凸起泥条勾勒的鸟状，瘦鸟首，圆眼，长钩喙，三角形胸，长脚突出，瘦身，叉形尾羽展翅，呈奔跑状。此瓮形制与其他同类陶瓮并无二致，但其全身外表施有黑色陶衣，陶衣表面装饰有云雷纹的风格，凸显此器当为特殊礼仪之器。此器残高 37 厘米（图一八一）。

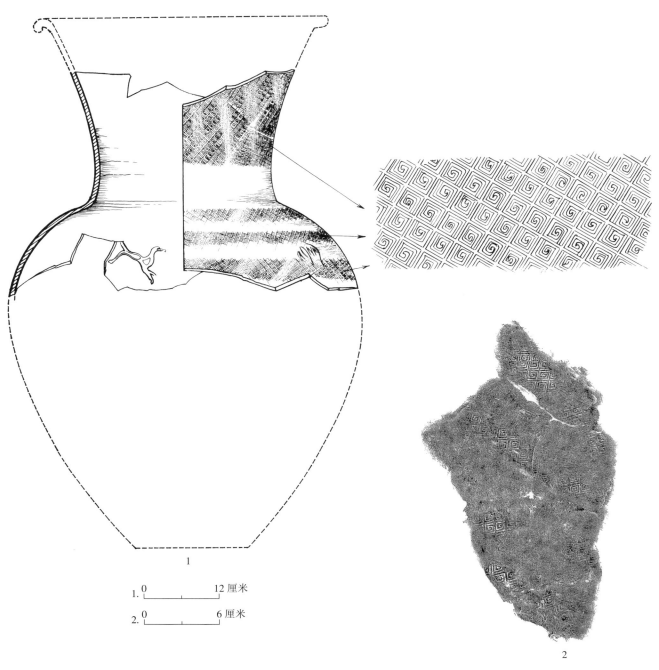

1.

0	12 厘米

2.

0	6 厘米

图一八一　西区 L58 出土陶瓮
Aa 型（L58② – 9：27）

标本 L58①：258，夹砂灰黑陶。圆唇。口径 68、残高 10 厘米（图一八〇，9）。

Ab 型   11 件。

标本 L58①：240，夹砂灰黑陶。方唇。口径 48、残高 7.1 厘米（图一八〇，10）。

标本 L58①：255，夹砂灰黑陶。方唇。口径 50、残高 9.8 厘米（图一八〇，11）。

Ac 型   2 件。

标本 L58①：250，夹砂灰黑陶。方唇。口径 44、残高 4 厘米（图一八〇，12）。

标本 L58①：254，夹砂灰黑陶。方唇。口径 57、残高 7.6 厘米（图一八〇，13）。

缸   6 件。

Aa 型 I 式   2 件。

标本 L58①：239，夹砂灰黑陶。无沿，方唇。外壁通体饰成组绳纹。口径 60、残高 10.2 厘米（图一八二，1）。

标本 L58①：230，夹砂灰黑陶。无沿，方唇。口部饰绳纹。口径 50.4、残高 6 厘米（图一八二，2）。

Aa 型 II 式   4 件。

标本 L58①：238，夹砂灰黑陶。无沿，方唇。外壁通体饰成组绳纹。口径 47、残高 10.6 厘米（图一八二，3）。

标本 L58①：223，夹砂灰黑陶。无沿，方唇。外壁通体饰成组绳纹。口径 50.5、残高 10.4 厘米（图一八二，4）。

标本 L58①：237，夹砂灰黑陶。方唇。外壁饰绳纹。口径 48、残高 9.6 厘米（图一八二，15）。

杯   1 件。Aa 型。

标本 L58②－8：5，夹砂灰黑陶。圆唇。腹部刻划形状似眼睛的图案。口径 16.3、底径 6.6、高 18.7 厘米（图一八〇，2；彩版七一，5）。

桶形器   8 件。

A 型   4 件。

标本 L58②－9：42，夹砂灰黑陶。方唇。口径 34、残高 16.8 厘米（图一八二，5）。

Ba 型   1 件。

标本 L58①：196，夹砂灰黑陶。方唇。口径 22、残高 6.4 厘米（图一八二，6）。

Cb 型   2 件。

标本 L58①：195，夹砂灰黑陶。方唇。口径 34、残高 9.5 厘米（图一八二，7）。

Cc 型   1 件。

标本 L58①：198，夹砂灰黑陶。方唇。口径 31.2、残高 8.5 厘米（图一八二，8）。

圈足豆   1 件。

标本 L58①：32，夹砂灰黑陶。豆盘残，形制不明。高圈足，足部外侈呈喇叭状。圈足径 11、残高 11 厘米（图一八二，14）。

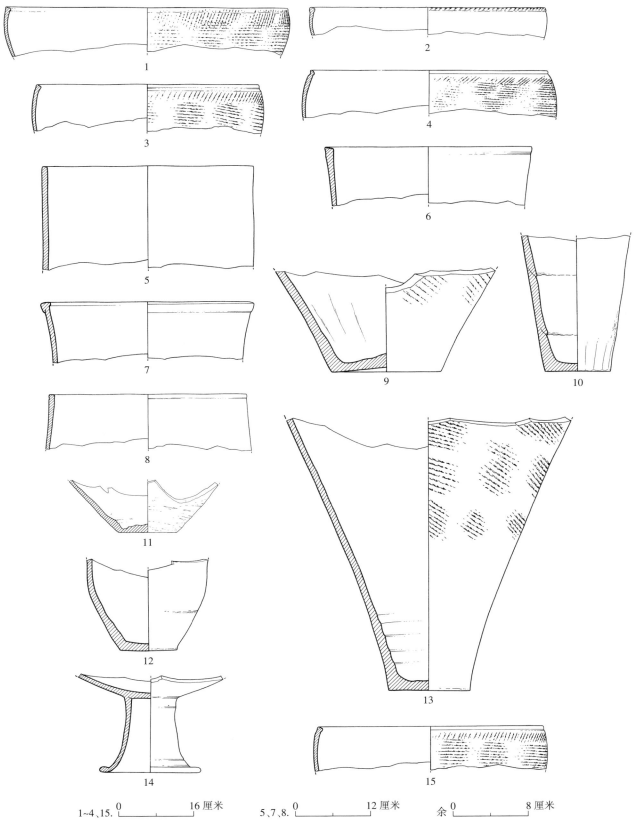

1~4、15. └─0────────────16 厘米─┘　　5、7、8. └─0────────────12 厘米─┘　　余 └─0────────────8 厘米─┘

图一八二　西区 L58 出土陶器

1、2. Aa 型 I 式缸（L58①：239、L58①：230）　　3、4、15. Aa 型 II 式缸（L58①：238、L58①：223、L58①：237）　　5. A 型桶形器（L58②－9：42）　　6. Ba 型桶形器（L58①：196）　　7. Cb 型桶形器（L58①：195）　　8. Cc 型桶形器（L58①：198）　　9. Aa 型器底（L58①：119）　　10～13. Ab 型器底（L58①：53、L58①：116、L58②－9：1、L58①：83）　　14. 圈足豆（L58①：32）

豆盘 32 件。

Ba 型 1 件。

标本 L58①：87，夹砂灰黑陶。口径 4.8、残高 6.8 厘米（图一八三，1）。

Da 型 12 件。

标本 L58①：154，夹砂灰黑陶。尖唇。口径 60.4、残高 2.1 厘米（图一八三，5）。

标本 L58①：186，夹砂灰黑陶。圆唇。口径 66.6、残高 3.9 厘米（图一八三，6）。

Db 型 19 件。

标本 L58①：157，夹砂灰黑陶。尖唇。口径 54、残高 7 厘米（图一八三，7）。

标本 L58①：193，夹砂灰黑陶。方唇。口径 56.4、残高 15.5 厘米（图一八三，8）。

豆柄 26 件。

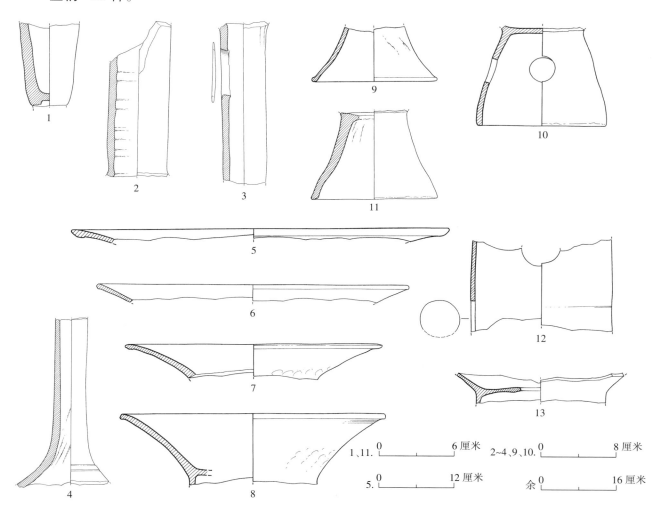

图一八三　西区 L58 出土陶器

1. Ba 型豆盘（L58①：87）　2 ~ 4. Aa 型豆柄（L58②−8：4、L58①：327、L58①：115）　5、6. Da 型豆盘（L58①：154、L58①：186）　7、8. Db 型豆盘（L58①：157、L58①：193）　9. Aa 型圈足（L58①：323）　10. Ba 型圈足（L58①：118）　11. Bb 型圈足（L58①：54）　12. Ba 型豆柄（L58①：279）　13. Bb 型豆柄（L58①：275）

Aa 型　21 件。

标本 L58②－8：4，泥质灰黑陶。残高 17.1 厘米（图一八三，2）。

标本 L58①：327，夹砂灰黑陶。残高 18 厘米（图一八三，3）。

标本 L58①：115，泥质灰黑陶。近圈足处饰两周凹弦纹。残高 18.7 厘米（图一八三，4）。

Ba 型　3 件。

标本 L58①：279，夹砂灰黑陶。残高 20.3 厘米（图一八三，12）。

Bb 型　2 件。

标本 L58①：275，夹砂灰黑陶。残高 6.7 厘米（图一八三，13）。

器底　8 件。

Aa 型　1 件。

标本 L58①：119，夹砂灰黑陶。腹部饰成组绳纹。底径 11.8、残高 11.3 厘米（图一八二，9）。

Ab 型　7 件。

标本 L58①：53，夹砂灰黑陶。底径 6.9、残高 14.9 厘米（图一八二，10）。

标本 L58①：116，夹砂灰黑陶。下腹饰成组绳纹。底径 6.5、残高 5.8 厘米（图一八二，11）。

标本 L58②－9：1，夹砂灰黑陶。底径 6、残高 10 厘米（图一八二，12）。

标本 L58①：83，夹砂灰黑陶。腹部饰成组绳纹。底径 8.8、残高 30 厘米（图一八二，13）。

圈足　3 件。

Aa 型　1 件。

标本 L58①：323，夹砂灰黑陶。圈足径 13、残高 6.2 厘米（图一八三，9）。

Ba 型　1 件。

标本 L58①：118，夹砂灰黑陶。饰两个圆形镂孔。圈足径 13.6、残高 10.7 厘米（图一八三，10）。

Bb 型　1 件。

标本 L58①：54，夹砂灰黑陶。圈足径 9.9、残高 7.3 厘米（图一八三，11；彩版七一，6）。

（2）石器

189 件。

矛　1 件。Ab 型。

标本 L58①：130，黑色。平面形状呈三角形，尖锋，脊部为锥形，双翼宽大。边长 5.2 厘米（图一八四，1；彩版七二，1）。

石璋半成品　12 件。

A 型　3 件。

标本 L58①：7，灰白色。底端、两侧面、器表均保留自然断面，刃部打磨粗糙。长 19.4 ~ 21.8、宽 3.5 ~ 5.6、厚 3.5 厘米（图一八四，2；彩版七二，2）。

Ba 型　8 件。

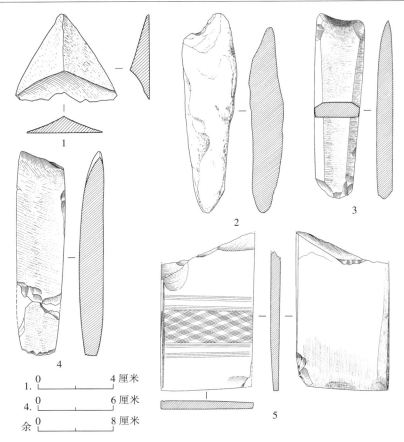

图一八四　西区 L58 出土石器

1. Ab 型石矛（L58①：130）　2. A 型石璋半成品（L58①：7）　3、4. Ba 型石璋半成品（L58①：37、L58①：123）
5. C 型石璋半成品（L58①：50）

标本 L58①：37，灰黑色。两侧、器表、刃部打磨规整，底端保留自然断面，刃部较锐利。长 19.9~20.2、宽 3.9~5.2、厚 1.9 厘米（图一八四，3；彩版七二，3）。

标本 L58①：123，灰黑色。整器打磨光滑，刃部锋利，残缺。长 15~16.3、宽 2.9~3.7、厚 2 厘米（图一八四，4）。

C 型　1 件。

标本 L58①：50，青色。仅存一端。平刃、下部残，整器打磨极为规整。器表饰每组四条线的四组平行细线纹，每两组间间距较大，其间密饰交错细线纹。残长 16.9、宽 9.7、厚 0.5 厘米（图一八四，5；彩版七二，4）。

石琮半成品　3 件。Aa 型 II 式。体量略高，器形方正，表面有简略刻划横向平行凹槽刻纹。整器打磨较为平整，圆形射口，孔用管对钻而成。全器分三节，每节角面均阴刻一组平行直线，每组两条线，共六条线；柱体四壁中轴有两条平行的竖槽刻纹，线条刻划不规整、不流畅，显得较为稚嫩。五道横向刻纹延伸至竖向槽刻纹之间，通过横向凹槽刻纹与竖向凹槽刻纹的相交点，可判断是先施刻横向凹槽刻纹，再施刻竖向凹槽刻纹。节与节之间转角处均用减地法打磨有半月形崩缺，每棱上四个。

标本L58①：68，灰黑色硅质岩。分三节，每节的上、下部均阴刻一组平行直线纹，每组两条线，共四条线。四棱边上均打磨有半月形崩缺，每棱上四个。宽5.9、高6.7、孔径2.5厘米（图一八五，1；彩版七二，5）。

标本L58①：64，岩性及器物形制与L58①：68一致。宽4.9、高6.8、孔径2.3厘米（图一八五，2；彩版七二，6）。

柱形器　3件。

标本L58②-5：7，灰黑色。整器打磨较为粗糙。横剖面呈圆形。残长5.7、直径1.9厘米

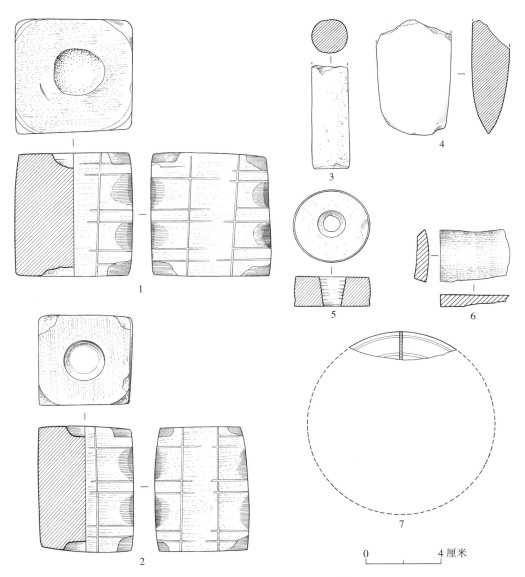

图一八五　西区L58出土器物

1、2. Aa型Ⅱ式石琮半成品（L58①：68、L58①：64）　3. 柱形石器（L58②-5：7）　4. Aa型石斧（L58②-8：26）
5. Ba型石璧（L58①：122）　6. 竹器（L58①：95-1）　7. 玉璧（L58②-9：8）

（图一八五，3）

斧 1件。Aa型。

标本L58②－8：26，乳白色。顶部残。两侧面、器表打磨平整。长6.3、宽3.9、厚2厘米（图一八五，4）。

璧 4件。Ba型。

标本L58①：122，青色带褐斑。环面打磨精细，边缘留有管钻痕迹。直径3.8、孔径1.4、厚1.6厘米（图一八五，5）。

石璧坯料 50件。

A型 38件。

标本L58②－13：8，青灰色。从卵石上打下的一块，破裂面未经打磨、凹凸不平，另一面保持自然光面。周缘较薄、中部略厚。直径6.7、厚1.8厘米（图一八六，1）。

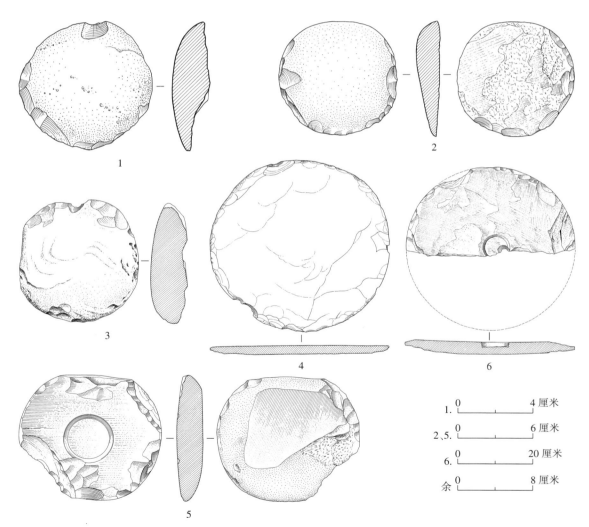

图一八六 西区L58出土石璧坯料

1~4. A型（L58②－13：8、L58①：43、L58②－13：10、L58②－9：2） 5、6. B型（L58①：114、L58①：73）

标本 L58①：43，青灰色。从卵石上打下的一块，破裂面粗磨，另一面保持自然光面。周缘较薄、中部略厚。直径 9.8、厚 1.7 厘米（图一八六，2）。

标本 L58②－13：10，灰黑色。从卵石上打下的一块，破裂面未经打磨、凹凸不平，另一面保持自然光面。周缘较薄、中部略厚。直径 12.3、厚 3.3 厘米（图一八六，3；彩版七三，1）。

标本 L58②－9：2，黑色。破裂面及轮边未经打磨，破裂面较平整。直径 18.8、厚 0.9 厘米（图一八六，4；彩版七三，2）。

B 型　12 件。

标本 L58①：114，灰黄色夹黑色花纹。从卵石上打下的一块，破裂面打磨精细，另一面保持自然光面。周缘较薄、中部略厚。直径 10、孔径 3.7、厚 2 厘米（图一八六，5）。

标本 L58①：73，黑色。破裂面及轮边粗磨，破裂面有打磨时留下的细划痕。直径 44.9、孔径 7.3、厚 3.5 厘米（图一八六，6）。

石璧半成品　109 件。

B 型　100 件。

标本 L58①：95－2，黑色。孔壁留有管钻痕迹，环面及轮边打磨精细。直径 27、孔径 5、厚 3.6 厘米（图一八七，1）。

标本 L58①：72，灰黑色。孔壁留有管钻痕迹，环面打磨较精细，轮边粗磨。直径 17.3、孔径 2.4、厚 1.3 厘米（图一八七，2）。

标本 L58①：110，灰褐色有黑斑点。孔壁留有管钻痕迹，环面及轮边打磨较精细。直径 15.6、孔径 4.1、厚 1 厘米（图一八七，3）。

标本 L58①：100，灰黄色夹杂白色及褐色斑点。孔壁留有管钻痕迹，环面及轮边打磨较精细。直径 16.1、孔径 3.4、厚 1.9 厘米（图一八七，4；彩版七三，3）。

标本 L58②－9：30，灰褐色。孔壁留有管钻痕迹，环面及轮边打磨较精细。直径 17、孔径 4.8、厚 1.7 厘米（图一八七，5）。

标本 L58②－9：6，黑色。孔壁留有管钻痕迹，环面及轮边打磨较精细。直径 12.5、孔径 4.4、厚 1.5 厘米（图一八七，6）。

C 型　9 件。

标本 L58①：12－2，灰色。边缘留有管钻痕迹，环面打磨精细。直径 3.8～4.2、孔径 1.3、厚 1.1 厘米（图一八七，7）。

标本 L58①：2，黑色。边缘及孔壁均留有管钻痕迹，环面打磨精细。直径 3.4～4、孔径 1.8、厚 1.4 厘米（图一八七，8）。

石芯　5 件。

标本 L58①：12－1，灰黑色。边缘留有管钻痕迹，环面打磨精细。直径 5.1～5.8、厚 2.5 厘米（图一八八，1）。

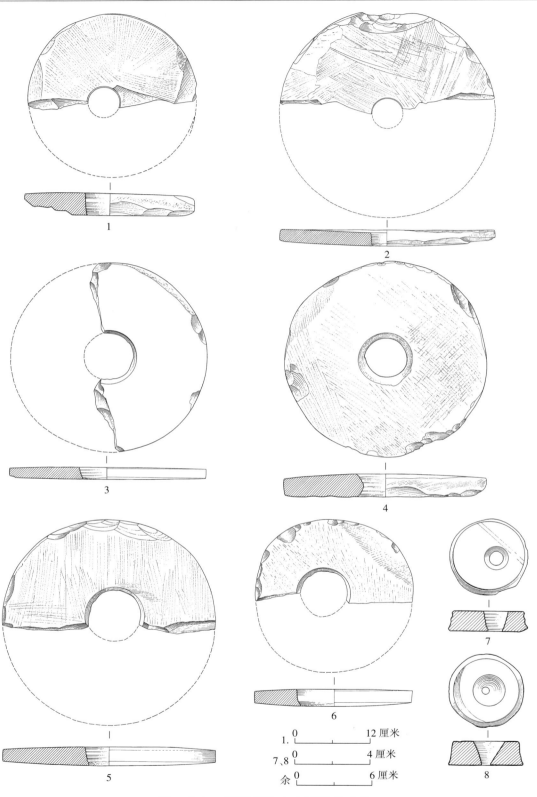

图一八七　西区 L58 出土石璧半成品

1～6. B 型（L58①：95－2、L58①：72、L58①：110、L58①：100、L58②－9：30、L58②－9：6）　7、8. C 型（L58①：12－2、L58①：2）

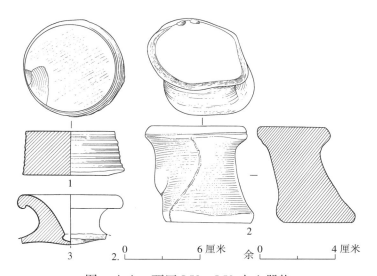

图一八八　西区 L58、L59 出土器物

1. 石芯（L58①∶12 - 1）　2. 石研磨器（L58② - 13∶1）　3. A 型陶器纽（L59∶6）

研磨器　1 件。

标本 L58② - 13∶1，灰色。整器打磨光滑，底部磨制规整。长 7.2 ~ 8.1、厚 8 厘米（图一八八，2）。

（3）玉器

2 件，仅 1 件可辨识。

璧　1 件。

标本 L58② - 9∶8，黑色。较残，型式不明。环两面有两周同心圆圈纹。直径 10、厚 0.1 厘米（图一八五，7）。

（4）漆木器

木雕人像　1 件。

标本 L58①∶688，木雕人头像通体向前弯曲，犹如象牙的牙尖部分，上大下小；上部横截面为椭圆形，正面窄、侧面宽，这很可能是长期受到压力变形所致。人头像分为上下两节，雕刻全部集中在上节，图案上涂有黄色、暗黄色、黑色颜料和朱砂。人头像的上节由四个部分组成，从上至下依次为：第一部分为头顶，椭圆形，正中为一椭圆形木芯，木芯周围有一圈"V"字形凹槽，凹槽内有黑色胶状物质，很可能有东西镶嵌在凹槽内。头顶的周边有一圈三角形折线纹，折线纹的两边各有一黑色的椭圆形环带。第二部分为冠饰。冠饰的上部为两圈凸出的"树"形带状纹，其上涂的颜料为黄色、暗黄色和朱砂。"树"形带状纹之间为雷纹，其上涂的颜料为金黄色和朱砂。冠饰的下部为菱形卷云纹，主体纹样涂金黄色颜料，阴线部分涂朱砂。第三部分为人头像。双眉粗壮，凸起，内卷；双眼凸起，长椭圆形；用阴线勾勒出的卷云纹为鼻；大嘴张开，为长方形；面部主要以涂朱砂为主。侧面各有一夔龙，涂黄色颜料和朱砂；以卷云纹为地纹，采用金黄色

图一八九　西区 L58 出土木雕人像（L58①：688）

0　　　　　　　8厘米

颜料、朱砂或暗黄色颜料。第四部分为口部以下部分，与冠饰的上部在图案和颜色上完全相同，只是周长要小一些。人头像的下节犹如一把尖刀，素面，做工较为粗糙，只是在下节的靠上处有三个椭圆形小孔，正前方一个，左右侧靠后各一个，大小基本相同。木雕彩绘神人头像从整体来看，应是立着放置。人头像的上节部分是注目的焦点，显现在外；人头像的下节部分应是插入某个东西内，其上的三个孔可能是系孔，使其更加稳固。木雕神人头像表情狰狞，给人以威严、肃穆之感。木雕分为上下两节，上节高 38、下节高 41、通高 79 厘米（图一八九；彩版七三，4、5；彩版七四，1；彩版七六；彩版七七，1）。

镶嵌蚌片漆器　1 件。

标本 L58①：82，动物的尾部，漆器一端残断，当为卯端。平面形状呈曲尺状，上翘，器身镶嵌有大小不一的白色蚌片，呈鳞片状，部分已经脱落，器身为黑漆髹地，周缘有带状红彩装饰。该漆器装饰技术具有非常明显的"螺钿"风格。长 37.3、宽 14.8、厚 6.5 厘米（图一九〇，1；彩版七四，2；彩版七五）。

弓形漆器　2 件。

标本 L58②－9：39，平面形状呈长条状，两端均残，通体髹黑漆，背面一部分被削制，无彩绘装饰；未被削制一端间断涂绘宽窄不一的红色带状彩绘。残长 55.3、宽 2.5 厘米（图一九〇，2；彩版七七，2、3）。

标本 L58②－9：40，残为两段。此器略短，两端均残，两末端一面均被削制；通体髹黑漆，中部再施宽窄不一的红色带状彩绘。两段分别长 27.5、14.9 厘米，宽 1.4 厘米（图一九〇，3；彩版七七，4、5）。

竹器　1 件。

标本 L58①：95－1，残片，器形不明，整器扁平。平面形状呈长方形，有人为加工痕迹。长 3.7、宽 2.8、厚 0.5 厘米（图一八五，6）。

6. L59

位于ⅠT6809 东北部。部分叠压于东隔梁下。开口于第 29 层下，打破第 34 层。依据遗物堆积位置大致划出外框线，平面形状大致呈椭圆形。长径 2.7、短径 1.45 米。出土遗物 5 件，包括 3 根木头、1 件石璧坯料、1 件陶器（图一九一）。

器纽　1 件。A 型。

标本 L59：6，夹砂灰黑陶。圆唇。纽径 5.6、残高 2.7 厘米（图一八八，3）。

（七）第 29 层出土遗物

该层出土遗物有陶器和石器。共计出土 1118 片陶片和 61 件石器。陶片以夹砂陶为主，占 97.50%，夹砂陶以灰黑陶为主，占 69.54%；灰黄陶次之，占 14.96%；灰褐陶再次之，占 9.91%。

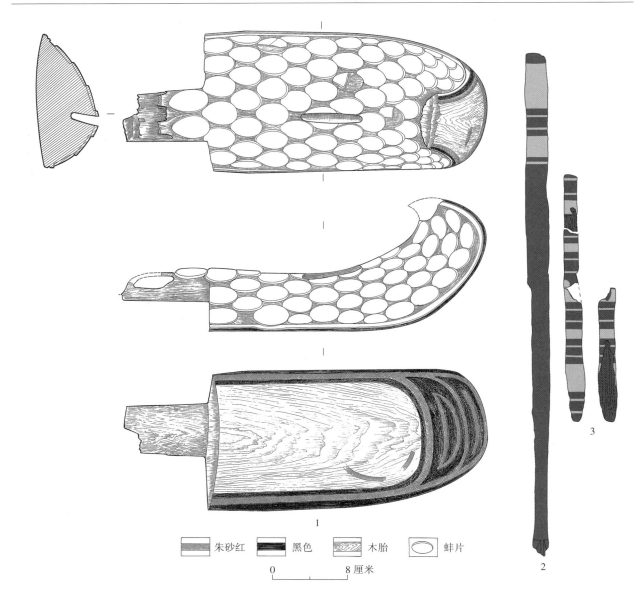

图一九〇　西区 L58 出土漆器

1. 镶嵌蚌片漆器（L58①:82）　2、3. 弓形漆器（L58②-9:39、L58②-9:40）

其中有饰纹饰者仅占 15.23%，以细绳纹、细线纹为主，分别占 74.10% 和 18.07%，另有极少量凹弦纹、压印纹等（表一五）。泥质陶以灰黄陶和灰陶为主，均为素面。陶器可辨器形主要有小平底罐、壶、盆、瓮、缸、桶形器、器底、袋足等。石器可辨器形有石璧及石璧半成品等。

（1）陶器

66 件。

小平底罐　2 件。Ab 型 I 式。

标本 I T7007－7108㉙:125，夹砂灰陶。方唇。肩部饰竖向划纹。口径 17.6、残高 4.3 厘米（图一九二，1）。

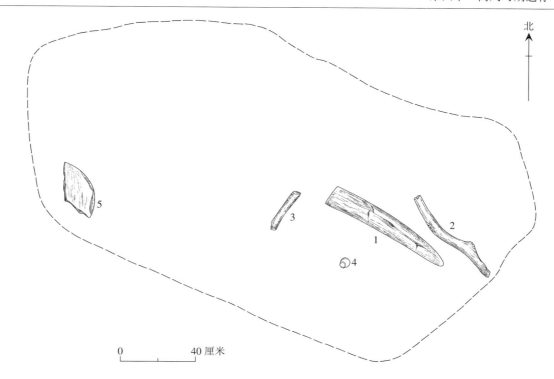

图一九一 西区 L59 平面图
1~3. 木器 4. 陶器 5. 石璧坯料

表一五 西区第 29 层陶片统计表

纹饰 \ 陶色 \ 陶质	夹砂陶					小计	百分比（%）	泥质陶				小计	百分比（%）
	灰黑	灰	红褐	灰褐	灰黄			灰黑	灰	灰黄	灰褐		
素面	629	30	27	108	130	924	84.77	1	10	13	4	28	100.00
细绳纹	92				31	123	11.28						
重菱纹	3					3	0.28						
凹弦纹	1				1	2	0.18						
凸棱纹			3			3	0.28						
细线纹	28	1			1	30	2.75						
压印纹	5					5	0.46						
小计	758	31	30	108	163	1090		1	10	13	4	28	
百分比（%）	69.54	2.84	2.75	9.91	14.96		100.00	3.57	35.71	46.43	14.29		100.00
合计	1118												

束颈罐 2 件。

Ad 型 I 式 1 件。

标本ⅠT7007－7108㉙：63，夹砂灰黑陶。方唇。肩部饰绳纹。口径25、残高4.2厘米（图一九二，10）。

Ad型Ⅱ式   1件。

标本ⅠT7007－7108㉙：69，夹砂灰黑陶。方唇。肩部饰绳纹。口径13、残高4.6厘米（图一九二，11）。

壶   4件。Aa型。

标本ⅠT7007－7108㉙：140，夹砂灰黄陶。圆唇。口径16.2、残高5.4厘米（图一九二，2）。

盆   3件。Ab型。

标本ⅠT7007－7108㉙：64，夹砂灰黑陶。折沿，方唇。唇部饰绳纹。口径56.5、残高3.6厘米

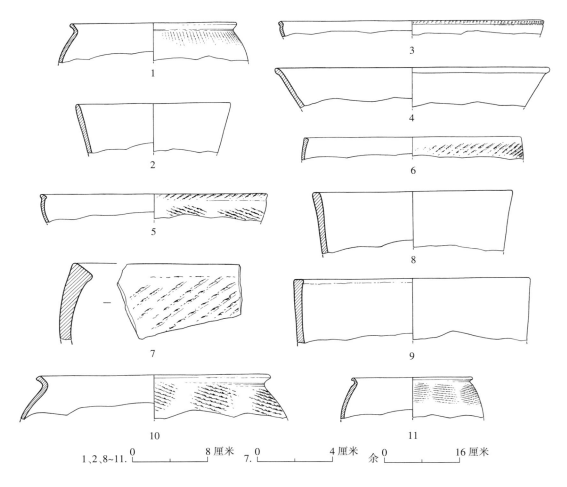

图一九二   西区第29层出土陶器

1. Ab型Ⅰ式小平底罐（ⅠT7007－7108㉙：125）   2. Aa型壶（ⅠT7007－7108㉙：140）   3. Ab型盆（ⅠT7007－7108㉙：64）   4 Aa型瓮（ⅠT7007－7108㉙：100）   5. Aa型Ⅰ式缸（ⅠT7007－7108㉙：155）   6、7. Ab型缸（ⅠT7007－7108㉙：102、ⅠT7007－7108㉙：106）   8. Ba型桶形器（ⅠT7007－7108㉙：92）   9. Cc型桶形器（ⅠT7007－7108㉙：169）   10. Ad型Ⅰ式束颈罐（ⅠT7007－7108㉙：63）   11. Ad型Ⅱ式束颈罐（ⅠT7007－7108㉙：69）

（图一九二，3）。

　　瓮　3件。Aa 型。

　　标本 I T7007－7108㉙：100，夹砂灰黄陶。圆唇。口径 58、残高 8.6 厘米（图一九二，4）。

　　缸　13件。

　　Aa 型 I 式　4件。

　　标本 I T7007－7108㉙：155，夹砂灰黑陶。无沿，方唇。外壁通体饰成组绳纹。口径 48、残高 6 厘米（图一九二，5）。

　　Ab 型　9件。

　　标本 I T7007－7108㉙：102，夹砂灰黄陶。无沿，方唇。外壁通体饰绳纹。口径 46、残高 4.7 厘米（图一九二，6）。

　　标本 I T7007－7108㉙：106，夹砂灰黄陶。无沿，方唇。外壁通体饰绳纹。残高 4.2 厘米（图一九二，7）。

　　桶形器　8件。

　　Ba 型　5件。

　　标本 I T7007－7108㉙：92，夹砂黄褐陶。方唇。口径 21.4、残高 6.8 厘米（图一九二，8）。

　　Cc 型　3件。

　　标本 I T7007－7108㉙：169，夹砂灰黑陶。方唇。口径 25、残高 6.9 厘米（图一九二，9）。

　　豆盘　17件。

　　Da 型　14件。

　　标本 I T7007－7108㉙：179，夹砂灰黑陶。方唇。口径 62、残高 5.7 厘米（图一九三，1）。

　　Db 型　3件。

　　标本 I T7007－7108㉙：123，夹砂灰黑陶。圆唇。口径 65.4、残高 4.8 厘米（图一九三，2）。

　　豆柄　4件。

　　Aa 型　1件。

　　标本 I T7207－7208㉙：1，夹砂灰黑陶。圈足径 13、残高 12.3 厘米（图一九三，7）。

　　Ad 型　3件。

　　标本 I T7007－7108㉙：2，夹砂灰黑陶。圈足呈喇叭形。圈足径 15、残高 24 厘米（图一九三，6）。

　　器底　8件。

　　Ab 型　6件。

　　标本 I T7007－7108㉙：1，夹砂灰黄陶。下腹饰成组绳纹。底径 9.8、残高 18.3 厘米（图一九三，3）。

　　标本 I T7007－7108㉙：139，夹砂灰黄陶。底径 7.6、残高 8.3 厘米（图一九三，4）。

　　Ac 型　2件。

1. Da 型豆盘（ⅠT7007－7108㉙：179）　　2. Db 型豆盘（ⅠT7007－7108㉙：123）　　3、4. Ab 型器底（ⅠT7007－7108
㉙：1、ⅠT7007－7108㉙：139）　5. Ac 型器底（ⅠT7007－7108㉙：90）　6. Ad 型豆柄（ⅠT7007－7108㉙：2）　7. Aa
型豆柄（ⅠT7207－7208㉙：1）　8. Cb 型圈足（ⅠT7007－7108㉙：38）　9. B 型袋足（ⅠT7007－7108㉙：95）

标本ⅠT7007－7108㉙：90，夹砂灰褐陶。底径4.6、残高5.1厘米（图一九三，5）。

圈足　1件。Cb型。

标本ⅠT7007－7108㉙：38，夹砂灰黑陶。圈足径9.5、残高4.3厘米（图一九三，8）。

袋足　1件。B型。

标本ⅠT7007－7108㉙：95，夹砂灰褐陶。残高7.8厘米（图一九三，9）。

（2）石器

61件。

璧　2件。Ab型。均残。

标本ⅠT7007－7108㉙：23，青色，带黑色纹路和黑色斑点。孔壁留有管钻痕迹。环面及周缘打磨精细。直径9、孔径3.7、厚0.8厘米（图一九四，1）。

标本ⅠT7007－7108㉙：220，灰黑色。孔壁留有管钻痕迹。环面及轮边打磨精细。直径14.3、孔径3.7、厚1.3厘米（图一九四，2）。

石璧半成品　35件。

A型　32件。

标本ⅠT7007－7108㉙：19，黑色。孔壁留有管钻痕迹。环面及轮边打磨精细。直径11.5、孔径4.6、厚0.9厘米（图一九四，3）。

标本ⅠT7007－7108㉙：24，灰黑色。孔壁留有管钻痕迹。环面及轮边粗磨。直径19.4、孔径5.8、厚1.6厘米（图一九四，4）。

标本ⅠT7007－7108㉙：3，灰黑色。孔壁留有管钻痕迹。环面及轮边打磨精细。直径11.6、孔径4.5、厚0.9厘米（图一九四，5）。

C型　3件。

标本ⅠT7007－7108㉙：9－1，灰色。环面及边缘打磨精细。直径4.6~5、孔径1.2、厚1厘米（图一九四，6）。

石璧坯料　24件。

A型　18件。

标本ⅠT7007－7108㉙：5－2，黑色。破裂面及周缘未经打磨。直径13.6、厚1.6厘米（图一九四，7）。

标本ⅠT7007－7108㉙：231，灰黑色。破裂面及周缘未经打磨。直径7.4、厚1.5厘米（图一九四，8）。

B型　6件。

标本ⅠT7007－7108㉙：214，灰色。破裂面及周缘未经打磨。直径28.3、孔径4.1、厚2.5厘米（图一九四，9）。

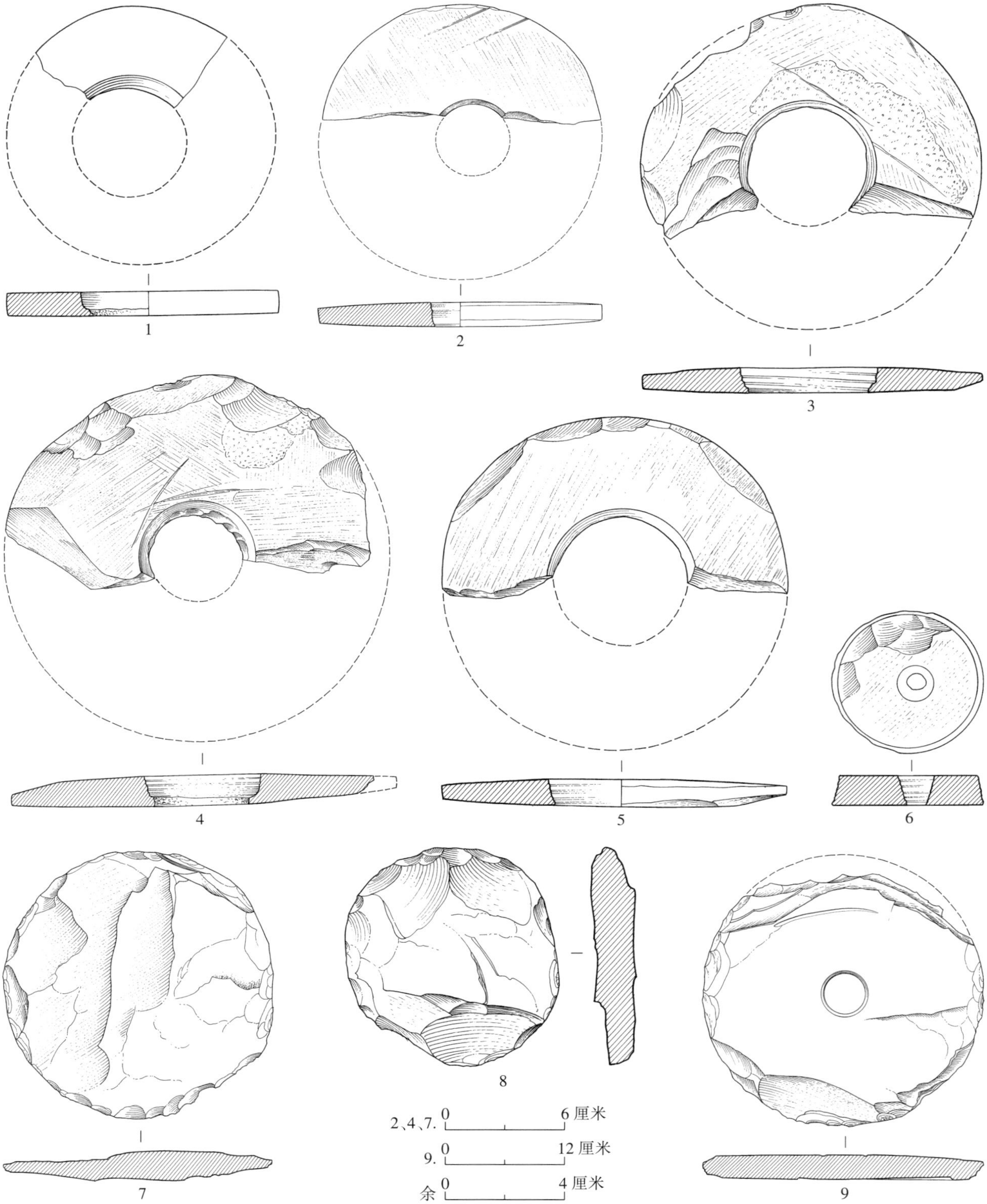

图一九四　西区第 29 层出土石器

1、2. Ab 型石璧（ⅠT7007－7108㉙：23、ⅠT7007－7108㉙：220）　　3～5. A 型石璧半成品（ⅠT7007－7108㉙：19、
ⅠT7007－7108㉙：24、ⅠT7007－7108㉙：3）　　6. C 型石璧半成品（ⅠT7007－7108㉙：9－1）　　7、8. A 型石璧坯料
（ⅠT7007－7108㉙：5－2、ⅠT7007－7108㉙：231）　　9. B 型石璧坯料（ⅠT7007－7108㉙：214）

（八）　第 28 层出土遗物

该层遗物出土极少，仅 1 件石斧。

斧　1 件。Ba 型。

标本 ⅠT7207 – 7208㉘：1，灰褐色。器体厚重。顶部残，两侧保留自然裂痕，器表经打磨修整。残长 10.4、宽 7.8、厚 3 厘米（图一九五，1）。

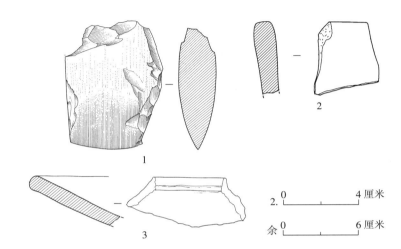

图一九五　西区第 26、27、28 层出土器物
1. Ba 型石斧（ⅠT7207 – 7208㉘：1）　2. Ba 型陶桶形器（ⅠT7005 – 7106㉗：1）
3. Da 型陶豆盘（ⅠT7007 – 7108㉖：1）

（九）　第 27 层出土遗物

该层遗物出土较少，均为陶器。共计出土陶片 30 片，以夹砂灰黑陶为主，纹饰少见，仅有 4 片饰有粗绳纹。可辨器形有桶形器（表一六）。

陶器

1 件。

表一六　西区第 27 层陶片统计表

陶质／陶色／纹饰	夹砂陶		小计	百分比（%）	泥质陶			小计	百分比（%）
	灰黑	黄褐			灰黄	灰褐	青灰		
素面	18	3	21	84.00	2	2	1	5	100.00
粗绳纹	4		4	16.00					
小计	22	3	25		2	2	1	5	
百分比（%）	88.00	12.00		100.00	40.00	40.00	20.00		100.00
合计	30								

桶形器　1件。Ba 型。

标本 I T7005－7106㉗：1，夹砂灰陶。圆唇。残高 4 厘米（图一九五，2）。

（一〇）第 26 层出土遗物

该层遗物均为陶器。共计出土陶片 123 片，均为夹砂陶，陶色以灰黑陶为主，纹饰仅有少量粗绳纹、细线纹、刻划纹等（表一七）。可辨器形有豆盘。

表一七　西区第 26 层陶片统计表

陶质 陶色 纹饰	夹砂陶					小计	百分比 （%）
	灰黑	灰	红褐	灰褐	灰黄		
素面	39	3	17	10	7	76	61.79
细绳纹	3					3	2.44
粗绳纹	23	2	1		1	27	21.95
凹弦纹	1					1	0.81
刻划纹	2					2	1.63
细线纹	12		2			14	11.38
小计	80	5	20	10	8	123	
百分比（%）	65.04	4.07	16.26	8.13	6.50		100.00
合计	123						

豆盘　3件。Da 型。

标本 I T7007－7108㉖：1，夹砂灰黑陶。圆唇。残高 4 厘米（图一九五，3）。

（一一）第 25 层出土遗物

该层出土遗物有陶器和石器。共计出土 448 片陶片和 50 件石器。陶片均为夹砂陶，陶色以灰黑陶为主，占 96.43%，另有少量灰黄陶和灰陶。陶片多为素面，有饰纹饰者仅占 8.48%，包括细线纹、粗绳纹和凹弦纹等（表一八）。陶器可辨器形有小平底罐、瓮、桶形器、豆盘和器底。石器可辨器形有石璧和石璧坯料。

（1）陶器

12 件。

小平底罐　1件。Ab 型 I 式。

标本 I T7005－7106㉕：9，夹砂灰褐陶。折沿，尖唇。肩部饰细绳纹。口径 15.6、残高 3.2 厘米（图一九六，1）。

表一八　西区第 25 层陶片统计表

陶质 / 陶色 / 纹饰	夹砂陶			小计	百分比（%）
	灰黑	灰	灰黄		
素面	395	2	13	410	91.52
粗绳纹	16			16	3.57
凹弦纹			1	1	0.22
细线纹	21			21	4.69
小计	432	2	14	448	
百分比（%）	96.43	0.45	3.12		100.00
合计	448				

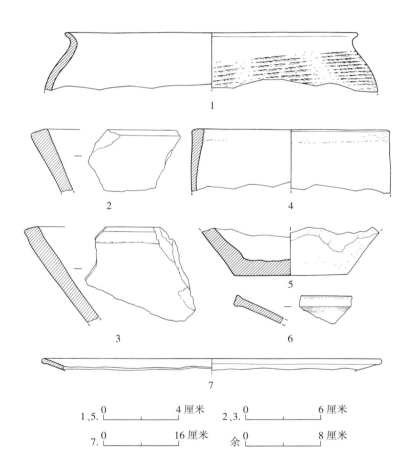

图一九六　西区第 25 层出土陶器

1. Ab 型Ⅰ式小平底罐（ⅠT7005 - 7106㉕:9）　2. Ab 型瓮（ⅠT7205 - 7206㉕:9）　3. Ba 型瓮（ⅠT7207 - 7208㉕:7）　4. A 型桶形器（ⅠT7205 - 7206㉕:10）　5. Ab 型器底（ⅠT7005 - 7106㉕:15）　6、7. Da 型豆盘（ⅠT7005 - 7106㉕:11、ⅠT7207 - 7208㉕:5）

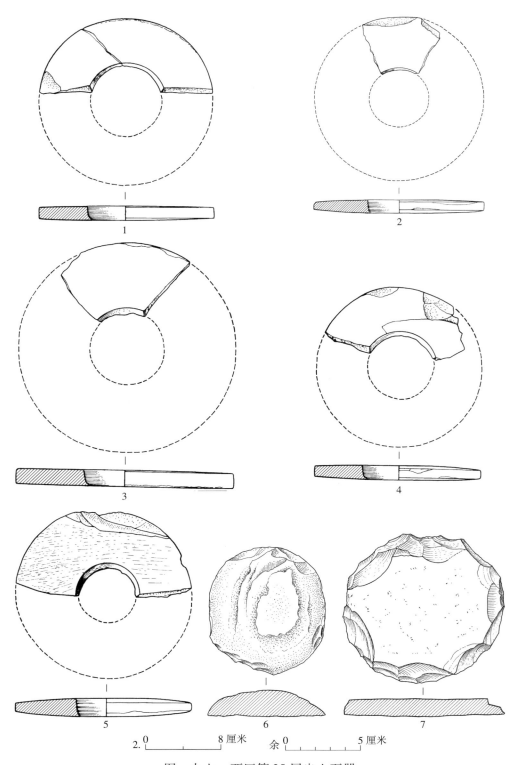

2. 0 _____ 8 厘米　　　余 0 _____ 5 厘米

图一九七　西区第 25 层出土石器

1～5. Aa 型石璧（Ⅰ T7007－7108㉕：17、Ⅰ T7007－7108㉕：21、Ⅰ T7205－7206㉕：1、Ⅰ T7205－7206㉕：2、Ⅰ T7207－7208㉕：9）　　6、7. A 型石璧坯料（Ⅰ T7007－7108㉕：4、Ⅰ T7007－7108㉕：3）

瓮 3件。

Ab型 1件。

标本ⅠT7205－7206㉕：9，夹砂灰黑陶。方唇。残高5.1厘米（图一九六，2）。

Ba型 2件。

标本ⅠT7207－7208㉕：7，夹砂灰黑陶。方唇。残高7.7厘米（图一九六，3）。

桶形器 2件。A型。

标本ⅠT7205－7206㉕：10，夹砂灰黄陶。方唇。口径21、残高7厘米（图一九六，4）。

豆盘 5件。Da型。

标本ⅠT7005－7106㉕：11，夹砂灰黑陶。方唇。残高3.1厘米（图一九六，6）。

标本ⅠT7207－7208㉕：5，夹砂灰黑陶。圆唇。口径72.6、残高2.8厘米（图一九六，7）。

器底 1件。Ab型。

标本ⅠT7005－7106㉕：15，夹砂灰黑陶。底径6、残高2.6厘米（图一九六，5）。

（2）石器

50件。

璧 43件。Aa型。

标本ⅠT7007－7108㉕：17，灰色，带灰黄色及灰黑色斑点。孔壁留有管钻痕迹。环面及轮边打磨精细。直径11.6、孔径4.6~5、厚0.7~0.9厘米（图一九七，1）。

标本ⅠT7007－7108㉕：21，灰色。孔壁留有管钻痕迹。环面及轮边打磨精细。直径18、孔径6.4、厚0.8~1.5厘米（图一九七，2）。

标本ⅠT7205－7206㉕：1，灰黄色。孔壁留有管钻痕迹。环面及轮边打磨精细。直径14.4、孔径5、厚1.1~1.2厘米（图一九七，3）。

标本ⅠT7205－7206㉕：2，灰黑色，带灰色及灰黄色斑点。孔壁留有管钻痕迹。环面及轮边打磨精细。直径11、孔径4.2~5、厚0.8~1厘米（图一九七，4）。

标本ⅠT7207－7208㉕：9，灰黑色，带黄色斑点。孔壁留有管钻痕迹。环面及轮边打磨精细。直径12、孔径3.8~4.2、厚0.6~1.2厘米（图一九七，5）。

石璧坯料 7件。A型。

标本ⅠT7007－7108㉕：4，青灰色。从卵石上打下的一块，剖裂面未经打磨、凹凸不平，另一面保持自然光面。周缘较薄，中部略厚。直径7.8、厚1.8厘米（图一九七，6）。

标本ⅠT7007－7108㉕：3，灰黑色。破裂面及轮边未经打磨。直径10.6、厚1.2厘米（图一九七，7）。

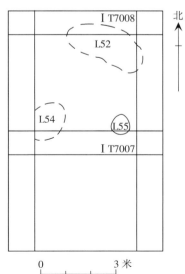

图一九八 西区第24层下遗迹平面分布图

（一二）第 24 层下遗迹及出土遗物

开口于第 24 层下遗迹仅 L52、L54、L55（图一九八；见附表一），分述如下。

1. L52

位于 I T7008 东北部，部分叠压于东隔梁及北隔梁下。开口于第 24 层下，堆积置于第 34 层层表之上。堆积中大量遗物集中分布，堆积平面形状大致呈不规则形，东西长 3.25、南北宽 1.4 米。堆积中填土为灰色黏砂土，较湿润，略夹细砂，含灰烬等。出土遗物 22 件，以石器为主，共计 18 件，另伴出有 4 件陶器（图一九九；彩版七八，1）。

（1）陶器

4 件。

豆盘 2 件。

Ba 型 1 件。

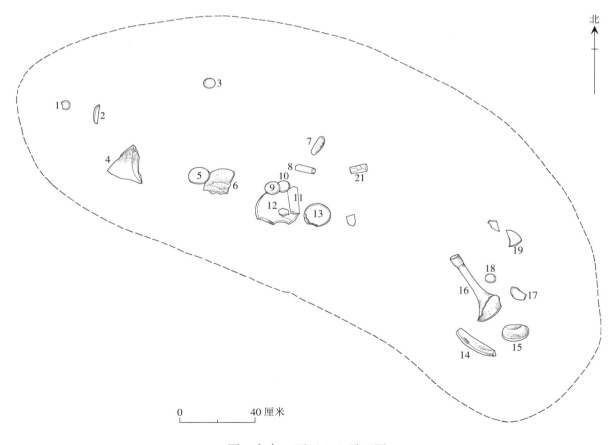

图一九九　西区 L52 平面图
1~3、5、6、9、10、12~15、17、18. 石璧坯料　4. 陶豆盘　7. 卵石　8、16、21. 陶豆柄
11、19. 石璋　20. 石璋（在 12 下）

标本 L52：16，泥质灰黑陶。除了杯口残缺外，整器几近完整。近圈足处饰两周凹弦纹。圈足径 18.4、残高 33.3 厘米（图二〇〇，1）。

Da 型　1 件。

标本 L52：22，夹砂灰黑陶。圆唇。口径 48.4、残高 3.2 厘米（图二〇〇，4）。

豆柄　2 件。Aa 型。

标本 L52：8，夹砂灰黑陶。残高 11.8 厘米（图二〇〇，2）。

（2）石器

18 件。可辨器形 10 件。

石璋半成品　1 件。Ba 型。

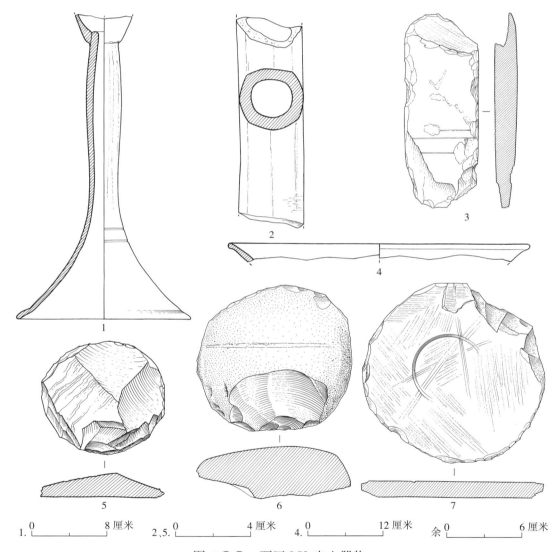

图二〇〇　西区 L52 出土器物

1. Ba 型陶豆盘（L52：16）　2. Aa 型陶豆柄（L52：8）　3. Ba 型石璋半成品（L52：11）　4. Da 型陶豆盘（L52：22）
5、6. A 型石璧坯料（L52：18、L52：15）　7. B 型石璧坯料（L52：13）

北

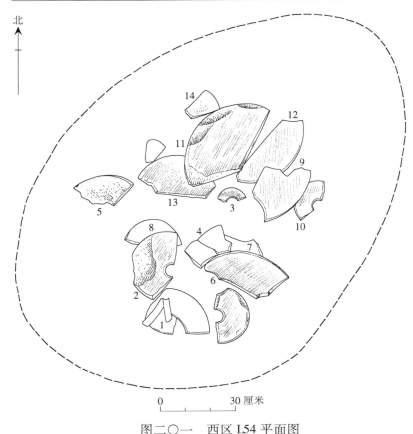

0　　　　　30 厘米

图二〇一　西区 L54 平面图
1 ~ 4、7、8、10 ~ 13. 石璧半成品　5、6、9、14. 石璧坯料

标本 L52：11，黑色，器表有锈斑。器体较小，刃部略残，整器打磨粗糙，底端保留自然断面。残长 16.2、宽 5.8、厚 1.8 厘米（图二〇〇，3）。

石璧坯料　9 件。

A 型　6 件。

标本 L52：18，灰黑色。破裂面及轮边未经打磨。直径 6.2、厚 1.1 厘米（图二〇〇，5）。

标本 L52：15，青灰色。从卵石上打下的一块，破裂面未经打磨，凹凸不平，另一面保持自然光面。周缘较薄，中部略厚。直径 14、厚 4.3 厘米（图二〇〇，6）。

B 型　3 件。

标本 L52：13，灰黑色。破裂面粗磨、轮边未经打磨，破裂面有打磨时留下的细划痕。直径 14.9、孔径 5.5、厚 1.3 厘米（图二〇〇，7）。

2. L54

位于 I T7008 西南角。开口于第 24 层下，堆积置于第 29 层层表之上。堆积中大量遗物集中分布，平面形状大致呈椭圆形。长径 1.8、短径 1.3 米。堆积填土为褐色黏砂土，结构紧密。堆积内出土遗物均为石器，共 14 件，包括 10 件石璧半成品、4 件石璧坯料，仅有 9 件石璧半成品可辨型式（图二〇一；彩版七八，2）。

石器

9 件。

石璧半成品　9 件。B 型。

标本 L54：2，灰黑色。孔壁留有管钻痕迹，环面及轮边打磨精细。直径 12.8、孔径 2.8、厚 2.1 厘米（图二〇二，1）。

标本 L54：11，灰黑色。破裂面及轮边打磨精细，破裂面有打磨时留下的浅细划痕。直径 17.4、孔径 2、厚 1.3 厘米（图二〇二，2）。

标本 L54：13，灰黑色。孔壁留有管钻痕迹。环面及轮边打磨精细。直径 35.4、孔径 5.7、

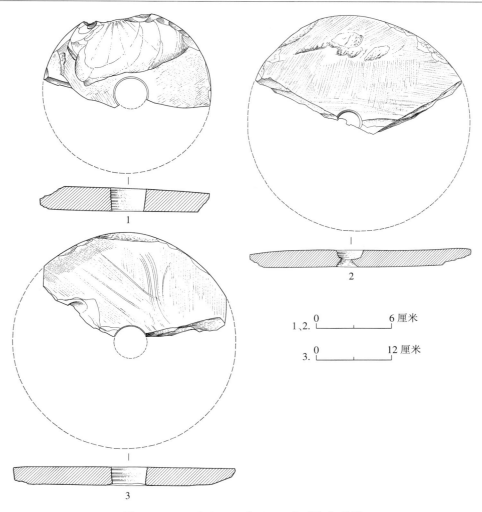

图二〇二　西区 L54 出土 B 型石璧半成品
1. L54：2　2. L54：11　3. L54：13

厚 3 厘米（图二〇二，3）。

3. L55

位于 I T7008 东南，部分叠压于 I T7007 北隔梁下。开口于第 24 层下，堆积置于第 29 层层表之上。堆积中大量遗物集中分布，堆积平面形状大致呈不规则形。长径 1.05、短径 0.8 米。堆积内出土遗物均为石器，共计 34 件，有 2 件柱形石器、2 件多璜联璧、1 件石璧、29 件石璧半成品（图二〇三；彩版七九，1）。

石器

34 件。

璧　1 件。Ab 型。

标本 L55：33，黑色。孔壁留有管钻痕迹，环面及轮边打磨精细。直径 17.3、孔径 5.1、厚

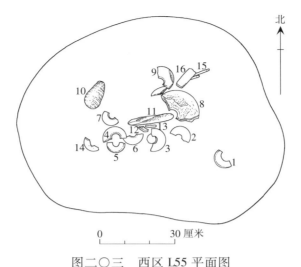

图二〇三　西区 L55 平面图

1~5、7~9、11~14、16. 石璧半成品　6. 多璜联石璧　10. 美石　15. 柱形石器

1.2 厘米（图二〇四，1）。

　　石璧半成品　29 件。B 型。

　　标本 L55：28，灰黑色。孔壁留有管钻痕迹，环面及轮边打磨精细。直径 18、孔径 2.8、厚 1.4 厘米（图二〇四，2）。

　　标本 L55：17，黑色。孔壁留有管钻痕迹，环面打磨精细，轮边粗磨。直径 9.5、孔径 2.9、厚 1.2 厘米（图二〇四，3）。

　　标本 L55：32，黑色。孔壁留有管钻痕迹，环面打磨精细，轮边粗磨。直径 9.8、孔径 4.1、厚 1.3 厘米（图二〇四，4）。

　　柱形器　2 件。

　　标本 L55：37，灰色。整器打磨粗糙，横截面呈圆形。残长 9.2、直径 2.1 厘米（图二〇四，5）。

　　多璜联璧　2 件。

　　标本 L55：6，黑色。表面较光滑，打磨精细，饰两两对称圆形穿孔。半径 3.9、厚 0.5 厘米（图二〇四，6）。

（一三）第 24 层出土遗物

　　该层出土遗物有陶器和石器。共计出土 309 片陶片和 31 件石器。陶器以夹砂陶为主，占 98.71%，夹砂陶陶色以灰黑陶和灰褐陶为主，分别占 80.98% 和 8.52%，其中饰纹饰者占 28.52%，以粗绳纹和细线纹为主，分别占 74.71% 和 11.49%，另有少量刻划纹、细绳纹、凹弦纹。泥质陶均为素面，以灰黑陶为主（表一九）。陶器可辨器形主要有束颈罐、瓮、缸、桶形器、豆盘、器底等。石器可辨器形有石琮半成品、柱形石器、石璧等。

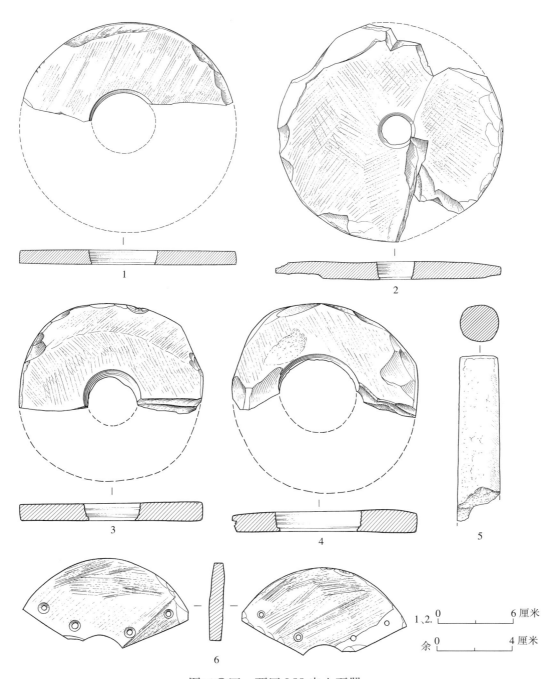

图二〇四　西区 L55 出土石器

1. Ab 型石璧（L55：33）　　2～4. B 型石璧半成品（L55：28、L55：17、L55：32）　5. 柱形器（L55：37）　6. 多璜联璧（L55：6）

（1）陶器

13 件。

束颈罐　1 件。Aa 型。

标本ⅠT7207－7208㉔：20，夹砂灰褐陶。方唇。肩部饰斜向绳纹。残高 4 厘米（图二〇五，1）。

表一九　西区第24层陶片统计表

陶质 / 陶色 / 纹饰	夹砂陶					小计	百分比（％）	泥质陶		小计	百分比（％）
	灰黑	灰	灰褐	黄褐	灰黄			灰黑	灰		
素面	182	6	21	2	7	218	71.47	1	1	2	50.00
细绳纹	4				1	5	1.64				
粗绳纹	45	14	5		1	65	21.31				
凹弦纹	1					1	0.33				
刻划纹	5	1				6	1.97	2		2	50.00
细线纹	10					10	3.28				
小计	247	21	26	2	9	305		3	1	4	
百分比（％）	80.98	6.89	8.52	0.66	2.95	100.00		75.00	25.00		100.00
合计	309										

瓮　1件。Aa型。

标本ⅠT7007－7108㉔：14，夹砂灰黄陶。方唇。口径66、残高4厘米（图二〇五，2）。

缸　1件。Ab型。

标本ⅠT7207－7208㉔：28，夹砂灰黑陶。无沿，方唇。外壁通体饰成组绳纹。残高10厘米（图二〇五，3）。

桶形器　1件。Ba型。

标本ⅠT7207－7208㉔：24，夹砂灰黑陶。方唇。口径26、残高4.5厘米（图二〇五，4）。

豆盘　5件。Da型。

标本ⅠT7007－7108㉔：17，夹砂灰黄陶。方唇。口径48.4、残高4.2厘米（图二〇五，8）。

标本ⅠT7207－7208㉔：22，夹砂灰黑陶。方唇。口径70、残高3.2厘米（图二〇五，10）。

豆柄　1件。Aa型。

标本ⅠT7007－7108㉔：3，泥质灰黑陶。残高12.8厘米（图二〇五，9）。

器底　3件。

Ab型　2件。

标本ⅠT7007－7108㉔：5，夹砂灰黑陶。底径6、残高7厘米（图二〇五，5）。

标本ⅠT7207－7208㉔：16，夹砂灰黑陶。底径9、残高5.2厘米（图二〇五，6）。

Ac型　1件。

标本ⅠT7207－7208㉔：9，夹砂灰黑陶。器壁外有轮制痕迹。底径4.8、残高2.2厘米（图二〇五，7）。

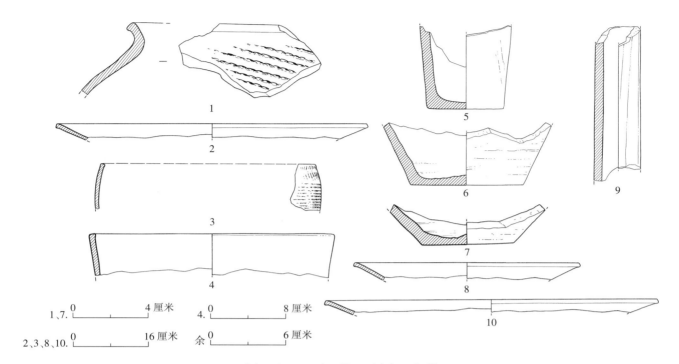

图二〇五　西区第 24 层出土陶器

1. Aa 型束颈罐（ⅠT7207 - 7208㉔：20）　　2. Aa 型瓮（ⅠT7007 - 7108㉔：14）　　3. Ab 型缸（ⅠT7207 - 7208㉔：28）
4. Ba 型桶形器（ⅠT7207 - 7208㉔：24）　　5、6. Ab 型器底（ⅠT7007 - 7108㉔：5、ⅠT7207 - 7208㉔：16）　　7. Ac 型
器底（ⅠT7207 - 7208㉔：9）　　8、10. Da 型豆盘（ⅠT7007 - 7108㉔：17、ⅠT7207 - 7208㉔：22）　　9. Aa 型豆柄
（ⅠT7007 - 7108㉔：3）

（2）石器

31 件。

石琮半成品　1 件。C 型Ⅱ式。

标本ⅠT7007 - 7108㉔：38，黑色，表面有大量锈斑。孔用管对钻而成，器表打磨较为粗糙。宽 5.6、孔径 2.1、通高 7.4 厘米（图二〇六，1）。

柱形器　2 件。

标本ⅠT7007 - 7108㉔：36，灰色。顶部保留有平整切割面，剖面呈椭圆形，器表打磨较为粗糙。残长 6.5、直径 1.8 厘米（图二〇六，2）。

璧　8 件。Aa 型。

标本ⅠT7007 - 7108㉔：12，灰黑色。孔壁留有管钻痕迹，环面打磨精细，轮边未打磨。直径 23.6、孔径 6.4、厚 2 厘米（图二〇六，3）。

标本ⅠT7007 - 7108㉔：18，灰黑色。孔壁留有管钻痕迹，环面及轮边打磨精细。直径 16.4、孔径 5 ~ 6、厚 0.9 ~ 1.3 厘米（图二〇六，4）。

标本ⅠT7007 - 7108㉔：9，黑色。孔壁留有管钻痕迹，环面及轮边粗磨。直径 12.4、孔径 4.5 ~ 5、厚 0.5 ~ 1.1 厘米（图二〇六，5）。

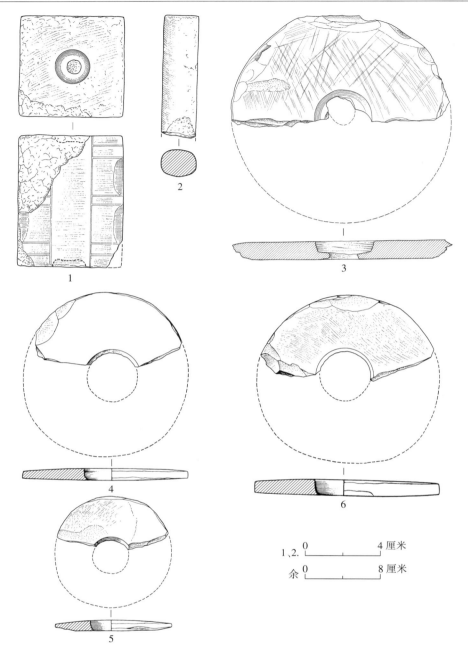

图二○六　西区第 24 层出土石器

1. C 型 II 式石琮半成品（I T7007－7108㉔:38）　2. 柱形器（I T7007－7108㉔:36）　3 ~ 6. Aa 型石璧
（I T7007－7108㉔:12、I T7007－7108㉔:18、I T7007－7108㉔:9、I T7007－7108㉔:10）

标本 I T7007－7108㉔:10，灰黑色。孔壁留有管钻痕迹，环面及轮边打磨精细。直径 20、孔径 5.5 ~ 6、厚 1.2 ~ 1.7 厘米（图二○六，6）。

石璧坯料　14 件。

A 型　12 件。

标本 I T7007－7108㉔:23，灰黑色。破裂面及轮边未经打磨。直径 11.4、厚 1.7 厘米（图二〇七，1）。

标本ⅠT7007-7108㉔：31，灰黑色。破裂面及轮边未经打磨。直径7.9、厚1.3厘米（图二〇七，2）。

B型　2件。

标本ⅠT7007-7108㉔：13，黑色。破裂面及轮边未经打磨。直径8.7、孔径2.9、厚1.4厘米（图二〇七，3）。

石璧半成品　6件。

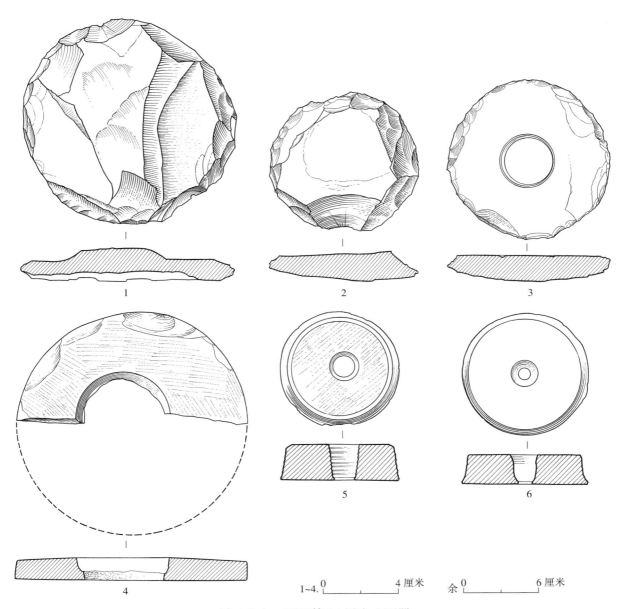

1~4. 0 ___ 4厘米　余 0 ___ 6厘米

图二〇七　西区第24层出土石器

1、2. A型石璧坯料（ⅠT7007-7108㉔：23、ⅠT7007-7108㉔：31）　3. B型石璧坯料（ⅠT7007-7108㉔：13）　4. A型石璧半成品（ⅠT7007-7108㉔：8）　5、6. C型石璧半成品（ⅠT7207-7208㉔：1、ⅠT7207-7208㉔：2）

A 型　2 件。

标本 I T7007 - 7108㉔：8，灰黑色。孔壁留有管钻痕迹，环面及轮边粗磨。直径 12.5、孔径 5、厚 1.2 厘米（图二〇七，4）。

C 型　4 件。

标本 I T7207 - 7208㉔：1，黑色。边缘留有管钻痕迹，环面及轮边打磨精细。直径 9.6、孔径 2.3、厚 2.8 厘米（图二〇七，5）。

标本 I T7207 - 7208㉔：2，青色，带灰黄色及青黄色斑点。边缘留有管钻痕迹，环面及轮边打磨精细。直径 10.2、孔径 2.1、厚 2.4 厘米（图二〇七，6）。

（一四）第 23 层下遗迹及出土遗物

开口于第 23 层下遗迹有 L38、L48（图二〇八；见附表一），分述如下。

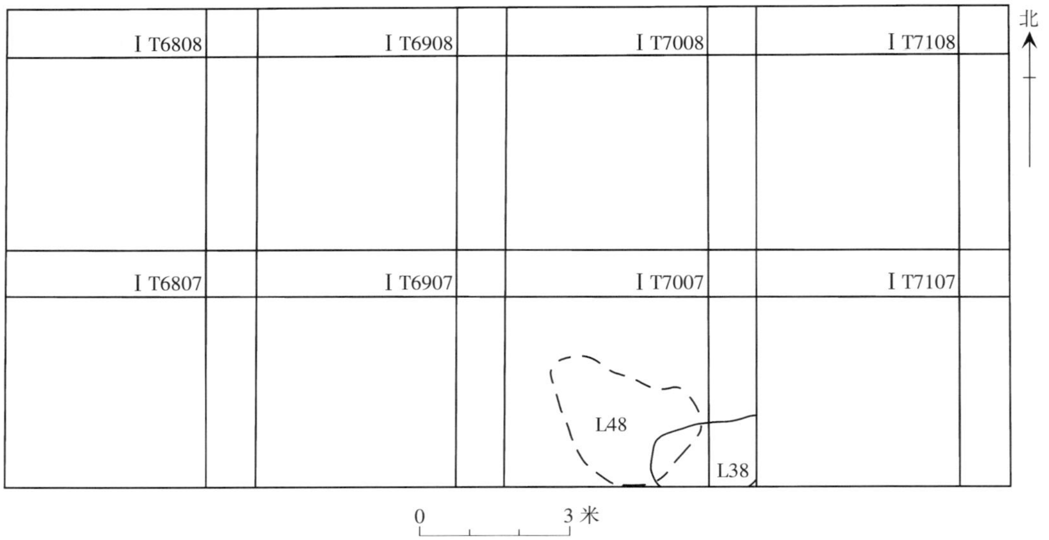

图二〇八　西区第 23 层下遗迹平面分布图

1. L38

位于 I T7007 东南角，部分叠压于 I T7007 东隔梁下。开口于第 23 层下，打破第 25 层。平面形状呈不规则长方形，弧壁，平底。东西长 2.05、南北宽 1.35 ~ 1.47 米，遗物堆积厚 0.38 米。堆积填土为褐色砂黏土，遗物层垒叠放置。堆积内共计出土遗物 39 件，均为石器，有 33 件石璧坯料、1 件石璧、4 件石璋、1 件石锛（图二〇九、二一〇；彩版七九，2）。

石器

39 件。

璋　4 件。B 型。

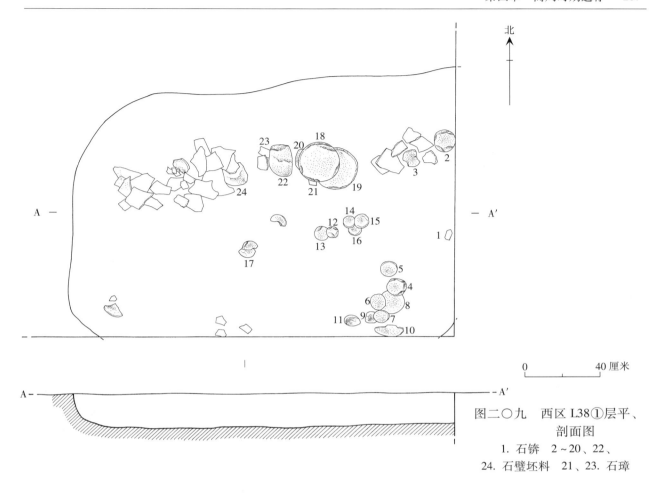

图二〇九　西区 L38①层平、
剖面图
1. 石锛　2~20、22、
24. 石璧坯料　21、23. 石璋

标本 L38：33，灰黑色。半成品，制出牙部雏形。器体较大，整器打磨平整，底端保留自然断面。长 17.2~17.9、宽 5.7、厚 2.2 厘米（图二一一，1；彩版七九，3）。

锛　1 件。Bb 型。

标本 L38：1，褐色。器体极小。整器打磨精细。残长 3.4~4.8、宽 3.1、厚 1 厘米（图二一一，2）。

璧　1 件。Ab 型。

标本 L38：36，灰黄色，带黑色斑点。孔壁留有管钻痕迹，环面及轮边打磨精细。直径 10.6、孔径 6、厚 1.1 厘米（图二一一，4）。

石璧坯料　33 件。A 型。

标本 L38：19，灰黑色。破裂面及轮边未经打磨，周缘较薄，中部略厚。直径 22、厚 2.4 厘米（图二一一，5）。

标本 L38：39-2，灰黑色。破裂面及轮边未经打磨，周缘较薄，中部略厚。直径 6.6、厚 1 厘米（图二一一，3）。

标本 L38：8，灰色。从卵石上打下的一块，破裂面打磨精细、较平整，另一面保持自然光面；周缘较薄，中部略厚。直径 13.3、厚 2.5 厘米（图二一一，6）。

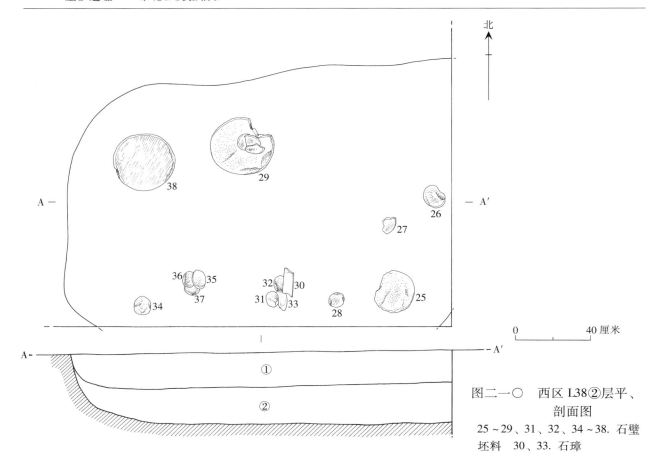

图二一〇　西区 L38②层平、
剖面图

25～29、31、32、34～38. 石璧
坯料　30、33. 石璋

标本 L38：15，青灰色。从卵石上打下的一块，破裂面粗磨，另一面保持自然光面；周缘较薄，中部略厚。直径 8.9、厚 2.7 厘米（图二一一，7）。

2. L48

位于ⅠT7007 东南。开口于第 23 层下，堆积置于第 25 层层表。东部被 L38 打破。大量遗物集中分布，堆积平面形状大致呈不规则形，长 3.1、宽 2.15 米。遗物垒叠放置，可分两层。第 2 层外框线向东北延伸。第 1 层出土遗物以石器为主，主要为石璧废弃物，多残断，不见完整者，共计 62 件，有 56 件石璧半成品、5 件石璧、1 件陶器，还出土少量陶片。第 2 层遗物均为石器，共计 18 件，有石璧 5 件、石璧半成品 13 件（图二一二；彩版八〇；彩版八一，1）。

（1）陶器

7 件。

瓮　1 件。Aa 型。

标本 L48：115，夹砂灰褐陶。圆唇。口径 58、残高 5 厘米（图二一三，1）。

缸　1 件。Aa 型Ⅰ式。

标本 L48：105，夹砂灰黑陶。无沿，方唇。外壁通体饰成组绳纹。口径 42、残高 4.2 厘米

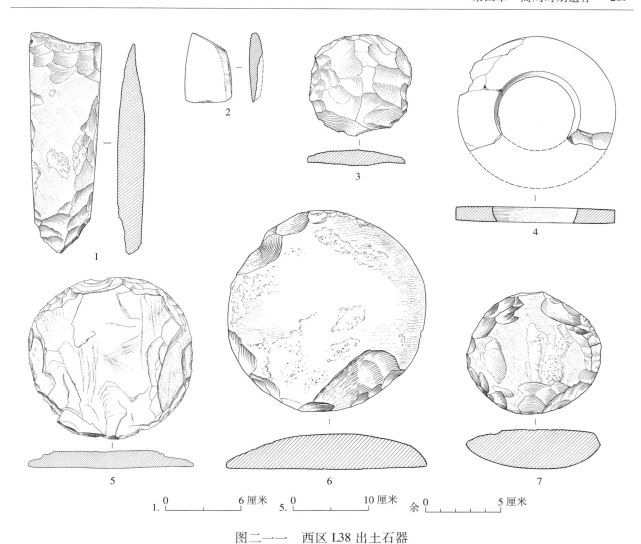

图二一一 西区 L38 出土石器

1. B 型石璋（L38：33） 2. Bb 型石锛（L38：1） 3、5～7. A 型石璧坯料（L38：39－2、L38：19、L38：8、L38：15）
4. Ab 型石璧（L38：36）

（图二一三，2）。

豆盘 3 件。Db 型。

标本 L48：113，夹砂灰黑陶。圆唇。口径 46、残高 4.5 厘米（图二一三，5）。

豆柄 1 件。Aa 型。

标本 L48：108，夹砂灰褐陶。残高 8.5 厘米（图二一三，4）。

器底 1 件。Ab 型。

标本 L48：62，夹砂灰黑陶。底径 6.7、残高 8 厘米（图二一三，3）。

（2）石器

109 件。

璧 7 件。

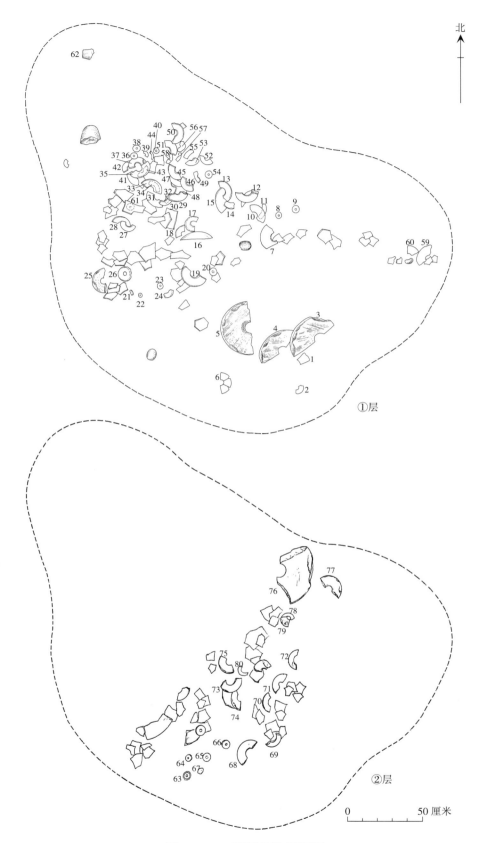

图二一二　西区 L48 平面图

①层：1～6、8～38、41～53、55～60. 石璧半成品　7、39、40、54、61. 石璧　62. 陶器底

②层：63～67. 石璧　68～80. 石璧半成品

Ab 型　2 件。

标本 L48:7，灰白色，带灰黑色斑点。孔壁留有管钻痕迹，环面及轮边打磨精细。直径 20.1、孔径 6.8、厚 1.1 厘米（图二一四，1）。

Ba 型　3 件。

标本 L48:61，黑色。环面及轮边打磨精细。直径 4.48、孔径 1.6、厚 1.44 厘米（图二一四，2）。

标本 L48:39，灰色，表面带灰黑色斑点。环面及轮边打磨精细。直径 4.9～5.7、孔径 1.6、厚 1.2 厘米（图二一四，4）。

标本 L48:40，灰黑色。环面及轮边打磨精细。直径 5.05、孔径 0.53、厚 1.44 厘米（图二一四，5）。

Bb 型　2 件。

标本 L48:64，灰黑色。环面及轮边打磨精细。直径 3.1～3.5、孔径 1.2、厚 1.2 厘米（图二一四，3）。

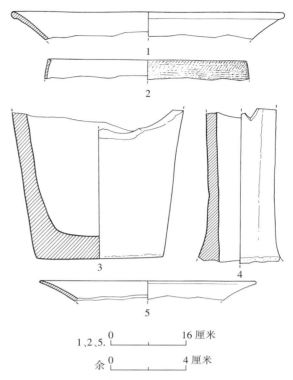

图二一三　西区 L48 出土陶器
1. Aa 型瓮（L48:115）　　2. Aa 型 I 式缸（L48:105）
3. Ab 型器底（L48:62）　　4. Aa 型豆柄（L48:108）
5. Db 型豆盘（L48:113）

标本 L48:54，黑色。环面打磨精细，轮边留有管钻痕迹。直径 5.4、孔径 1、厚 0.9 厘米（图二一四，6）。

石璧半成品　102 件。

A 型　61 件。

标本 L48:84，灰黑色。孔壁留有管钻痕迹，环面及轮边粗磨。直径 10.4、孔径 4.5、厚 1.2 厘米（图二一五，1）。

标本 L48:33，灰黑色。孔壁留有管钻痕迹，环面及轮边打磨精细。直径 15.6、孔径 5.6、厚 1.6 厘米（图二一五，2）。

B 型　24 件。

标本 L48:4，黑色。孔壁留有管钻痕迹，环面及轮边打磨精细。直径 31.7、孔径 7.6、厚 3 厘米（图二一五，3）。

C 型　17 件。

标本 L48:47，黑色。环面及轮边打磨精细。直径 4.8～5.4、孔径 1.4、厚 1.5 厘米（图二一五，4）。

标本 L48:9，黑色。环面及轮边打磨精细。直径 4.4～5.1、孔径 1.4、厚 1.4 厘米（图二

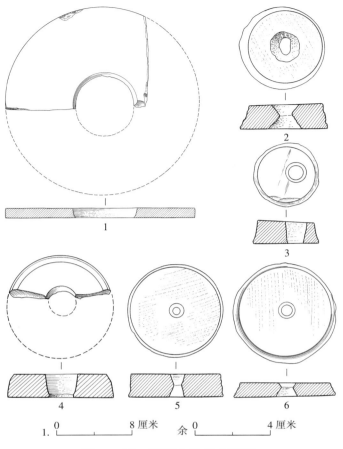

图二一四　西区 L48 出土石璧

1. Ab 型（L48：7）　　2、4、5. Ba 型（L48：61、L48：39、L48：40）　　3、6. Bb 型（L48：64、L48：54）

一五，5）。

标本 L48：38，灰黑色。环面及边缘留有管钻痕迹，环面及轮边打磨精细。直径 4.9～5.2、孔径 1.3、厚 2 厘米（图二一五，6）。

标本 L48：20，灰黑色。环面及边缘留有管钻痕迹，环面及轮边打磨精细。直径 4.4～5、孔径 1.7、厚 1.5 厘米（图二一五，7）。

（一五）第 23 层出土遗物

该层出土遗物有陶器和石器，数量较为丰富。共计出土 3763 片陶片和 221 件石器。陶器中夹砂陶占绝大多数，占 97.05%。夹砂陶以灰黑陶和灰黄陶为主，分别占 75.71% 和 14.51%，其中饰纹饰者仅占 8.43%，以粗绳纹为主，占 83.12%，次为细线纹，占 12.01%，极少量凹弦纹、压印纹、云雷纹。泥质陶以灰黑陶、灰黄陶、灰褐陶为主，分别占 42.34%、27.03% 和 12.61%，有纹饰的陶片仅见细线纹和凸棱纹各一片（表二〇）。陶器可辨器形主要有小平底罐、束颈罐、瓮形器、敛口罐、壶、盆、瓮、缸、桶形器、豆盘、豆柄等。石器可辨器形有石璋半成品、石璧、石璧坯料、石璧半成品等。

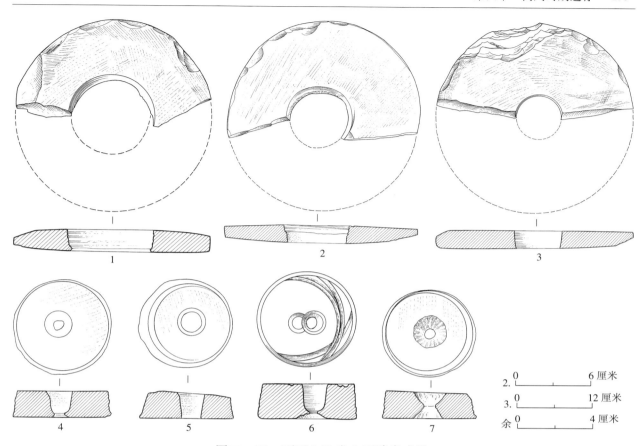

图二一五　西区 L48 出土石璧半成品

1、2. A 型（L48：84、L48：33）　3. B 型（L48：4）　4～7. C 型（L48：47、L48：9、L48：38、L48：20）

表二〇　西区第 23 层陶片统计表

陶质 陶色 纹饰	夹砂陶						小计	百分比（%）	泥质陶							小计	百分比（%）
	灰黑	灰	红褐	灰褐	黄褐	灰黄			灰黑	灰	灰黄	灰褐	青灰	红	黄褐		
素面	2475	69	40	215	20	525	3344	91.57	47	9	29	14	1	8	1	109	98.20
细绳纹	3						3	0.08									
粗绳纹	239			4	8	5	256	7.01									
云雷纹	5						5	0.14									
凹弦纹	5						5	0.14									
凸棱纹													1			1	0.90
细线纹	36			1			37	1.01			1					1	0.90
压印纹	2						2	0.05									
小计	2765	69	40	220	28	530	3652		47	9	30	14	2	8	1	111	
百分比（%）	75.71	1.89	1.10	6.02	0.77	14.51		100.00	42.34	8.11	27.03	12.61	1.80	7.21	0.90		100.00
合计	3763																

（1）陶器

176 件。

小平底罐 3 件。Ab 型 I 式。

标本 I T7007－7108㉓：71，夹砂灰黑陶。方唇。残高 3.7 厘米（图二一六，1）。

标本 I T7007－7108㉓：72，夹砂灰黑陶。方唇。口径 15.8、残高 3.5 厘米（图二一六，3）。

束颈罐 4 件。

Aa 型 1 件。

标本 I T7007－7108㉓：65，夹砂灰黑陶。方唇。肩部饰成组斜向绳纹。口径 23、残高 4 厘米（图二一六，9）。

Ac 型 II 式 3 件。

标本 I T7005－7106㉓：74，夹砂灰黑陶。方唇，肩部饰细绳纹。口径 16.4、残高 4.1 厘米（图二一六，6）。

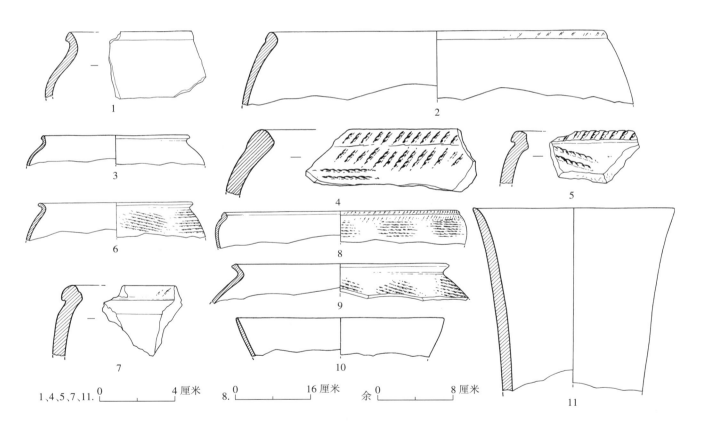

图二一六　西区第 23 层出土陶器

1、3. Ab 型 I 式小平底罐（I T7007－7108㉓：71、I T7007－7108㉓：72）　2、4. B 型瓮形器（I T7007－7108㉓：52、I T7007－7108㉓：143）　5. Db 型瓮形器（I T7007－7108㉓：46）　6. Ac 型 II 式束颈罐（I T7005－7106㉓：74）　7. Aa 型 I 式敛口罐（I T6809－6910㉓：6）　8. Da 型瓮形器（I T7007－7108㉓：45）　9. Aa 型束颈罐（I T7007－7108㉓：65）　10、11. Aa 型壶（I T7005－7106㉓：113、I T7007－7108㉓：94）

瓮形器　5 件。

B 型　3 件。

标本 I T7007－7108㉓：52，夹砂灰黄陶。圆唇。唇部压印绳纹。口径 36、残高 8.2 厘米（图二一六，2）。

标本 I T7007－7108㉓：143，夹砂灰黄陶。方唇。唇部和肩部饰斜向绳纹。残高 3.5 厘米（图二一六，4）。

Da 型　1 件。

标本 I T7007－7108㉓：45，夹砂灰黄陶。方唇。唇部和肩部饰斜向绳纹。口径 50、残高 7.4 厘米（图二一六，8）。

Db 型　1 件。

标本 I T7007－7108㉓：46，夹砂灰黑陶。方唇。唇部和肩部饰斜向绳纹。残高 2.9 厘米（图二一六，5）。

敛口罐　1 件。Aa 型 I 式。

标本 I T6809－6910㉓：6，夹砂灰黑陶。残高 3.8 厘米（图二一六，7）。

壶　4 件。Aa 型。

标本 I T7005－7106㉓：113，夹砂灰陶。圆唇。口径 22、残高 4.2 厘米（图二一六，10）。

标本 I T7007－7108㉓：94，夹砂灰陶。圆唇。口径 10.6、残高 10.1 厘米（图二一六，11）。

盆　1 件。Ac 型。

标本 I T7005－7106㉓：102，夹砂灰黑陶。方唇。唇部压印绳纹。口径 64、残高 6.5 厘米（图二一七，1）。

瓮　8 件

Aa 型　2 件。

标本 I T7007－7108㉓：150，夹砂灰黄陶。圆唇。口径 47、残高 7 厘米（图二一七，2）。

Ab 型　1 件。

标本 I T7007－7108㉓：153，夹砂灰黑陶。方唇。口径 35.2、残高 6.9 厘米（图二一七，4）。

Ac 型　2 件。

标本 I T7005－7106㉓：273，夹砂灰黑陶。方唇。口径 78.8、残高 6 厘米（图二一七，3）。

标本 I T7005－7106㉓：137，夹砂灰黑陶。方唇。口径 46、残高 5.6 厘米（图二一七，5）。

Ba 型　2 件。

标本 I T7007－7108㉓：152，夹砂灰黑陶。方唇。领部饰云雷纹。残高 4 厘米（图二一七，6）。

标本 I T7007－7108㉓：149，夹砂灰黄陶。圆唇。残高 6 厘米（图二一七，7）。

Ca 型　1 件。

标本 I T7007－7108㉓：147，夹砂灰褐陶。方唇。口径 37、残高 6.4 厘米（图二一七，8）。

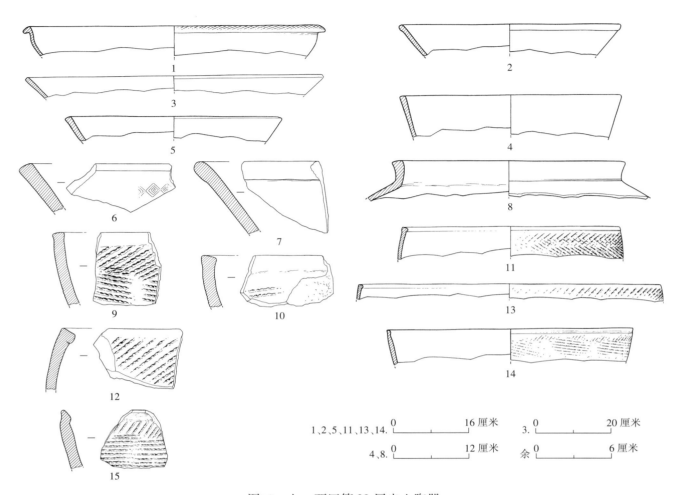

图二一七　西区第 23 层出土陶器

1. Ac 型盆（ⅠT7005－7106㉓：102）　2. Aa 型瓮（ⅠT7007－7108㉓：150）　3、5. Ac 型瓮（ⅠT7005－7106㉓：273、ⅠT7005－7106㉓：137）　4. Ab 型瓮（ⅠT7007－7108㉓：153）　6、7. Ba 型瓮（ⅠT7007－7108㉓：152、ⅠT7007－7108㉓：149）　8. Ca 型瓮（ⅠT7007－7108㉓：147）　9、10. Aa 型Ⅰ式缸（ⅠT7007－7108㉓：50、ⅠT7007－7108㉓：48）　11～13. Aa 型Ⅱ式缸（ⅠT7207－7208㉓：7、ⅠT7007－7108㉓：142、ⅠT7005－7106㉓：196）　14、15. Ab 型缸（ⅠT7007－7108㉓：115、ⅠT7005－7106㉓：140）

缸 16 件

Aa 型Ⅰ式　4 件。

标本ⅠT7007－7108㉓：50，夹砂灰黑陶。无沿，方唇。外壁通体饰成组绳纹。残高 6 厘米（图二一七，9）。

标本ⅠT7007－7108㉓：48，夹砂灰黑陶。无沿，方唇。外壁饰绳纹。残高 4.2 厘米（图二一七，10）。

Aa 型Ⅱ式　9 件。

标本ⅠT7207－7208㉓：7，夹砂灰黑陶。无沿，方唇。外壁通体饰成组绳纹。口径 46、残高 6.8 厘米（图二一七，11）。

标本 I T7007 – 7108㉓：142，夹砂灰黑陶。无沿，内圆唇。外壁通体饰成组绳纹。残高 5 厘米（图二一七，12）。

标本 I T7005 – 7106㉓：196，夹砂灰黑陶。方唇。外壁压印绳纹。口径 64、残高 4 厘米（图二一七，13）。

Ab 型 3 件。

标本 I T7007 – 7108㉓：115，夹砂灰黑陶。方唇。口径 52、残高 7.4 厘米（图二一七，14）。

标本 I T7005 – 7106㉓：140，夹砂灰黑陶。方唇。外壁通体饰成组绳纹。残高 4.9 厘米（图二一七，15）。

桶形器 20 件。

A 型 14 件。

标本 I T7007 – 7108㉓：91，夹砂灰黄陶。方唇。口径 28、残高 9.7 厘米（图二一八，1）。

标本 I T7007 – 7108㉓：78，夹砂灰黄陶。方唇。口径 35、残高 7.8 厘米（图二一八，2）。

Ba 型 6 件。

标本 I T7005 – 7106㉓：78，夹砂灰褐陶。圆唇。口径 24、残高 7 厘米（图二一八，3）。

标本 I T7007 – 7108㉓：92，夹砂灰黑陶。方唇。口径 32、残高 7.2 厘米（图二一八，4）。

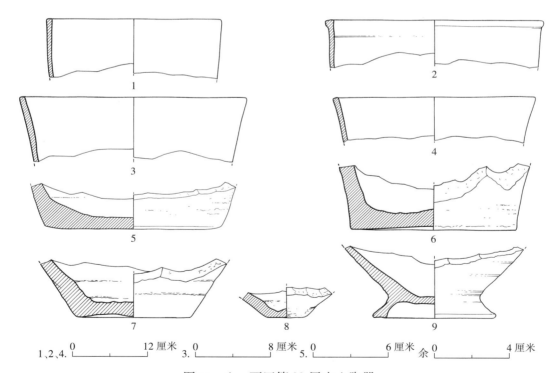

图二一八 西区第 23 层出土陶器

1、2. A 型桶形器（I T7007 – 7108㉓：91、I T7007 – 7108㉓：78） 3、4. Ba 型桶形器（I T7005 – 7106㉓：78、I T7007 – 7108㉓：92） 5. Aa 型器底（I T7005 – 7106㉓：128） 6、7. Ab 型器底（I T7007 – 7108㉓：111、I T7007 – 7108㉓：101） 8. Ea 型器底（I T7207 – 7208㉓：35） 9. Ca 型圈足（I T7007 – 7108㉓：110）

豆盘　95 件。

Cc 型　2 件。

标本ⅠT7007－7108㉓：185，夹砂灰黄陶。方唇。口径 62、残高 3.6 厘米（图二一九，1）。

Da 型　78 件。

标本ⅠT7007－7108㉓：161，夹砂灰黑陶。方唇。口径 68、残高 4.2 厘米（图二一九，2）。

标本ⅠT7207－7208㉓：14，夹砂灰黑陶。方唇。口径 50、残高 2.8 厘米（图二一九，3）。

Db 型　15 件。

标本ⅠT7207－7208㉓：34，夹砂灰黄陶。圆唇。口径 56、残高 3 厘米（图二一九，4）。

标本ⅠT7007－7108㉓：200，夹砂灰黄陶。圆唇。口径 66、残高 3.8 厘米（图二一九，5）。

豆柄　5 件。Aa 型。

标本ⅠT7007－7108㉓：140，夹砂灰黑陶。残高 18.7 厘米（图二一九，6）。

标本ⅠT7005－7106㉓：135，夹砂灰黄陶。残高 7.9 厘米（图二一九，7）。

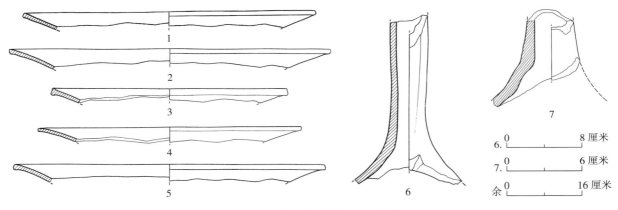

图二一九　西区第 23 层出土陶器

1. Cc 型豆盘（ⅠT7007－7108㉓：185）　　2、3. Da 型豆盘（ⅠT7007－7108㉓：161、ⅠT7207－7208㉓：14）
4、5. Db 型豆盘（ⅠT7207－7208㉓：34、ⅠT7007－7108㉓：200）　　6、7. Aa 型豆柄（ⅠT7007－7108㉓：140、
ⅠT7005－7106㉓：135）

器底　13 件。

Aa 型　2 件。

标本ⅠT7005－7106㉓：128，夹砂灰黑陶。底径 14、残高 3.6 厘米（图二一八，5）。

Ab 型　10 件。

标本ⅠT7007－7108㉓：111，夹砂灰黑陶。底径 8.8、残高 3.7 厘米（图二一八，6）。

标本ⅠT7007－7108㉓：101，夹砂灰黑陶。底径 6.1、残高 3.1 厘米（图二一八，7）。

Ea 型　1 件。

标本ⅠT7207－7208㉓：35，夹砂灰黑陶。底径 2.3、残高 1.7 厘米（图二一八，8）。

圈足　1 件。

Ca 型　1 件。

标本ⅠT7007－7108㉓：110，夹砂灰黑陶。圈足径6.5、残高3.7厘米（图二一八，9）。

（2）石器

221 件。

石璋半成品　13 件。Ba 型。

标本ⅠT7007－7108㉓：31，褐色。器表、两侧保留切割面，打磨较为光滑，刃部打磨相对粗糙。刃部、柄部残。残长17.4、宽5.3、厚1.5厘米（图二二〇，1）。

柱形石器　3 件。

标本ⅠT7007－7108㉓：8，灰色。顶部保留有平整切割面，器表打磨较为粗糙。残长8.3、直径2.8厘米（图二二〇，2）。

璧　9 件。

Aa 型　5 件。

标本ⅠT7007－7108㉓：27，灰白色，表面泛灰黑色斑点。孔壁留有管钻痕迹。环面及轮边打磨精细。直径21、孔径6.2、厚0.8厘米（图二二一，1）。

Ab 型　4 件。

标本ⅠT7007－7108㉓：42，灰色，表面泛黑色斑点。孔壁留有管钻痕迹，环面及轮边打磨精细。直径11、孔径6.1、厚0.9厘米（图二二一，2）。

标本ⅠT7005－7106㉓：14，灰黑色。孔壁留有管钻痕迹，环面及轮边打磨精细。直径48、孔径14.8、厚2.6厘米（图二二一，3）。

石璧坯料　122 件。

A 型　93 件。

标本ⅠT7007－7108㉓：328，灰黑色。从卵石上打下的一块，剖裂面未经打磨，另一面保持自然光面。周缘较薄，中部略厚。直径14.6、厚3.3厘米（图二二一，4）。

标本ⅠT7005－7106㉓：73，灰色。破裂面及轮边未经打磨。周缘较薄，中部略厚。直径9.8、厚1.7厘米（图二二一，5）。

B 型　28 件。

标本ⅠT7005－7106㉓：9，灰白色。从卵石上打下的一块，破裂面一面打磨精细，另一面未经打磨。周缘较薄，中部略厚。直径14.4、孔径4.4、厚3.1厘米（图二二二，1）。

标本ⅠT7005－7106㉓：176，青灰色，夹杂黄色斑块。从卵石上打下的一块，破裂面一面打磨精细，另一面粗磨。周缘较薄，中部略厚。直径21.8、孔径4.6、厚5.3厘米（图二二二，3）。

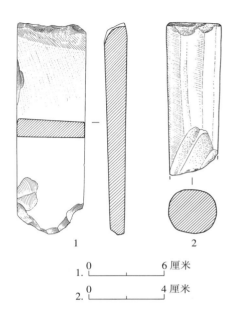

图二二〇　西区第 23 层出土石器
1. Ba 型石璋半成品（ⅠT7007－7108㉓：31）
2. 柱形石器（ⅠT7005－7108㉓：8）

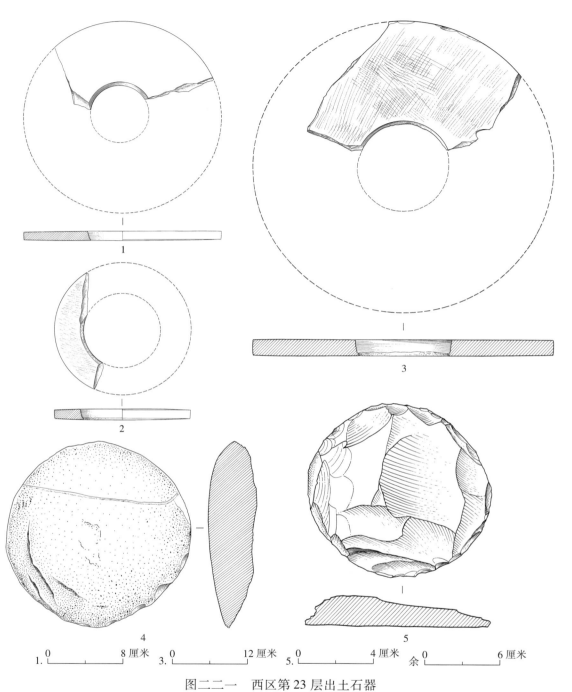

图二二一　西区第 23 层出土石器

1. Aa 型石璧（ⅠT7007－7108㉓：27）　　2、3. Ab 型石璧（ⅠT7007－7108㉓：42、ⅠT7005－7106㉓：14）　　4、5. A 型石璧坯料（ⅠT7007－7108㉓：328、ⅠT7005－7106㉓：73）

标本ⅠT7007－7108㉓：30－2，灰白色，夹杂黑色斑点。破裂面一面打磨精细，另一面未经打磨。周缘较薄，中部略厚。直径 20、孔径 5.6、厚 2 厘米（图二二二，2；彩版七九，4）。

标本ⅠT7007－7108㉓：384，黑色。破裂面及轮边未经打磨。周缘较薄，中部略厚。直径 8.2、孔径 2.8、厚 1.3 厘米（图二二二，4）。

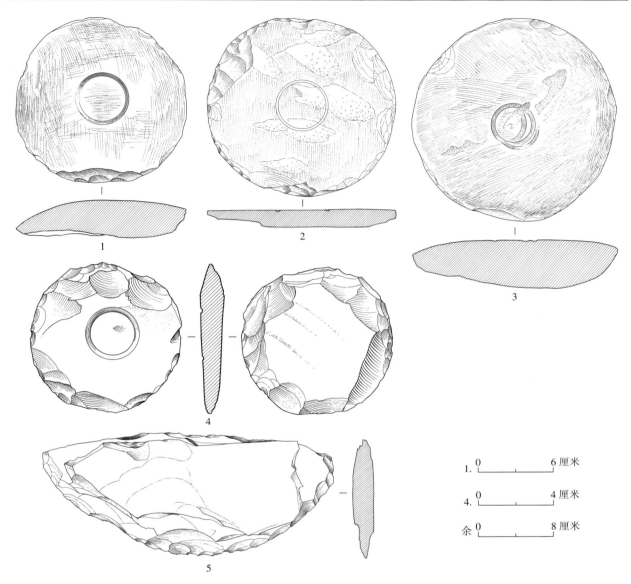

图二二二　西区第23层出土石璧坯料

1~4. B型（ⅠT7005－7106㉓：9、ⅠT7007－7108㉓：30－2、ⅠT7005－7106㉓：176、ⅠT7007－7108㉓：384）

5. C型（ⅠT7007－7108㉓：18）

C型　1件。

标本ⅠT7007－7108㉓：18，黑色。平面形状呈扇形。剖裂面及轮边未经打磨。长30.9、宽13.3、厚2.3厘米（图二二二，5）。

石璧半成品　74件。

A型　35件。

标本ⅠT7007－7108㉓：5－1，灰黑色。孔壁留有管钻痕迹，环面及轮边打磨精细。直径12.3、孔径6、厚1.1厘米（图二二三，1）。

B型　34件。

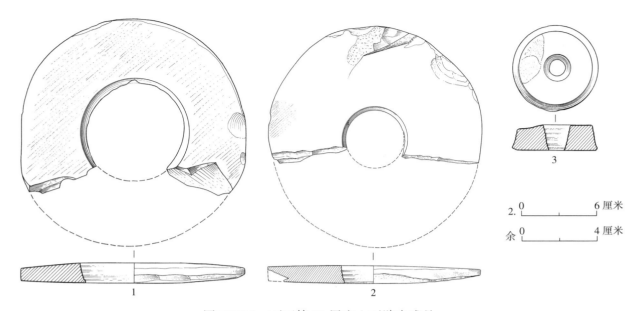

图二二三　西区第23层出土石璧半成品

1. A型（ⅠT7007 - 7108㉓：5 - 1）　2. B型（ⅠT7007 - 7108㉓：26）　3. C型（ⅠT7007 - 7108㉓：19）

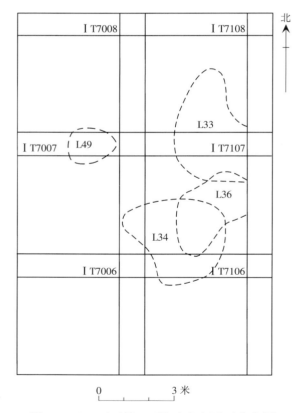

图二二四　西区第22层下遗迹平面分布图

标本ⅠT7007 - 7108㉓：26，灰黑色。孔壁留有管钻痕迹，环面及轮边打磨精细。直径17.4、孔径5.4、厚1.5厘米（图二二三，2）。

C型　5件。

标本ⅠT7007 - 7108㉓：19，灰黑色。边缘留有管钻痕迹，环面及轮边打磨精细。直径4.6、孔径1.4、厚1.4厘米（图二二三，3）。

（一六）第22层下遗迹及出土遗物

第22层下遗迹有L33、L34、L36、L49（图二二四；见附表一），分述如下。

1. L33

位于ⅠT7108东南，延伸至ⅠT7107北部，部分叠压于ⅠT7107、ⅠT7108东隔梁下。开口于第22层下，堆积置于第24层层表。地面上大量遗物集中分布，堆积平面形状呈不规则形，南北长4.8、东西宽2.95米。堆积内填土为黄色砂黏土。出土遗物39件，其中37件石器，包括36件石璧坯料、1件石璋半成品；另伴出有1件象牙、1件陶器（图二二五；彩版八一，2）。

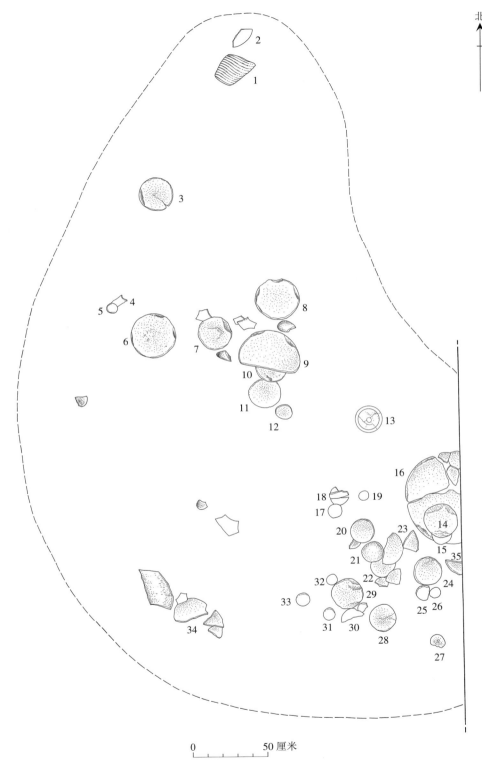

北

图二二五　西区 L33 平面图
1. 大象臼齿　2～12、14～35. 石璧坯料　13. 陶盔形器

（1）陶器

1 件。

盉形器　1 件。

标本 L33：13，夹砂灰黑陶。圆唇。口径 17、纽径 4.6、高 12 厘米（图二二六，1；彩版八一，3）。

（2）石器

37 件。

石璋半成品　1 件。Bb 型。

标本 L33：4，青色。器体宽大，底部、两侧均保留自然断面，凹凸不平。刃部、侧面打磨粗糙。长 29.4～31.8、宽 8、厚 1.4 厘米（图二二六，2；彩版八一，4）。

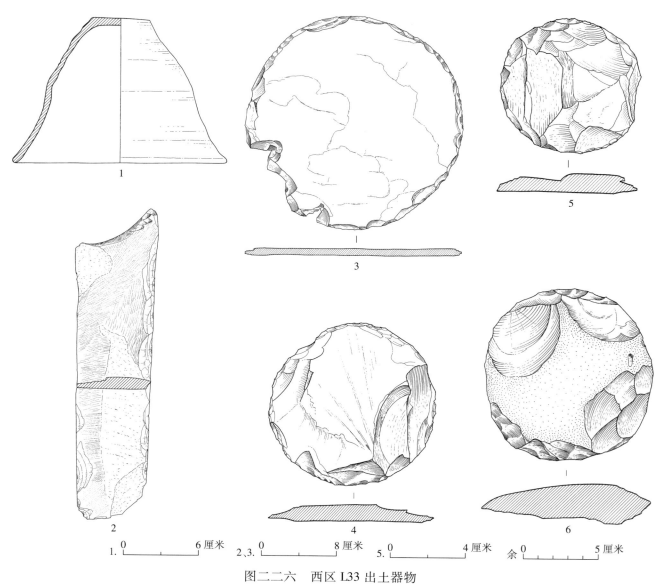

图二二六　西区 L33 出土器物

1. 陶盉形器（L33：13）　2. Bb 型石璋半成品（L33：4）　3～6. A 型石璧坯料（L33：11、L33：25、L33：12、L33：6－1）

石璧坯料　36 件。A 型。

标本 L33：11，黑色。破裂面及轮边粗磨。直径 23.2、厚 0.6 厘米（图二二六，3）。

标本 L33：25，黑色。破裂面及轮边未经打磨。周缘较薄，中部略厚。直径 11.3、厚 1.1 厘米（图二二六，4）。

标本 L33：12，黑色。破裂面及轮边未经打磨。周缘较薄，中部略厚。直径 7.4、厚 1 厘米（图二二六，5）。

标本 L33：6－1，青色。破裂面及轮边未经打磨。周缘较薄，中部厚。直径 11.2、厚 2.7 厘米（图二二六，6）。

2. L34

位于ⅠT7107 西南，南部延伸至ⅠT7106 北部。开口于第 22 层下，堆积置于第 23 层层表。大量遗物集中分布于地面上，其堆积平面形状呈不规则形，长 4.1、宽 3.3 米。坑内填土为黄色砂土。堆积内共计出土遗物 51 件，均为石器，可辨识 47 件，其中石璧坯料数量最多，达 35 件，另有 6 件石璋、6 件石璧半成品（图二二七；彩版八二，1）。

石器

47 件。

璋　6 件。均残。

标本 L34：48，黑色。器体宽大，平面呈长方形。两侧及器表均磨制平整，其上有四组由四根阴刻线纹组成的平行直线纹。残长 24.4、宽 9.8、厚 0.9 厘米（图二二八，1）。

石璧半成品　6 件。B 型。

标本 L34：15，灰黄色。孔壁无管钻痕迹，似乎为利器所凿穿，环面及轮边打磨精细。直径 16.8、孔径 4.6、厚 1.6 厘米（图二二八，2）。

石璧坯料　35 件。

A 型　26 件。

标本 L34：36，灰黑色。破裂面及轮边未经打磨。直径 29.2、厚 3.1 厘米（图二二八，3）。

标本 L34：45，灰黑色。破裂面及轮边未经打磨。周缘较薄，中部略厚。直径 14.8、厚 3.6 厘米（图二二八，4）。

标本 L34：22，灰黑色。破裂面及轮边未经打磨。直径 38、厚 3.4 厘米（图二二八，5）。

B 型　9 件。

标本 L34：29，灰黑色。破裂面及轮边粗磨。直径 15.4、孔径 3.9、厚 0.9 厘米（图二二八，6）。

3. L36

位于ⅠT7107 中东部，部分叠压于ⅠT7107 东隔梁及ⅠT7106 北隔梁下。开口于第 22 层下，

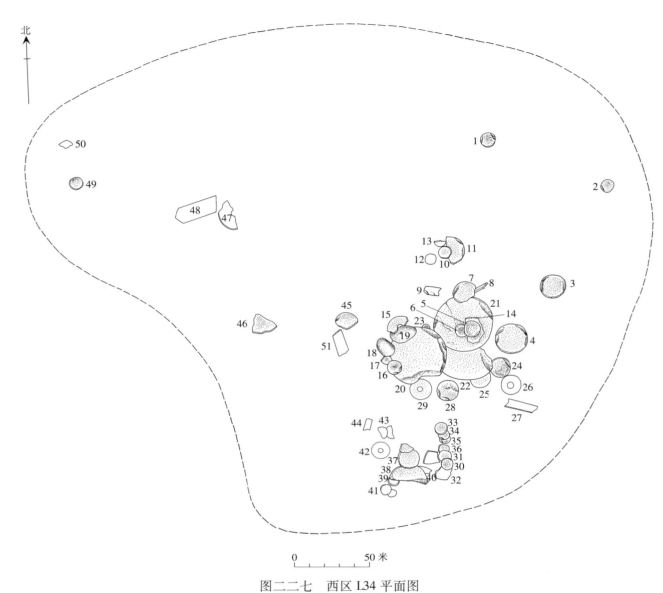

图二二七　西区 L34 平面图

1～7、10～14、16、17、18～25、28、30～41、43、45、46、49. 石璧坯料　8、9、27、44、48、50、51. 石璋
15、26、29、42、47. 石璧半成品

堆积置于 25 层层表。这些遗物集中分布的地面呈西高东低斜坡状，该堆积平面形状大致呈不规则形。长 3.6、宽 2.2 米。堆积内填土为灰褐色黏砂土，湿度重，含零星灰烬。共计出土器物有石器86 件。石器以石璧坯料为主，达 70 件，另有石璋半成品 6 件、石璧半成品 10 件（图二二九；彩版八二，2）。

石器

86 件。

石璋半成品　6 件。C 型。

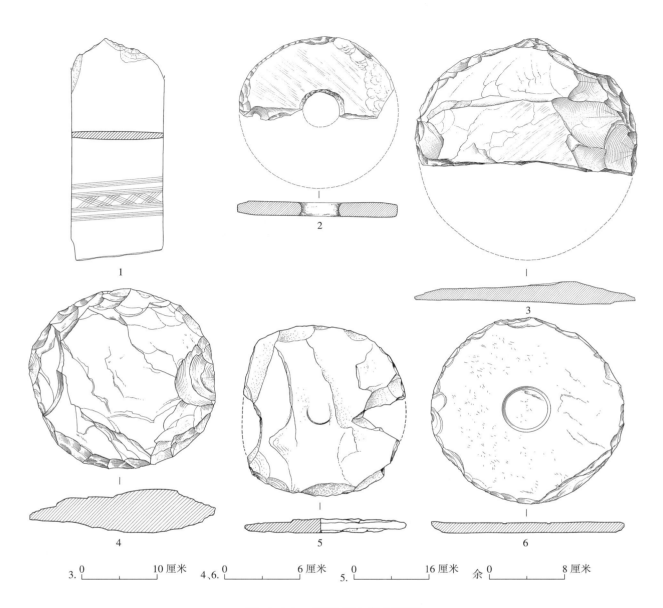

图二二八　西区 L34 出土石器

1. 石璋（L34：48）　2. B 型石璧半成品（L34：15）　3～5. A 型石璧坯料（L34：36、L34：45、L34：22）　6. B 型石璧坯料（L34：29）

标本 L36：81，黑色。覆盖大量锈斑，器体较小，整器打磨规整，底部保留自然断面。器身近底部处阴刻三道线纹。长 15.5～15.8、宽 4.7、厚 1 厘米（图二三〇，1；彩版八三，1）。

石璧坯料 70 件。

A 型　44 件。

标本 L36：43，灰黑色。破裂面及轮边未经打磨。直径 16.9、厚 1.1 厘米（图二三一，1）。

标本 L36：1，黑色。破裂面及轮边未经打磨。直径 18、厚 1.3 厘米（图二三一，2）。

北

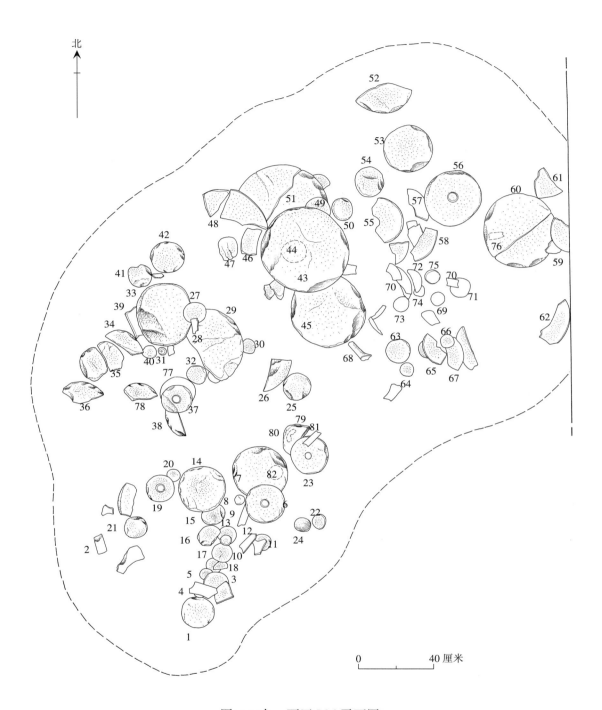

0 　　　　40 厘米

图二二九　西区 L36 平面图

1、3～5、7、8、10、11、13～18、20～22、24～27、29、30、32～36、38～54、58～65、67、69～75、
77、78、80、82. 石璧坯料　2、9、12、28、76、81. 石璋半成品　6、19、23、31、37、55～57、66、
79. 石璧半成品　68. 陶豆柄

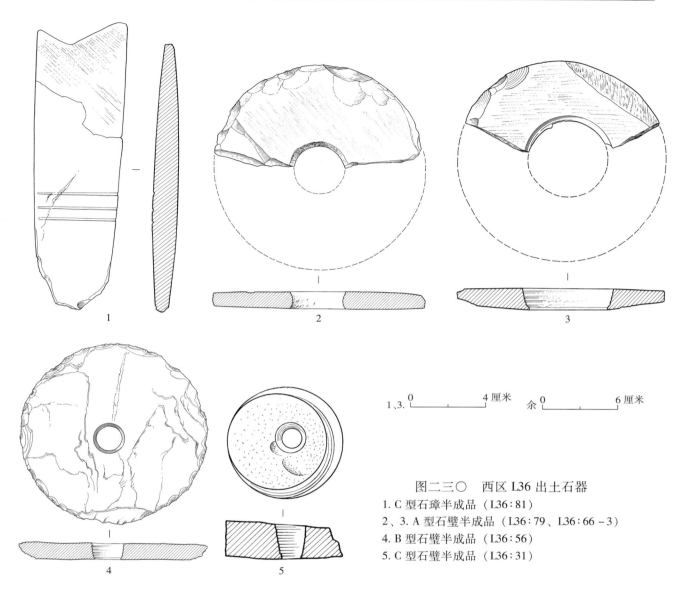

图二三〇 西区 L36 出土石器
1. C 型石璋半成品（L36∶81）
2、3. A 型石璧半成品（L36∶79、L36∶66 – 3）
4. B 型石璧半成品（L36∶56）
5. C 型石璧半成品（L36∶31）

标本 L36∶18 – 1，黑色。破裂面及轮边未经打磨。直径 6.8、厚 1.1 厘米（图二三一，3）。

标本 L36∶9，灰黑色。直径 11.5、厚 2.8 厘米（图二三一，4）。

标本 L36∶44，黑色。破裂面及轮边粗磨。周缘较薄，中部略厚。直径 22.8、厚 5.1 厘米（图二三一，5）。

标本 L36∶3，青灰色。圆形，环面和轮边凹凸不平、未经打磨。环面上无管钻痕。长 12.25、宽 11.4、厚 1.05 厘米（彩版八三，2）。

标本 L36∶19，灰白色。圆形，环面和轮边凹凸不平、未经打磨。环面上无管钻痕。长 12.57、宽 11.7、厚 2.76 厘米（彩版八三，3）。

标本 L36∶78，灰白色。圆形，环面和轮边凹凸不平、未经打磨。环面上无管钻痕。长 23、宽 22.2、厚 4 厘米（彩版八三，4）。

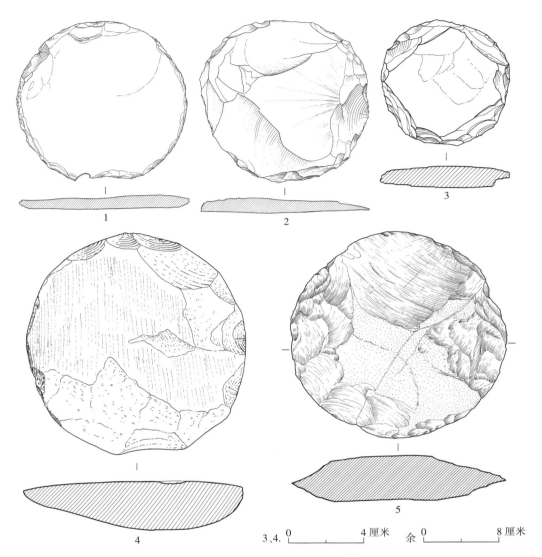

图二三一　西区 L36 出土 A 型石璧坯料
1. L36∶43　2. L36∶1　3. L36∶18－1　4. L36∶9　5. L36∶44

B 型　26 件。

标本 L36∶7，灰黑色。破裂面及轮边未经打磨。直径 20、孔径 2.5、厚 1.3 厘米（图二三二，1）。

标本 L36∶63，黑色。破裂面及轮边未经打磨。直径 13.8、孔径 4.6、厚 1.5 厘米（图二三二，2）。

标本 L36∶71，黑色。破裂面及轮边粗磨，孔壁有管钻痕迹。周缘较薄，中部略厚。直径 11、孔径 5.4、厚 2 厘米（图二三二，3）。

标本 L36∶21，黑色。破裂面及轮边粗磨，孔壁有管钻痕迹。周缘较薄，中部略厚。直径 14.7、孔径 6、厚 2 厘米（图二三二，4）。

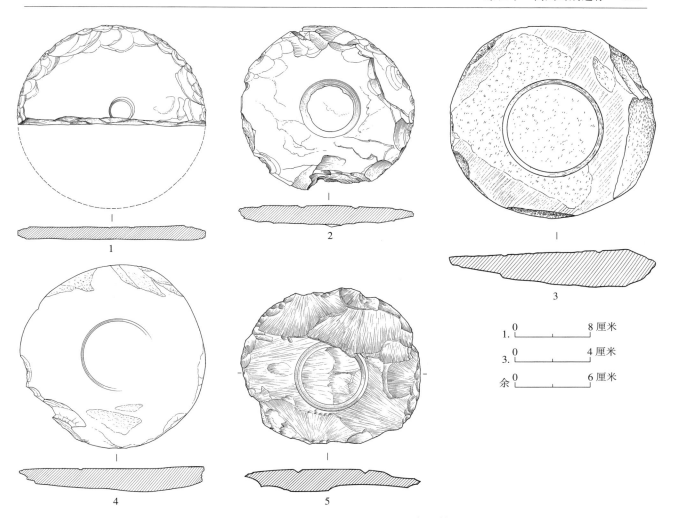

图二三二　西区 L36 出土 B 型石璧坯料
1. L36：7　2. L36：63　3. L36：71　4. L36：21　5. L36：22

标本 L36：22，黑色。破裂面及轮边粗磨，孔壁有管钻痕迹。周缘较薄，中部略厚。直径 13.9、孔径5.8、厚1.9厘米（图二三二，5）。

标本 L36：17，青灰色。圆形，环面和轮边未经打磨，环面有数道条状凹槽。环面上有断续的圆形，应为管钻痕，但孔未钻通。长10.3、宽10.1、厚2.15厘米（彩版八三，5）。

石璧半成品　10 件。

A 型　2 件。

标本 L36：79，灰褐色，带黑色斑点。孔壁无管钻痕迹，像是被利器凿穿，环面及轮边打磨精细。直径17、孔径4.2、厚1.3厘米（图二三〇，2）。

标本 L36：66－3，灰黑色。孔壁留有管钻痕迹，环面及轮边打磨精细。直径10.8、孔径4.8、厚1.1厘米（图二三〇，3）。

B 型　7 件。

标本 L36：56，灰黑色。孔壁留有管钻痕迹，环面及轮边打磨精细。直径 14.7、孔径 2.5、厚 1.3 厘米（图二三〇，4）。

C 型　1 件。

标本 L36：31，黑色。环面及边缘打磨精细。直径 8~9.1、孔径 2.5、厚 2.9 厘米（图二三〇，5）。

4. L49

位于Ⅰ T7007 东北部，延伸至Ⅰ T7008 南部。开口于第 22 层下，堆积置于第 23 层层表之上。堆积地面大量遗物集中分布，堆积平面形状大致呈不规则形，长径 2、短径 1.6 米。出土遗物均为石器，共 40 件，有 1 件石琮半成品、2 件石芯、37 件石璧半成品（图二三三；彩版八四）。

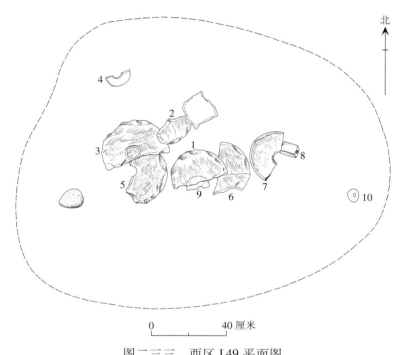

图二三三　西区 L49 平面图
1、2、4~7、9、10. 石璧半成品　3. 石芯　8. 石琮半成品

石器

40 件。

石琮半成品　1 件。C 型Ⅰ式。

标本 L49：8，灰色硅质岩。体量较小，切割线流畅，布局规整。上下台面均有崩口。全器分三节，每节角面阴刻一组横向平行凹槽刻纹，每组三条；柱体四壁中轴有两条平行的竖槽刻纹。节与节之间转角处均用减地法打磨有半月形崩缺。形似正方体，整器打磨粗糙。边长 5.9、孔径 1.8、高 6.4 厘米（图二三四，1）。

石璧半成品　37 件。

B 型　36 件。

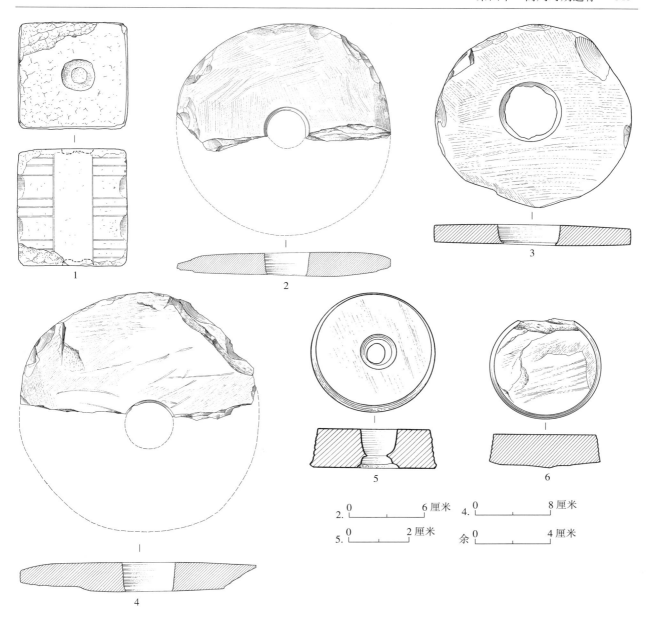

图二三四　西区 L49 出土石器

1. C 型 I 式石琮半成品（L49∶8）　2～4. B 型石璧半成品（L49∶5、L49∶39、L49∶7）　5. C 型石璧半成品（L49∶10）
6. 石芯（L49∶3－1）

　　标本 L49∶5，灰黑色。孔壁留有管钻痕迹，环面及轮边打磨精细。直径 16.7、孔径 3.5、厚 1.9 厘米（图二三四，2）。

　　标本 L49∶39，灰黑色。孔壁留有管钻痕迹，环面及轮边粗磨。直径 10.5、孔径 3.1、厚 1 厘米（图二三四，3）。

　　标本 L49∶7，灰黑色。孔壁留有管钻痕迹，环面打磨精细，轮边粗磨。直径 25.5、孔径 5.2、厚 3.3 厘米（图二三四，4）。

　　C 型　1 件。

标本 L49：10，黑色。边缘留有管钻痕迹，环面及轮边打磨精细。直径 3.5～4、孔径 1.2、厚 1.3 厘米（图二三四，5）。

石芯　2 件。

标本 L49：3－1，灰黑色。边缘留有管钻痕迹，环面残，轮边打磨精细。直径 5.1～5.6、厚 1.7 厘米（图二三四，6）。

（一七）第 22 层出土遗物

该层出土遗物有陶器和石器。出土 546 片陶片和 14 件石器。陶器以夹砂陶为多，占 97.44%。夹砂陶中灰黑陶占 63.91%，灰黄陶占 21.62%，灰褐陶占 8.08%。其中饰纹饰者仅占 9.77%，以细线纹和粗绳纹为主，分别占 75.00% 和 19.23%，极少量镂孔和凹弦纹。泥质陶以灰黑陶为主，纹饰仅有少量细线纹、凸棱纹和凹弦纹等（表二一）。陶器可辨器形有壶、瓮、缸、桶形器、器底、豆盘、豆柄。石器可辨器形有石璋半成品和石璧坯料。

表二一　西区第 22 层陶片统计表

陶质　陶色　纹饰	夹砂陶				小计	百分比（%）	泥质陶				小计	百分比（%）
	灰黑	灰	灰褐	灰黄			灰黑	灰黄	灰褐	青灰		
素面	304	34	32	110	480	90.22	3	1		3	7	50.00
粗绳纹	3		5	2	10	1.88						
凹弦纹	1				1	0.19			1		1	7.14
凸棱纹							1				1	7.14
镂孔	2				2	0.38						
细线纹	30		6	3	39	7.33	3		2		5	35.72
小计	340	34	43	115	532		7	1	3	3	14	
百分比（%）	63.91	6.39	8.08	21.62		100.00	50.00	7.14	21.43	21.43	2.6	100.00
合计	546											

（1）陶器

35 件。

壶　2 件。Aa 型。

标本ⅠT7207－7208㉒：22，夹砂灰黄陶。圆唇。口径 14、残高 4.6 厘米（图二三五，1）。

瓮　1 件。Aa 型。

标本ⅠT7007－7108㉒：31，夹砂灰黑陶。圆唇。口径 62.5、残高 8.3 厘米（图二三五，2）。

缸　1 件。Aa 型Ⅰ式。

标本ⅠT7207－7208㉒：16，夹砂灰黑陶。无沿，方唇。外壁通体饰绳纹。残高 3.2 厘米（图二三五，3）。

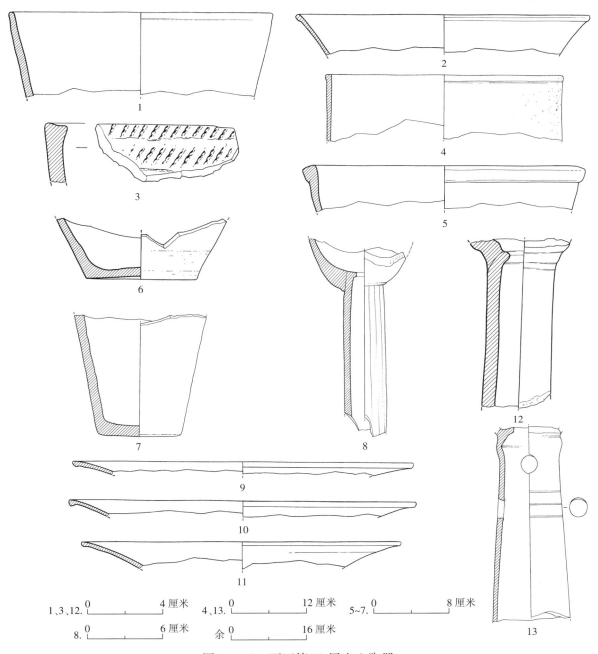

图二三五　西区第22层出土陶器

1. Aa 型壶（ⅠT7207－7208㉒：22）　2. Aa 型瓮（ⅠT7007－7108㉒：31）　3. Aa 型Ⅰ式缸（ⅠT7207－7208㉒：16）
4. A 型桶形器（ⅠT7007－7108㉒：52）　5. Ba 型桶形器（ⅠT7007－7108㉒：37）　6. Aa 型器底（ⅠT7007－7108
㉒：46）　7. Ab 型器底（ⅠT7007－7108㉒：5）　8. Bc 型豆盘（ⅠT7007－7108㉒：51）　9、10. Da 型豆盘
（ⅠT7007－7108㉒：9、ⅠT7007－7108㉒：8）　11. Db 型豆盘（ⅠT7007－7108㉒：71）　12. Aa 型豆柄（ⅠT7207－
7208㉒：12）　13. Ab 型豆柄（ⅠT7207－7208㉒：24）

桶形器　5 件。

A 型　3 件。

标本ⅠT7007－7108㉒：52，夹砂灰褐陶。方唇。口径38、残高10.6 厘米（图二三五，4）。

Ba 型 2 件。

标本 I T7007 – 7108㉒：37，夹砂灰黑陶。折沿，方唇。口径 30、残高 4.7 厘米（图二三五，5）。

豆盘 21 件。

Bc 型 2 件。

标本 I T7007 – 7108㉒：51，夹砂灰黑陶。残高 16.5 厘米（图二三五，8）。

Da 型 16 件。

标本 I T7007 – 7108㉒：9，夹砂灰黑陶。圆唇。口径 72、残高 2.7 厘米（图二三五，9）。

标本 I T7007 – 7108㉒：8，夹砂灰黑陶。方唇。口径 74、残高 3.2 厘米（图二三五，10）。

Db 型 3 件。

标本 I T7007 – 7108㉒：71，夹砂灰黄陶。圆唇。口径 68、残高 6 厘米（图二三五，11）。

豆柄 2 件。

Aa 型 1 件。

标本 I T7207 – 7208㉒：12，泥质灰黑陶。残高 9.4 厘米（图二三五，12）。

Ab 型 1 件。

标本 I T7207 – 7208㉒：24，夹砂灰褐陶。饰四个对称的镂孔及四周凹弦纹。残高 32 厘米（图二三五，13）。

器底 3 件。

Aa 型 1 件。

标本 I T7007 – 7108㉒：46，夹砂灰黑陶。底径 11.7、残高 6.9 厘米（图二三五，6）。

Ab 型 2 件。

标本 I T7007 – 7108㉒：5，夹砂灰黄陶。底径 9、残高 13.5 厘米（图二三五，7）。

（2）石器

14 件。

石璋半成品 4 件。

Ba 型 3 件。

标本 I T7007 – 7108㉒：4，青色。刃部、两侧、器表打磨均相对较精细。柄部残。残长 20.5、宽 7.5、厚 1 厘米（图二三六，1）。

C 型 1 件。

标本 I T7007 – 7108㉒：3，青色。柄部较短，阑部及其上部残。阑部饰两道平行直线纹，柄部饰两道平行直线纹及两组斜向直线纹。残长 13.6、残宽 8、厚 0.7 厘米（图二三六，2）。

石璧坯料 10 件。A 型。

标本 I T7007 – 7108㉒：83，黑色。破裂面及轮边未经打磨。周缘较薄，中部略厚。直径 7.8、厚 1.3 厘米（图二三六，3）。

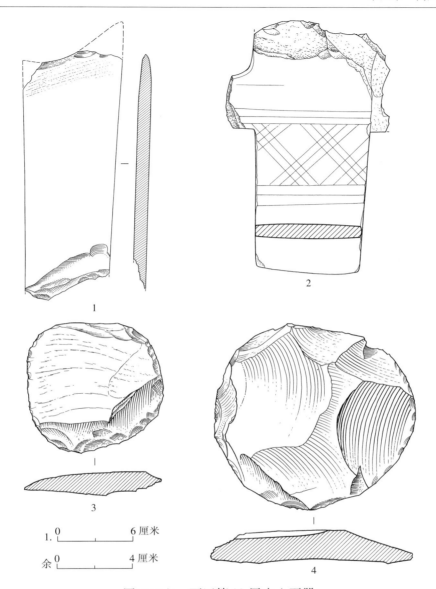

图二三六　西区第 22 层出土石器

1. Ba 型石璋半成品（ⅠT7007－7108㉒∶4）　2. C 型石璋半成品（ⅠT7007－7108㉒∶3）　3、4. A 型石璧坯料（ⅠT7007－7108㉒∶83、ⅠT7007－7108㉒∶81）

标本 ⅠT7007－7108㉒∶81，灰黑色。破裂面及轮边未经打磨。周缘较薄，中部略厚。直径 11.2、厚 1.3 厘米（图二三六，4）。

（一八）第 21 层下遗迹及出土遗物

开口于第 21 层下遗迹仅有 L35、L37、L46 和 L47（图二三七；见附表一），分述如下。

1. L35

位于 ⅠT7008 南部，延伸至 T7007 北部。开口于第 21 层下，堆积置于第 23 层层表地面。该地

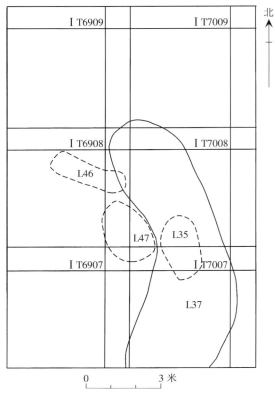

图二三七　西区第 21 层下遗迹平面分布图

面大量遗物集中分布，堆积平面形状大致呈椭圆形。南北长 2.6、东西宽 1.55 米。堆积内填土为褐色黏砂土，较湿，含零星灰烬。出土 12 件石璧坯料（图二三八；彩版八五）。

石器

12 件。

石璧坯料　12 件。A 型。

标本 L35：11，灰黑色。破裂面及轮边未经打磨。直径 16.1、厚 0.9 厘米（图二三九，1）。

标本 L35：8，青灰色。从卵石上打下的一块，破裂面未经打磨，另一面保持自然光面。周缘较薄、中部略厚。直径 8、厚 1.3 厘米（图二三九，2）。

2. L37

位于 I T7007、I T7008，部分延伸至 I T6907、I T6908、I T6909、I T7009 及 I T7007 东隔梁下。开口于第 21 层下，堆积置于第 23 层层表地面。大量遗物集中分布于地面上，堆积平面形状呈不规则形。南北长 10.5、东西宽 3.8 米。堆积内填土为褐色砂黏土。遗物自上而下垒叠放置，可分三层。第 1 层遗物呈水平堆积，出土遗物 107 件，其中石器多见，以石璧坯料为主，共 100 件，还伴出 7 件陶器（豆柄 4 件，纺轮、瓮、器底各 1 件）。第 2 层遗物呈斜坡状堆积。出土遗物有陶片和石器 94 件，石器以石璧坯料为主，计有 91 件，另有石璋 2 件、柱形石器 1 件。第 3 层遗物呈水平状堆积，出土遗物 24 件，均为石器，以石璧坯料为主（图二四二；彩版八六至八八）。

（1）陶器

84 件。

瓮　10 件。

Aa 型　9 件。

标本 L37：11，夹砂灰褐陶。圆唇。口径 69、残高 18.6 厘米（图二四〇，1）。

Ab 型　1 件。

标本 L37：383，夹砂灰黄陶。圆唇。口径 44、残高 9.5 厘米（图二四〇，2）。

桶形器　12 件。

A 型　3 件。

标本 L37：389，夹砂灰黑陶。圆唇。口径 28、残高 10.1 厘米（图二四一，1）。

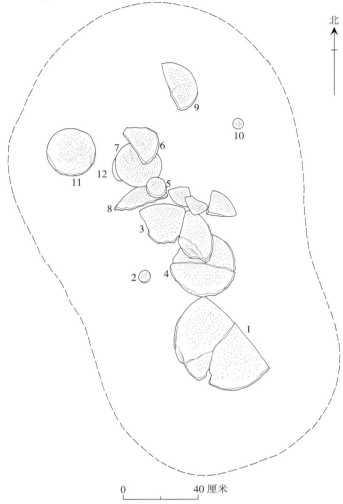

图二三八　西区 L35 平面图

1~12. 石璧坯料

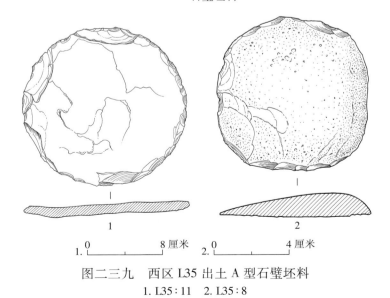

图二三九　西区 L35 出土 A 型石璧坯料

1. L35∶11　2. L35∶8

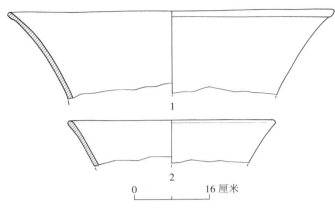

图二四〇　西区 L37 出土陶瓮
1. Aa 型（L37：11）　2. Ab 型（L37：383）

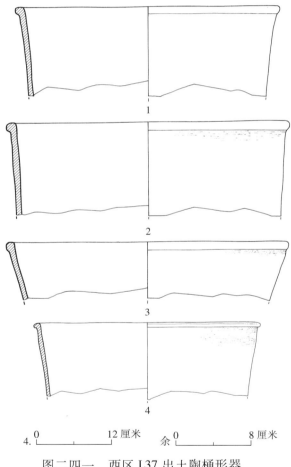

4. $\underset{0}{\rule{0pt}{0pt}}\!\!\!\rule{0pt}{0pt}\;\;\;\;\;12$ 厘米　余 $\underset{0}{\rule{0pt}{0pt}}\;\;\;\;8$ 厘米

图二四一　西区 L37 出土陶桶形器
1、2. A 型（L37：389、L37：331）
3、4. Ba 型（L37：426、L37：288）

器底　4 件。Aa 型。

标本 L37：95，夹砂灰黑陶。底径 13、残高 16.5 厘米（图二四四，5）。

标本 L37：331，夹砂灰黑陶。圆唇。口径 30、残高 10.7 厘米（图二四一，2）。

Ba 型　9 件。

标本 L37：426，夹砂灰黑陶。圆唇。口径 30、残高 6.7 厘米（图二四一，3）。

标本 L37：288，夹砂灰黑陶。圆唇。口径 36、残高 12.2 厘米（图二四一，4）。

豆盘　51 件。

Da 型　16 件。

标本 L37：357，夹砂灰黑陶。方唇。口径 68、残高 3.8 厘米（图二四三，1）。

标本 L37：332，夹砂灰黑陶。方唇。口径 64、残高 4.5 厘米（图二四三，2）。

Db 型　35 件。

标本 L37：287，夹砂灰黑陶。圆唇。口径 64、残高 6.5 厘米（图二四三，3）。

标本 L37：289，夹砂灰黑陶。方唇。口径 62、残高 9.2 厘米（图二四三，4）。

豆柄　5 件。

Aa 型　4 件。

标本 L37：13，夹砂灰黑陶。残高 30 厘米（图二四四，1）。

标本 L37：40，夹砂灰黑陶。残高 11.5 厘米（图二四四，2）。

Ab 型　1 件。

标本 L37：58，泥质灰黑陶。近圈足处饰两周凹弦纹。残高 27.2 厘米（图二四四，3）。

器纽　1 件。A 型。

标本 L37：413，夹砂灰黑陶。圆唇。纽径 4.5、残高 2.6 厘米（图二四四，4）。

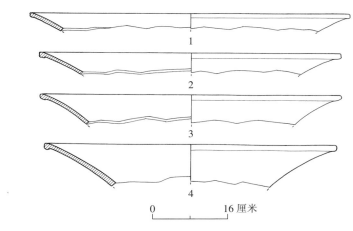

图二四三　西区 L37 出土陶豆盘

1、2. Da 型（L37∶357、L37∶332）　　3、4. Db 型（L37∶287、L37∶289）

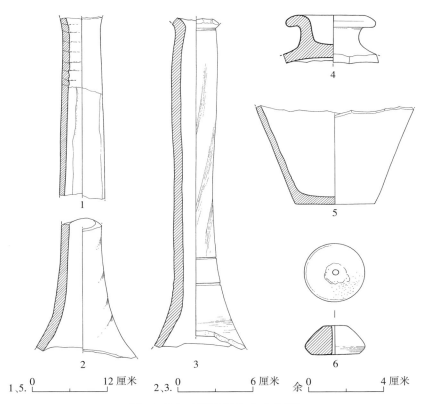

图二四四　西区 L37 出土陶器

1、2. Aa 型豆柄（L37∶13、L37∶40）　　3. Ab 型豆柄（L37∶58）　　4. A 型器钮（L37∶413）　　5. Aa 型器底（L37∶95）　　6. C 型纺轮（L37∶21）

纺轮　1 件。C 型。

标本 L37∶21，泥质灰褐陶。直径 3.2、孔径 0.3、厚 1.6 厘米（图二四四，6）。

（2）石器

211 件。

石琮半成品　1件。Ab型Ⅰ式。

标本L37：265，黑色硅质岩。器体仅磨制成琮体状，表面尚未刻划，台面未钻穿孔，整器较为平整。上下台面遗留有明显的崩口。长9.9、宽6、厚4.4厘米（图二四五，1）。

石璋半成品　2件。Ba型。

标本L37：30，黑色。下部残，整器打磨平整。长13.5～14.4、宽6、厚2厘米（图二四五，2）。

柱形器　1件。

标本L37：3－2，灰黑色。整器打磨平整。横剖面呈圆形。残长7、直径2.8厘米（图二四五，3）。

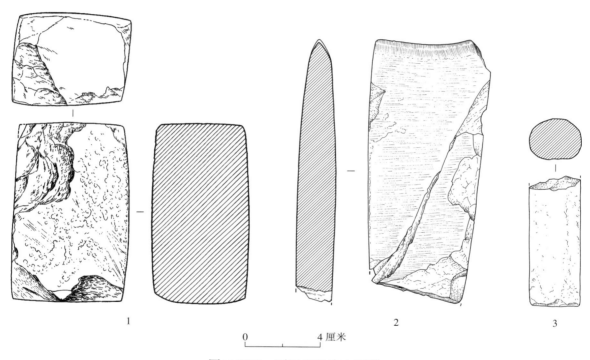

0 ————— 4厘米

图二四五　西区L37出土石器

1. Ab型Ⅰ式石琮半成品（L37：265）　2. Ba型石璋半成品（L37：30）　3. 柱形器（L37：3－2）

石璧坯料　207件。A型。

标本L37：3－1，灰黑色。破裂面及轮边未经打磨。直径40、厚4.1厘米（图二四六，1）。

标本L37：171，灰黑色。破裂面及轮边未经打磨。周缘较薄、中部略厚。直径15.1、厚1厘米（图二四六，2）。

标本L37：108，灰黑色。破裂面及轮边未经打磨。周缘较薄、中部略厚。直径20.1、厚1.8厘米（图二四六，3）。

标本L37：2－3，灰黑色。破裂面及轮边未经打磨。周缘较薄、中部略厚。直径6.3、厚0.8厘米（图二四六，4）。

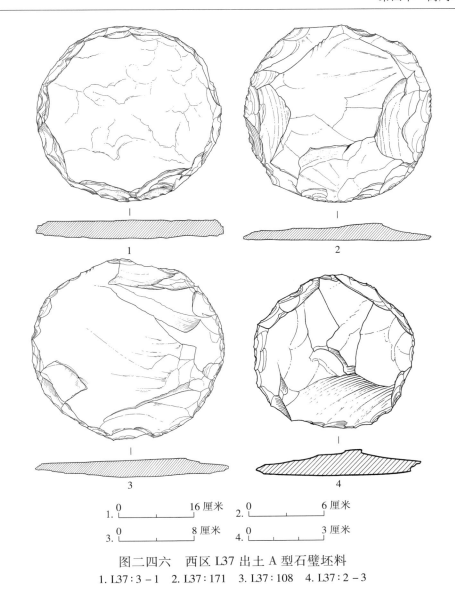

图二四六　西区 L37 出土 A 型石璧坯料
1. L37∶3 - 1　2. L37∶171　3. L37∶108　4. L37∶2 - 3

3. L46

位于 I T6908 东北，部分叠压于东隔梁下。开口于第21层下，堆积置于第24层层表之上。大量遗物集中分布，堆积平面形状大致呈不规则形。长 3.2、宽 1.03 米。堆积内遗物以石器为主，共计 26 件，其中有石璧坯料 21 件、石璋半成品 4 件，还伴出 1 件陶豆柄（图二四七；彩版八九，1）。

石器

25 件。

石璋半成品　4 件。Ba 型。

标本 L46∶24，黑色，其上覆盖有锈斑。器体较小，下部残，整器打磨平整。残长 5.4 ~ 7.9、宽 5.3、厚 1.1 厘米（图二四八，1）。

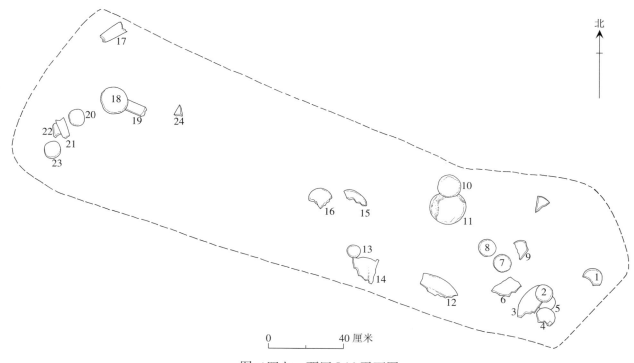

图二四七　西区 L46 平面图

1～16、18、20、22、23. 石璧坯料　19、21、24. 石璋半成品　17. 陶豆柄

石璧坯料　21 件。A 型。

标本 L46：11，灰黑色。破裂面及轮边未经打磨。周缘较薄，中部略厚。直径 17.7、厚 1.8 厘米（图二四八，2）。

标本 L46：7，灰黑色。破裂面及轮边未经打磨。周缘较薄，中部略厚。直径 11.1、厚 1.7 厘米（图二四八，3）。

标本 L46：2，灰黑色。破裂面及轮边未经打磨。周缘较薄，中部略厚。直径 7.9、厚 1.2 厘米（图二四八，4）。

4. L47

位于 I T7007、I T7008、I T6907、I T6908 四个探方交界处。开口于第 21 层下，堆积置于第 23 层层表地面。与 L37②层相邻，分布于同一平面。大量遗物集中分布，依据遗物堆积位置大致划出外框线，平面形状大致呈不规则形。南北最长 3.2、东西最宽 1.75 米。遗物共 59 件，以石器为主，有 54 件石璧坯料、4 件石璋半成品，还伴出 1 件陶器（图二四九；彩版八九，3）。

（1）陶器

1 件。

器底　1 件。Aa 型。

标本 L47：42，夹砂灰黑陶。底径 11.7、残高 17.3 厘米（图二五〇，1）。

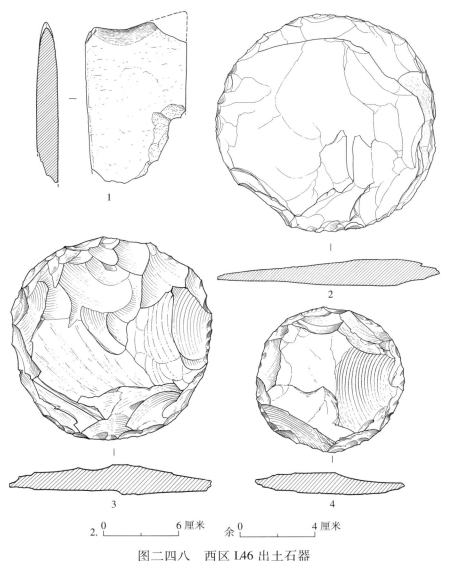

图二四八　西区 L46 出土石器
1. Ba 型石璋半成品（L46：24）　2～4. A 型石璧坯料（L46：11、L46：7、L46：2）

（2）石器

58 件。

石璋半成品　4 件。Ba 型。

标本 L47：47，灰色，表面泛有锈斑，器体较小，下部残，整器打磨粗糙。残长 11～11.8、宽 4.4、厚 1.3 厘米（图二五〇，2）。

石璧坯料　54 件。

A 型　53 件。

标本 L47：50，灰黑色。破裂面及轮边未经打磨。直径 24.3、厚 0.4 厘米（图二五〇，3）。

标本 L47：61，灰黑色。破裂面及轮边未经打磨。周缘较薄，中部略厚。直径 6.1、厚 0.8 厘米（图二五〇，4）。

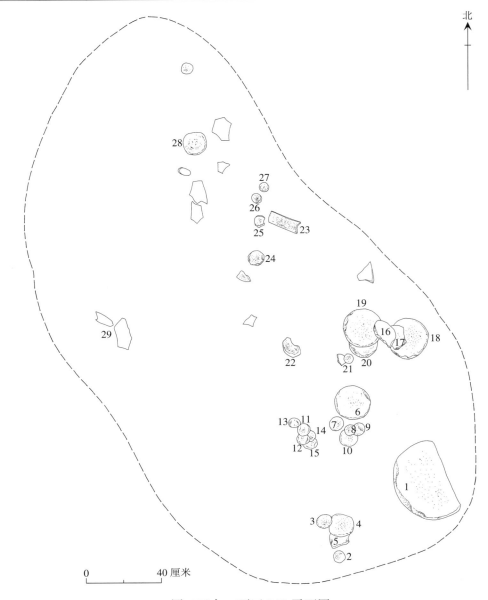

图二四九　西区 L47 平面图
1～17、19～22、24～28. 石璧坯料　18、23、29. 石璋半成品

B 型　1 件。

标本 L47：1，灰黑色。破裂面及轮边未经打磨，破裂面一面刻有一只鸟环绕图案。鸟为长钩喙、圆眼，其形制同陶质鸟头把手非常相近；躯干以石璧未钻穿孔为中心环绕石璧四周，呈顺时针旋涡状分布，羽毛阴刻于躯干四周。直径 23.4、孔径 2.1、厚 1 厘米（图二五○，5；彩版八九，2）。

（一九）　第 21 层出土遗物

该层出土遗物有陶器、石器和铜器，数量较为丰富。出土 2202 片陶片、382 件石器和 1

图二五〇　西区 L47 出土器物

1. Aa 型陶器底（L47∶42）　　2. Ba 型石璋半成品（L47∶47）　　3、4. A 型石璧坯料（L47∶50、L47∶61）

5. B 型石璧坯料（L47∶1）

件铜器残件。陶片以夹砂陶为主，占 98.14%。夹砂陶以灰黑陶为主，占 55.25%，灰黄陶占 25.40%，灰褐陶占 12.22%，灰陶占 7.13%。其中饰纹饰者仅占 3.33%，以细线纹和粗绳纹为主，另有极少量压印纹、凹弦纹、镂孔等。泥质陶以灰黄陶、灰褐陶、灰黑陶为主，纹饰少见，有纹饰陶片仅有 4 片凹弦纹、2 片粗绳纹和 1 片附加堆纹（表二二）。陶器可辨器形有小平底罐、瓮形器、束颈罐、盆、瓮、缸、桶形器、豆盘、器底等。石器可辨器形有石璋半成品、石璧等。

表二二   西区第21层陶片统计表

纹饰	夹砂陶				小计	百分比（%）	泥质陶							小计	百分比（%）
陶色\陶质	灰黑	灰	灰褐	灰黄			灰黑	灰	灰黄	灰褐	青灰	红	黄褐		
素面	1128	154	261	546	2089	96.67	2	2	13	11	1	1	4	34	82.93
粗绳纹	31				31	1.43	2							2	4.88
重菱纹				1	1	0.05									
凹弦纹	2			1	3	0.14	4							4	9.75
镂孔			2		2	0.09									
细线纹	25				25	1.15									
压印纹	8				8	0.37									
戳印纹				1	1	0.05									
附加堆纹			1		1	0.05			1					1	2.44
小计	1194	154	264	549	2161		8	2	14	11	1	1	4	41	
百分比（%）	55.25	7.13	12.22	25.40		100.00	19.51	4.88	34.15	26.83	2.44	2.44	9.75		100.00
合计	2202														

（1）陶器

134 件。

小平底罐 5 件。

Ab 型 I 式 3 件。

标本 I T7207 – 7208㉑：69，夹砂灰黑陶。方唇。口径15、残高3.1厘米（图二五一，1）。

Ad 型 I 式 2 件。

标本 I T7007 – 7108㉑：157，夹砂灰黑陶。方唇。口径15、肩径18、残高5.4厘米（图二五一，2）。

瓮形器 3 件。Da 型。

标本 I T7207 – 7208㉑：70，夹砂灰黑陶。方唇。外壁通体饰绳纹。口径32、残高5.7厘米（图二五一，4）。

标本 I T7007 – 7108㉑：49，夹砂灰黑陶。方唇。外壁通体饰绳纹。残高4.5厘米（图二五一，3）。

标本 I T7007 – 7108㉑：23，夹砂灰黑陶。方唇。沿外侧及肩部压印绳纹。口径24.2、残高3.2厘米（图二五一，5）。

束颈罐 2 件。

Ac 型 I 式 1 件。

标本 I T6807 – 6908㉑：5，夹砂灰黄陶。方唇。肩部饰交错绳纹和一周凹弦纹。口径22、残

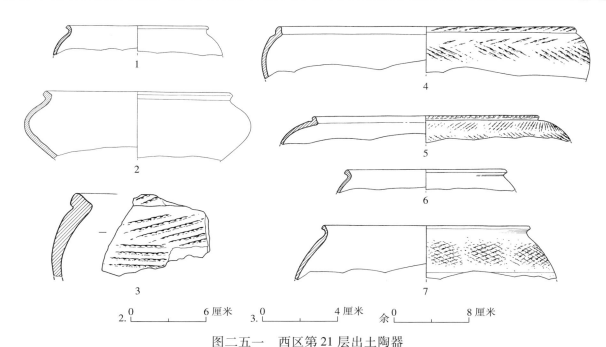

图二五一　西区第 21 层出土陶器

1. Ab 型 I 式小平底罐（ I T7207 – 7208㉑：69）　　2. Ad 型 I 式小平底罐（ I T7007 – 7108㉑：157）　　3 ~ 5. Da 型
瓮形器（ I T7007 – 7108㉑：49、 I T7207 – 7208㉑：70、 I T7007 – 7108㉑：23）　　6. Bb 型束颈罐（ I T7207 – 7208
㉑：77）　　7. Ac 型 I 式束颈罐（ I T6807 – 6908㉑：5）

高 6 厘米（图二五一，7）。

Bb 型　1 件。

标本 I T7207 – 7208㉑：77，夹砂灰黑陶。方唇。口径 17.2、残高 2.6 厘米（图二五一，6）。

盆　2 件。

Ad 型　1 件。

标本 I T6807 – 6908㉑：31，夹砂灰黑陶。方唇。唇部压印绳纹。残高 3.6 厘米（图二五二，1）。

Ea 型 I 式　1 件。

标本 I T7207 – 7208㉑：56，夹砂灰黄陶。平折沿，尖唇。口径 41.2、残高 4.4 厘米（图
二五二，3）。

瓮　10 件。

Aa 型　7 件。

标本 I T7007 – 7108㉑：115，夹砂灰黄陶。圆唇。口径 75、残高 9 厘米（图二五二，4）。

标本 I T7007 – 7108㉑：68，夹砂灰黄陶。圆唇。口径 70、残高 17.8 厘米（图二五二，5）。

标本 I T6807 – 6908㉑：293，夹砂灰黑陶。方唇。口径 66、残高 6.8 厘米（图二五二，6）。

Ab 型　2 件。

标本 I T7209 – 7210㉑：1，夹砂灰黑陶。方唇。残高 5.1 厘米（图二五二，2）。

Ca 型　1 件。

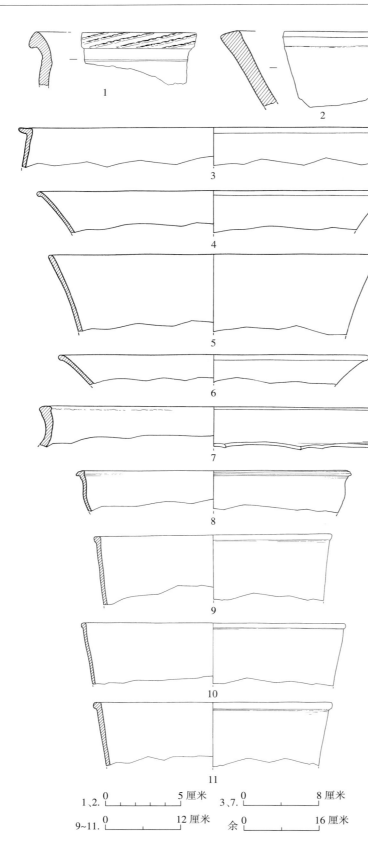

图二五二　西区第 21 层出土陶器

1. Ad 型盆（ⅠT6807－6908㉑：31）　2. Ab
型瓮（ⅠT7209－7210㉑：1）　3. Ea 型Ⅰ式
盆（ⅠT7207－7208㉑：56）　4～6. Aa 型瓮
（ⅠT7007－7108㉑：115、ⅠT7007－7108㉑：
68、ⅠT6807－6908㉑：293）　7. Ca 型瓮
（ⅠT7007－7108㉑：136）　8. B 型缸
（ⅠT7207－7208㉑：61）　9～11. Ba 型
桶形器（ⅠT6807－6908㉑：86、ⅠT6807－
6908㉑：95、ⅠT7007－7108㉑：272）

1、2. ├─0────5 厘米┤
3、7. ├─0────8 厘米┤
9～11. ├─0────12 厘米┤
余 ├─0────16 厘米┤

标本ⅠT7007－7108㉑：136，夹砂灰黑陶。方唇。口径36.8、残高4.6厘米（图二五二，7）。

缸　1件。B型。

标本ⅠT7207－7208㉑：61，夹砂灰黑陶。尖唇。口径58、残高9厘米（图二五二，8）。

桶形器　15件。Ba型。

标本ⅠT6807－6908㉑：86，夹砂灰黄陶。方唇。口径38、残高11.3厘米（图二五二，9）。

标本ⅠT6807－6908㉑：95，夹砂灰黄陶。圆唇。口径42、残高10.5厘米（图二五二，10）。

标本ⅠT7007－7108㉑：272，夹砂灰黑陶。圆唇。口径38、残高10.8厘米（图二五二，11）。

豆盘　65件。

Bc型　2件。

标本ⅠT7007－7108㉑：29，夹砂灰黄陶。残高5.6厘米（图二五三，1）。

Da型　49件。

标本ⅠT7007－7108㉑：77，夹砂灰黄陶。方唇。口径66、残高2.3厘米（图二五三，4）。

标本ⅠT7007－7108㉑：130，夹砂灰黄陶。圆唇。残高4.5厘米（图二五三，2）。

标本ⅠT7007－7108㉑：150，夹砂灰黑陶。圆唇。残高4.5厘米（图二五三，3）。

Db型　14件。

标本ⅠT6807－6908㉑：88，夹砂灰黄陶。圆唇。口径64、残高7.2厘米（图二五三，5）。

标本ⅠT7007－7108㉑：165，夹砂灰黑陶。圆唇。口径72、残高3.5厘米（图二五三，6）。

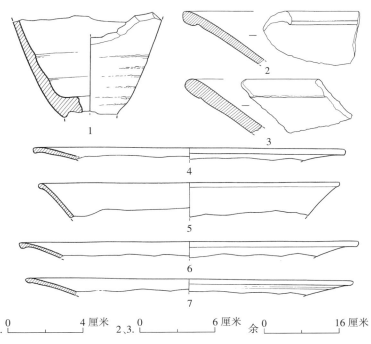

图二五三　西区第21层出土陶豆盘

1. Bc型（ⅠT7007－7108㉑：29）　2～4. Da型（ⅠT7007－7108㉑：130、ⅠT7007－7108㉑：150、ⅠT7007－7108㉑：77）　5～7. Db型（ⅠT6807－6908㉑：88、ⅠT7007－7108㉑：165、ⅠT7007－7108㉑：28）

标本ⅠT7007 – 7108㉑：28，夹砂灰黑陶。圆唇。口径70、残高3.9厘米（图二五三，7）。

豆柄　23件。

Aa型　16件。

标本ⅠT7007 – 7108㉑：13，泥质灰黑陶。近圈足处饰两周凹弦纹。残高12.2厘米（图二五四，1）。

标本ⅠT7007 – 7108㉑：153，夹砂灰陶。残高17.6厘米（图二五四，2）。

标本ⅠT6807 – 6908㉑：60，夹砂灰黑陶。残高19.2厘米（图二五四，3）。

标本ⅠT7007 – 7108㉑：151，夹砂灰黑陶。残高21.7厘米（图二五四，4）。

Ab型　5件。

标本ⅠT7007 – 7108㉑：17，泥质灰黑陶。残高13.4厘米（图二五四，5）。

标本ⅠT7007 – 7108㉑：167，夹砂灰黄陶。残高17.7厘米（图二五四，6）。

Ad型　2件。

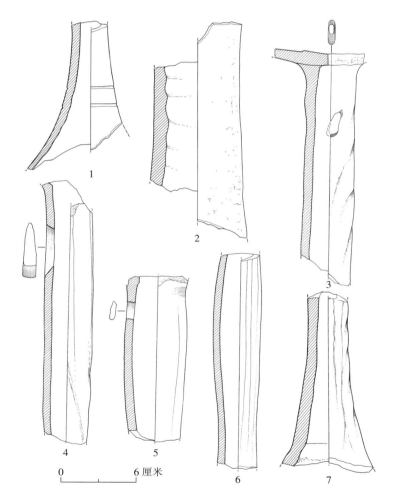

图二五四　西区第21层出土陶豆柄

1 ~ 4. Aa型（ⅠT7007 – 7108㉑：13、ⅠT7007 – 7108㉑：153、ⅠT6807 – 6908㉑：60、ⅠT7007 – 7108㉑：151）

5、6. Ab型（ⅠT7007 – 7108㉑：17、ⅠT7007 – 7108㉑：167）　7. Ad型（ⅠT6807 – 6908㉑：21）

标本ⅠT6807－6908㉑：21，夹砂灰黑陶。残高14.7厘米（图二五四，7）。

器底　7件。

Aa型　2件。

标本ⅠT7007－7108㉑：138，夹砂灰褐陶。底径12.4、残高8.5厘米（图二五五，1）。

Ab型　4件。

标本ⅠT6807－6908㉑：28，夹砂灰黑陶。底径6、残高5.5厘米（图二五五，2）。

标本ⅠT7007－7108㉑：19，夹砂灰黑陶。底径5.5、残高4.5厘米（图二五五，3）。

Ac型　1件。

标本ⅠT6809－6910㉑：19，夹砂灰黑陶。底径5、残高3.1厘米（图二五五，4）。

圈足　1件。Aa型。

标本ⅠT7207－7208㉑：62，夹砂灰黑陶。饰两个条形镂孔。圈足径9、残高4.9厘米（图二五五，5）。

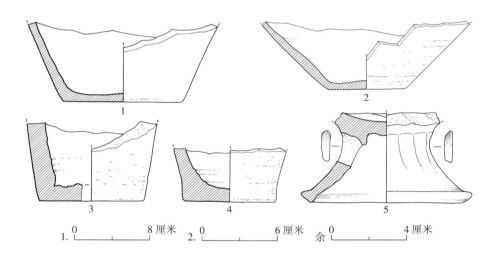

图二五五　西区第21层出土陶器

1. Aa型器底（ⅠT7007－7108㉑：138）　2、3. Ab型器底（ⅠT6807－6908㉑：28、ⅠT7007－7108㉑：19）
4. Ac型器底（ⅠT6809－6910㉑：19）　5. Aa型圈足（ⅠT7207－7208㉑：62）

（2）石器

382件。

石璋半成品　20件。仅磨制出牙部，柄部未成形。

A型　16件。

标本ⅠT6807－6908㉑：77，灰色，器表有大量锈斑。器体较小，无阑。器表、两侧均保留自然断面，刃部打磨粗糙。长14.2、宽5.6、厚2.5厘米（图二五六，1）。

标本ⅠT6807－6908㉑：81，灰色，器表有大量锈斑。器体较小，无阑。器表、两侧均保留自然断面，刃部打磨粗糙。长12.1、宽4、厚2.6厘米（图二五六，4）。

标本ⅠT6807－6908㉑：269，灰色，器表有大量锈斑。器体较小，无阑。器表、两侧均保留自然断面，刃部打磨粗糙。长10.3、宽3.8、厚1.5厘米（图二五六，2）。

标本ⅠT6807－6908㉑：4，灰色。顶部残损，两侧经打磨平直，斜弧刃。整器打磨略显粗糙。长12.4～15.5、宽5.1、厚1.5厘米（图二五六，3）。

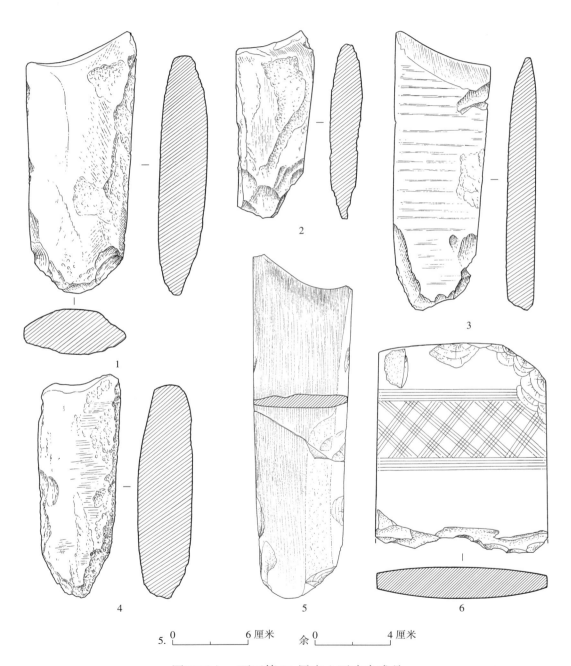

图二五六　西区第21层出土石璋半成品

1～4. A 型（ⅠT6807－6908㉑：77、ⅠT6807－6908㉑：269、ⅠT6807－6908㉑：4、ⅠT6807－6908㉑：81）　5. Ba 型（ⅠT7007－7108㉑：5）　6. C 型（ⅠT7007－7108㉑：7）

Ba 型　3 件。

标本ⅠT7007 - 7108㉑：5，青色。器体较大，无阑。器表、两侧、刃部打磨精细。长 28、宽 7.7、厚 1.3 厘米（图二五六，5）。

C 型　1 件。

标本ⅠT7007 - 7108㉑：7，黑色，器表有少量锈斑。器体宽大，平刃。刃部、两侧打磨精细。器表饰两组平行直线纹。残长 11.5、宽 9.1、厚 1.7 厘米（图二五六，6）。

璧　2 件。

Ab 型　1 件。

标本ⅠT6807 - 6908㉑：62，灰黑色。孔壁留有明显的管钻痕迹，环面及轮边粗磨。直径 14、孔径 5 ~ 5.5、厚 0.6 ~ 1.3 厘米（图二五七，1）。

Ba 型　1 件。

标本ⅠT6807 - 6908㉑：158，灰色。边缘留有管钻痕迹，环面及轮边打磨精细。直径 3.6、孔径 1.2、厚 0.9 厘米（图二五七，2）。

石璧坯料　336 件。

A 型　328 件。

标本ⅠT6807 - 6908㉑：65，灰黑色。破裂面未经打磨。直径 15.7、厚 1.1 厘米（图二五七，3）。

标本ⅠT6807 - 6908㉑：53，灰黑色。破裂面未经打磨。周缘较薄，中部略厚。直径 20、厚 2.1 厘米（图二五七，4）。

标本ⅠT6807 - 6908㉑：50，灰色。破裂面未经打磨。周缘较薄，中部略厚。直径 9.9、厚 1.3 厘米（图二五七，5）。

标本ⅠT7009 - 7110㉑：2，黑色。破裂面未经打磨。周缘较薄，中部略厚。直径 18.2、厚 1.9 厘米（图二五七，6）。

B 型　8 件。

标本ⅠT7207 - 7208㉑：121，灰色。从卵石上打下的一块，破裂面未经打磨。周缘较薄，中部略厚。直径 7、孔径 2.8、厚 1.4 厘米（图二五七，7）。

石璧半成品　24 件。B 型。

标本ⅠT6807 - 6908㉑：159，黑色。环面有一道管钻痕迹，圆孔为利器凿穿，环面及轮边粗磨。直径 8.6、厚 1.5 厘米（图二五七，8）。

（3）铜器

1 件。

铜器残件　1 件。

标本ⅠT7007 - 7108㉑：6，残碎且锈蚀严重，器形不可辨。

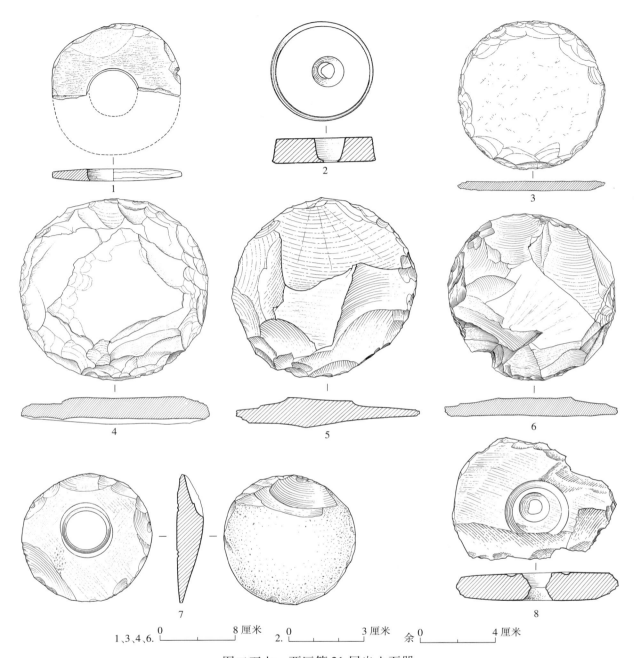

图二五七　西区第 21 层出土石器

1. Ab 型石璧（ⅠT6807 - 6908㉑：62）　2. Ba 型石璧（ⅠT6807 - 6908㉑：158）　3 ~ 6. A 型石璧坯料（ⅠT6807 - 6908㉑：65、ⅠT6807 - 6908㉑：53、ⅠT6807 - 6908㉑：50、ⅠT7009 - 7110㉑：2）　7. B 型石璧坯料（ⅠT7207 - 7208㉑：121）　8. B 型石璧半成品（ⅠT6807 - 6908㉑：159）

（二〇）第 20 层下遗迹及出土遗物

开口于第 20 层下遗迹有 L32、L39、L40、L41、L42、L43、L44、L45（图二五八；见附表一），分述如下。

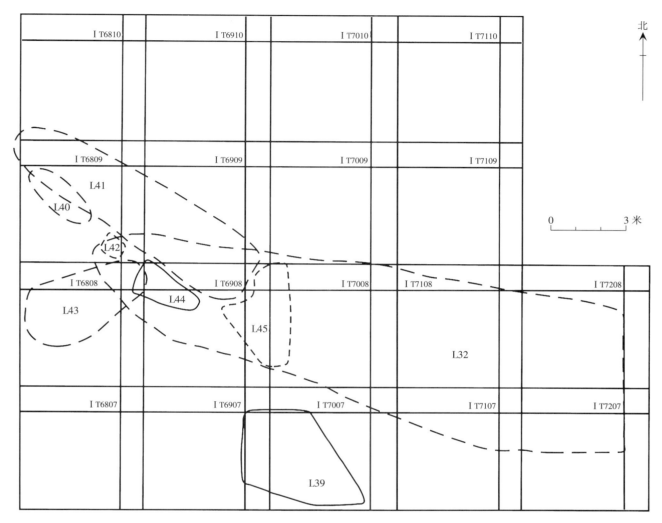

图二五八　西区第 20 层下遗迹平面分布图

1. L32

主体位于ⅠT6808、ⅠT6908、ⅠT7008、ⅠT7108、ⅠT7208 内，部分延伸至ⅠT6809、ⅠT6909、ⅠT7007、ⅠT7009、ⅠT7107、ⅠT7207。开口于第 20 层下，堆积置于第 21 层层表。大量遗物平面放置，密集分布。遗物堆积地面平面形状呈椭圆形，东西长 21.9、南北宽 5.9 米。堆积内出土遗物 297 件，有 136 件石器，其中石璧坯料占绝大多数，少量石璧半成品、石璋半成品，另外还伴出有一定数量的陶片（图二五九；彩版九○；彩版九一，1、2）。

（1）陶器

161 件。

小平底罐　1 件。Ad 型Ⅱ式。

标本 L32∶233，夹砂灰黑陶。方唇。口径 13、肩径 14.4、残高 3.7 厘米（图二六○，1）。

盆 4 件。

Aa 型 1 件。

标本 L32：232，夹砂灰黑陶。方唇。口径 40、残高 2.5 厘米（图二六〇，3）。

Ec 型 3 件。

标本 L32：261，夹砂灰黑陶。无沿，方唇。口径 40、残高 11.8 厘米（图二六〇，4）。

瓮 22 件。Aa 型。

标本 L32：441，夹砂灰黄陶。圆唇。口径 62、残高 49 厘米（图二六〇，5）。

标本 L32：362，夹砂灰黄陶。圆唇。口径 54、残高 9 厘米（图二六〇，6）。

桶形器 37 件。Ba 型。

标本 L32：301，夹砂灰黑陶。方唇。口径 34、残高 11.6 厘米（图二六〇，2）。

标本 L32：264，夹砂灰黄陶。方唇。口径 30、残高 6.4 厘米（图二六〇，7）。

标本 L32：304，夹砂灰黄陶。圆唇。口径 36、残高 12.3 厘米（图二六〇，8）。

标本 L32：303，夹砂灰黄陶。圆唇。口径 42、残高 16 厘米（图二六〇，9）。

豆盘 81 件。Da 型。

标本 L32：219，夹砂灰黑陶。方唇。口径 74、残高 3.6 厘米（图二六一，1）。

标本 L32：177，夹砂灰黑陶。方唇。口径 72、残高 6.5 厘米（图二六一，2）。

豆柄 10 件。

Aa 型 8 件。

标本 L32：389，夹砂灰黑陶。残高 14.3 厘米（图二六一，3）。

Ba 型 2 件。

标本 L32：328，夹砂灰黄陶。残高 20.4 厘米（图二六一，4）。

标本 L32：131，夹砂灰黄陶。残高 13.8 厘米（图二六一，5）。

器底 2 件。

Aa 型 1 件。

标本 L32：125，夹砂灰黑陶。底径 12、残高 8.9 厘米（图二六一，6）。

Ab 型 1 件。

标本 L32：394，夹砂灰黑陶。底径 6.3、残高 6.3 厘米（图二六一，7）。

圈足 3 件。

Ab 型 1 件。

标本 L32：29，夹砂灰黑陶。圈足径 25.5、残高 27 厘米（图二六一，10；彩版九一，3）。

Cb 型 2 件。

标本 L32：392，夹砂灰黑陶。圈足径 6.8、残高 3.5 厘米（图二六一，8）。

袋足 1 件。Aa 型。

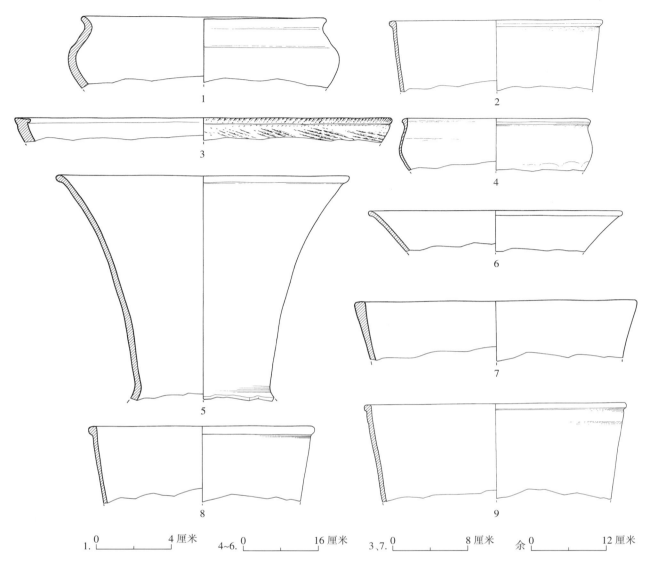

图二六〇　西区 L32 出土陶器

1. Ad 型 Ⅱ 式小平底罐（L32∶233）　2、7~9. Ba 型桶形器（L32∶301、L32∶264、L32∶304、L32∶303）
3. Aa 型盆（L32∶232）　4. Ec 型盆（L32∶261）　5、6. Aa 型瓮（L32∶441、L32∶362）

标本 L32∶83，夹砂灰黑陶。残高 19.6 厘米（图二六一，9）。

（2）石器

136 件。

石璋半成品　7 件。Ba 型。

标本 L32∶79，青色。器体宽大，整器均打磨粗糙。长 21~23.2、宽 6.8~8、厚 1.9 厘米（图二六二，1）。

标本 L32∶81，灰黄色。器体较小，顶部残，整器打磨粗糙。残长 11.2、宽 4.5、厚 2.4 厘米（图二六二，2）。

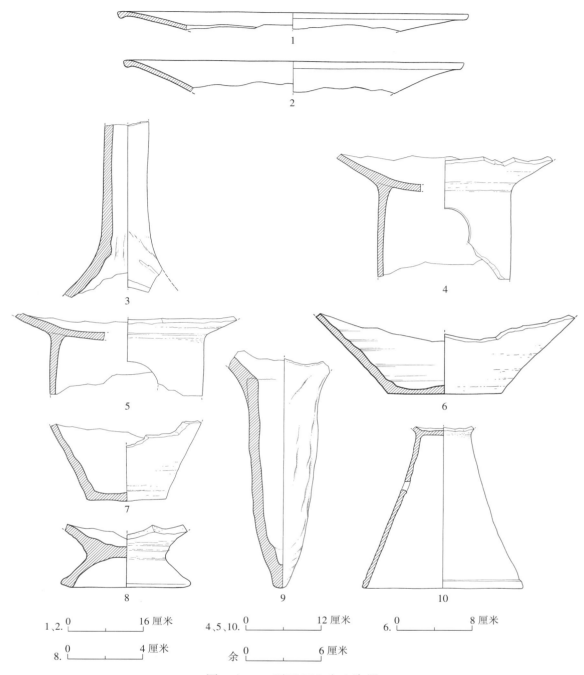

图二六一　西区 L32 出土陶器

1、2. Da 型豆盘（L32：219、L32：177）　　3. Aa 型豆柄（L32：389）　　4、5. Ba 型豆柄（L32：328、L32：131）　　6. Aa 型器底（L32：125）　　7. Ab 型器底（L32：394）　　8. Cb 型圈足（L32：392）　　9. Aa 型袋足（L32：83）　　10. Ab 型圈足（L32：29）

石璧半成品　2 件。A 型。

标本 L32：119，灰褐色。孔壁无管钻痕迹，环面及轮边打磨精细。直径 22.7、孔径 3.6、厚 2.2 厘米（图二六二，7）。

标本 L32：84，灰黑色。孔壁留有管钻痕迹，环面及轮边粗磨。直径 7.1、孔径 3.8、厚 0.6 厘米（图二六二，4）。

石璧坯料　127 件。A 型。

标本 L32：51，灰黑色。破裂面及轮边未经打磨。周缘较薄，中部略厚。直径 13.8、厚 2.1 厘米（图二六二，5）。

标本 L32：39，黑色。破裂面及轮边未经打磨。周缘较薄，中部略厚。直径 20.5、厚 1.1 厘米（图二六二，6）。

标本 L32：49-1，灰黑色。破裂面及轮边未经打磨。周缘较薄，中部略厚。直径 8.4、厚 0.7 厘米（图二六二，3）。

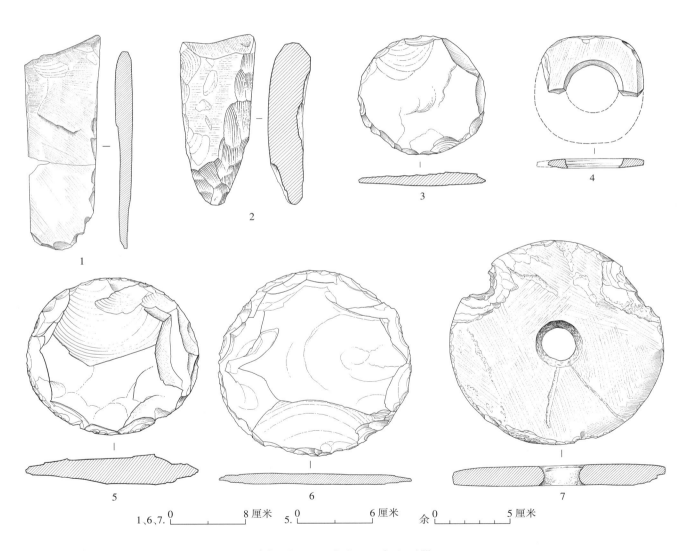

图二六二　西区 L32 出土石器

1、2. Ba 型石璋半成品（L32：79、L32：81）　　3、5、6. A 型石璧坯料（L32：49-1、L32：51、L32：39）　　4、7. A 型石璧半成品（L32：84、L32：119）

2. L39

位于ⅠT7007西部，延伸至ⅠT6907东部，部分叠压于ⅠT6907、ⅠT7007北隔梁下。开口于第20层下，堆积置于第23层层表。大量遗物集中分布，呈南高北低斜坡状堆积，堆积平面形状呈不规则长方形。东西长4.4、南北宽3.85米。堆积内填土为褐色黏砂土，湿度重，结构疏松。遗物自上而下垒叠放置，可分三层。第1层出土石器65件；第2层出土石器55件；第3层出土石器55件，另伴出有少量陶片（图二六三；彩版九二；彩版九三，1）。

（1）陶器

14件。

瓮形器　2件。B型。

标本L39：199，夹砂灰黄陶。方唇。口径24、残高6.6厘米（图二六四，1）。

瓮　1件。Aa型。

标本L39：191，夹砂灰黄陶。圆唇。口径58、残高3.3厘米（图二六四，2）。

缸　1件。B型。

标本L39：197，夹砂黄褐陶。折沿。唇部压印绳纹。口径58、残高5.5厘米（图二六四，3）。

豆盘　8件。

Da型　4件。

标本L39：198，夹砂灰褐陶。圆唇。口径62、残高3.7厘米（图二六四，4）。

Db型　4件。

标本L39：203，夹砂灰黄陶。圆唇。口径56、残高8.1厘米（图二六四，5）。

豆柄　2件。Aa型。

标本L39：201，夹砂灰陶。残高14.3厘米（图二六四，6）。

标本L39：193，泥质灰黑陶。近圈足处饰两周凹弦纹。残高12.5厘米（图二六四，7）。

（2）石器

175件。

石璋半成品　7件。Ba型。

标本L39：59，黑色。制作出牙部雏形。器体较小，下部残，无阑。器表、两侧均保留自然断面，凹凸不平，刃部打磨粗糙。残长11.9~12.8、宽5.9、厚1.9厘米（图二六五，1）。

石琮半成品　1件。Ab型Ⅱ式。

标本L39：156，黑色硅质岩。全器可粗分为三节，每节角面有三条横向平行凹槽刻纹，这些刻纹线条平直规整，线条纤细流畅，这些刻纹由于长久的水浸，切割线模糊不清；柱体四壁中轴有两条平行的竖槽刻纹，上下台面正中对钻有两个圆形小孔。整器打磨粗糙。边长6.8、高10、孔径1.7厘米（图二六五，3）。

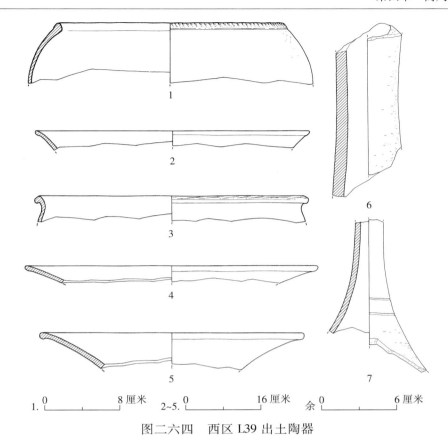

1. $\underline{}$ 0 $\underline{}$ 8 厘米　2~5. $\underline{}$ 0 $\underline{}$ 16 厘米　余 $\underline{}$ 0 $\underline{}$ 6 厘米

图二六四　西区 L39 出土陶器

1. B 型瓮形器（L39：199）　2. Aa 型瓮（L39：191）　3. B 型缸（L39：197）　4. Da 型豆盘
（L39：198）　5. Db 型豆盘（L39：203）　6、7. Aa 型豆柄（L39：201、L39：193）

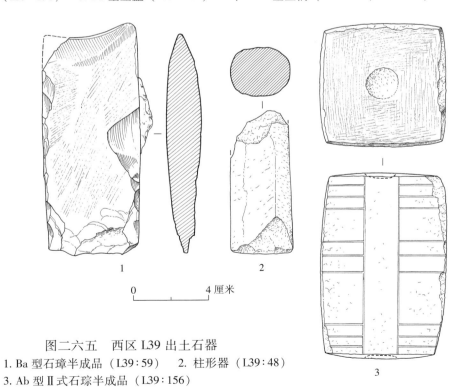

0 $\underline{}$ 4 厘米

图二六五　西区 L39 出土石器

1. Ba 型石璋半成品（L39：59）　2. 柱形器（L39：48）

3. Ab 型 II 式石琮半成品（L39：156）

柱形器　1 件。

标本 L39：48，灰色。打磨粗糙。横剖面呈椭圆形。残长 7.9、直径 3.3 厘米（图二六五，2）。

石璧半成品　5 件。A 型。

标本 L39：89，灰黑色。孔壁留有管钻痕迹，环面及轮边打磨精细。直径 15.2、孔径 5.6、厚 1.3 厘米（图二六六，1）。

标本 L39：2，黑色。孔壁留有管钻痕迹，环面及轮边打磨精细。直径 11.7、孔径 4.6、厚 1.3 厘米（图二六六，2）。

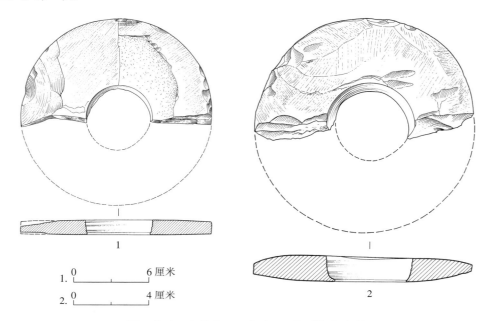

图二六六　西区 L39 出土 A 型石璧半成品
1、2. L39：89、L39：2

石璧坯料　161 件。

A 型　156 件。

标本 L39：116，灰黑色。破裂面及轮边未经打磨。周缘较薄，中部略厚。直径 7.1、厚 0.9 厘米（图二六七，1）。

标本 L39：38，灰黑色。从卵石上打下的一块，破裂面未经打磨，另一面保持自然光面，周缘较薄，中部略厚。直径 10.7、厚 2.5 厘米（图二六七，2）。

标本 L39：126，灰黑色。孔未钻通，破裂面及轮边打磨较为精细。直径 17.5、厚 2.4 厘米（图二六七，3）。

标本 L39：9，灰色。破裂面及轮边未经打磨。直径 20.6、厚 1.4 厘米（图二六八，1）。

B 型　5 件。

标本 L39：122，灰白色。从卵石上打下的一块，破裂面打磨精细，另一面保持自然光面。周缘较薄，中部略厚。直径 19、孔径 5.1、厚 2.5 厘米（图二六八，2）。

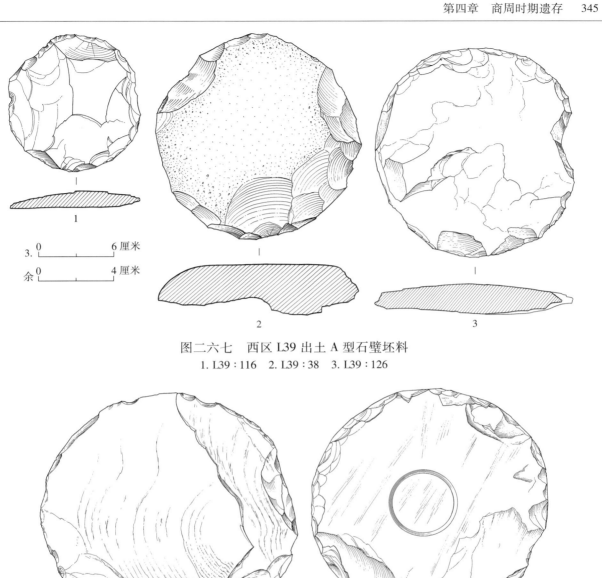

图二六七　西区 L39 出土 A 型石璧坯料
1. L39：116　2. L39：38　3. L39：126

图二六八　西区 L39 出土石璧坯料
1. A 型（L39：9）　2. B 型（L39：122）

3. L40

位于ⅠT6809 西北部。开口于第 20 层下，堆积置于第 21 层之上。地面大量遗物集中分布，堆积平面形状呈椭圆形，长径 3.1、短径 1.3 米。出土遗物共计 29 件，以石器为主，有石璧坯料 17

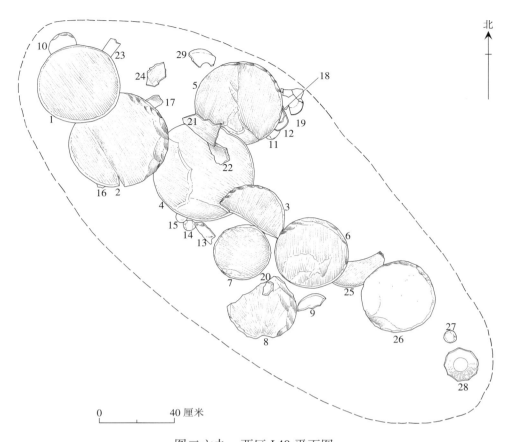

北

0   40厘米

图二六九　西区L40平面图

1～10、14、15、22、24～27. 石璧坯料　11～13、16～21、23、29. 石璋半成品　28. 陶盔形器

件、石璋半成品11件，还伴出1件陶器（图二六九；彩版九三，2；彩版九四）。

（1）陶器

1件。

盔形器　1件。

标本L40∶28，夹砂灰黑陶。圆唇。口径17.2、顶径4、高10.1厘米（图二七〇，1；彩版九五，1）。

（2）石器

28件。

石璋半成品　11件。牙部明显，柄部多未做出。

Ba型　8件。

标本L40∶29，灰色。下部残，器体较小。整器打磨粗糙。残长11～14、宽4～4.8、厚1.1厘米（图二七一，1）。

Bb型　3件。

标本L40∶12，青色。下部残，器体宽大。整器打磨光滑。残长11.1～17.7、宽7.5、厚1.3厘米

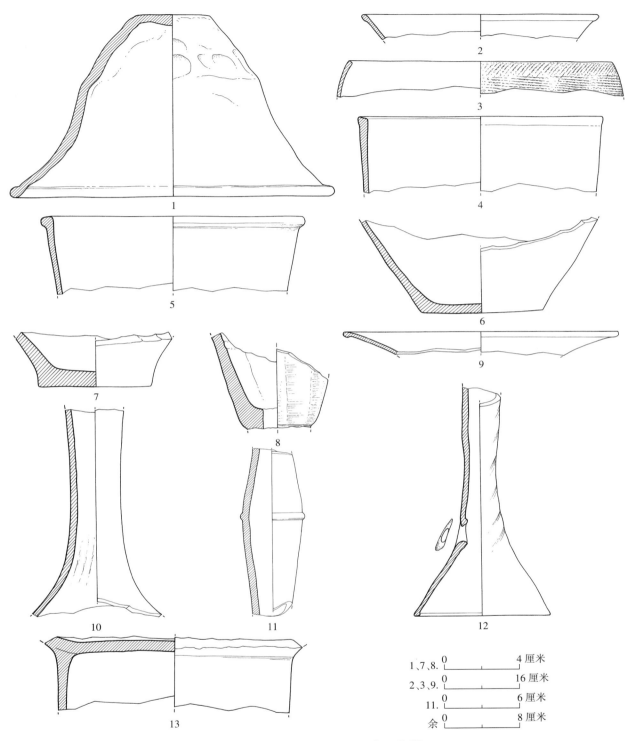

图二七〇 西区 L40、L41 出土陶器

1. 盔形器（L40：28） 2. Aa 型瓮（L41：159） 3. Ab 型缸（L41：150） 4. A 型桶形器（L41：157） 5. Ba 型桶形器
（L41：158） 6. Aa 型器底（L41：75） 7. Ac 型器底（L41：113） 8. Bc 型豆盘（L41：154） 9. Db 型豆盘（L41：162）
10. Aa 型豆柄（L41：197） 11. Ac 型豆柄（L41：111） 12. Ad 型豆柄（L41：124） 13. Bc 型豆柄（L41：198）

（图二七一，2）。

石璧坯料 17 件。

A 型 16 件。

标本 L40：2，灰黑色。破裂面及轮边未经打磨。直径52.4、厚1.6厘米（图二七一，3）。

标本 L40：15，灰黑色。破裂面及轮边未经打磨。周缘较薄，中部略厚。直径11.3、厚1.4厘米（图二七一，4）。

标本 L40：27，灰黑色。破裂面及轮边未经打磨。直径6.9、厚0.8厘米（图二七一，5）。

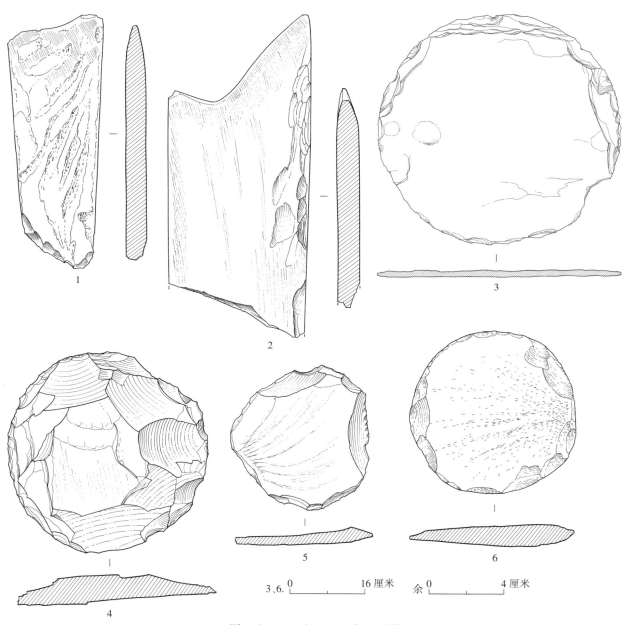

图二七一 西区 L40 出土石器

1. Ba 型石璋半成品（L40：29） 2. Bb 型石璋半成品（L40：12） 3～6. A 型石璧坯料（L40：2、L40：15、L40：27、L40：9）

标本 L40：9，灰黑色。破裂面及轮边粗磨。直径 36.5、厚 5 厘米（图二七一，6）。

标本 L40：7，青黑色。近圆形，环面和轮边凹凸不平，未经打磨。环面上无管钻痕。长径 27.8、短径 25.6、厚 1.7 厘米（彩版九五，2）。

标本 L40：26，青黑色，夹杂黄色斑。近圆形，环面和轮边凹凸不平，未经打磨。环面上无管钻痕。长径 31.5、短径 30.5、厚 2.8 厘米（彩版九五，3）。

B 型　1 件。

标本 L40：22，黑色。近圆形，环面和轮边凹凸不平，未经打磨。环面上有管钻痕，但孔未钻透。长径 14.3、短径 12.3、厚 1.67 厘米（彩版九五，4）。

4. L41

位于 I T6809、I T6909，穿过 I T6909 南壁延伸到 I T6908 北部，并向北延伸至 I T6810。叠压于 L40 之下。其北部及东部未发掘。堆积平面呈不规则形，东西长 9.9、南北宽 2.8 米。出土遗物以石器为主，共计 163 件，有石璧坯料 150 件、石璋半成品 11 件、石璧半成品 2 件；另伴出 20 件陶器（图二七二）。

（1）陶器

20 件。

瓮　1 件。Aa 型。

标本 L41：159，夹砂灰黑陶。圆唇。口径 50、残高 5.3 厘米（图二七〇，2）。

缸　1 件。Ab 型。

标本 L41：150，夹砂灰黑陶。无沿，方唇。外壁通体饰成组绳纹。口径 56、残高 7 厘米（图二七〇，3）。

桶形器　2 件。

A 型　1 件。

标本 L41：157，夹砂灰陶。方唇。口径 26、残高 8.2 厘米（图二七〇，4）。

Ba 型　1 件。

标本 L41：158，夹砂灰褐陶。方唇。口径 28、残高 8.4 厘米（图二七〇，5）。

豆盘　9 件。

Bc 型　1 件。

标本 L41：154，夹砂灰黑陶。残高 5.4 厘米（图二七〇，8）。

Db 型　8 件。

标本 L41：162，夹砂灰黑陶。圆唇。口径 58、残高 5 厘米（图二七〇，9）。

豆柄　5 件。

Aa 型　2 件。

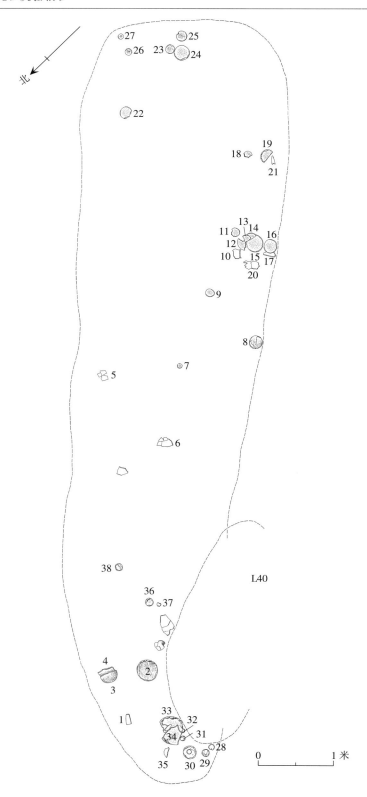

图二七二　西区 L41 平面图

1、5、17、21. 石璋半成品　2~4、6~9、11~16、18~20、22~29、31~38. 石璧坯料

10. 陶器　30. 石璧半成品

标本 L41：197，夹砂灰黑陶。残高 22.5 厘米（图二七〇，10）。

Ac 型　1 件。

标本 L41：111，泥质灰黑陶。残高 13.8 厘米（图二七〇，11）。

Ad 型　1 件。

标本 L41：124，夹砂灰黑陶。圈足径 14.7、残高 25.2 厘米（图二七〇，12）。

Bc 型　1 件。

标本 L41：198，夹砂灰黑陶。残高 8.3 厘米（图二七〇，13）。

器底　2 件。

Aa 型　1 件。

标本 L41：75，夹砂灰黄陶。底径 13、残高 10.2 厘米（图二七〇，6）。

Ac 型　1 件。

标本 L41：113，夹砂灰黑陶。底径 6、残高 3 厘米（图二七〇，7）。

（2）石器

163 件。

石璋半成品　11 件。Ba 型。

标本 L41：46，灰色。仅制作出牙部雏形。器体较小，整器打磨粗糙，器表凹凸不平，底端保留自然断面。长 14.7 ~ 15、宽 4.6 ~ 5.3、厚 2.6 厘米（图二七三，1）。

石璧坯料　150 件。A 型。

标本 L41：30，灰黑色。破裂面及轮边未经打磨。周缘较薄，中部略厚。直径 18.8、厚 1.8 厘米（图二七三，3）。

标本 L41：67，黑色。破裂面及轮边未经打磨。周缘较薄，中部略厚。直径 9.1、厚 1.2 厘米（图二七三，4）。

标本 L41：33，灰黑色。破裂面及轮边未经打磨。周缘较薄，中部略厚。直径 24.8、厚 2.4 厘米（图二七三，5）。

石璧半成品　2 件。A 型。

标本 L41：175，灰黑色。孔壁留有管钻痕迹，环面及轮边打磨精细。直径 11.4、孔径 4.7、厚 1.3 厘米（图二七三，2）。

5. L42

位于ⅠT6809 东南，部分叠压于东隔梁下。开口于第 20 层下，堆积置于第 21 层层表之上。遗物集中分布，堆积平面形状大致呈长方形，长 1、宽 0.75 米。堆积中仅出土 6 件石璧坯料（图二七四；彩版九五，5）。

石器　6 件。

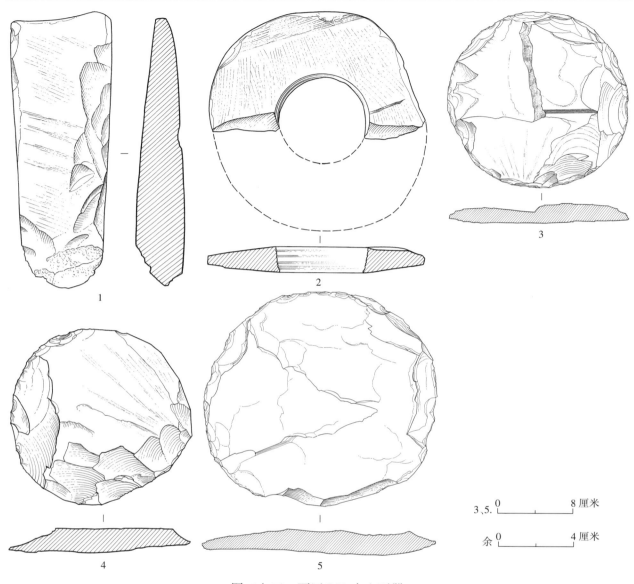

图二七三　西区 L41 出土石器

1. Ba 型石璋半成品（L41：46）　2. A 型石璧半成品（L41：175）　3～5. A 型石璧坯料（L41：30、L41：67、L41：33）

石璧坯料　6 件。A 型。

标本 L42：3，灰黑色。破裂面及轮边未经打磨。周缘较薄，中部略厚。直径 13.4、厚 1.1 厘米（图二七五，1）。

标本 L42：4，灰黑色。破裂面及轮边未经打磨。周缘较薄，中部厚。直径 10.2、厚 2.4 厘米（图二七五，2）。

6. L43

位于 I T6808 东北，延伸至 I T6809、I T6908 内。开口于第 20 层下，堆积置于第 21 层之上。大量遗物集中分布，堆积平面形状大致呈椭圆形，长径 5.21、短径 2.8 米。堆积内遗物以石器为

主，共416件，有石璧坯料406件、石璋半成品
4件、卵石6件，以及少量陶片，另还包括木块
1件（图二七六；彩版九六；彩版九七，1）。

（1）陶器

8件。

瓮　1件。Aa型。

标本L43：420，夹砂灰黑陶。圆唇。口径
58、残高6厘米（图二七七，1）。

桶形器　1件。Ba型。

标本L43：422，夹砂灰黄陶。方唇。口径
22、残高7.1厘米（图二七七，2）。

豆盘　4件。

Ca型　1件。

标本L43：425，夹砂灰黑陶。口径17.8、
残高3.9厘米（图二七七，4）。

Db型　3件。

标本L43：418，夹砂灰黑陶。方唇。口径52、残高2.5厘米（图二七七，6）。

豆柄　1件。Aa型。

标本L43：407，夹砂灰黑陶。残高7.9厘米（图二七七，5）。

器底　1件。Ac型。

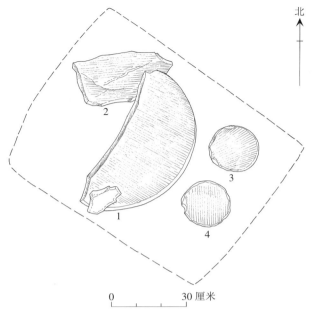

图二七四　西区L42平面图
1~6. 石璧坯料（1下压着5、6）

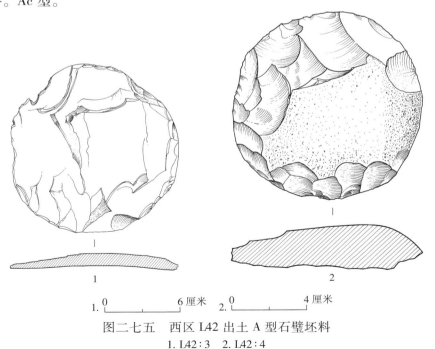

图二七五　西区L42出土A型石璧坯料
1. L42：3　2. L42：4

北 ←

图二七六　西区 L43 平面图

1～68、70～72、74～101、103～109、111～416、石璧坯料　69、73、102、110. 石璋半成品（77 在填土中）

0　　　　　50厘米

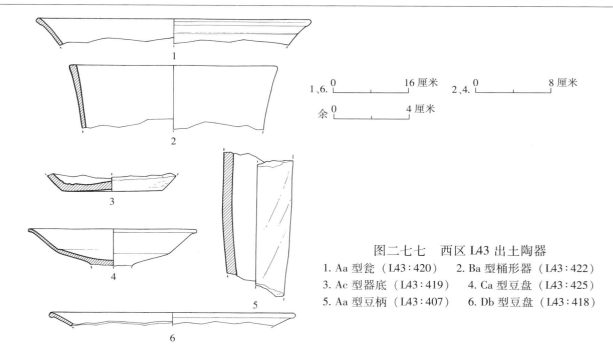

图二七七　西区 L43 出土陶器

1. Aa 型瓮（L43∶420）　　2. Ba 型桶形器（L43∶422）
3. Ac 型器底（L43∶419）　　4. Ca 型豆盘（L43∶425）
5. Aa 型豆柄（L43∶407）　　6. Db 型豆盘（L43∶418）

标本 L43∶419，夹砂灰黑陶，表面附着烟炱。底径 5.3、残高 1 厘米（图二七七，3）。

（2）石器

410 件。

石璋半成品　4 件。Ba 型。

标本 L43∶69，青色。器体较小，下残。整器打磨精细，器表有打磨痕。长 18.6、宽 5.9、厚 1.5 厘米（图二七八，1）。

石璧坯料　406 件。

A 型　380 件。

标本 L43∶20，灰色。破裂面及轮边粗磨。周缘较薄，中部略厚。直径 6、厚 1.3 厘米（图二七八，3）。

标本 L43∶36，灰黑色。破裂面及轮边未经打磨。周缘较薄，中部略厚。直径 18.7、厚 2.8 厘米（图二七八，4）。

B 型　26 件。

标本 L43∶45，灰黑色。破裂面及轮边未经打磨。周缘较薄，中部略厚。直径 24.9、孔径 3.7、厚 3 厘米（图二七八，2）。

7. L44

位于ⅠT6809、ⅠT6909、ⅠT6808、ⅠT6908 四个探方的交界处。开口于第 20 层下，堆积置于第 21 层层表之上。大量遗物集中分布，堆积平面形状大致呈不规则形，长 2.8、宽 1.55 米。堆

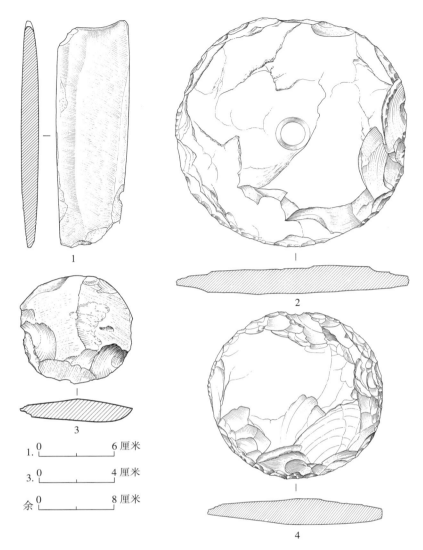

图二七八　西区 L43 出土石器
1. Ba 型石璋半成品（L43∶69）　2. B 型石璧坯料（L43∶45）
3、4. A 型石璧坯料（L43∶20、L43∶36）

积内遗物共计 28 件，以石器为主，有 26 件石璧坯料、1 件石芯，还伴出 1 件残陶器（图二七九；彩版九六，1；彩版九七，2）。

石器

27 件。

石璧坯料　26 件。A 型。

标本 L44∶23，黑色。破裂面及轮边未经打磨。周缘较薄，中部略厚。直径 8、厚 0.6 厘米（图二八〇，1）。

标本 L44∶15，灰色，夹杂黑色纹路。卵石上打下的一块，破裂面未经打磨，另一面保持自然光面。直径 12.6、厚 3.6 厘米（图二八〇，2）。

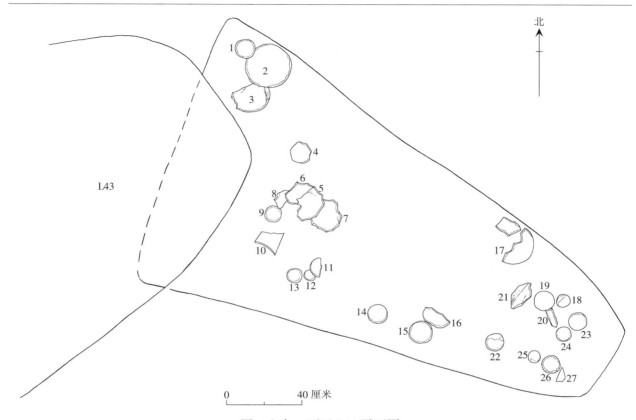

图二七九 西区 L44 平面图
1~9、11~24、26、27. 石璧坯料 10. 陶桶形器 25. 石芯

标本 L44:3,灰黑色。破裂面及轮边未经打磨。直径 20.2、厚 2.1 厘米（图二八〇,3）。

石芯 1 件。

标本 L44:25,灰黑色。边缘留有管钻痕迹,环面及轮边打磨精细。直径 4.3~5.2、厚 2.5 厘米（图二八〇,4）。

8. L45

位于ⅠT6908 东部,部分延伸至ⅠT7008、ⅠT7009。开口于第 20 层下,堆积置于第 21 层层表之上。大量遗物集中分布,堆积平面形状大致呈不规则形。南北长 4.2、东西宽 2.8 米。遗物以石器为主,共计 67 件,有石璧坯料 62 件、石璋 5 件,还伴出少量陶片（图二八一;彩版九八,1）。

（1）陶器

5 件。

桶形器 3 件。Ba 型。

标本 L45:68,夹砂灰陶。方唇。口径 30、残高 8.8 厘米（图二八二,1）。

标本 L45:71,夹砂灰黑陶。方唇。口径 40、残高 11.2 厘米（图二八二,2）。

豆盘 1 件。Db 型。

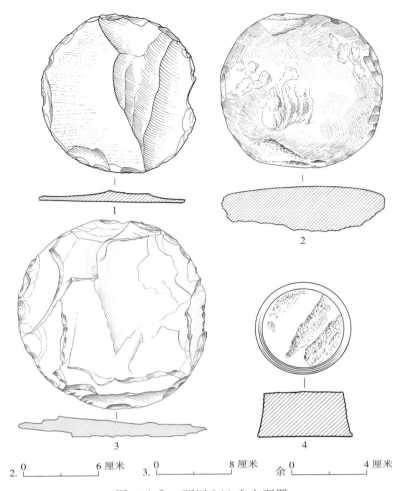

图二八〇　西区 L44 出土石器

1 ~ 3. A 型石璧坯料（L44：23、L44：15、L44：3）　4. 石芯（L44：25）

标本 L45：64，夹砂灰黄陶。方唇。口径 54、残高 1.7 厘米（图二八二，3）。

豆柄　1 件。Aa 型。

标本 L45：69，泥质灰黑陶。残高 16.1 厘米（图二八二，4）。

（2）石器

67 件。

石璋半成品　5 件。Ba 型。

标本 L45：37，黑色。器体较小，下部残。整器打磨粗糙。残长 7 ~ 8.3、宽 5.2、厚 2.1 厘米（图二八三，1）。

石璧半成品　1 件。B 型。

标本 L45：31，灰黑色。孔壁光滑，打磨精细，环面及轮边打磨精细。直径 21.4、孔径 3.8、厚 2.3 厘米（图二八三，2）。

石璧坯料　61 件。A 型。

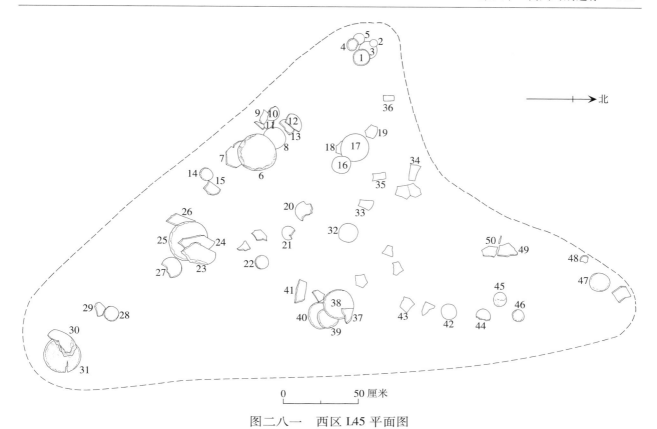

图二八一　西区 L45 平面图

1～33、37～50. 石璧坯料　34～36. 石璋

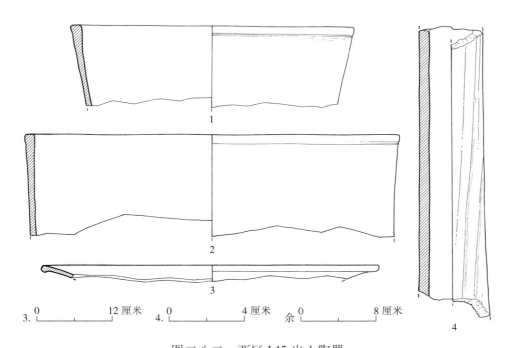

图二八二　西区 L45 出土陶器

1、2. Ba 型桶形器（L45：68、L45：71）　3. Db 型豆盘（L45：64）　4. Aa 型豆柄（L45：69）

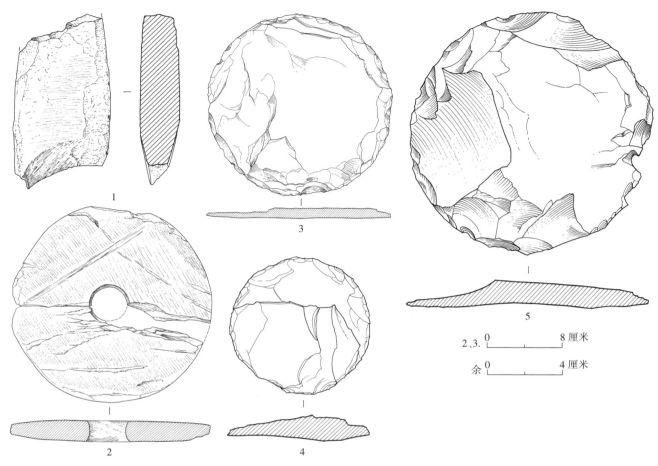

图二八三　西区 L45 出土石器

1. Ba 型石璋半成品（L45：37）　2. B 型石璧半成品（L45：31）　3～5. A 型石璧坯料（L45：42、L45：22、L45：8）

标本 L45：42，灰黑色。破裂面及轮边未经打磨。周缘较薄，中部略厚。直径 19.6、厚 1.1 厘米（图二八三，3）。

标本 L45：22，灰黑色。破裂面及轮边未经打磨。周缘较薄，中部略厚。直径 7.6、厚 1.4 厘米（图二八三，4）。

标本 L45：8，灰黑色。破裂面及轮边未经打磨。周缘较薄，中部略厚。直径 12.9、厚 1.3 厘米（图二八三，5）。

（二一）第 20 层出土遗物

该层出土遗物主要有陶器和石器，其中陶片 1862 片、石器 127 件。陶片以夹砂陶为主，占 98.50%，其中灰黑陶占 39.42%，灰黄陶占 33.86%，灰陶占 9.43%，黄褐陶占 8.78%，灰褐陶占 8.13%，红褐陶占 0.38%；饰纹饰者仅占 9.16%，以细线纹和粗绳纹为多，分别占 63.69% 和 26.19%，另有少量凹弦纹、云雷纹、戳印纹等。泥质陶以灰黑陶为主，纹饰少见；有纹饰陶片中细线纹 3 片，戳印纹 2 片、凸棱纹 1 片（表二三）。可辨器形有小平底罐、束颈罐、瓮、缸、桶形器、器纽、豆盘等。石器种类有石璋半成品、石璧半成品等。

（1）陶器

111 件。

小平底罐　2 件。

Ab 型 I 式　1 件。

标本 I T6809－6910⑳：12，夹砂灰黑陶。方唇。残高 3.4 厘米（图二八四，1）。

表二三　西区第 20 层陶片统计表

陶质 陶色 纹饰	夹砂陶						小计	百分比 （%）	泥质陶				小计	百分比 （%）
	灰黑	灰	红褐	灰褐	黄褐	灰黄			灰黑	灰黄	灰褐	黄褐		
素面	591	170	7	124	161	613	1666	90.84	8	4	8	2	22	78.57
细绳纹	2			1			3	0.16						
粗绳纹	30			13		1	44	2.40						
云雷纹	2						2	0.11						
凹弦纹	7			1		1	9	0.49						
凸棱纹										1			1	3.57
细线纹	88	3		10		6	107	5.83	2		1		3	10.72
压印纹	1						1	0.06						
戳印纹	2						2	0.11	2				2	7.14
小计	723	173	7	149	161	621	1834		13	4	9	2	28	
百分比（%）	39.42	9.43	0.38	8.13	8.78	33.86		100.00	46.43	14.29	32.14	7.14		100.00
合计	1862													

Ad 型 I 式　1 件。

标本 I T6809－6910⑳：13，夹砂灰黑陶。折沿，方唇。口径 13.7、底径 4、高 9.3 厘米（图二八四，2）。

束颈罐　1 件。Ad 型 II 式。

标本 I T6807－6908⑳：2，夹砂灰黑陶。方唇。肩部饰横向绳纹。口径 18、残高 4 厘米（图二八四，3）。

瓮　16 件。

Aa 型　4 件。

标本 I T7007－7108⑳：176，夹砂灰黄陶。圆唇。口径 76、残高 7.2 厘米（图二八四，4）。

标本 I T7207－7208⑳：23，夹砂灰黄陶。圆唇。口径 56、残高 6 厘米（图二八四，5）。

Ab 型　8 件。

标本 I T6807－6908⑳：22，夹砂灰黄陶。方唇。领部饰一道凹弦纹。残高 7.7 厘米（图二八四，6）。

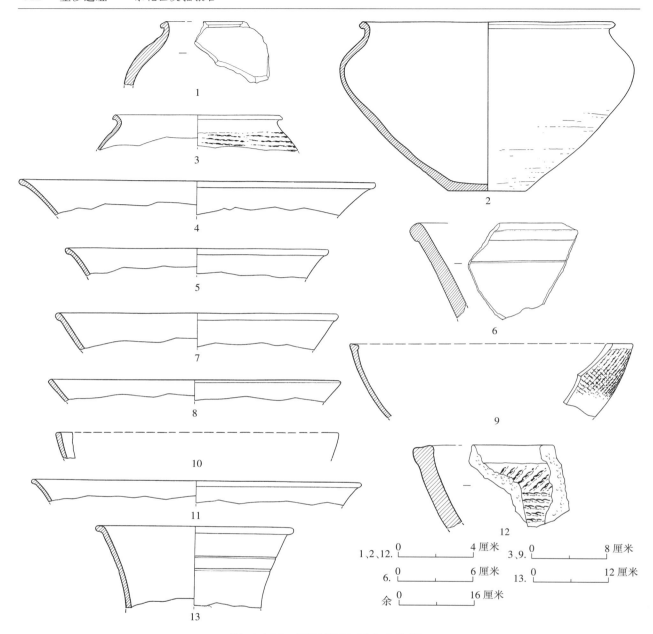

图二八四　西区第 20 层出土陶器

1. Ab 型 I 式小平底罐（I T6809 - 6910⑳：12）　2. Ad 型 I 式小平底罐（I T6809 - 6910⑳：13）　3. Ad 型 II 式束颈罐（I T6807 - 6908⑳：2）　4、5. Aa 型瓮（I T7007 - 7108⑳：176、I T7207 - 7208⑳：23）　6、7、11. Ab 型瓮（I T6807 - 6908⑳：22、I T6807 - 6908⑳：24、I T7007 - 7108⑳：173）　8、10. Ac 型瓮（I T7205 - 7206⑳：1、I T6807 - 6908⑳：17）　9、12. Aa 型 I 式缸（I T7207 - 7208⑳：8、I T6807 - 6908⑳：5）　13. Ba 型瓮（I T6807 - 6908⑳：46）

标本 I T6807 - 6908⑳：24，夹砂灰黄陶。方唇。口径 60、残高 7.5 厘米（图二八四，7）。

标本 I T7007 - 7108⑳：173，夹砂灰黑陶。圆唇。口径 70.4、残高 4.8 厘米（图二八四，11）。

Ac 型　3 件。

标本 I T7205 - 7206⑳：1，夹砂灰黑陶。方唇。口径 62、残高 5 厘米（图二八四，8）。

标本ⅠT6807－6908⑳：17，夹砂灰黑陶。方唇。残高5.6厘米（图二八四，10）。

Ba型　1件。

标本ⅠT6807－6908⑳：46，夹砂黄褐陶。平卷沿，圆唇。领部饰两周凹弦纹。口径31.6、残高13.2厘米（图二八四，13）。

缸　2件。Aa型Ⅰ式。

标本ⅠT7207－7208⑳：8，夹砂灰黑陶。无沿，方唇。外壁饰交错绳纹。残高7.9厘米（图二八四，9）。

标本ⅠT6807－6908⑳：5，夹砂灰黑陶。无沿，方唇。外壁通体饰成组绳纹。残高4.6厘米（图二八四，12）。

桶形器　10件。

Ba型　9件。

标本ⅠT7007－7108⑳：82，夹砂灰黄陶。方唇。口径38、残高9.2厘米（图二八五，1）。

标本ⅠT7007－7108⑳：29，夹砂灰黑陶。方唇。口径30、残高8.7厘米（图二八五，2）。

Bb型　1件。

标本ⅠT7007－7108⑳：126，夹砂灰黄陶。圆唇。口径26、残高9.3厘米（图二八五，3）。

豆盘　59件。

Da型　43件。

标本ⅠT7005－7106⑳：22，夹砂灰黑陶。方唇。口径66.9、残高3.9厘米（图二八五，9）。

标本ⅠT7007－7108⑳：117，夹砂灰黄陶。方唇。口径48、残高4.1厘米（图二八五，10）。

Db型　16件。

标本ⅠT7007－7108⑳：177，夹砂灰黑陶。圆唇。口径67、残高6.7厘米（图二八五，8）。

标本ⅠT7007－7108⑳：166，夹砂灰黄陶。方唇。口径66、残高3.3厘米（图二八五，11）。

豆柄　15件。

Aa型　14件。

标本ⅠT6807－6908⑳：20，夹砂灰黑陶。残高15.4厘米（图二八五，12）。

标本ⅠT7007－7108⑳：124，夹砂灰黄陶。近圈足处饰两周凹弦纹。圈足径16.2、残高16.9厘米（图二八五，13）。

Ab型　1件。

标本ⅠT7209－7210⑳：8，泥质灰黑陶。残高19厘米（图二八五，14）。

器纽　1件。C型。

标本ⅠT7209－7210⑳：4，泥质灰黑陶。圆唇。纽径3.9、残高3.8厘米（图二八五，4）。

器底　5件。

Aa型　1件。

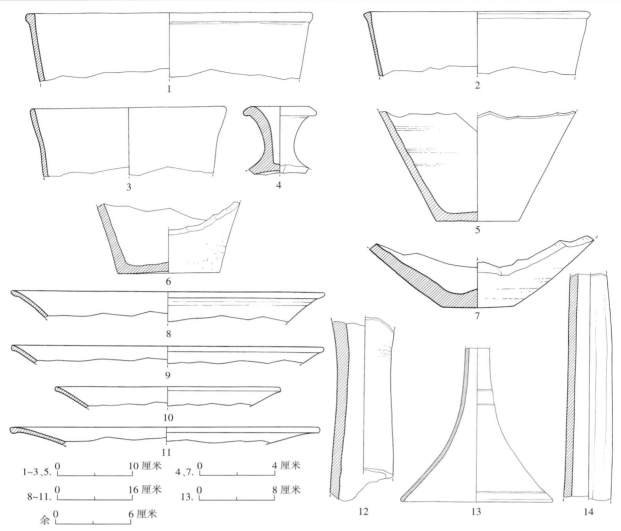

图二八五　西区第20层出土陶器

1、2. Ba 型桶形器（ⅠT7007－7108⑳：82、ⅠT7007－7108⑳：29）　3. Bb 型桶形器（ⅠT7007－7108⑳：126）　4. C 型器纽（ⅠT7209－7210⑳：4）　5. Aa 型器底（ⅠT7207－7208⑳：25）　6. Ab 型器底（ⅠT7007－7108⑳：138）　7. Ac 型器底（ⅠT7007－7108⑳：144）　8、11. Db 型豆盘（ⅠT7007－7108⑳：177、ⅠT7007－7108⑳：166）　9、10. Da 型豆盘（ⅠT7005－7106⑳：22、ⅠT7007－7108⑳：117）　12、13. Aa 型豆柄（ⅠT6807－6908⑳：20、ⅠT7007－7108⑳：124）　14. Ab 型豆柄（ⅠT7209－7210⑳：8）

标本ⅠT7207－7208⑳：25，夹砂灰黑陶。底径11.3、残高15厘米（图二八五，5）。

Ab 型　2件。

标本ⅠT7007－7108⑳：138，夹砂灰黑陶。底径8.2、残高5.7厘米（图二八五，6）。

Ac 型　2件。

标本ⅠT7007－7108⑳：144，夹砂灰黄陶。底径3.8、残高3.5厘米（图二八五，7）。

（2）石器

127件。

石璋半成品　4件。Ba 型。仅制作出牙部雏形。

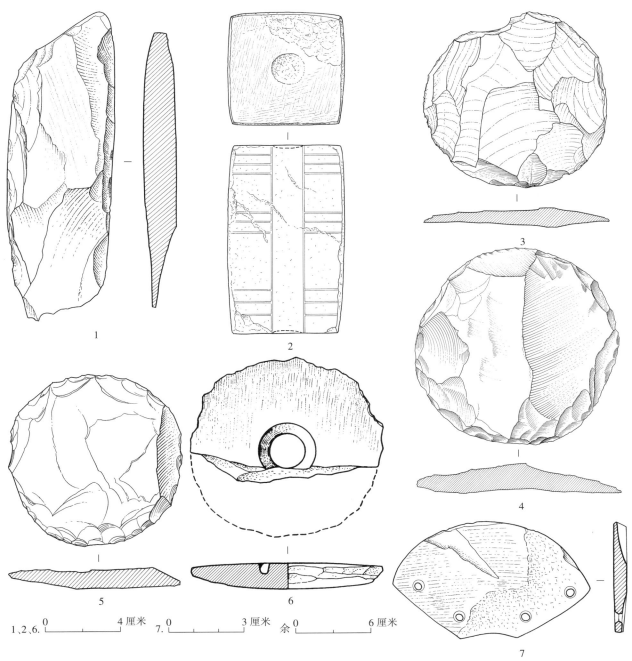

图二八六 西区第 20 层出土石器

1. Ba 型石璋半成品（ⅠT7007 – 7108⑳：3） 2. Aa 型Ⅲ式石琮半成品（ⅠT7007 – 7108⑳：4） 3～5. A 型石璧坯料
（ⅠT7007 – 7108⑳：197、ⅠT7007 – 7108⑳：199、ⅠT7007 – 7108⑳：214） 6. B 型石璧半成品（ⅠT6807 – 6908⑳：45）
7. 多璜联璧（ⅠT7007 – 7108⑳：255）

标本ⅠT7007 – 7108⑳：3，灰色，器表有大量锈斑。器体较小，无阑。器表、两侧均保留自然断面，刃部打磨粗糙。长 16.9、宽 5.5、厚 1.8 厘米（图二八六，1）。

石琮半成品 1 件。Aa 型Ⅲ式。

标本ⅠT7007 – 7108⑳：4，灰色。孔用管对钻而成，器表打磨较为粗糙。宽 5.6、高 10.3、孔径 1.6 厘米（图二八六，2）。

石璧坯料　120 件。A 型。

标本 I T7007 – 7108⑳：197，灰黑色。破裂面及轮边未经打磨。周缘较薄，中部略厚。直径 14.5、厚 1.2 厘米（图二八六，3）。

标本 I T7007 – 7108⑳：199，灰黑色。破裂面及轮边未经打磨。周缘较薄，中部略厚。直径 16.5、厚 2 厘米（图二八六，4）。

标本 I T7007 – 7108⑳：214，灰黑色。破裂面及轮边未经打磨。周缘较薄，中部略厚。直径 14.1、厚 1.5 厘米（图二八六，5）。

石璧半成品　1 件。B 型。

标本 I T6807 – 6908⑳：45，灰黑色。剖裂后粗磨，破裂面有打磨时留下的细划痕，周缘遗留诸多凸刺。周缘较薄，中部略厚。直径 10、孔径 3、厚 1.4 厘米（图二八六，6）。

多璜联璧　1 件。

标本 I T7007 – 7108⑳：255，灰色。平面形状呈半弧形，表面较光滑，打磨精细。四角饰对称的四个圆形穿孔。长 7.9、宽 4.5、孔径 0.46、厚 0.5 厘米（图二八六，7）。

（二二）第 19 层下遗迹及出土遗物

开口于第 19 层下遗迹仅有 L31（见附表一），简述如下。

L31

位于 I T7008、I T7108 北部，部分延伸至 I T7008、I T7108 北隔梁下。开口于第 19 层下，堆积置于第 20 层层表。大量遗物密集分布于南高北低斜坡状地面上。堆积平面形状呈不规则形，东西长 8.9、南北宽 3.4 米。堆积内填土为黄褐色砂黏土，湿度适中，略含细砂、灰烬、石块等。共计出土器物 90 件，有石器 83 件，其中可辨认出石璧坯料 31 件、石璋半成品 6 件，还伴出 7 件陶器（图二八七；彩版九八，2；彩版九九，1）。

（1）陶器

7 件。

小平底罐　1 件。Ba 型 I 式。

标本 L31：32，夹砂灰褐陶。尖唇。口径 12.7、肩径 14、底径 3.1、高 7.9 厘米（图二八八，1；彩版九九，2）。

瓮　2 件。Aa 型。

标本 L31：78，夹砂灰黑陶。圆唇。口径 50、残高 28 厘米（图二八八，2）。

标本 L31：69，夹砂灰黑陶。圆唇。口径 64、残高 22.7 厘米（图二八八，3）。

豆柄　4 件。Aa 型。

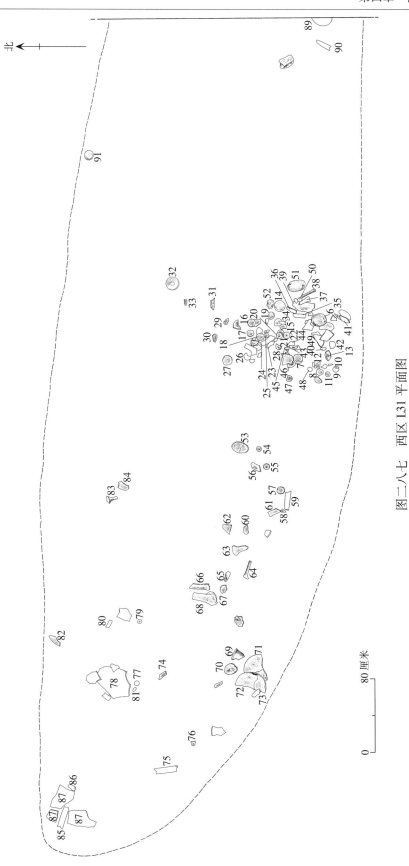

图二八七　西区 L31 平面图

1、3、4、6～31、33～36、39～58、60～63、65～68、70～73、76、77、79、81、82、84、86、89、91. 石璧坯料　2. 陶器底　5、37、59、74、75、80、85、90. 石璋

半成品　32. 陶小平底罐　38、64、83、88. 陶豆柄　69. 陶瓮　78、87. 陶片（1～5、88 出土于填土中）

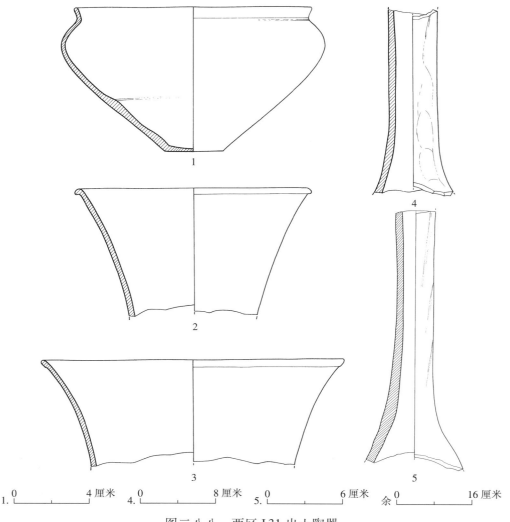

图二八八　西区 L31 出土陶器

1. Ba 型 I 式小平底罐（L31：32）　　2、3. Aa 型瓮（L31：78、L31：69）　　4、5. Aa 型豆柄（L31：88、L31：64）

标本 L31：88，夹砂灰黄陶。残高 20.4 厘米（图二八八，4）。

标本 L31：64，夹砂灰黑陶。残高 21.6 厘米（图二八八，5）。

（2）石器

83 件。器形可辨识的仅有 37 件。

石璋半成品　6 件。Bb 型。

标本 L31：59，青色。器体宽大，无阑。器表、两侧均保留自然断面，凹凸不平，刃部打磨粗糙。长 17.5～18.6、宽 6.4、厚 1.1 厘米（图二八九，1）。

标本 L31：37，青色。器体宽大，无阑。器表、两侧均保留自然断面，凹凸不平。刃部打磨粗糙。长 24.6～29.8、宽 7.4～9.4、厚 2.1 厘米（图二八九，2；彩版九九，3）。

石璧坯料　31 件。A 型。

标本 L31：60－1，黑色。破裂面及轮边未经打磨。周缘较薄，中部略厚。直径 13.8、厚 1 厘米

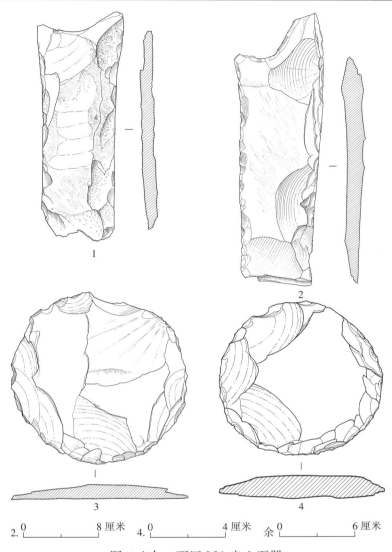

图二八九 西区 L31 出土石器

1、2. Bb 型石璋半成品（L31：59、L31：37） 3、4. A 型石璧坯料（L31：60－1、L31：4）

（图二八九，3）。

标本 L31：4，灰黑色。破裂面及轮边未经打磨。周缘较薄，中部略厚。直径 8.3、厚 1.2 厘米（图二八九，4）。

（二三）第 19 层出土遗物

该层出土遗物主要有陶器和石器，数量较为丰富，其中陶片 5040 片、石器 117 件、铜器 1 件。陶片以夹砂陶为主，占 95.75%。夹砂陶中灰黑陶占 61.50%，灰黄陶占 24.59%，灰褐陶占 8.54%，灰陶占 4.54%，黄褐陶占 0.52%，红褐陶占 0.31%；泥质陶中灰黑陶占 56.07%，灰黄陶占 21.03%，灰褐陶占 15.89%，灰陶占 3.74%，青灰陶占 2.34%，黄褐陶占 0.93%。纹饰较少见，夹砂陶中纹饰陶片仅占 8.64%，其中细线纹占 36.69%，粗绳纹占 23.02%，压印纹占 17.75%，凹弦纹占 16.31%，云雷纹占 3.60%，少量网格纹、细绳纹、镂孔，极少量的凸棱纹、戳印纹、乳丁纹等；泥质陶中纹饰陶片仅占 12.15%，其中细线纹占 50.00%，凹弦纹占 34.62%，凸棱纹占11.54%，镂孔占 3.84%（表二四）。陶器可辨器形有小平底罐、瓮形器、高领罐、束颈罐、壶、盆、瓮、豆柄、器纽等。石器种类有石璋半成品、石璧坯料等。铜器种类仅有锥形器。

表二四　西区第 19 层陶片统计表

纹饰＼陶色＼陶质	夹砂陶						小计	百分比（%）	泥质陶						小计	百分比（%）
	灰黑	灰	红褐	灰褐	黄褐	灰黄			灰黑	灰	灰黄	灰褐	青灰	黄褐		
素面	2630	203	14	398	21	1143	4409	91.36	106	8	36	32	4	2	188	87.85
细绳纹				2			2	0.04								
粗绳纹	66	15	1	2		12	96	1.99								
云雷纹	8					7	15	0.31								
凹弦纹	43	1		8		16	68	1.41	6		3				9	4.21
凸棱纹	1						1	0.02			2	1			3	1.40
镂孔	2						2	0.04			1				1	0.47
细线纹	140			6		7	153	3.17	8		3	2			13	6.07
压印纹	72					2	74	1.54								
网格纹	3						3	0.06								
戳印纹	1						1	0.02								
乳丁纹	1						1	0.02								
方格纹	1						1	0.02								
小计	2968	219	15	412	25	1187	4826		120	8	45	34	5	2	214	
百分比（%）	61.50	4.54	0.31	8.54	0.52	24.59		100.00	56.07	3.74	21.03	15.89	2.34	0.93		100.00
合计	5040															

（1）陶器

176 件。

小平底罐　16 件。

Ab 型Ⅰ式　4 件。

标本ⅠT7007－7108⑲：231，夹砂灰黑陶。折沿，方唇。残高 3.4 厘米（图二九〇，1）。

Ab 型Ⅱ式　2 件。

标本ⅠT7209－7210⑲：71，夹砂灰褐陶，方唇。口径 14.8、肩径 16.1、底径 4.3、高 9 厘米（图二九〇，3；彩版一〇〇，1）。

标本ⅠT6909－6910⑲：38，夹砂灰黄陶。方唇。口径 14、肩径 15.1、残高 3.8 厘米（图二九〇，4）。

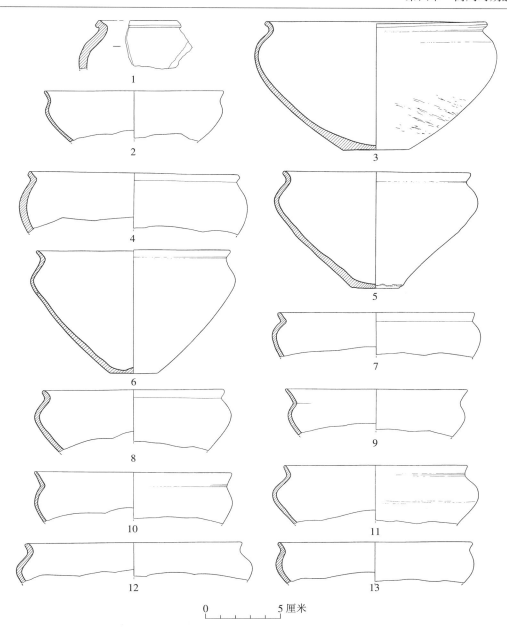

图二九〇　西区第 19 层出土陶小平底罐

1. Ab 型 I 式 （ I T7007 – 7108⑲：231）　　2、13. Ba 型 II 式 （ I T7215 – 7216⑲：17、 I T7009 – 7110⑲：303）　　3、
4. Ab 型 II 式 （ I T7209 – 7210⑲：71、 I T6909 – 6910⑲：38）　　5、6、11、12. Ba 型 I 式 （ I T7007 – 7108⑲：20、
 I T6809 – 6910⑲：121、 I T7007 – 7108⑲：282、 I T7207 – 7208⑲：28）　　7、8. Bb 型 （ I T7209 – 7210⑲：53、
 I T7207 – 7208⑲：23）　　9、10. Bc 型 I 式 （ I T7009 – 7110⑲：193、 I T7009 – 7110⑲：189）

Ba 型 I 式　4 件。

标本 I T7007 – 7108⑲：20，夹砂灰黑陶。圆唇。口径 12.4、肩径 13.6、底径 3.5、高 8 厘米
（图二九〇，5；彩版一〇〇，2）。

标本 I T6809 – 6910⑲：121，夹砂灰黑陶。尖唇。口径 12.8、肩径 13.6、底径 3.3、高 8.5 厘
米（图二九〇，6）。

标本 I T7007 - 7108⑲：282，夹砂灰黑陶。尖圆唇。口径 12.3、肩径 13.5、残高 4.1 厘米（图二九〇，11）。

标本 I T7207 - 7208⑲：28，夹砂灰黑陶。方唇。口径 14.6、残高 2.8 厘米（图二九〇，12）。

Ba 型 II 式　2 件。

标本 I T7215 - 7216⑲：17，泥质灰黑陶。圆唇。口径 11.8、残高 3.5 厘米（图二九〇，2）。

标本 I T7009 - 7110⑲：303，夹砂灰黑陶。圆唇。口径 13、残高 2.9 厘米（图二九〇，13）。

Bb 型　2 件。

标本 I T7209 - 7210⑲：53，夹砂灰黑陶。尖唇。口径 13、残高 3.1 厘米（图二九〇，7）。

标本 I T7207 - 7208⑲：23，夹砂灰黑陶。尖唇。口径 12、肩径 13、残高 4.1 厘米（图二九〇，8）。

Bc 型 I 式　2 件。

标本 I T7009 - 7110⑲：193，泥质灰黑陶。圆唇。口径 12.2、残高 3.2 厘米（图二九〇，9）。

标本 I T7009 - 7110⑲：189，泥质灰黑陶。圆唇。口径 13.2、肩径 15.5、残高 3.4 厘米（图二九〇，10）。

瓮形器　9 件。

Ad 型　1 件。

标本 I T7009 - 7110⑲：233，夹砂灰黑陶。仰折沿，圆唇。肩部饰绳纹。残高 6.4 厘米（图二九一，1）。

B 型　1 件。

标本 I T7009 - 7110⑲：258，夹砂灰黄陶。方唇。唇部饰斜向绳纹。口径 36、残高 3.2 厘米（图二九一，3）。

Ca 型　2 件。

标本 I T7009 - 7110⑲：229，夹砂灰黑陶。方唇。唇部和肩部饰斜向绳纹。口径 26、残高 2.2 厘米（图二九一，2）。

标本 I T7009 - 7110⑲：282，夹砂灰黄陶。圆唇。唇部和肩部饰斜向绳纹。残高 3.8 厘米（图二九一，4）。

Da 型　2 件。

标本 I T7009 - 7110⑲：149，夹砂灰黄陶。方唇。唇部和肩部饰斜向绳纹。残高 5.3 厘米（图二九一，5）。

Db 型　1 件。

标本 I T7009 - 7110⑲：262，夹砂灰黑陶。方唇。唇部及肩部饰斜向绳纹。口径 28、残高 5.5 厘米（图二九一，6）。

Ea 型　1 件。

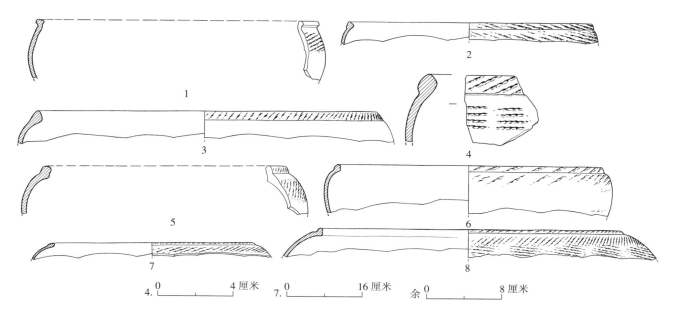

图二九一 西区第19层出土陶瓮形器

1. Ad 型（ⅠT7009 - 7110⑲：233） 2、4. Ca 型（ⅠT7009 - 7110⑲：229、ⅠT7009 - 7110⑲：282） 3. B 型（ⅠT7009 - 7110⑲：258） 5. Da 型（ⅠT7009 - 7110⑲：149） 6. Db 型（ⅠT7009 - 7110⑲：262） 7. Ea 型（ⅠT7009 - 7110⑲：239） 8. Eb 型（ⅠT6809 - 6910⑲：33）

标本ⅠT7009 - 7110⑲：239，夹砂灰黑陶。圆唇。唇部和肩部饰斜向绳纹。口径44、残高2.7厘米（图二九一，7）。

Eb 型 1 件。

标本ⅠT6809 - 6910⑲：33，夹砂灰黑陶。沿面凹，方唇。唇部和肩部饰斜向绳纹。口径32、残高3.2厘米（图二九一，8）。

高领罐 13 件。

Aa 型Ⅰ式 2 件。

标本ⅠT7007 - 7108⑲：272，夹砂灰陶。尖唇。唇外侧饰一周凸棱。口径15、残高6.7厘米（图二九二，1）。

标本ⅠT7009 - 7110⑲：169，夹砂灰黑陶。圆唇。口径14.4、残高7.8厘米（图二九二，2）。

C 型Ⅱ式 3 件。

标本ⅠT7009 - 7110⑲：148，夹砂灰黄陶。仰卷沿，圆唇。口径19、残高5.2厘米（图二九二，3）。

标本ⅠT7007 - 7108⑲：140，夹砂灰黑陶。圆唇。口径16、残高5厘米（图二九二，4）。

Fa 型Ⅰ式 8 件。

标本ⅠT7009 - 7110⑲：263，夹砂灰黄陶。翻沿，圆唇。领部饰两周凹弦纹。口径20、残高11厘米（图二九二，5）。

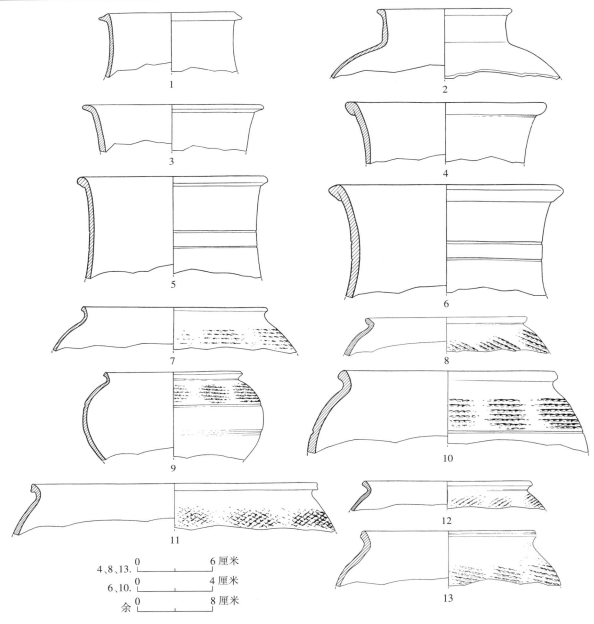

图二九二　西区第 19 层出土陶器

1、2. Aa 型 I 式高领罐（I T7007 – 7108⑲：272、I T7009 – 7110⑲：169）　3、4. C 型 II 式高领罐（I T7009 – 7110
⑲：148、I T7007 – 7108⑲：140）　5、6. Fa 型 I 式高领罐（I T7009 – 7110⑲：263、I T7009 – 7110⑲：215）　7、
8. Aa 型束颈罐（I T7009 – 7110⑲：156、I T7007 – 7108⑲：235）　9. Ab 型 II 式束颈罐（I T7009 – 7110⑲：299）
10. Ac 型 II 式束颈罐（I T7209 – 7210⑲：24）　11. Ad 型 I 式束颈罐（I T7009 – 7110⑲：39）　12、13. Ad 型 II 式
束颈罐（I T7009 – 7110⑲：145、I T7009 – 7110⑲：243）

标本 I T7009 – 7110⑲：215，夹砂灰褐陶。翻沿，圆唇。领部饰两周凹弦纹。口径 12.4、残
高 6.2 厘米（图二九二，6）。

束颈罐　13 件。

Aa 型　6 件。

标本ⅠT7009－7110⑲：156，夹砂灰黄陶。方唇。肩部饰横向绳纹。口径19.6、残高4.7厘米（图二九二，7）。

标本ⅠT7007－7108⑲：235，夹砂灰黑陶。仰折沿，圆唇。肩部饰成组斜向绳纹。口径12.8、残高3厘米（图二九二，8）。

Ab型Ⅱ式　1件。

标本ⅠT7009－7110⑲：299，夹砂灰黑陶。方唇。肩部饰成组横向粗绳纹和一周凹弦纹。口径14.6、肩径18.8、残高9.7厘米（图二九二，9）。

Ac型Ⅱ式　1件。

标本ⅠT7209－7210⑲：24，夹砂灰黑陶。方唇。肩部饰成组横向绳纹和一周凹弦纹。口径11.6、残高4.3厘米（图二九二，10）。

Ad型Ⅰ式　2件。

标本ⅠT7009－7110⑲：39，夹砂灰黑陶。方唇。肩部饰成组交错绳纹。口径30.4、残高5.4厘米（图二九二，11）。

Ad型Ⅱ式　3件。

标本ⅠT7009－7110⑲：145，夹砂灰黑陶。方唇。肩部饰成组斜向绳纹。口径18、残高3.2厘米（图二九二，12）。

标本ⅠT7009－7110⑲：243，夹砂灰黑陶。方唇。肩部饰绳纹。口径14、残高4.6厘米（图二九二，13）。

壶　1件。Ab型。

标本ⅠT7007－7108⑲：278，夹砂灰褐陶。圆唇。口径12、残高3.5厘米（图二九三，1）。

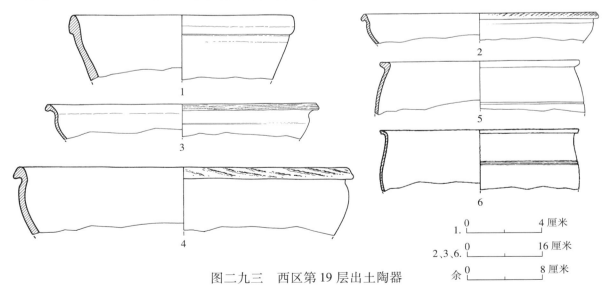

图二九三　西区第19层出土陶器

1. Ab型壶（ⅠT7007－7108⑲：278）　2～4. Ac型盆（ⅠT7007－7108⑲：255、ⅠT7209－7210⑲：67、ⅠT7209－7210⑲：32）　5. Ca型盆（ⅠT7009－7110⑲：155）　6. Cc型盆（ⅠT7009－7110⑲：266）

盆　12 件。

Ac 型　9 件。

标本ⅠT7007 – 7108⑲：255，夹砂灰黑陶。方唇。唇部压印绳纹。口径 50、残高 6.3 厘米（图二九三，2）。

标本ⅠT7209 – 7210⑲：67，夹砂灰黑陶。方唇。唇部压印绳纹。口径 58、残高 7.3 厘米（图二九三，3）。

标本ⅠT7209 – 7210⑲：32，夹砂灰黑陶。方唇。唇部压印绳纹。口径 36、残高 7.7 厘米（图二九三，4）。

Ca 型　1 件。

标本ⅠT7009 – 7110⑲：155，夹砂灰黑陶。圆唇。腹部饰一周凹弦纹。口径 21、残高 6 厘米（图二九三，5）。

Cc 型　2 件。

标本ⅠT7009 – 7110⑲：266，夹砂灰黄陶。仰卷沿，方唇。肩部饰一周凹弦纹。口径 42、残高 13.3 厘米（图二九三，6）。

瓮　17 件。

Aa 型　11 件。

标本ⅠT7009 – 7110⑲：225，夹砂灰陶。圆唇。口径 60、残高 11.2 厘米（图二九四，1）。

标本ⅠT7007 – 7108⑲：168，夹砂灰黑陶。圆唇。口径 65.6、残高 8.1 厘米（图二九四，2）。

标本ⅠT7007 – 7108⑲：69，夹砂灰黑陶。圆唇。口径 62、残高 6.8 厘米（图二九四，10）。

Ab 型　1 件。

标本ⅠT7007 – 7108⑲：58，夹砂灰黄陶。圆唇。口径 36、残高 3.3 厘米（图二九四，3）。

Ba 型　3 件。

标本ⅠT7009 – 7110⑲：84，夹砂灰黑陶。圆唇。口径 58、残高 17.4 厘米（图二九四，5）。

标本ⅠT7009 – 7110⑲：174，夹砂灰黄陶。平卷沿，圆唇。口径 54、残高 16 厘米（图二九四，6）。

Cb 型Ⅰ式　2 件。

标本ⅠT7007 – 7108⑲：167，夹砂灰黄陶。圆唇，束颈。口径 36、残高 5 厘米（图二九四，4）。

缸　2 件。

Aa 型Ⅱ式　1 件。

标本ⅠT6809 – 6910⑲：65，夹砂灰黄陶。无沿，方唇。外壁饰斜向绳纹。残高 4.9 厘米（图二九四，7）。

Ea 型　1 件。

标本ⅠT7009 – 7110⑲：222，夹砂黄褐陶。折沿。肩部饰两圈平行凹弦纹。口径 64、残高 6.1 厘米（图二九四，8）。

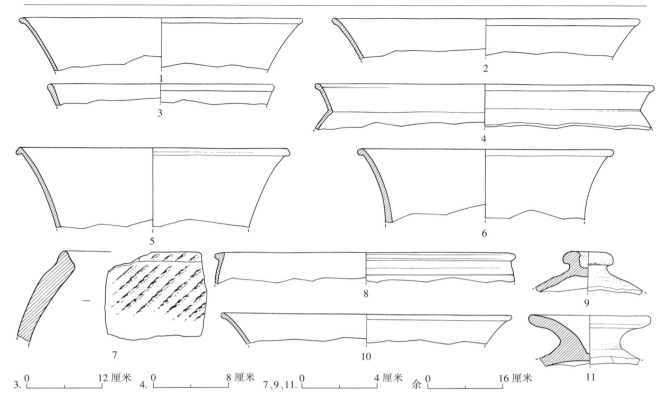

图二九四　西区第 19 层出土陶器

1、2、10. Aa 型瓮（ⅠT7009－7110⑲：225、ⅠT7007－7108⑲：168、ⅠT7007－7108⑲：69）　3. Ab 型瓮（ⅠT7007－7108⑲：58）　4. Cb 型Ⅰ式瓮（ⅠT7007－7108⑲：167）　5、6. Ba 型瓮（ⅠT7009－7110⑲：84、ⅠT7009－7110⑲：174）　7. Aa 型Ⅱ式缸（ⅠT6809－6910⑲：65）　8. Ea 型缸（ⅠT7009－7110⑲：222）　9. A 型器纽（ⅠT7007－7108⑲：183）　11. Bb 型器纽（ⅠT7007－7108⑲：200）

豆盘　40 件。

Bb 型　1 件。

标本ⅠT7009－7110⑲：298，夹砂灰陶。方唇。口径 7.4、残高 14.6 厘米（图二九五，7）。

Cc 型　1 件。

标本ⅠT6809－6910⑲：75，夹砂灰黑陶。方唇。口径 76、残高 3.4 厘米（图二九五，1）。

Da 型　34 件。

标本ⅠT7009－7110⑲：248，夹砂灰黑陶。圆唇。口径 80、残高 10.2 厘米（图二九五，2）。

标本ⅠT6807－6908⑲：2，夹砂灰黑陶。圆唇。口径 77、残高 11.7 厘米（图二九五，3）。

标本ⅠT7007－7108⑲：258，夹砂灰黑陶。圆唇。口径 76、残高 4.8 厘米（图二九五，4）。

Db 型　4 件。

标本ⅠT7009－7110⑲：187，夹砂灰黑陶。方唇。口径 74.5、残高 4.9 厘米（图二九五，5）。

标本ⅠT6809－6910⑲：70，夹砂灰黑陶。方唇。口径 76、残高 1.5 厘米（图二九五，6）。

豆柄　34 件。

Aa 型　29 件。

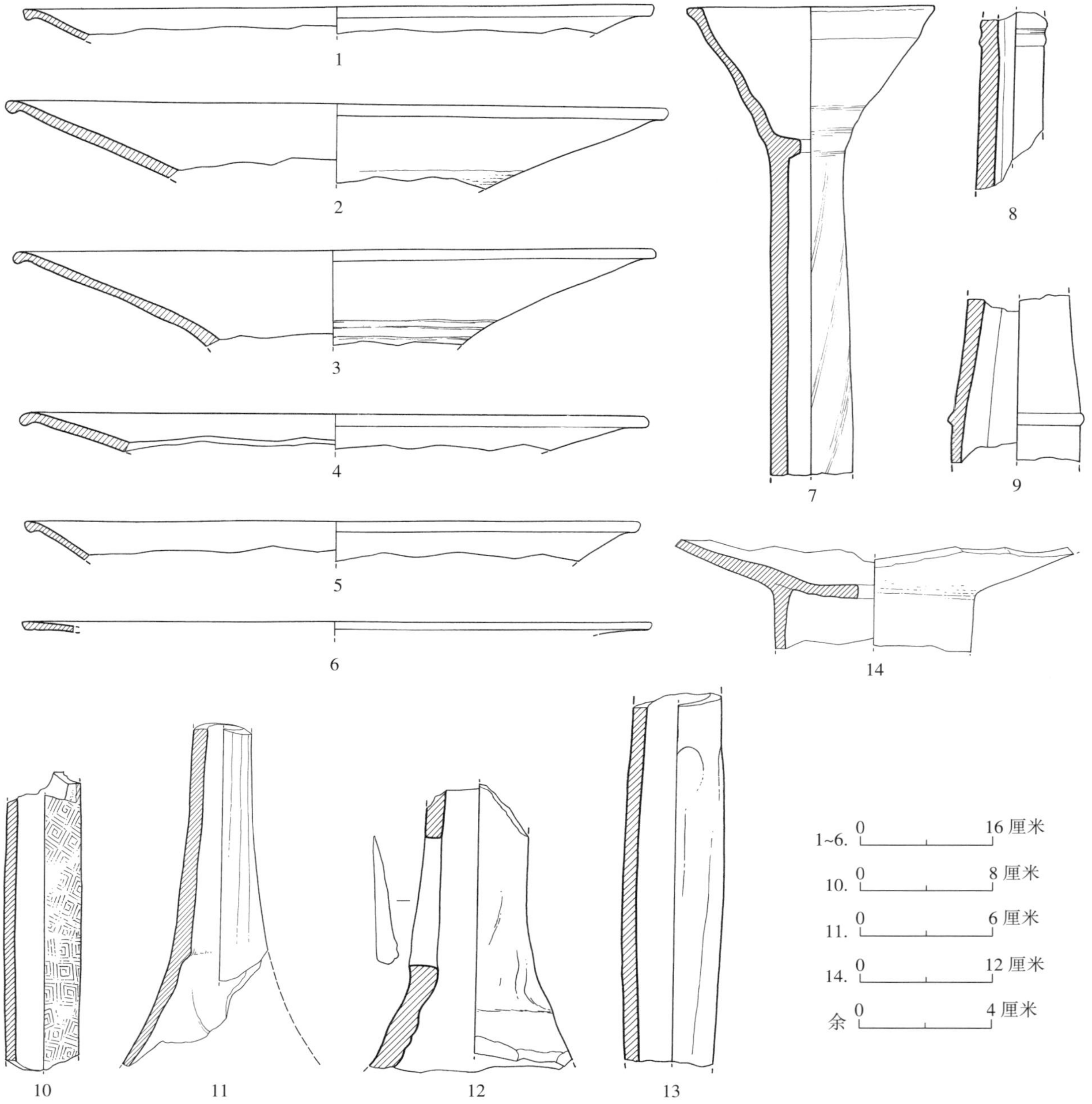

图二九五　西区第19层出土陶器

1. Cc 型豆盘（ⅠT6809 – 6910⑲：75）　　2 ~ 4. Da 型豆盘（ⅠT7009 – 7110⑲：248、ⅠT6807 – 6908⑲：2、ⅠT7007 – 7108⑲：258）　　5、6. Db 型豆盘（ⅠT7009 – 7110⑲：187、ⅠT6809 – 6910⑲：70）　　7. Bb 型豆盘（ⅠT7009 – 7110⑲：298）　　8、9. Ac 型豆柄（ⅠT7007 – 7108⑲：266、ⅠT6809 – 6910⑲：58）　　10 ~ 12. Aa 型豆柄（ⅠT7207 – 7208⑲：22、ⅠT7007 – 7108⑲：309、ⅠT7009 – 7110⑲：240）　　13. Ab 型豆柄（ⅠT7209 – 7210⑲：51）　　14. Bb 型豆柄（ⅠT7007 – 7108⑲：312）

　　标本ⅠT7207 – 7208⑲：22，夹砂灰黑陶。柄部饰有云雷纹。残高 18.8 厘米（图二九五，10）。

　　标本ⅠT7007 – 7108⑲：309，夹砂灰黑陶。残高 16 厘米（图二九五，11）。

　　标本ⅠT7009 – 7110⑲：240，夹砂灰黑陶。残高 9 厘米（图二九五，12）。

Ab 型　1 件。

标本ⅠT7209 – 7210⑲：51，夹砂灰黑陶。残高 11. 7 厘米（图二九五，13）。

Ac 型　3 件。

标本ⅠT7007 – 7108⑲：266，泥质灰黑陶。残高 5. 6 厘米（图二九五，8）。

标本ⅠT6809 – 6910⑲：58，泥质灰黄陶。残高 5. 2 厘米（图二九五，9）。

Bb 型　1 件。

标本ⅠT7007 – 7108⑲：312，夹砂灰黄陶。残高 10 厘米（图二九五，14）。

器纽　2 件。

A 型　1 件。

标本ⅠT7007 – 7108⑲：183，夹砂灰黑陶。圆唇。纽径 2. 7、残高 2. 1 厘米（图二九四，9）。

Bb 型　1 件。

标本ⅠT7007 – 7108⑲：200，夹砂灰黑陶。方唇。纽径 6. 4、残高 2. 7 厘米（图二九四，11）。

器底　12 件。

Aa 型　5 件。

标本ⅠT7007 – 7108⑲：206，夹砂灰黑陶。底径 10、残高 4. 5 厘米（图二九六，1）。

Ab 型　4 件。

标本ⅠT7009 – 7110⑲：166，夹砂灰黑陶。底径 8. 4、残高 2. 6 厘米（图二九六，2）。

Ac 型　2 件。

标本ⅠT7009 – 7110⑲：70，夹砂灰黑陶。底径 3. 8、残高 2 厘米（图二九六，4）。

B 型　1 件。

标本ⅠT7009 – 7110⑲：120，夹砂灰黄陶。底径 12. 3、残高 17. 7 厘米（图二九六，3）。

圈足　5 件。

Ba 型　1 件。

标本ⅠT7007 – 7108⑲：292，夹砂灰褐陶。圈足径 12. 6、残高 6. 5 厘米（图二九六，5）。

Cb 型　1 件。

标本ⅠT7009 – 7110⑲：139，夹砂灰黄陶。圈足径 10、残高 3. 6 厘米（图二九六，6）。

Cc 型Ⅰ式　1 件。

标本ⅠT7009 – 7110⑲：94，夹砂灰陶。圈足径 4. 2、残高 1. 7 厘米（图二九六，8）。

Cc 型Ⅱ式　2 件。

标本ⅠT7009 – 7110⑲：79，夹砂灰黑陶。圈足径 15、残高 2. 6 厘米（图二九六，7）。

（2）石器

117 件。

石璋半成品　4 件。Ba 型。

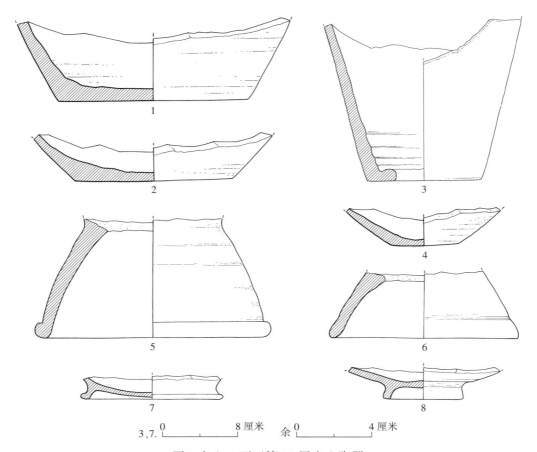

图二九六　西区第19层出土陶器

1. Aa 型器底（ⅠT7007－7108⑲：206）　2. Ab 型器底（ⅠT7009－7110⑲：166）　3. B 型器底（ⅠT7009－7110⑲：120）　4. Ac 型器底（ⅠT7009－7110⑲：70）　5. Ba 型圈足（ⅠT7007－7108⑲：292）　6. Cb 型圈足（ⅠT7009－7110⑲：139）　7. Cc 型Ⅱ式圈足（ⅠT7009－7110⑲：79）　8. Cc 型Ⅰ式圈足（ⅠT7009－7110⑲：94）

标本ⅠT7007－7108⑲：6，青色，器表有大量锈斑。器体较宽大，无阑。器表、两侧均保留自然断面，凹凸不平，刃部打磨粗糙。残长21.7、宽6.8、厚2.3厘米（图二九七，1）。

石璧坯料　103件。

A 型　99件。

标本ⅠT7009－7110⑲：3，灰黑色。破裂面及轮边未经打磨。直径39、厚2厘米（图二九八，1）。

标本ⅠT7007－7108⑲：351，灰黑色。破裂面及轮边未经打磨。周缘较薄，中部略厚。直径7、厚0.8厘米（图二九八，2）。

标本ⅠT7007－7108⑲：5，灰黑色。破裂面及轮边未经打磨。周缘较薄，中部略厚。直径16.2、厚1.9厘米（图二九八，3）。

标本ⅠT7009－7110⑲：272，灰黑色。破裂面及轮边未经打磨。周缘较薄，中部略厚。直径9.9、厚0.7厘米（图二九八，4）。

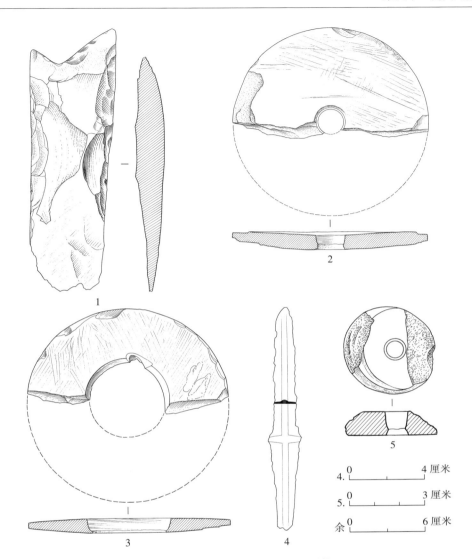

图二九七　西区第 19 层出土器物

1. Ba 型石璋半成品（ⅠT7007 – 7108⑲：6）　2、3. A 型石璧半成品（ⅠT7009 – 7110⑲：4、ⅠT7009 – 7110⑲：287）　4. Aa 型铜锥形器（ⅠT6809 – 6910⑲：120）　5. C 型石璧半成品（ⅠT7009 – 7110⑲：286）

B 型　4 件。

标本ⅠT6809 – 6910⑲：97，灰黑色。破裂面及轮边未经打磨。周缘较薄，中部略厚。直径 8.8、孔径 3.1、厚 1.5 厘米（图二九八，5）。

标本ⅠT7009 – 7110⑲：288，灰黑色。破裂面及轮边打磨较精细。周缘较薄，中部略厚。破裂面有打磨时留下的细划痕。直径 11.8、孔径 4.1、厚 1.3 厘米（图二九八，6）。

石璧半成品　10 件。

A 型　8 件。

标本ⅠT7009 – 7110⑲：4，灰黑色。孔壁留有管钻痕迹，环面及轮边粗磨。直径 15.4、孔径 2.3、厚 1.2 厘米（图二九七，2）。

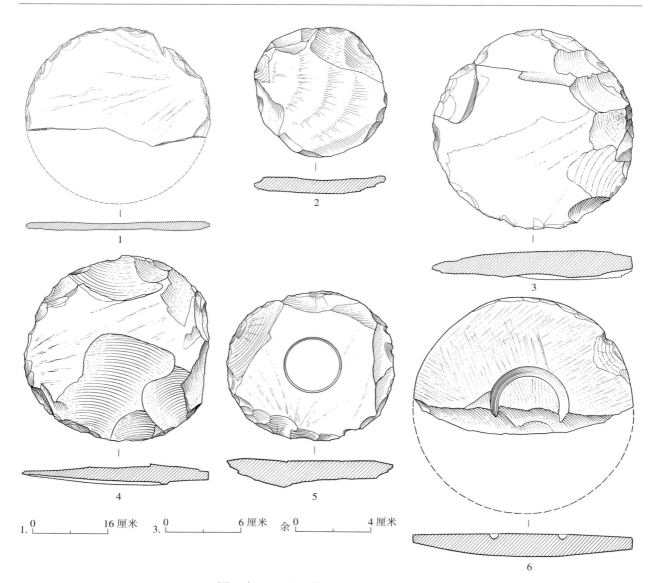

图二九八　西区第 19 层出土石璧坯料

1~4. A 型（Ⅰ T7009 – 7110⑲：3、Ⅰ T7007 – 7108⑲：351、Ⅰ T7007 – 7108⑲：5、Ⅰ T7009 – 7110⑲：272）

5、6. B 型（Ⅰ T6809 – 6910⑲：97、Ⅰ T7009 – 7110⑲：288）

标本Ⅰ T7009 – 7110⑲：287，灰黑色。孔壁留有管钻痕迹，环面及轮边打磨精细。直径 16.1、孔径 6.7、厚 1.2 厘米（图二九七，3）。

C 型　2 件。

标本Ⅰ T7009 – 7110⑲：286，灰色。边缘留有管钻痕迹，环面及轮边打磨精细。直径 2.8~3.7、孔径 0.9、厚 1 厘米（图二九七，5）。

（3）铜器

1 件。

锥形器　1 件。Aa 型。

标本ⅠT6809－6910⑲：120，中部宽，两端窄，中部有脊直达两端。通长 12.5、宽 1.8、厚 0.2 厘米（图二九七，4）。

（二四）第 18b 层出土遗物

该层出土遗物有陶器、石器和铜器，其中陶片 1806 片、石器 1 件、铜器 1 件。陶片以夹砂陶为主，占 81.28%。夹砂陶中灰黑陶占 58.17%，灰黄陶占 25.75%，灰褐陶占 10.70%，黄褐陶占 2.72%，灰陶占 2.52%，红褐陶占 0.14%；泥质陶中灰黑陶占 49.11%，灰黄陶占 21.01%，灰褐陶占 17.45%，灰陶占 10.06%，黄褐陶占 1.48%，红陶占 0.89%。纹饰较发达，夹砂陶中纹饰陶片占 31.34%，其中细线纹占 70.87%，粗绳纹占 8.70%，凹弦纹占 16.96%，压印纹占 1.09%，极少量细绳纹、网格纹、镂孔、凸棱纹和刻划纹；泥质陶中纹饰陶片占 19.23%，其中细线纹占 78.46%，凹弦纹占 10.77%，极少量戳印纹、圆圈纹等（表二五）。陶器可辨器形有小平底罐、高领罐、束颈罐、壶、盆、瓮、豆柄、器盖、器纽等。石器种类有石璧坯料。铜器种类有斧。

（1）陶器

75 件。

小平底罐 10 件。

Bc 型Ⅰ式 1 件。

标本ⅠT6813－6914⑱b：84，泥质灰黑陶。尖唇。口径 12.2、肩径 12.4、残高 4.3 厘米（图

表二五 西区第 18b 层陶片统计表

纹饰	夹砂陶						小计	百分比（%）	泥质陶						小计	百分比（%）
	灰黑	灰	红褐	灰褐	黄褐	灰黄			灰黑	灰	灰黄	灰褐	红	黄褐		
素面	543	32	2	79	33	319	1008	68.67	128	26	64	49	3	3	273	80.77
细绳纹	3						3	0.20								
粗绳纹	27			5		8	40	2.72			1				1	0.30
凹弦纹	42	2		10	2	22	78	5.31	6		1				7	2.07
凸棱纹					2		2	0.14			1				1	0.30
刻划纹	1	2					3	0.20	1						1	0.30
镂孔				1			2	0.14								
细线纹	232	1		62	4	27	326	22.21	28	7	4	10		2	51	15.08
压印纹	5						5	0.34								
网格纹	1						1	0.07								
戳印纹									3						3	0.88
圆圈纹											1				1	0.30
小计	854	37	2	157	40	378	1468		166	34	71	59	3	5	338	
百分比（%）	58.17	2.52	0.14	10.70	2.72	25.75		100.00	49.11	10.06	21.01	17.45	0.89	1.48		100.00
合计	1806															

二九九，1）。

Be 型Ⅰ式　4件。

标本ⅠT6815－6916⑱b：10，夹砂灰黑陶。尖唇。口径12、肩径12、残高5.4厘米（图二九九，2）。

标本ⅠT6815－6916⑱b：75，夹砂灰黑陶。尖唇。口径13.8、肩径13.7、底径2.8、高8.2厘米（图二九九，3）。

Ca 型Ⅰ式　5件。

标本ⅠT6815－6916⑱b：16，泥质灰黑陶。圆唇。口径12.4、肩径12.8、残高2.8厘米（图二九九，4）。

标本ⅠT6815－6916⑱b：115，夹砂灰黑陶。圆唇。口径10.5、肩径11、残高3.3厘米（图二九九，5）。

高领罐　18件。

Aa 型Ⅰ式　9件。

标本ⅠT6813－6914⑱b：148，夹砂灰黄陶。平卷沿，圆唇。口径19、残高9.9厘米（图二九九，6）。

标本ⅠT6813－6914⑱b：141，夹砂灰黄陶。翻沿，圆唇。口径21、残高8.8厘米（图二九九，7）。

Aa 型Ⅱ式　2件。

标本ⅠT6813－6914⑱b：37，夹砂灰黄陶。平卷沿，圆唇。口径20.6、残高6.7厘米（图二九九，8）。

C 型Ⅰ式　3件。

标本ⅠT6815－6916⑱b：62，夹砂灰黑陶。平折沿，圆唇。领部饰有两圈平行凹弦纹。口径19.6、残高10.3厘米（图二九九，9）。

Fa 型Ⅰ式　3件。

标本ⅠT6815－6916⑱b：88，夹砂灰黄陶。卷沿，圆唇。口径15、残高3.5厘米（图二九九，10）。

Fa 型Ⅱ式　1件。

标本ⅠT6815－6916⑱b：54，夹砂灰黑陶。圆唇。领部饰一周凹弦纹。口径28、残高7.6厘米（图二九九，11）。

束颈罐　8件。

Aa 型　2件。

标本ⅠT6815－6916⑱b：160，夹砂灰黑陶。方唇。肩部饰交错绳纹。口径34、残高4.2厘米（图三〇〇，1）。

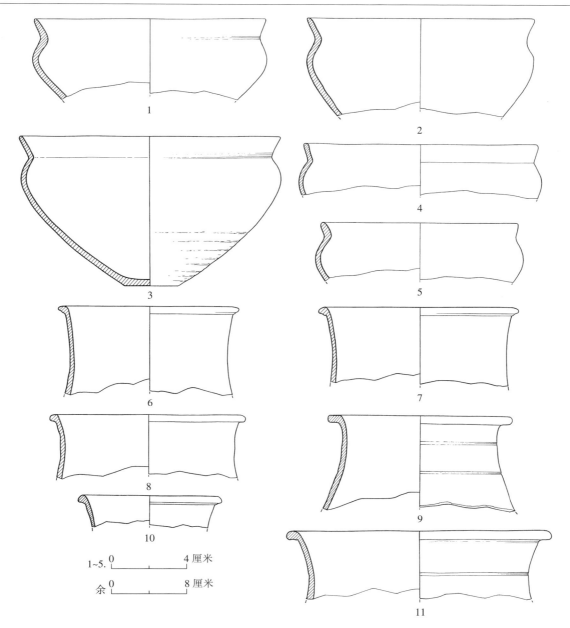

图二九九　西区第18b层出土陶器

1. Bc 型Ⅰ式小平底罐（ⅠT6813－6914⑱b：84）　2、3. Be 型Ⅰ式小平底罐（ⅠT6815－6916⑱b：10、ⅠT6815－6916⑱b：75）　4、5. Ca 型Ⅰ式小平底罐（ⅠT6815－6916⑱b：16、ⅠT6815－6916⑱b：115）　6、7. Aa 型Ⅰ式高领罐（ⅠT6813－6914⑱b：148、ⅠT6813－6914⑱b：141）　8. Aa 型Ⅱ式高领罐（ⅠT6813－6914⑱b：37）
9. C 型Ⅰ式高领罐（ⅠT6815－6916⑱b：62）　10. Fa 型Ⅰ式高领罐（ⅠT6815－6916⑱b：88）　11. Fa 型Ⅱ式高领罐（ⅠT6815－6916⑱b：54）

Bb 型　2 件。

标本ⅠT6813－6914⑱b：39，夹砂灰黄陶。仰折沿，方唇。口径 18.4、残高 2.5 厘米（图三〇〇，7）。

标本ⅠT6813－6914⑱b：134，夹砂灰黄陶。仰折沿，方唇。口径 38、残高 3.5 厘米（图三〇〇，2）。

　　E 型　4 件。深鼓腹。

　　标本 ⅠT6815 - 6916⑱b：90，夹砂灰黑陶。平卷沿，圆唇。腹部饰一周凹弦纹。口径 28、残高 5.4 厘米（图三〇〇，3）。

　　标本 ⅠT6813 - 6914⑱b：145，夹砂灰黑陶。仰卷沿，圆唇。腹部饰一周凹弦纹。口径 35、残高 7 厘米（图三〇〇，6）。

　　矮领罐　1 件。E 型。

　　标本 ⅠT6815 - 6916⑱b：79，夹砂灰黄陶。仰卷沿，方唇。口径 12.8、残高 6.9 厘米（图三〇〇，5）。

　　壶　1 件。Ad 型。

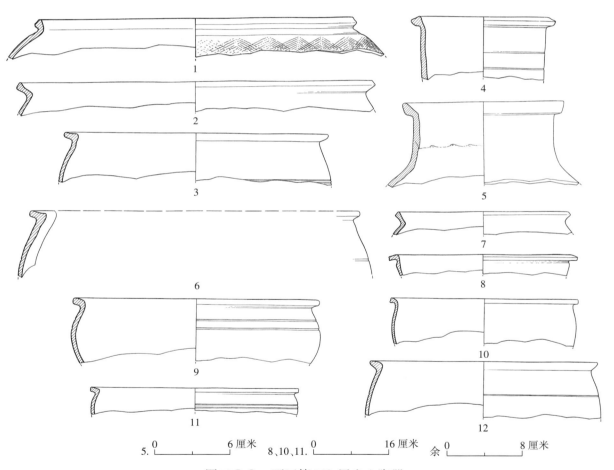

图三〇〇　西区第 18b 层出土陶器

1. Aa 型束颈罐（ⅠT6815 - 6916⑱b：160）　　2、7. Bb 型束颈罐（ⅠT6813 - 6914⑱b：134、ⅠT6813 - 6914⑱b：39）
3、6. E 型束颈罐（ⅠT6815 - 6916⑱b：90、ⅠT6813 - 6914⑱b：145）　　4. Ad 型壶（ⅠT6813 - 6914⑱b：113）
5. E 型矮领罐（ⅠT6815 - 6916⑱b：79）　　8、11. Cb 型盆（ⅠT6813 - 6914⑱b：54、ⅠT6815 - 6916⑱b：65）
9. Ca 型盆（ⅠT6813 - 6914⑱b：143）　　10、12. Cc 型盆（ⅠT6813 - 6914⑱b：168、ⅠT6815 - 6916⑱b：72）

标本ⅠT6813－6914⑱b∶113，夹砂灰黑陶。斜折沿，圆唇。领部饰两周凹弦纹。口径15、残高7厘米（图三〇〇，4）。

盆 5件。

Ca型 1件。

标本ⅠT6813－6914⑱b∶143，夹砂灰黑陶。仰卷沿，圆唇。腹部饰两周凹弦纹。口径26、残高7厘米（图三〇〇，9）。

Cb型 2件。

标本ⅠT6813－6914⑱b∶54，夹砂灰黑陶。平折沿，方唇。口径40、残高4.3厘米（图三〇〇，8）。

标本ⅠT6815－6916⑱b∶65，夹砂灰黑陶。圆唇。腹部饰两周凹弦纹。口径44.4、残高6厘米（图三〇〇，11）。

Cc型 2件。

标本ⅠT6813－6914⑱b∶168，夹砂灰黑陶。仰卷沿，方唇。口径40、残高10.3厘米（图三〇〇，10）。

标本ⅠT6815－6916⑱b∶72，夹砂灰黑陶。圆唇。腹部饰一周凹弦纹。口径24.2、残高6厘米（图三〇〇，12）。

瓮 3件。Bb型。

标本ⅠT6813－6914⑱b∶89，夹砂灰黑陶。圆唇。口径54、残高10.4厘米（图三〇一，1）。

标本ⅠT6813－6914⑱b∶88，夹砂灰黑陶。圆唇。口径50、残高8.4厘米（图三〇一，2）。

豆盘 3件。

Ba型 1件。

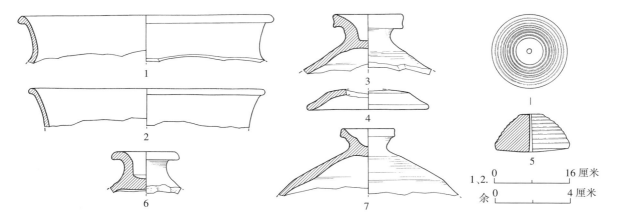

图三〇一 西区第18b层出土陶器

1、2. Bb型瓮（ⅠT6813－6914⑱b∶89、ⅠT6813－6914⑱b∶88） 3. Ba型器纽（ⅠT6813－6914⑱b∶68） 4. Bb型器盖（ⅠT6815－6916⑱b∶130） 5. Ba型纺轮（ⅠT6813－6914⑱b∶1） 6. A型器纽（ⅠT7215－7216⑱b∶5）

7. Bb型器纽（ⅠT6815－6916⑱b∶3）

标本ⅠT6813－6914⑱b：157，夹砂灰黑陶。残高8.3厘米（图三〇二，11）。

Da 型　2件。

标本ⅠT7215－7216⑱b：11，夹砂灰黑陶。圆唇。残高2.5厘米（图三〇二，10）。

豆柄　5件。Aa 型。

标本ⅠT6815－6916⑱b：151，夹砂灰黑陶。残高15.5厘米（图三〇二，12）。

标本ⅠT7215－7216⑱b：6，夹砂灰黑陶。残高7.7厘米（图三〇二，13）。

器盖　1件。Bb 型。

标本ⅠT6815－6916⑱b：130，夹砂灰黑陶。圆唇。口径6.4、残高1.1厘米（图三〇一，4）。

器纽　5件。

A 型　1件。

标本ⅠT7215－7216⑱b：5，夹砂灰黑陶。圆唇。纽径3.6、残高2.2厘米（图三〇一，6）。

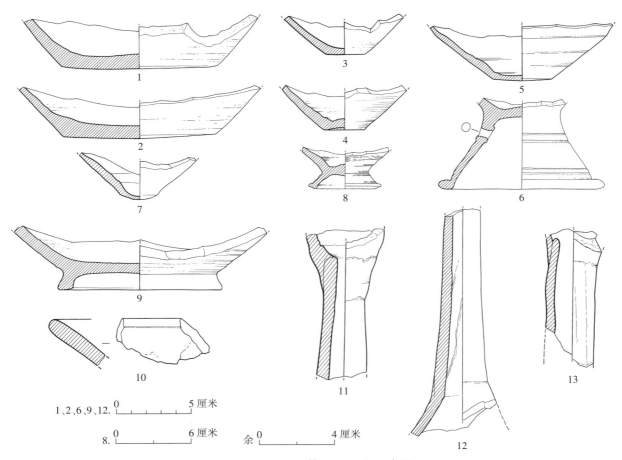

图三〇二　西区第18b层出土陶器

1、2. Aa 型器底（ⅠT6813－6914⑱b：146、ⅠT6815－6916⑱b：78）　3、5. Ea 型器底（ⅠT6813－6914⑱b：10、ⅠT6813－6914⑱b：33）　4. Eb 型器底（ⅠT6815－6916⑱b：9）　6. Aa 型圈足（ⅠT6815－6916⑱b：53）　7. Db 型器底（ⅠT6813－6914⑱b：17）　8. Cb 型圈足（ⅠT6813－6914⑱b：76）　9. Cc 型Ⅱ式圈足（ⅠT6813－6914⑱b：52）　10. Da 型豆盘（ⅠT7215－7216⑱b：11）　11. Ba 型豆盘（ⅠT6813－6914⑱b：157）　12、13. Aa 型豆柄（ⅠT6815－6916⑱b：151、ⅠT7215－7216⑱b：6）

Ba 型　3 件。

标本ⅠT6813 - 6914⑱b∶68，夹砂灰黑陶。方唇。纽径 3.7、残高 3.4 厘米（图三〇一，3）。

Bb 型　1 件。

标本ⅠT6815 - 6916⑱b∶3，夹砂灰黑陶。方唇。纽径 2.9、残高 3.6 厘米（图三〇一，7）。

圈足　4 件。

Aa 型　1 件。

标本ⅠT6815 - 6916⑱b∶53，夹砂灰褐陶。足部饰四周凹弦纹和一圆形镂孔。圈足径 11、残高 6.2 厘米（图三〇二，6）。

Cb 型　2 件。

标本ⅠT6813 - 6914⑱b∶76，夹砂灰黑陶。圈足径 6、残高 3.5 厘米（图三〇二，8）。

Cc 型Ⅱ式　1 件。

标本ⅠT6813 - 6914⑱b∶52，夹砂灰黑陶。圈足径 10.8、残高 4.1 厘米（图三〇二，9）。

器底　10 件。

Aa 型　3 件。

标本ⅠT6813 - 6914⑱b∶146，夹砂灰黑陶。底径 10.5、残高 3.6 厘米（图三〇二，1）。

标本ⅠT6815 - 6916⑱b∶78，夹砂灰黑陶。底径 10、残高 3.1 厘米（图三〇二，2）。

Db 型　1 件。

标本ⅠT6813 - 6914⑱b∶17，泥质灰黑陶。腹部有轮制痕迹。底径 2、残高 2.6 厘米（图三〇二，7）。

Ea 型　5 件。

标本ⅠT6813 - 6914⑱b∶10，泥质灰黑陶。底径 2.1、残高 2.2 厘米（图三〇二，3）。

标本ⅠT6813 - 6914⑱b∶33，泥质灰黑陶。底径 3、残高 3 厘米（图三〇二，5）。

Eb 型　1 件。

标本ⅠT6815 - 6916⑱b∶9，泥质灰黑陶。腹部有轮制痕迹。底径 2.2、残高 2.4 厘米（图三〇二，4）。

纺轮　1 件。Ba 型。

标本ⅠT6813 - 6914⑱b∶1，泥质灰黑陶。腰部饰八道凹弦纹。直径 4、孔径 0.2、厚 2.1 厘米（图三〇一，5）。

（2）石器

1 件。

石璧坯料　1 件。B 型。

标本ⅠT7215 - 7216⑱b∶17，灰黑色。破裂面及轮边未经打磨。周缘较薄，中部略厚。直径 13.5、厚 1.2 厘米（图三〇三，1）。

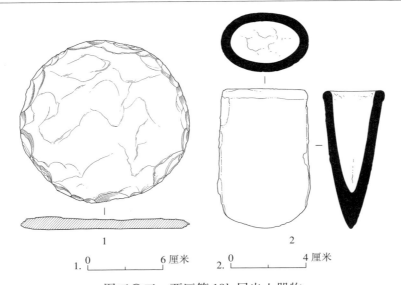

图三〇三　西区第18b层出土器物

1. B型石璧坯料（ⅠT7215－7216⑱b：17）　　2. 铜斧（?）（ⅠT7015－7116⑱b：1）

（3）铜器

1件。

斧（?）　1件。

标本ⅠT7015－7116⑱b：1，横剖面呈椭圆形，制作规整，刃部锋利。长7.6、宽5、厚3.4厘米（图三〇三，2）。